Autor
Dagobert Lindlau, geboren am 11. Oktober 1930 in München, ist
nach Zwischenstationen bei Zeitungen und Zeitschriften sowie
dem Spielfilm seit Beginn des Fernsehens in der Bundesrepublik
Deutschland im Jahr 1954 in diesem Medium als Journalist tätig.
Er hat viele Auslandsreportagen und Dokumentationen verfaßt,
aus Krisengebieten berichtet und das Tagesgeschehen im Ge-
meinschaftsprogramm der ARD kommentiert. Er war an der Entwicklung politischer Magazine beteiligt und moderierte zehn Jahre lang die außenpolitische Sendung »Weltspiegel«. Zuletzt er-
schien von ihm der Roman »Stranglers Woche« (1997).

Dagobert
Lindlau

Der
Mob

Recherchen zum
organisierten Verbrechen

WILHELM HEYNE VERLAG
MÜNCHEN

HEYNE SACHBUCH
19/614

Besuchen Sie uns im Internet:
http://www.heyne.de

Umwelthinweis:
Dieses Buch wurde auf chlor- und säurefreiem Papier gedruckt.

Ungekürzte Taschenbuchausgabe im
Wilhelm Heyne Verlag GmbH & Co. KG, München
Copyright © 1987 by Hoffmann und Campe Verlag, Hamburg
Copyright © des Vorworts zur Taschenbuchausgabe 1998 by
Wilhelm Heyne Verlag GmbH & Co. KG, München
Printed in Germany 1998
Umschlaggestaltung: Atelier Bachmann & Seidel, Reischach
Technische Betreuung: Sibylle Hartl
Satz: ew print & medien service gmbh, Würzburg
Druck und Verarbeitung: Elsnerdruck, Berlin

ISBN 3-453-14140-7

Für Ursula,
die ich im Verdacht habe,
daß es ihr lieber gewesen wäre,
wenn ich ein Buch über Blumen geschrieben hätte.

INHALT

Vorwort zur Taschenbuchausgabe   9

Das Etikett   15

Der Ritterschlag   29

Gambit   56

Mob und Muskel   63

Allgemeine Geschäftsbedingungen   86

Das unsichtbare Netz   103

Das Personal   124

Das garstige Lied   128

Der gefährliche Knoten   138

Angebot und Nachfrage   149

Mythos Mafia   168

Das dreckige Ende   215

München Connection   232

Schlechte Karten   265

Deutsche Varianten	317
Der »fall guy«	357
Die Komplizen	378
Die neue Logik	400
Verdeckte Ermittlungen	420
Das Arsenal	449
Prognose	466
Quellennachweis	475

VORWORT
ZUR TASCHENBUCHAUSGABE

Die Reaktion der deutschen Politik auf die Bedrohung durch das organisierte Verbrechen ist symptomatisch. Auf außenpolitische oder wirtschaftliche Herausforderungen reagiert sie seit Jahren ganz ähnlich. Oft schwerfällig, immer geschwätzig, meist unfähig, Entscheidungen zu treffen.

Der Umgang mit der Katastrophe auf dem Balkan und die Reaktion auf den Rinderwahnsinn sind nur andere Beispiele für ein und dieselbe deutsche und europäische Handlungsunfähigkeit, die uns an die nebenstaatliche Macht des organisierten Verbrechens ausliefert.

Vermutlich hat James Baldwin recht, wenn er sagt, daß Gefahren von der Politik erst wahrgenommen werden, wenn sie einzelnen Politikern ganz persönlich unter den Nägeln brennen. Also höchst selten. Die Mehrheit unserer Politiker nimmt kaum Realität zur Kenntnis. Sie wird ihnen in verträglichen Happen verabreicht, als *mousse au réalisme* serviert und ideologisch vorgekaut. Das wenige, das sie wirklich darüber wissen, geben sie nicht zu, wenn es parteitaktisch inopportun ist. Sie sehen die Welt durch die getönten Scheiben ihrer Dienstwagen, wähnen sich ihr nahe, wenn sie einmal für eine TV-Kamera zu Fuß gehen oder radfahren oder ihre dürftigen Privatheiten in Talk-Shows ausbreiten. Die Politik agiert in einer Raumstation, entrückt, fern, nur durch gefunkte Kürzel erreichbar.

D i e Politik? Natürlich nicht der einzelne Politiker, sondern ein politisches Establishment, das die Vermutung, zwei mal zwei könnte vier sein, für ein läppisches Vorurteil hält, das einer tieferen politischen Einsicht – sprich einer wahltaktisch zweckmäßigen Wahrheit – stets zu weichen hat.

Damit kein Mißverständnis aufkommt: Die Paralyse der deutschen Politik gegenüber dem organisierten Verbrechen ist nicht allein Sache der Regierung. Kein dokumentarischer Entscheidungsprozeß funktioniert, wenn Regierung u n d Opposition handlungsunfähig und handlungsunwillig sind.

Die Debatte um das organisierte Verbrechen ist zu einem alarmierenden Symptom deutscher Politik geworden, und für mich zu einem Déjà-vu-Erlebnis.

Als ich dieses Buch im Jahre '86 schrieb, warfen mir rechte und linke Politiker vor, zu viel Kriminalromane zu lesen. Organisiertes Verbrechen war für sie bestenfalls Kino, Stoff für »Vermischtes«, schlimmstenfalls das Hirngespinst von Reportern, die sich von Polizisten die Ohren vollblasen ließen und Panikmache betrieben, um Zeilen zu schinden. Ich wünschte, sie hätten recht behalten.

Ich sage nicht, daß es damals möglich gewesen wäre, das organisierte Verbrechen bei uns auszurotten. Ausrotten konnte man es nie. Aber Deutschland hätte damals noch Zeit gehabt, das organisierte Verbrechen daran zu hindern, sich zu konsolidieren und so unangreifbar zu werden wie in Italien oder in den USA. Wir haben unseren zeitlichen Vorsprung mit Spiegelfechtereien verplempert, obwohl wir die Beispiele Italien und USA vor Augen hatten. Obwohl wir wußten, daß, wer Zeit verliert, im Kampf gegen den Mob, alles verloren hat.

Aber nein, sagen die politischen Schönfärber, wir haben doch keine italienischen Verhältnisse. Wirklich nicht? Die Sizilianer sind einiges gewöhnt. Sie würden den nationalen Notstand ausrufen, wenn es in Palermo innerhalb einer ziemlich kurzen Zeit ein Dutzend regelrechte Hinrichtungen durch den Mob gegeben hätte. In Berlin gab es sie.

Inzwischen ist »Der Mob« so etwas wie ein Klassiker geworden. Wieder bin ich als Autor in derselben Situation wie damals, wenn ich sage, daß wir den Kampf gegen das organisierte Verbrechen verloren haben, wenn ich sage, daß es jetzt nur noch darum geht, wenigstens unsere gesellschaftlichen und politischen Strukturen vor der nebenstaatlichen Macht des organisierten Verbrechens zu retten. Wieder höre ich: Hirngespinste, Panikmache, Angstmache. Der amerikanische Bestseller »The Gift of Fear« von Gavin de Becker hat sich vor kurzem mit der kostbaren und lebenswichtigen Funktion der Angst befaßt. Wir diffamieren die Angst unserer Bürger, statt sie als eine Gabe zu verstehen, die uns vor Schaden bewahren könnte. Angst vor einer realen Entwicklung wird als Paranoia, als Geisteskrankheit, beschimpft.

Sicher, die Konservativen haben schnell erkannt und behende umgesetzt, daß innere Sicherheit und die Bedrohung durch das organisierte Verbrechen scharfe Munition für Wahlkämpfe liefern. Erfahrene Politiker wissen, daß man um so weniger handeln muß, je bunter man den Teufel an die Wand malt. Ausreden, nichts zu tun, gibt es genug. Dafür sorgt nicht nur eine Partei, die am Rande der 5 Prozent herumkrebst und als Schwanz – genannt Koalitionspartner – mit dem Hund – genannt Regierung – wedelt. Dafür sorgen auch Opposition und Bundesrat. Notfalls wird sogar das Grundgesetz bemüht – um nur ja nicht handeln zu müssen. Ein Grundgesetz, um das sich weder Opposition noch Regierung viel scheren, wenn es ihnen aufträgt, an der Willensbildung (nur) mitzuwirken, und ihnen untersagt, in allen Bereichen des öffentlichen Lebens ihre Interessen durchzupeitschen, ihren Machthunger zu stillen und einträchtig dem Land Posten und Pöstchen für inkompetente Schranzen aus dem Leib zu reißen.

Sicher, um richtig zu handeln, braucht man Macht. Um entscheiden zu können, braucht man Mehrheiten. Aber es muß auch einen anderen Weg geben, um Mehrheiten zu bekommen, als den Wählern Sand in die Augen zu streuen.

Sowohl Regierung wie Opposition hätten massenhaften Rückhalt unter den Bürgern beim Kampf gegen das organisierte Verbrechen. Aber was die Leute wollen, zählt nicht in einer repräsentativen Demokratie. Das hat ein paar gute Gründe. (Wenn es zählen würde, hätten wir morgen die Todesstrafe.) Aber es hat auch viele schlechte Gründe. Politisches Marketing, Polit-Verkäufe und regulärer Schwindel haben die Aufklärung der Bürger weitgehend ersetzt. Es zählt, was nach Meinung irgendwelcher Vordenker politisch korrekt ist, was ihren ideologischen

Vorurteilen schmeichelt, nicht, was der realen Lage entspricht. Egal, was ist, wichtig ist, was sein sollte, und natürlich, was parteipolitisch opportun ist.

Wenn der Mob Europa mehr verändert haben wird, so ein Sprecher des US-Außenministeriums, als das der Kommunismus je konnte, dann wird das vor allem auf das Konto des politischen Establishments in Deutschland und seiner journalistischen Wasserträger gehen, nicht auf das Konto der Polizei, der kriminalpolizeilichen Ermittler und am allerwenigsten auf das Konto der Bürger.

Dagobert Lindlau, Juli 1998

DAS ETIKETT

Seit Jahrzehnten tobt innerhalb der Polizei der Bundesrepublik Deutschland ein ebenso erbitterter wie lächerlicher Streit um den richtigen Namen für das organisierte Verbrechen. Hinter dem Etikettenstreit verstecken sich fachliche Rechthaberei, parteipolitische Abhängigkeit und ideologische Blindheit. Es ist zugleich ein Streit um des Kaisers Bart und ein Kampf bis aufs Messer. Sein Ausgang entscheidet darüber, wie stark unser Leben in den kommenden Jahrzehnten von der nebenstaatlichen Macht des organisierten Verbrechens geprägt werden wird.

In einer als »VS« (Verschluß-Sache) deklarierten Argumentation anläßlich einer Veranstaltung der Polizeiführungsakademie im Herbst 1983 sieht der damalige Kriminaloberrat Wolfgang Sielaff in den Definitionsquerelen der Polizei »vordergründigen politischen Opportunismus«. Mit anderen Worten, es nützt einer polizeilichen Karriere, wenn man die Kriminalität nicht so sieht, wie sie ist, sondern wie die sicherheitspolitische und parteipolitische Opportunität es verlangt. Da die Argumentation – ebenso wie viele ähnliche polizeiinterne Dokumente – weder aus kriminaltaktischen noch aus anderen legitimen Gründen als »Verschluß-Sache« behandelt wird, liegt der Verdacht nahe, daß die Geheimhaltung nur einer Verschleierung der Lage gegenüber einer breiten Öffentlichkeit dienen soll.

In demselben VS-Papier warnt Wolfgang Sielaff, heute leitender Kriminaldirektor in Hamburg, dringend davor, weiter Zeit mit solchen Querelen zu verlieren und darauf zu verweisen, daß die amerikanische Situation mit der unseren *noch nicht* zu vergleichen sei. Nach seiner Meinung heißt das, »die Augen zu verschließen vor den einschlägigen Entwicklungen und Strukturverfestigungen (hierzulande)... und zu warten, bis es zu spät für erfolgversprechende Gegenmaßnahmen ist«.

Der Begriff »organisiertes Verbrechen« ist bei der deutschen Polizei besonders unbeliebt. Vermutlich, weil er besonders zutreffend ist. Vor allem stört unsere Kriminalisten die Verwandtschaft zum amerikanischen Terminus »organized crime«. Die Franzosen (le crime organisé) oder die Italiener (crimine organizzato) sind nicht so empfindlich. Im Gegensatz zu anderen Ländern versuchen bei uns die Behörden immer noch die Fiktion aufrechtzuerhalten, die Bundesrepublik Deutschland sei eine Insel, die das organisierte Verbrechen verschont habe.

Alle Formen des Geschäfts mit Angst und Gewalt sind einander ähnlich. Auch dann, wenn sie das Ergebnis unterschiedlicher Traditionen sind und von ganz verschiedenen ethnischen Gruppen betrieben werden. Ähnliche Methoden und Strategien haben sich herausgemendelt, weil sie sich als zweckmäßig erwiesen haben, um zu Geld zu kommen und die Polizei zu unterlaufen. Die Spielarten des organisierten Verbrechens reichen von der Cosa Nostra bis zu den Motorradgangs, vom irischen Mob bis zu den chinesischen Triaden, von den »Hell's Angels« bis zur Hamburger »GmbH«, von »Nuestra Familia« bis zur »Arischen Bruderschaft«.

Die amerikanischen oder italienischen Gruppen unterscheiden sich von den deutschen nur durch eine andere Tradition und ein fortgeschrittenes Stadium der Entwicklung. Die Situation in den USA ist ein Bild dessen, was in fünfzehn oder zwanzig Jahren auf uns zukommt. Um die künftige Entwicklung bei uns deutlich zu machen, werde ich auf Ausprägungen des organisierten Verbrechens in den USA verweisen.

Mafia, Camorra, 'Ndrangheta, Cosa Nostra oder Mob, das sind Namen für organisiertes Verbrechen. Damit sind kriminelle Vereinigungen im engeren Sinn gemeint, kriminelle Familien im weitesten Sinn oder lose und sich wandelnde Konföderationen von kriminellen Interessengruppen.

Die Mafia ist organisiertes Verbrechen. Aber bei weitem nicht jedes organisierte Verbrechen ist Mafia. Andererseits ist mafioses Verhalten nicht auf das organisierte Verbrechen beschränkt. Hierarchischen Aufbau und innere Abschottung, konspiratives und arbeitsteiliges Vorgehen, das Prinzip des Schweigens und die Strategie der Angst findet man auch in legalen Institutionen, in Parteien und Konzernen, in Gewerkschaften und Kirchen, in Politik und Geschäft.

Organisiertes Verbrechen schillert. Es enttarnt oder verhüllt sich, je nach Opportunität. Es ist allgegenwärtig und schwer faßbar. Fest steht, daß es in einer breiten Öffentlichkeit kaum Einwände gegen Praktiken gibt, die typisch für das organisierte Verbrechen sind. Einschüchterung, Erpressung oder physische Bedrohung sind in Politik und Geschäft heimisch.

Für das Wesen des organisierten Verbrechens gibt es im Amerikanischen und im Deutschen gleichlautende Wörter: Mob und Muskel. Das amerikanische Wort »mob« heißt genau wie im Deutschen »Pöbel« oder »Gesindel«. Seit 1939 hat es die wichtigere Bedeutung von »Verbrecherbande«. »Mob« ist der Sammelbegriff für das am organisierten Verbrechen beteiligte Personal.

Im »Report to the President and the Attorney General« der US-Regierungskommission zum organisierten Verbrechen, »The Impact, Organized Crime Today« von 1986, verwenden alle Fachleute für die ganz unterschiedlichen Formen den Ausdruck »Mob«. Mitglieder der organisierten Unterwelt wenden das Wort auf sich selber und auf ihre Freunde an. Sie halten es für wertfrei.

Daß es dieses Wort gleichlautend im Deutschen und im Amerikanischen gibt, ist kein Zufall. Der Ursprung ist der lateinische Begriff »mobile vulgus«, der »bewegliche (wandelbare, unzuverlässige) Haufen«. Nichts bezeichnet besser die Struktur des organisierten Verbrechens, das sich ständig neuen Interessenlagen anpaßt. Ich plädiere dafür, das deutsche Wort »Mob« in seiner zeitgemäßen Bedeutung zu verwenden. Begriffe wie »Mafia«, »Cosa Nostra« oder gar »Das Syndikat« sind falsch und signalisieren eine übermächtige und unbesiegbare Identität.

18

Da die wichtigste Waffe des organisierten Verbrechens die Angst der anderen ist, werden solche Bezeichnungen – und was sie vermitteln – zu einer vom Mob erwünschten Propaganda der Einschüchterung.

Die Japaner haben jahrelang versucht, den mit Angst, Bewunderung und einem Robin-Hood-Image verbundenen Ausdruck »Yakuza« aus der Umgangssprache zu verdrängen. »Yakuza« nennen sich die ebenso brutalen wie mächtigen und hochorganisierten kriminellen Familien Japans. Vergeblich haben die Behörden versucht, die Bezeichnung »Boroyokudan« (nichtsnutziges Pack) einzuführen, weil sie genau wissen, daß die Geringschätzung und Verachtung der Bürger die stärkste Waffe bei der Bekämpfung ist. Sie wissen, daß Glorifizierung und Mystifizierung die Macht des organisierten Verbrechens stärkt. Das ahnt auch unsere Polizei. Aber sie zieht daraus keine Konsequenzen.

Unsere Sicherheitsbürokratie hat eine Nomenklatur von Beamten für Beamte eingeführt. »Organisierte Kriminalität«, das klingt nicht ganz so gefährlich wie »Oberfinanzdirektion« und mindestens so ordentlich. »Organisierte Kriminalität«, das könnte die Bezeichnung für ein Dezernat in einem Polizeipräsidium sein. Ein aggressives Wort wie »Mob« nimmt ein deutscher Beamter lieber nicht in den Mund. Wir aber sind keine Beamten.

Das amerikanische »muscle« stammt ebenso wie das deutsche »Muskel« vom lateinischen »musculus« (Mäuslein) ab. Ein Muskel spielt unter der Haut wie eine kleine Maus. Das Wort bezeichnet ein Gewebe, das die Fähigkeit hat, sich zusammenzuziehen und zu entspannen. »Muscle« gibt es schon seit dem Beginn des 19. Jahrhunderts auch in der übertragenen Bedeutung von »Stärke«, »Macht« oder »Druck«. Es ist zugleich eine prägnante Kurzform für die Androhung von physischer Gewalt, also für Korruption durch Angst.

Ich schlage deshalb vor, mit dem deutschen Wort »Muskel«, ebenso wie die internationale Literatur, die gewaltsame Einschüchterung zu bezeichnen, mit der jeder Mob sein Geschäft betreibt.

Mob und Muskel sind das Wesen des organisierten Verbrechens.

Ein weiterer, international eingeführter Begriff ist »Racket«. Darunter versteht man in diesem Zusammenhang nicht einen Tennisschläger, sondern die wichtigste Aktivität des Mobs, nämlich Drohung und Einschüchterung. Laut »Webster's Dictionary« heißt »racket« unter anderem Lärm, Spektakel, Geschrei. »Racketeers« sind Leute, die sich dem eigentlichen Handwerk des Mobs widmen. Sie drohen so lange, bis jemand aus Angst zahlt; sie verprügeln so lange Gäste oder zerschlagen die Einrichtung eines Lokals, bis ein Wirt seinen Verdienst mit ihnen teilt.

Racketeers sorgen dafür, daß die von Gewerkschaften ausgehandelten Mindestlöhne bedeutungslos sind. Sie erzwingen, daß ein korrupter Politiker gewählt wird. Sie kümmern sich darum, daß öffentliche Bauaufträge an die richtigen Leute vergeben werden. Die Begriffe »racketeer« und »racketeering« haben einschlägigen Gesetzen in den USA ihren offiziellen Namen gegeben (»Racketeer-Influenced and Corrupt-Organization Act of 1970«, genannt RICO).

Ralph Salerno, langjähriger Berater der amerikanischen Regierung in Fragen des Mobs, hat sich stets geweigert, Begriffe zu verwenden, die eine geschlossene kriminelle Identität, eine Superorganisation, ein Syndikat oder gar ein »sottogoverno« (eine Gegenregierung) suggerieren. Salerno hat immer den Ausdruck »crime confederation« benutzt, um die innere Gebrochenheit, die unterschiedliche Herkunft des Personals, aber auch die Übereinstimmung der Interessen deutlich zu machen.

Ein noch heftigerer Streit ist um die sogenannten »Indikatoren«, die Kennzeichen, des organisierten Verbrechens entbrannt. Ebenfalls mehr aus taktischen als aus sachlichen Gründen. Nicht zuletzt aber, um Zeit zu gewinnen. Angeblich kann man nichts ernsthaft bekämpfen, was nicht definiert ist. Dr. Helmut Trometer, Präsident des Landeskriminalamtes in Bayern: »... weil ich das, was nicht existiert, polizeilich gar nicht bekämpfen kann.«
Alle ernst zu nehmenden Denkmodelle stimmen wenigstens in einem Punkt überein: Eines der wesentlichen Kennzeichen des organisierten Verbrechens ist die Beweisnot derer, die sie bekämpfen sollen. Polizei und Justiz könnten, wenn sie wollten, davon ein Lied singen. Journalisten auch. Aber wer gibt gern zu, daß er so viel nicht weiß, wie er eigentlich wissen sollte. Polizei und Justiz stört die Beweisnot nur insofern, als man ihretwegen entweder nicht zu Ermittlungserfolgen oder nicht zu Verurteilungen kommt. Da es aber genug andere Kriminalität gibt, ist das kein Beinbruch. Man kann den Weg des geringsten Widerstandes gehen, in Bereichen ermitteln, in denen leichter etwas zu erfahren ist,

und das organisierte Verbrechen auf sich beruhen lassen.

Journalisten haben unter anderem die Aufgabe, vor Problemen frühzeitig zu warnen. Um das zu tun, müssen sie sich aus dem Fenster lehnen, wenn sie von der Richtigkeit einer Information überzeugt sind und meinen, daß die Öffentlichkeit ein Anrecht darauf hat. Gerade weil Journalisten keine Polizisten, keine Staatsanwälte und keine Richter sind, dürfen sie nicht in jedem Fall auf einen gerichtsverwertbaren Beweis warten. Auf ein Etikett schon gar nicht. Wenn sie verfahren würden wie die Sicherheitsbehörden, dann wäre Richard Nixon im Weißen Haus geblieben, die »Pentagon Papers« wären nie veröffentlicht worden, die Neue Heimat wäre nie zum Skandal geworden und die Verwendung des Schlafmittels Thalidomid hätte ein paar tausend verkrüppelte Kinder mehr gefordert.

David Halberstam hat zu dem damit verbundenen Risiko einmal gesagt, daß sich kein Autor einen Prozeß leisten könne. Weder finanziell noch vom Zeitaufwand her. Gleichgültig, wer am Ende den Prozeß gewinnt. Der Autor ist in jedem Fall erledigt.

Halberstam hat sicher recht. Das wirft ein bezeichnendes Licht auf die einschlägigen juristischen Prozeduren. Prozesse gegen finanzstarke Gegner sind von einem einzelnen ebensowenig durchzustehen wie Prozesse gegen Spitzenfiguren des organisierten Verbrechens. In beiden Fällen sieht er sich den teuersten und besten Anwälten des Landes gegenüber. In beiden Fällen muß er mit parteiischen Gutachtern und gekauften Zeugen fertig werden. In beiden Fällen werden die eigenen Zeugen mehr oder weniger subtil unter Druck gesetzt, wenn sie sich nicht schon vor dem Prozeß abgeseilt haben. In beiden Fällen gerät er in Beweisnot, weil er die Dokumente, die er hat, eigentlich gar nicht haben darf.

Im Dezember des Jahres 1986 hat ein Gericht in Las Vegas entschieden, daß die Radio- und Fernsehgesellschaft NBC dem Entertainer Wayne Newton die Ehre abgeschnitten hat. Das Gericht sprach dem Geschädigten knapp zwanzig Millionen US-Dollar Schadenersatz zu: fünf Millionen, um die Diffamierung zu bestrafen, fünf Millionen für die Rufschädigung, acht Millionen für Einkommensverlust, eineinhalb Millionen für zukünftigen Verdienstausfall und 225 000 US-Dollar Schmerzensgeld. NBC hatte in einer Reihe von Sendungen in den Jahren 1980 und 1981 Wayne Newton Beziehungen zum organisierten Verbrechen vorgeworfen. Der Kontakt mit zwei Cosa-Nostra-Figuren, Guido Penosi und Frank Piccolo, war nicht zu bestreiten. Ebensowenig die Tatsache, daß Newton diese Beziehungen den »Nevada Gaming Authorities« gesetzwidrig verschwiegen hatte. Aus den Berichten konnte man heraushören, daß Newton das Alladin-Hotel mit Mitteln des organisierten Verbrechens gekauft hatte, daß er also ein Strohmann der Cosa Nostra war.

Lawrence Grossman, Präsident von NBC News, erklärte zu dem Urteil, die beiden verantwortlichen Reporter Brian Ross und Ira Silverman seien erstklassige Journalisten und NBC sei sicher, in der nächsthöheren Instanz zu gewinnen.

Wenn der Prozeß nicht gegen NBC, sondern gegen die Reporter Ross und Silverman geführt würde, wären die beiden erledigt. Einen Prozeß dieser

Größenordnung hält nur ein publizistischer Konzern mit entsprechenden finanziellen Ressourcen durch.

In der Bundesrepublik werden keine so hohen Beträge zugesprochen, aber die Prozeßkosten, die Anwaltskosten und die mit solchen Prozessen verbundene professionelle Lähmung, der Verdienstausfall und der sich wegen der Trägheit unserer Justiz über Jahre hinziehende Zeitverlust ruinieren jeden Journalisten auch dann, wenn er seine Behauptungen beweisen kann und nach einem Dutzend Jahren in der letzten Instanz gewinnt.

Die Beweisnot in bezug auf das organisierte Verbrechen ist ähnlich groß wie bei der Produkthaftung. Wie zum Beispiel soll man beweisen, daß ein bestimmtes Produkt gefährlich ist?

Wenn eine Maschine wie der Starfighter F-104 außergewöhnlich oft abstürzt und wenn sich der Pilot ungewöhnlich selten mit dem Schleudersitz retten kann, dann ist offensichtlich etwas mit dem Gerät nicht in Ordnung. Beweisen läßt sich das aber kaum. Am wenigsten durch die Aussagen von Gutachtern. Die wenigen Experten, die von der Herstellung und den Flugeigenschaften dieser Maschine etwas verstehen, sind alle Angestellte der Herstellerfirma Lockheed, waren einmal Angestellte von Lockheed oder wollen irgendwann einmal von Lockheed angestellt werden.

Amerikanische Anwälte wie Melvin Belli oder F. Lee Bailey argumentieren daher wie folgt: Ein Flugzeug ist zum Fliegen da. Wenn es besonders oft abstürzt, dann braucht man keinen Gutachter, um zu dem Schluß zu kommen, daß etwas mit dem Produkt nicht in Ordnung ist und somit der Hersteller haften muß. Ich kann mir nicht vorstellen, daß ein Gericht der Bundesrepublik Deutschland diese Logik anstelle eines gerichtsverwertbaren Beweises akzeptiert.

Daß der Rauschgifthandel bei uns in der Hand von hochorganisierten, flexiblen und international operierenden Gruppen ist, kann man ebensowenig beweisen wie die Gefährlichkeit eines Flugzeugs. In der Bundesrepublik Deutschland gibt es an die einhunderttausend Süchtige, die von harten Drogen abhängig sind. Da man den täglichen Bedarf kennt, kann man die Menge ausrechnen, die pro Jahr in der Bundesrepublik verbraucht wird. Sie liegt nicht unter 30 Tonnen. Etwa die gleiche Menge wird durch die Bundesrepublik hindurch (zum Verbrauch in anderen Ländern) transportiert. Macht zusammen mindestens 50 Tonnen. Davon erwischen pro Jahr Tausende von Zollbeamten und polizeilichen Fahndern bestenfalls ein paar hundert Kilogramm. Man braucht keinen Beweis, daß diese Ware von hochorganisierten, abgeschotteten, hierarchisch gegliederten und konspirativ und arbeitsteilig vorgehenden kriminellen Organisationen unter der Nase von einem Heer von Strafverfolgern importiert und verteilt wird. Wenn es nicht so wäre, dann müßte unsere gesamte Polizei blind, taub und lahm sein. Natürlich ist sie das nicht. Der ungestörte Transport und die reibungslose Verteilung von 50 Tonnen höchst illegaler Ware an rund 120 000 Zwischenhändler, Händler und Abnehmer sind aber für einige Leute in den Chefetagen der Polizei und für viele Leute in den zuständigen Abteilungen der Innenministerien kein Beweis für die Existenz des organisierten Verbrechens.

Gelegentlich bekommen Reporter Beweise für organisiertes Verbrechen in die Hand. Die Polizei wird dann alles tun, um diese Beweise zu entkräften, weil sie der offiziellen Sprachregelung widersprechen.

In einem Fall, der einen international organisierten Landschwindel mit kriminellen Profiten in Milliardenhöhe betraf, kam ich mit einem Sack voll Beweismaterial in Form von immobilienrechtlichen Dokumenten aus Los Angeles nach München zurück. Der amerikanische Sonderankläger J. Kaufman hatte mir die Unterlagen zusammengestellt. Es war viel zuviel Material für meinen Fernsehbericht. Da mir das in gleicher Sache ermittelnde Landeskriminalamt durch eine Einführung bei den amerikanischen Behörden geholfen hatte und da mir daran lag, die Organisation in der Bundesrepublik so schnell wie möglich zu stoppen, übergab ich dem zuständigen Dezernat die Akten, die ich nicht für die Sendung brauchte. Weil ich den Namen eines deutschen Industriellen in der Sendung erwähnen wollte, der in diesem Landschwindel Unsummen von schwarzem Geld untergebracht hatte, erbat ich kurz vor Endfertigung meines Textes noch einmal Einblick in die Akten, die ich mitgebracht hatte. Leider, so sagte man mir im Landeskriminalamt, könne man einem Journalisten keine Einsicht in das polizeiliche Beweismaterial geben. Erst meine Frage, ob man im LKA Tinte gesoffen hätte, und das Machtwort eines Dezernenten führten zu der Erlaubnis, meine eigenen Akten noch einmal anzusehen.

Ein Buch über das organisierte Verbrechen ist für Bürger gedacht, die den Streit um ein Etikett und damit den Kampf um die sicherheitspolitische Lage kommender Jahrzehnte miterleben. Für die Glücklichen, die darüber lachen können, und die weniger Glücklichen, die sich darüber wundern. Das Buch soll Skepsis wecken gegenüber den Verlautbarungen derer, die für unsere Sicherheit verantwortlich sind, und gegenüber der sicherheitspolitischen Propaganda der Parteien. Dem Leser soll es nach der Lektüre leichter fallen, Methoden einzuordnen und Figuren wiederzuerkennen, die es nicht nur in der Unterwelt gibt. Er soll in die Diskussion eingreifen können.

Aufklärung der breiten Öffentlichkeit, so die »Presidential Commission on Organized Crime«, ist die wirksamste Waffe gegen die kriminelle Bedrohung. Die bei uns praktizierte Geheimniskrämerei der Behörden ist ebenso gefährlich für die Gesellschaft wie das organisierte Verbrechen selbst.

Noch ist das organisierte Verbrechen bei uns nicht so unangreifbar geworden wie in Sizilien oder in den USA. Noch haben wir eine überwiegend unbestechliche Polizei. Jetzt muß die Gefahr gebannt werden. Bevor sie übermächtig wird.

Für kriminalpolizeiliche Fachleute ist der Text nicht gedacht. Es gibt davon drei Sorten. Die einen sagen nicht, was sie wissen, und die anderen wissen nicht, wovon sie reden. Dann gibt es noch die Polizeibeamten, die sich ihre Sohlen nach Beweisen ablaufen, ihre Haut zum Markt tragen und meist in ihrer Behörde wegen ihrer unkonventionellen Auffassung von Arbeitszeit und Methodik recht unbeliebt sind. Ihnen kann man nichts Neues erzählen.

Die Äußerungen von polizeilichen und kriminologischen Fachleuten über das organisierte Verbrechen füllen ganze Bibliotheken. Ein GOLEM-Pool-

Computerausdruck des Bundeskriminalamtes über einschlägige Fachliteratur ist viele Meter lang. Darin finden sich hervorragende Namen wie Gerhard Boeden, Otto Boettcher, Karl-Heinz Gemmer, Horst Herold, Hans-Peter Jansen, Werner Hamacher, Hans-Jürgen Kerner, Herbert Schäfer, Horst Schramm, Wolfgang Sielaff, Erich Straß, Alfred Stümper und andere. Alle sind hochrangige Polizeibeamte. Alle haben seit langer Zeit gewarnt. Genauso wie die Ermittler, deren Informationen auch in diesem Buch stecken, deren Namen man aber verschweigen muß, um sie nicht den Sanktionen des Sicherheitsestablishments auszuliefern. Den Genannten und den Ungenannten habe ich zu danken für ihre sachkundige Beratung und für das Risiko, das sie eingegangen sind, indem sie mit einem Journalisten geredet haben. Leider werden ihre kompetenten Stimmen überschrien von einem Heer von Zuständigen, Verantwortlichen und selbsternannten Experten. Mit dem, was sie sagen, läßt sich alles beweisen. Auch das Gegenteil. Und das Gegenteil vom Gegenteil. Sie haben jahrzehntelang um Definitionen gestritten, statt zu handeln.

Dieser Text stammt nicht von einem Insider, sondern von einem, der das Anwachsen der Bedrohung und die Reaktion der Verantwortlichen ein paar Jahre lang beobachtet hat. Von einem, der sich nicht für einen Experten hält, aber auch nicht für blind und taub.

Überlassen wir den Wortführern der Polizei und der Justiz das, womit sie sich seit Jahren beschäftigen: Lassen wir sie aufheulen, zurückweisen und den Kopf schütteln.

DER RITTERSCHLAG

Max Horkheimer hat einmal gesagt, daß man nicht nur Scharfsinn braucht, sondern auch Naivität, um die Wirklichkeit dieser Welt zu erkennen.

An Naivität hatte ich mehr als genug, als ich Mr. Ruggiero Boiardo am 22. Juli 1969 aus New York ein Telegramm schickte, in dem stand, daß ich gerne für das Deutsche Fernsehen ARD, München, ein Interview mit ihm machen würde. Er möge mir bitte mitteilen, wann ihm mein Besuch angenehm wäre. Falls ich keine Antwort bekäme, würde ich mir erlauben, am nächsten Tag um 11 Uhr bei ihm vorbeizuschauen. »With best regards. Sincerely Yours…« Zehn Worte Rückantwort bezahlt.

Boiardo war ein Gangster, soviel wußte ich. Er trug den Mob-Namen »Richie the Boot«, und er bewohnte einen Landsitz mit einem riesigen Park in der Nähe von Trenton, New Jersey. Die Reporter des amerikanischen Magazins »Life« hatten die Immobilie in Livingston einmal vom Hubschrauber aus fotografiert. Angeblich gab es im Park auch ein Krematorium, in dem gelegentlich Leichen verschwanden. Auch das wußte ich und hielt infolgedessen einen

Auftritt Richies in meinem Film für eine Bereicherung. Vielleicht würde er mich sogar die Figurengruppe in Porzellan filmen lassen, die in der Nähe seines Hauses stand. Es war ein Monumont, das die gesamte Boiardo-Familie darstellte. Er selbst mit Hut auf einem Schimmel. Auf den Fotos, die »Life« vom Hubschrauber aus gemacht hatte, sah die Gruppe aus Porzellan ziemlich klein aus. Wie Nippes aus der Vitrine.

Richie the Boot (Richard, der Stiefel) war angeblich zu seinem Namen gekommen, weil er einem Polizeiinformanten, der mit einer Schrotladung im Bauch, statt zu sterben, so laut schrie, daß die ganze Nachbarschaft zusammenlief, mit dem Stiefel die Luft abgedrückt hatte und ihn so zum Schweigen und zum Sterben brachte. Ich glaube, daß die Geschichte erfunden ist. Wahrscheinlich von ihm selber. Ganoven seines Schlages legen Wert auf einen Ruf, der weit trägt. Ich glaube, daß der Spitzname in Wirklichkeit einen ganz harmlosen Ursprung hat. Die italienischen Einwanderer hatten genug damit zu tun, satt zu werden. Ein eigenes Telefon war für die meisten ein Luxus, den sie nicht bezahlen konnten. Außerdem wurden private Telefone auch damals schon gelegentlich abgehört. Wenn man telefonieren mußte, dann ging man zum Drugstore an der Ecke. Besonders gute Nachbarn oder Kunden wurden sogar verständigt, wenn Anrufe von außen kamen. In der Nähe von öffentlichen Telefonen lungerten immer ein paar Halbwüchsige herum, die gerne für einen Nickel jemanden an den Apparat holten. Ruggiero Boiardo hatte sich von klein auf durch besondere Brutalität ausgezeichnet und auch dadurch, daß er hinter jedem Rock her war. Deshalb wurde er nicht nur von seinen Schlägern, sondern auch von seinen Verehrerinnen angerufen. Richie war ständig am Telefon. Die ganze Nachbarschaft machte sich darüber lustig. Wer auch immer nach Boiardo fragte, bekam die Antwort: »Richie's in the phone booth.« Das »th« in booth wurde und wird von italienischen Einwanderern wie »t« ausgesprochen. Der Spitzname »Boot« blieb hängen.

Damals lieferte Boiardo noch Milch und verhökerte dabei illegale Lotteriescheine an Hausfrauen. Er fing gerade mit der Schutzgelderpressung an. Als er später während der Prohibition in den schwarzen Alkoholhandel einstieg, legte er sich ein Telefon zu. Die wichtigen Gespräche erledigte er aber sein ganzes Leben lang aus Restaurants, Candystores und aus öffentlichen Telefonzellen.

Der Rang Richies in der Cosa Nostra ist Gegenstand von Fachsimpeleien. Die einen halten ihn für einen »lieutenant«, andere siedeln ihn weiter unten als »caporegima« oder als Hauptmann an. Ich bin nicht sicher, ob diese militärischen Ränge nicht der Phantasie von Filmautoren entsprungen sind. Gelegentlich wurden sie auch von Unterweltfiguren gebraucht, die vor Senatsausschüssen aussagen mußten. Wahrscheinlich aber mehr, um den zuhörenden Laien am Beispiel der militärischen Rangordnung die Position von Leuten der Cosa Nostra klarzumachen. Vielleicht auch nur, um Eindruck zu schinden.

Ganz ähnlich ist es übrigens mit dem Begriff »Cosa Nostra«. La Cosa Nostra (Polizeijargon LCN), das ist nicht der Name für ein kriminelles Syndikat italienischer Prägung, sondern nur eine Redensart.

Wenn Italiener von der Mafia sprachen, dann nannten sie das »unsere Tradition« oder »unsere Sache«. Sie sprachen also von »cosa nostra« im Sinne von »du weißt schon, unsere Sache da«. Auch Ruggiero Boiardo hat nie anders über den Mob geredet.

Der FBI-Informant Vincent Teresa ordnet Richie folgendermaßen ein: »Angelo Chieppa, Charlie the Blade, gehört zur Familie der Genovese (den späteren Catenas). Chieppa war früher Leibwächter von Ruggiero the Boot Boiardo, ein gefährlicher alter Genovese-Hauptmann, der nach den ›Hits‹ (Hinrichtungen) des Mobs die Leichen auf seinem Landsitz in Livingston, New Jersey, eingeäschert hat.«

Sicher ist, daß Boiardo zu »Sam the Plumber« gehörte, der bürgerlich Simone Rizzo De Cavalcante hieß und in der Rangordnung der Cosa Nostra sehr weit oben stand. Gemeint ist derselbe Cavalcante, der aus der kriminellen Familie Jerry Catenas kam und später in dem Film »Der Pate« von Marlon Brando so überzeugend dargestellt worden ist, daß ihm die Herzen von Millionen Zuschauern in der ganzen Welt zuflogen.

Als ich mich aufmachte, Richie auf seinem Landsitz zu besuchen, wußte ich ziemlich wenig von ihm. Wenn ich mehr gewußt hätte, wäre ich wahrscheinlich in New York geblieben und hätte statt dessen lieber bei »O'Henry's« (wo es Würzburger vom Faß gab) ein Sirloin-Steak gegessen und meine zehn Worte Rückantwort als Verlust abgeschrieben.

Ich ahnte nicht, daß Boiardo der Mann war, der mit dem Erfinder des organisierten Verbrechens in Amerika, mit Abner Zwillmann, genannt »Longy«, einen Krieg um die Aufteilung New Jerseys vom

Zaun gebrochen hatte, dessen Brutalität selbst abgestumpfte Mafia-Killer beeindruckte. Später wurden Longy Zwillmann und Richie the Boot gute Freunde. Doch bis es soweit war, mußten viele ins Gras beißen.

Boiardo forderte »Longy« heraus. Er schickte seine Leute in Kneipen, die von Zwillmann beliefert wurden. Dort schlugen sie alles kurz und klein und boten dann neue Liefervereinbarungen als Gegenleistung dafür an, daß sie nicht mehr wiederkommen würden. Longy Zwillmann, auf der Höhe seiner Macht, traute seinen Ohren nicht. Er schickte einen seiner Schläger, Jake Rosenthal, um sich das einmal anzusehen.

Rosenthal wartet tagelang auf Boiardos Bier- und Schnapsvertreter. Endlich kommt einer, wirft einen Maßkrug in die Scheibe und knallt dem Inhaber die neue Preisliste auf den Tisch. Jake Rosenthal geht zu ihm hin und fragt ihn, was das soll. Boiardos Mann entgegnet, er soll sich um seinen eigenen Dreck kümmern. »Das ist mein Dreck«, sagt Jake. »Nimm deinen fetten Arsch aus dem Laden, bevor ich dich aus dem Fenster werfe.« Da er allein ist, geht Boiardos Mann. Er läßt eine Preisliste zurück, auf der »Ruggiero Boiardo« steht.

Drei Tage später wird der Laden von Boiardos Leuten in einen Haufen Kleinholz und Glassplitter verwandelt. Immer noch zögert Abner Zwillmann, sich auf einen regelrechten Krieg mit Boiardo einzulassen. Doch nach dem nächsten Zwischenfall kann er nicht mehr anders. Einer von Zwillmanns Whiskey-Transporteuren ist Barney Goldfarb. An einem drückend heißen Tag bringt er eine Ladung aus Longys Lagerhaus zu einer kleinen Kneipe in »Little Italy« von Newark. Goldfarb geht hinein, um sich mit einem Glas Bier vom Faß abzukühlen. Er hört einen Schuß, splitterndes Glas und einen Schrei. Ihm schwant nichts Gutes. In seinem Lastwagen draußen sitzt der Junge, der den Wagen gefahren hat. Goldfarb läuft hinaus. Der Junge hängt aus dem Wagen. Da, wo seine Augen waren, fehlt der halbe Kopf. Die Kisten mit den Whiskeyflaschen sind durchsiebt. Jetzt reicht es Abner Zwillmann. Richie ist zum Abschuß frei.

The Boot schlendert wenige Tage später inmitten von vier bis an die Zähne bewaffneten Bodyguards durch die Hauptgeschäftsstraße von Newark. Er ist bester Laune. Er kommt vom Schneider, und es ist Frühling. An der Ecke Broad Street und Market Street kommen von der gegenüberliegenden Straßenseite drei Typen auf die Gruppe zu. Die Bodyguards Boiardos gehen ihnen ein paar Schritte entgegen, dann verschwinden sie, als hätte der Boden sie verschluckt. Sie haben erkannt, daß es sich um Zwillmanns »enforcer« (Durchsetzer) handelt. Der Spaß hat aufgehört.

Richie Boiardo steht einsam und allein in seinem neuen Anzug auf der Straße. Bevor er seinen Revolver aus dem Bauchholster bekommt, fangen die anderen an zu schießen. Passanten gehen in Deckung. Fenster werden geschlossen. Der einzige Polizist in der Nähe dreht sich um, weil er nichts sehen will. Später streiten Zeugen darüber, ob sie sechzehn Schüsse gehört haben oder nur zwölf. Aber das ist eine akademische Frage. Der diensttuende Chirurg im St. Michael's Hospital zählt acht Einschüsse im

Körper von Richie the Boot. Die behandelnden Ärzte begreifen nicht, wieso Richie überlebt. Bis zu seinem Tod vor drei Jahren sind zwei der acht Kugeln in seinem Körper geblieben. Als ständige Mahnung, besser aufzupassen.

Nach der mißglückten Exekution ist Richie sauer und mietet seine Leute in einem Apartment gegenüber Longys Hotel Riviera ein. Sie haben genug Waffen, Munition und Handgranaten dabei, um halb Newark in Schutt und Asche zu legen. Aber Longy läßt sich nicht blicken. Boiardo kommt auf die Idee, zwei seiner Killer als junge Damen verkleidet zu Longy ins Hotel Riviera zu schicken. »Mr. Zwillmann, please«, lispelt eine der beiden dem Portier zu. Das Riviera ist zwar ein anständiges Hotel, aber was Damenbesuche anlangt, macht man für Longy Zwillmann schon mal eine Ausnahme. Der Portier ruft oben an und sagt, da wären zwei Damen für Longy Zwillmann. Sie sähen aus wie Damen, hätten Kleider an wie Damen, aber sie würden nicht riechen wie Damen. Was er machen soll.

»Schick sie rauf«, sagt einer der Bodyguards von Zwillmann.

Oben wohnt Zwillmann hinter einer Stahltür, vor der Joe Caprio Wache schiebt. Er hat die Figur eines Kleiderschranks.

Als die Damen aus dem Aufzug kommen, schauen sie in die Mündung der altmodischen, aber wirksamen Kaliber .38 »Police Positive«.

»Mr. Zwillmann erwartet Sie schon, meine Damen«, säuselt Caprio. »Rein mit euch, ihr Schwänze!«

Drinnen nehmen sie den schlotternden Hit-Männern Boiardos ihre kurznasigen Revolver ab, die sie im Hosenbund stecken haben. Einer der beiden übergibt sich, weil er sicher ist, daß er sterben muß. Der andere kann sein Wasser nicht halten. Der Urin läuft an den Damenstrümpfen herunter auf den Boden. Longy sieht sich die beiden an und sagt: »Ich tue euch nichts. Aber ihr könnt Boiardo ausrichten, daß endlich Schluß sein muß mit dem Quatsch. Ich will mit ihm reden.«

Boiardo ist geschmeichelt, daß der große Zwillmann ihn um eine Unterredung bittet. Vorsichtig bleiben beide. Beide schicken einen Vertreter zum ersten Gespräch. Boiardo will gleich von Anfang an zeigen, daß er nicht irgendein kleiner Gauner ist. Er schickt als Vertreter Ralph Capone, den Bruder von Al Capone. Zwillmann hat es nicht nötig, irgendwen zu beeindrucken. Er schickt Geraldo (Jerry) Catena, der damals noch ein unbekannter junger Mobster ist.

Der Friedensvertrag zwischen Zwillmann und Richie the Boot wird zwei Tage und zwei Nächte lang gefeiert. Es ist die heißeste Party, die Newark je gesehen hat. Prominente Politiker feiern mit. Sogar Paul Moore, der demokratische Kandidat für den Kongreß, ist dabei. Aby Longy Zwillmann ist spendabel wie immer. Er schenkt Boiardo einen Gürtel, dessen goldene Schließe mit einem riesigen flachen Brillanten verziert ist.

Wie der Zufall es will, wird dieser Brillant für Richie eines Tages mehr wert sein, als er gekostet hat. Als ein Catena-Killer ein paar Jahre später endlich einen gutgezielten Schuß auf ihn abgeben kann, trifft das Bleigeschoß vom Kaliber .45 seitlich genau auf den Brillanten, statt Richie den Bauch aufzureißen.

Ich bin nicht ganz sicher, ob es nur Fürsorge für mein Team ist, die mich allein zu Richie fahren läßt. Kameramann, Assistent und Toningenieur setze ich in einer Cafeteria in Livingston ab. Mein Hertz-Wagen hat New Yorker Nummernschilder, und *eine* Figur in einem Wagen aus New York würde die Gorillas von Richie sicher nicht so nervös machen wie vier Figuren aus New York. Vier Leute könnten auch ein Hit-Kommando sein.

Auf dem Weg zum Landsitz von Ruggiero Boiardo vergesse ich nicht, auf dem Polizeiposten von Livingston nach der Beaufort Avenue zu fragen. Ich weiß genau, wo sie ist, aber mir liegt daran, daß die Polizei weiß, was ich vorhabe. Wie zu erwarten, wollen die Beamten Näheres hören. Als ich es ihnen sage, machen sie mir klar, daß sie das für keine gute Idee halten. Vor ein paar Tagen seien in Richies Park zwei Studenten angeschossen worden, die als Mutprobe dort einen Spaziergang machen wollten.

Immerhin habe ich erreicht, was ich will. Die Polizisten wissen Bescheid. Falls mein Team später eine Vermißtenanzeige aufgibt, bekommt Richie sicher Schwierigkeiten. Ich ahne nicht, daß Richie eine lebenslange Praxis hat, mit Schwierigkeiten dieser Art fertig zu werden.

Dann sehe ich das riesige Eisentor in der Beaufort Avenue. Rechts und links auf drei oder vier Meter hohen Pilastern stehen die schwarzen Schwäne aus Metall, von denen es heißt, daß man sie nur von vorne sieht und niemals von hinten. Auch ich sah sie nie von hinten, weil ich in Richies Park andere Sorgen haben sollte, als mir schwarze Schwäne von hinten anzusehen.

Nach dem großen Tor von Richies Landsitz kommt eine endlos lange Auffahrt, die ich als eine Art Hohlweg in Erinnerung habe. Das imposante Tor wird im Rückspiegel schrecklich klein, aber das Haus ist noch nicht zu sehen. Die Auffahrt macht am Ende eine scharfe Biegung. Als ich um die Biegung herumkomme, fahre ich zusammen. Vor mir steht die ganze Familie der Boiardos mit porzellanbleichen Gesichtern. In der Mitte Richie auf einem Pferd. Die Figuren aus Porzellan sind viel größer als auf der Luftaufnahme von »Life«. Sie sind lebensgroß. Das Pferd ist ein Schimmelhengst.

Nach einer weiteren Biegung stehe ich vor dem Haus. Eine Meute scharfer belgischer Schäferhunde bleckt vor den Scheiben die Zähne. Zwei oder drei der Tiere stehen mit den Pfoten auf Kühler und Kofferraum. Die anderen warten mit hochgezogenen Lefzen darauf, daß ich die Tür aufmache. Keine Chance, lebendig vom Wagen bis zum Haus zu kommen. Niemand zeigt sich. Ich hupe. Nichts rührt sich. Ich hupe noch ein paarmal, warte.

Dann drehe ich den Wagen und fahre den endlos langen Hohlweg wieder hinunter zum Tor, um mein Team abzuholen.

Ich weiß, daß es oft ganz belanglose psychologische Faktoren sind, die unser Handeln bestimmen. Meine Kollegen rühren verlegen in ihren Tassen, als ich ihnen erzähle, wie es bei Richie war. Was sie denken, liegt greifbar dick zwischen uns: Sie haben mich im Verdacht, daß ich gar nicht oben war und jetzt tolle Geschichten erzähle.

Gegen meinen Willen höre ich mich den Kameramann bitten, die Kamera einzulegen und die Blende einzustellen. Ich habe vor, noch einmal hinzufahren und die Porzellangruppe der Familie zu drehen.

Die Kamera liegt neben mir auf dem Sitz, als ich zum zweiten Mal die Beaufort Avenue entlang zu den schwarzen Schwänen fahre. Diesmal nehme ich mir fest vor, sie von hinten anzusehen. Ein Lastwagen kommt mir entgegen. Als er genau neben mir ist, knallt es. Eine Fehlzündung. Ich fahre am Steuer meines Wagens zusammen und weise mich selbst zurecht. Mein Nervenkostüm paßt nicht für Richies Garten. Wieder wird das riesige Tor winzig im Rückspiegel.

Meine Kamera ist eine »Arriflex«. Beim Drehen muß man sie ans Auge halten. Während sie läuft, kann ich daher das Gelände rechts von mir nicht beobachten. Das heißt, ich sehe nur den Hohlweg und durch die Kamera die Figurengruppe. Das Haus und den Park davor sehe ich nicht. Es ist der Teil des Parks, in dem das Krematorium liegt. Irgend etwas fällt mir auf. Es ist zu still. Das Knurren und Bellen der Hunde fehlt. Ich nehme die laufende Kamera etwas weg vom rechten Auge, um daran vorbeischauen zu können. Über die Wiese des Parks kommt ein Mann in meine Richtung. Er hat ein Bomber-Jacket an und trägt in der Hand etwas ziemlich Kurzes und sehr Häßliches aus Metall. Eine »Thompson submachine-gun« ist es nicht, soweit ich das aus der Entfernung erkennen kann. Irgendwie bin ich überrascht, daß die Maschinenpistolen Al Capones nicht mehr im Umlauf sind. Dann sehe ich, daß es ein Vorderschaftrepetierer ist. Mit einem ekelhaft kurzen Lauf und einem Pistolengriff.

Ich bin ganz sicher, daß ich nun genug gedreht

habe, und höre auf. Das sagt sich so leicht. Der entwickelte Film zeigt später nicht nur die Porzellangruppe mit der Familie und Richie hoch zu Roß. Er zeigt auch, daß ich vergessen habe, abzuschalten. Nein, ich habe sie nicht auf den Sitz gelegt, sondern geworfen, und da ist die restliche Rolle durchgelaufen. Man sieht unscharf einen Teil des Armaturenbretts und überstrahlt die Windschutzscheibe. An der Bewegung der Kamera erkennt man eine gewisse Hektik.

Mit Ach und Krach kann ich den Wagen wenden und zum Tor hinunterfahren. Wieder vergesse ich, mir die Schwäne von hinten anzuschauen, obwohl ich es mir fest vorgenommen habe. Die Ausfahrt ist durch einen schwarzen Lincoln mit dunkel getönten Fenstern blockiert. Ich bin nicht ganz sicher, ob ich an ihm vorbeikommen werde. Ich muß es versuchen. Im Rückspiegel sehe ich den Kerl mit dem häßlichen Ding in der Hand.

Der Fahrer des Lincoln muß ein Tourist sein, der auch einmal Richies Schwäne aus der Nähe sehen will. Es scheint sich um einen besonders unsensiblen Touristen zu handeln. Sein Wagen bewegt sich keinen Millimeter aus meinem Weg. Ich versuche, ihm mit Zeichen klarzumachen, daß ich es eilig habe und zu einer dringenden Verabredung muß.

Unbeweglich sitzt der Fahrer hinter seinen getönten Scheiben. Ich lasse es darauf ankommen und zwänge meinen Wagen an seinem vorbei. Vermutlich geht kein Finger zwischen unsere Kotflügel.

Ich fühle mich wie neugeboren, als ich das Team aus der Cafeteria abhole.

Es ist spät geworden, und wir haben einen Interview-Termin mit einem der Mafia-Ankläger aus der Schule des ermordeten amerikanischen Justizministers. Der junge Staatsanwalt Andrew Phellan gehört zu den Leuten, mit denen Robert Kennedy dem Mob auf die Füße treten wollte.

Ich bin mit dem Ankläger zum Essen verabredet. Wir müssen uns beeilen, wenn ich rechtzeitig dort sein soll.

Der Highway nach Trenton ist ziemlich leer. Es ist wundervolles Wetter. Im Autoradio hören wir eine Hurrican-Warnung.

Plötzlich sehe ich den schwarzen Lincoln mit seinen getönten Scheiben ganz dicht neben mir. Viel zu dicht für meinen Geschmack. Aber schließlich: Das ist Trenton und nicht Chicago. Außerdem ist hellichter Tag. Der Lincoln schneidet mich formlos von der Straße herunter, drückt mich auf den Seitenstreifen und sperrt mich von vorne. Der Fahrer steigt aus. Es ist Richie the Boot, wie ich ihn von Polizeifotos her kenne.

Es ist ein heißer Tag in New Jersey. Mr. Boiardo trägt ein kurzärmeliges und fast durchsichtiges helles Hemd. Durch den Stoff kann man die Haare auf seiner Brust sehen. Außerdem zwei Narben. Er kommt zum Wagen.

Ich lasse die Scheibe herunter und raffe mich zu einem »What's up?« auf.

»What did you do up there?« will Boiardo wissen.

Ich frage ihn, ob er mein Telegramm nicht gekriegt hat.

»It's right here«, sagt Boiardo und klopft gegen die Brusttasche seines fast durchsichtigen Hemds. Und tatsächlich. Ich kann das Western-Union-Formular erkennen. Wenigstens funktioniert die Post.

Dann sagt er, daß er auch ohne uns genug Probleme hätte. Ich glaube, er meint Andrew Phellan und dessen State Commission of Investigation. Schließlich in einem Ton, als würde er uns gute Reise wünschen: »Buddy. I'm going to have you killed for that.« (»Junge, dafür lass' ich dich umlegen.«)

Er meint es. Und das ganze Team kann hören, daß er es meint.

»How do you like New Jersey?« fragt der Sonderankläger Andrew Phellan, als er uns in seinem Büro Stühle anbietet.

»Eine wunderschöne Gegend«, sage ich, »aber miese Typen.«

»Ah«, sagt Phellan und wird hellhörig. Er ist einer von denen, die es donnern hören, bevor es blitzt. Er will Genaueres wissen. Als er erfährt, daß The Boot mir vor drei Zeugen einen Hit angedroht hat, sagt er: »How utterly delightful« (»wie ganz und gar wundervoll«) und fragt, ob wir so nett wären, unter Eid auszusagen?

Klar, würden wir.

Ich frage Phellan, wie man Richie die Vorladung zustellen wird. Mit den bissigen Hunden im Park und den Leuten mit Vorderschaftrepetierern?

»Ganz einfach«, sagt Andrew Phellan. »Nach einer von mehreren Leuten bezeugten Morddrohung gehen wir rauf, erschießen die Hunde, machen die Tür auf und drücken ihm die Vorladung in die Hand.«

Minuten später sind wir vereidigt und machen unsere Aussagen vor dem häßlichsten Richter der Vereinigten Staaten von Amerika. Er sollte sich als besonders nobler und fürsorglicher Mann erweisen.

Trenton wäre eigentlich unser letzter Drehtag gewesen. Ob wir noch ein wenig bleiben könnten, fragt Andrew Phellan. Der Richter sagt, daß er Verständnis dafür hätte, wenn wir nach unserer Aussage lieber abreisen würden. Er denkt an unser Risiko. Wir denken an die Begründung für die Überziehung einer Dienstreise. Nach der letzten Reise hatte mich ein Mann vom Rechnungshof mit Grabesstimme im Schneiderraum angerufen und gefragt, wieso wir nach Beendigung unserer Dienstgeschäfte noch einen ganzen Tag in Washington geblieben seien. Über Washington hatte ein Blizzard gewütet, und auf dem Washington National Airport war eine Maschine abgestürzt. Der Mann mit der Grabesstimme nahm das ziemlich ungläubig zur Kenntnis. Ein Blizzard in Washington? Eine bessere Ausrede sei uns wohl nicht eingefallen.

Andrew Phellan schreibt uns eine Entschuldigung;

»It is requested that you and your crew be available on Monday afternoon, July 28, 1969, at 2.00 p.m. to give testimony before the State Commission of Investigation, with reference to the incident of July 23, 1969, between Mr. Ruggiero Boiardo and yourself. Your cooperation in this matter is greatly appreciated.«

Ob wir für die letzten paar Tage in Manhattan Polizeischutz haben wollen, fragt der Richter. Mit steifer Oberlippe sagen wir nein.

Am Tag der Abreise erkundige ich mich in der Lobby des Royalton, einem billigen, aber traditionsreichen Hotel in der Vierundvierzigsten West. Ich frage den Portier nach der Verkehrslage. Kommt man um diese Tageszeit besser direkt zum Flugplatz, oder sollen wir unseren Mietwagen stehen lassen und mit dem Taxi zum Air-Terminal in Manhattan fahren?

Ein junger Mann im grauen Flanell, der in der Nähe sitzt, legt seine Zeitung weg, steht auf und kommt zu mir. »Tun Sie mir einen Gefallen«, sagt er, »nehmen Sie den eigenen Wagen zum Flugplatz. Beim Terminal in der Sechsunddreißigsten kriege ich nirgends einen Parkplatz. Wie soll ich Sie heil aus der Stadt bringen, wenn ich nicht an Ihnen dran bleiben kann?«

Ich sehe unter seiner Jacke die kleine Ausbuchtung und kann mir denken, was das ist. Der häßliche Richter hatte sich auf nichts eingelassen.

Der Film, in dem die Aufnahme mit Richies Porzellanfamilie später verwendet wurde, bekam einen Grimme-Preis. Ich fürchte, daß man heute keinen Preis mehr für Naivität bekommt.

Wir wollen die Tage in New Jersey bis zu unserer Abreise nutzen. Ich versuche telefonisch und vergeblich, eine ganze Strichliste der Cosa Nostra vor die Kamera zu bekommen. Aus irgendeinem Grund sind alle verreist oder krank. Entweder ist eine Epidemie ausgebrochen, oder der Stiefel hat telefoniert.

Natürlich versuche ich auch den »Paten« Cavalcante zu erreichen. Nicht einmal, sondern zwanzigmal am Tag. Ich will mich mit ihm über sein Installationsgeschäft in Kenilworth unterhalten. Und natür-

44

lich auch über seine anderen geschäftlichen Aktivitäten. Sam Cavalcante beschafft Arbeitskräfte, die nicht gewerkschaftlich organisiert sind und daher weit unter dem Mindestlohn beschäftigt werden können. Daneben befaßt er sich mit Shylocking (Wucherei mit physischer Bedrohung), mit illegalem Glücksspiel und als ein wichtiger Mann der Catena-Familie sicher auch mit Rauschgift.

Cavalcante, mit dem Mob-Namen »Sam the Plumber«, läßt mir sagen, er hätte keine Lust, mit Ausländern zu reden, »and make sure not to call again«. (»Sorgen Sie dafür, daß Sie nicht wieder anrufen.«)

Beiläufig erzähle ich dem Sonderankläger der State Commission of Investigation, daß keiner von den Brüdern bereit ist, vor unsere Kamera zu gehen.

»Ah ja?« sagt Andrew Phellan. »Die Herren wollen nicht vor eine Kamera? Wofür halten die sich?« Man habe ohnehin ein paar Fragen an den Cosa-Nostra-Consigliere (Mafia-Anwalt) Franzblau, an den »executioner« (Henker) »Little Pussy« und natürlich an Signor De Cavalcante, alias Sam the Plumber, den Paten. Wie der Zufall so spielt, habe man schon am nächsten Tag, um 10 Uhr morgens, einen Termin für die Herren frei. Man würde sie ins Gerichtsgebäude bestellen.

Das Gerichtsgebäude von Trenton ist groß, hat mindestens ein Dutzend Eingänge und vermutlich noch mehr Ausgänge. Ein Sicherheitsbeamter gibt uns einen Tip. Wir könnten sicher sein, daß am nächsten Vormittag alle Eingänge verschlossen sein würden. Nur der Haupteingang sei offen. Da könnte doch zufällig unsere Kamera stehen. Polizei und Justiz hätten nichts dagegen, wenn wir ein bißchen filmten. Zumal das Deutsche Fernsehen öffentlich-rechtlich sei und somit »a public service«.

Damit wir ganz genau wissen, mit wem wir es am nächsten Vormittag um 10 Uhr zu tun haben werden, geben sie uns ein paar tausend Seiten Tonbandabschriften des FBI mit, dessen Agenten De Cavalcante in Kenilworth ein Jahr lang abgehört haben.

Die Abhörerei war etwas außerhalb der Legalität gewesen. Sicher, so etwas durfte nicht sein. Die Agenten, die das getan hatten, mußten bestraft werden und wurden das sicher auch. Nur, jetzt hatte man die saftigen Cosa-Nostra-Dialoge. Warum sie dann nicht auch einer breiteren Öffentlichkeit zugänglich machen, indem man sie Journalisten gab? Justizminister Robert Kennedy hatte ohnehin die Meinung vertreten, daß man das organisierte Verbrechen italo-amerikanischen Zuschnitts nur dann wirksam bekämpfen könne, wenn man dafür sorgte, daß Leute wie die Boiardos und die Cavalcantes bei den Bürgern nicht mit allzuviel Sympathie rechnen konnten.

Die öffentliche Stimmung gegenüber den Spitzenfiguren des organisierten Verbrechens mußte geändert werden, denn diese Stimmung war bedauerlicherweise eher auf der Seite des Mobs als auf der Seite der Justiz. Den Bürgern war es ziemlich egal, wenn Mobster sich gegenseitig umbrachten. Für viele stand die Cosa Nostra auch für die Autonomie des Bürgers. Möglichst viel Freiheit und möglichst wenig Staat, das war populär. Alles, was der Staat verbieten wollte, das beschaffte die Mafia den Bürgern. Wie es sich in einer freien Wettbewerbsgesellschaft gehört.

Genau das wollte die von Robert Kennedy geprägte Justiz ändern. Sie sah eine von ihr informierte Presse als wichtigen Verbündeten.

Amerikanische Justiz und Polizei sind – im Gegensatz zur deutschen Justiz und Polizei – immer zur Kooperation mit Journalisten bereit. In Amerika ist die Polizei gegenüber der Presse weniger zurückhaltend als die Presse gegenüber der Polizei. Bei uns schützt die Justiz sich und ihre kriminellen Kunden vor der Neugierde der Journalisten. In den USA liegt der Justiz daran, daß möglichst viele Bürger erfahren, was los ist.

Hier ein paar Auszüge aus der polizeilichen Bettlektüre vor dem Zusammentreffen mit Sam the Plumber am einzigen offenen Eingang des Justizpalastes in Trenton, New Jersey:

Inmitten von Freundlichkeiten und Komplimenten, Erkundigungen nach Familie und Gesundheit, Fachsimpeleien über die Vorzüge und Nachteile von Waffen und Munition wird mit einer Offenheit über die »commission« der Mafia geredet, wie sie nachher nie mehr ans Ohr von FBI-Agenten dringt. Das FBI hat in Sams Büro eine sogenannte »misur« installiert. Misur ist der FBI-interne Fachausdruck für »microphone surveillance«. Die Wanze hält Telefonate genauso fest wie direkte Gespräche.

Wenn es noch irgendwelche Zweifel gegeben haben sollte, dann ist durch diese Gespräche die »commission« als oberste Instanz der Cosa Nostra bestätigt worden. Sie bestimmt Gebietsaufteilungen, schlichtet Streitfälle und verhängt Sanktionen, auch und obwohl diese »commission« in sich zerrissen ist durch die widersprüchlichen Interessen ihrer Mitglieder. Jedes Mitglied hat im eigenen Territorium beinahe unumschränkte Macht. Keiner von denen ist es gewöhnt, seinen Willen nicht durchzusetzen, sich einem Votum unterzuordnen.

In Youngstown haben sie einen umgelegt, der seinen Mund nicht gehalten hat. Die drei Typen in Sams Büro finden, daß der Hit eine Pfuscherei gewesen sei. Außer Sam sind noch Angelo De Carlo und »Tony Boy«, Antony Boiardo, ein Sohn von Richie, anwesend.

Der abhörende »special agent« kann alle drei an der Stimme identifizieren. Der Hit in Youngstown ist mit einer Handgranate gemacht worden. Dabei hatte es den vierjährigen Sohn des Mannes erwischt, der gemeint war. Handgranaten sind eben zu ungenau. Dieser ganze neumodische Quatsch.

Nein, nicht alles Neumodische sei schlecht, sagt Tony Boy (Boiardo). Rauschgift zum Beispiel sei ein echter Hammer. Statt einer Handgranate kann man jemandem eine Überdosis geben und ihn dann ans Steuer seines Autos setzen. Das sei eine saubere Sache.

»Ganz einfach«, sagt De Carlo. »Man muß sich den Kerl holen und sagen, daß es sich um dieses Lügendetektor-Zeug handelt.« (De Carlo meint, man soll dem Opfer die Rauschgiftspritze mit der Überdosis schmackhaft machen, indem man ihm erklärt, in der Spritze sei das als »Wahrheitsdroge« verwendete Thiopental-Natrium, und man würde es ihm nur spritzen, um herauszufinden, was er der Polizei wirklich erzählt hat.)

»Wie viele fallen darauf rein?« fragt der skeptische Tony Boy. »So was spricht sich rum.«

»Also gut«, sagt De Carlo. »Dann gar nicht erst versuchen, ihn reinzulegen. Man sagt ihm einfach: Du siehst, wir sind zu fünft. Du weißt, daß wir dich umlegen. Man sagt ihm einfach: Tony Boy möchte dich in den Kopf schießen und dich auf die Straße legen. Wäre dir das Ding da (er meint die Spritze) nicht lieber? Wir setzen dich ans Steuer deines Wagens. Das ist nicht peinlich für deine Familie. Kein Aufsehen. So sollten sie es auch mit Willie gemacht haben.«

Mit »Willie« ist vermutlich Willie Moretti gemeint, eine Cosa-Nostra-Figur, die lange Zeit vor dem Gespräch ermordet worden ist. In seiner Kindheit war Moretti Spielgefährte von Frank Costello gewesen. Nicht nur deshalb ist der Runde in Sams Büro seine Hinrichtung nicht pietätvoll genug. Laut Polizeibericht der New Jersey State Police wurde Moretti am 4. Oktober 1951 tot in »Joe's Restaurant«, 793 Palisades Avenue, Cliffside Park, gefunden: mit zwei Kopfschüssen. Das Exekutionskommando bestand aus drei Leuten. Zwei saßen an einem Tisch, der dritte stand an der Kasse. Einer ging hinaus und holte »Willie« herein. Das Personal verzog sich in die Küche. Dort hörte es die Schüsse. Die Bedienung identifizierte später unter Vorbehalt einen Mafia-Killer namens Robilotto, der nie verurteilt wurde.

Bei dem Dialog über die beste Methode, jemanden umzubringen, gerät »Tony Boy« Boiardo als echter Sohn seines Vaters ins Sinnieren: »... damals, als wir den kleinen Juden hingemacht haben...«

»So klein sie sind«, sagt De Carlo, »sie zappeln ganz schön.«

»Der Stiefel«, sagt Tony Boy Boiardo und meint seinen Vater, »hat es mit einem Hammer gemacht. Der

Kerl fällt um und steht wieder auf. Also nehme ich ein Brecheisen. So lang. Achtmal auf den Kopf. Was glaubt ihr, was der mit mir macht? ›Cocksucker‹ (Schwanz-lutscher), sagt der zu mir und spuckt mich an.«

»Ja, die hängen am Leben«, stellt De Carlo lako-nisch fest.

Das wiederum weckt Erinnerungen im Paten, Sam De Cavalcante: »Ray (De Carlo), du hast mir mal von dem Typen erzählt, dem du gesagt hast, daß du es ganz sauber und glatt machen möchtest.«

»Genau«, sagt De Carlo. »Der war auch ein-verstanden. Außer mir waren noch Zip und Russel (untere Chargen der New-Jersey-Mafia) dabei. Wir haben ihn rausgebracht in den Wald, und ich habe gesagt; Nun hör gut zu. Zip war's, der ihn ficken mußte (to fuck somebody = umlegen, im Bett oder mit einer Kugel). Laß ihn, Zip, habe ich gesagt. Hör zu, du Arsch, habe ich zu ihm (dem Opfer) gesagt. It-chie hieß der Junge. Hör zu, Itchie. Du mußt sterben. Warum läßt du dir nicht einfach von mir ins Herz schießen. Da spürst du überhaupt nichts. Er hat ge-sagt, daß er unschuldig ist. Aber wenn's sein muß. Also habe ich ihm durchs Herz geschossen. Es ging auf der anderen Seite wieder raus.«

Am Tonfall De Carlos ist zu hören, wie gerührt er über sich selbst ist und seine noble Art, jemanden umzubringen.

Sam De Cavalcante bremst seinen Enthusiasmus für humane Exekutionen und beklagt sich bitter über das Benehmen einiger seiner Opfer: »Einer hat mich von unten bis oben vollgekotzt.«

»Da hätte ich ihn einfach auf der Straße liegen las-sen«, sagt De Carlo.

»Das konnten wir nicht«, verteidigt sich De Cavalcante. »Die anderen sollten nichts (von dem Hit) wissen.«

De Carlo plädiert weiter für seine Art der Euthanasie: »Gut, aber bei einem wie Willie (Moretti). Dem muß man sagen, wir haben dich gern und alles. Aber du mußt verschwinden. Es ist ein Befehl. Du weißt, was das heißt. Du selber hast lange genug solche Befehle gegeben.«

»Ich denke, Willie wäre damit nicht einverstanden gewesen«, sagt »Tony Boy« Boiardo.

»Ich glaube schon«, sagt De Carlo. »Vielleicht hätte er noch mal versucht, sich rauszureden. Aber dann hätte er sich damit abgefunden.«

»Wäre viel besser gewesen«, meint Boiardo.

»Man hätte ihn nicht erniedrigen dürfen«, sagt De Carlo.

»So was läßt einen schlechten Geschmack zurück«, stimmt De Cavalcante endlich zu. »Wenn sie einen von uns machen (in die Cosa Nostra aufnehmen), dann sagen sie auf sizilianisch zu jedem, daß er keinen von uns kränken darf. Wir haben uns versprochen, uns gegenseitig zu schützen.«

An einer anderen Stelle des abgehörten Dialogs spricht Sam De Cavalcante mit einem befreundeten Killer der Cosa Nostra. Man redet über alte Zeiten und darüber, wie schlecht heutzutage Menschen und Munition sind.

»Neulich«, sagt der Killer, »mußte ich auf einen Cadillac schießen. Was soll ich dir sagen? Der Buckshot (große Schrotkugeln, sogenannte Sauposten) ging nicht mal durch den Wagen.«

»Das ist es nicht«, sagt Sam in Erinnerungen versunken. »Früher hat man jemanden erledigt, wenn es sein mußte. Auf eine anständige Art. Man hat sich um die Familie gekümmert. Um die Kinder. Man hat für ein würdiges Begräbnis gesorgt.«

»Ja«, sagt der Killer. »Man war nicht knauserig. Man hat es sich was kosten lassen.«

Diese und viele andere Gespräche wurden von einem FBI-Agenten abgehört, der Italienisch und Sizilianisch sprach und der sich in der Cosa Nostra auskannte wie in der eigenen Hosentasche. Wenn ein Name oder eine Verwandtschaftsbeziehung nicht ganz klar war, dann fügte er in der Bandabschrift entsprechende Erläuterungen an. Bei der obigen Passage ist angemerkt, die beiden, der Killer und Sam the Plumber, hätten vor Rührung über die eigene Gutherzigkeit ein Tremolo in der Stimme gehabt. Vermutlich hätten sie geweint. »Und«, vermerkte der FBI-Agent, »beinahe hätte ich mitgeweint.«

Das ist also Sam De Cavalcante, the Plumber, der Klempner, den ich am einzigen offenen Eingang zum Justizpalast in Trenton, New Jersey, mit Kamera und Mikrofon treffen soll, nachdem ihn der Sonderankläger gezwungen hat, im Gerichtsgebäude zu erscheinen.

Das Ganze wird zu einer herben Enttäuschung.

Kurz vor 10 Uhr kommt eine Gruppe von drei Männern mit Ganovengesichtern, oder was wir dafür halten.

Kamera ab.

»Nein«, sagt einer von ihnen und winkt ab. »Wir sind's nicht. Wir sind ihre Anwälte.«

Dann taucht »Little Pussy« (kleine Möse) auf, der

sich einmal in einem Telefonat mit De Cavalcante beschwert hat: Eines seiner Opfer hatte einen solchen Lärm gemacht, daß er »den Kerl mit Benzin übergießen und anzünden mußte, bis er endlich still war«.

»Little Pussy« trägt zu einem elektrischblauen Anzug ein knallviolettes Hemd, elektrischblaue Wildlederschuhe und einen elektrischblauen Strohhut.

Wir drehen. Ich bin nicht sicher, ob uns jemand die Echtheit der Aufnahme glauben wird. So kann ein vom Fundus ausgestatteter Komparse aussehen, aber nicht ein renommierter Killer.

Dann kommt De Cavalcante. Ein mieser kleiner Hanswurst. Keine Ähnlichkeit mit Marlon Brando. Vielleicht 160 Zentimeter groß, etwas dicklich, ein Allerweltsgesicht. Über dem Arm hat er einen billigen Staubmantel und in der Hand die drei Kilo schwere Wochenendausgabe der »New York Times«.

Die Polizisten, die den Eingang kontrollieren, halten den Paten auf, damit wir in Ruhe drehen können.

Ich frage Sam De Cavalcante, ob er vor der State Commission of Investigation aussagen oder sich auf das »Fünfte Amendment« (»I refuse to answer on the grounds that I might incriminate myself«) berufen würde. Er dreht sich zu mir und sieht zu mir hoch. Dann kommt eine unangenehme Pause. Ich habe nicht damit gerechnet, daß er vor der Kamera irgend etwas sagt. Und wenn, dann hätte ich bei dem Wicht die Stimme eines Kastraten erwartet.

Mit einem tiefen Baß sagt er laut, langsam und prononciert: *»It is a beautiful day today.«*

Dann schlägt er mir, so fest er nur kann, mit

der schweren Wochenendausgabe der »New York Times« auf die Schulter, lacht schallend wie ein Provinzschauspieler und geht hinein.

Der nächste, der kommt, ist der Cosa-Nostra-Shyster (Advokat) und Consigliere Franzblau. Verschwiemelt und verschwitzt. Im Film »Der Pate« mimt ein bekannter Schauspieler den Mafia-Anwalt. Es ist eine beeindruckende Rolle: ein junger Rechtsgelehrter, der nur in der Harvard Law School studiert haben kann.

Der echte Franzblau muß für den Film eine Kerze in Santa Maria von Little Italy aufgestellt haben. Der echte Franzblau ist ein Mann, mit dem man sich nicht an einen Tisch setzt, weil er eine Abneigung gegen Körperpflege hat.

»Tony Boy« Boiardo, gegen dessen Vater wir ausgesagt hatten und der so großen Wert darauf gelegt hatte, daß man Leute auf nette Weise umbringt, bin ich viele Jahre später noch einmal in Manhattan begegnet. Ich saß in einem chinesischen Restaurant in den westlichen Fünfzigern und wartete auf den Nachtisch, als »Tony Boy« mit ein paar Typen hereinkam, denen ich ebensowenig begegnen wollte wie ihm.

Soweit ich mich erinnere, war das die einzige Zechprellerei, deren ich mich in meinem Leben schuldig gemacht habe. Ich meine, es war übergesetzlicher Notstand. Durch die Herrentoilette und einen Hinterausgang kam ich in einen Innenhof, der aussah, als wäre er die Dekoration für einen billigen amerikanischen Krimi. Beklemmend war vor allem, daß er keinen Ausgang hatte.

Ich werde das etwas füllige schwarze leichte Mädchen für immer in dankbarer Erinnerung behalten, das mich in sein Fenster steigen ließ, obwohl es einen Kunden hatte. Ohne eine Frage und ohne mit der Wimper zu zucken, zeigte es mir die Tür zur Straße. Wer in Manhattan lebt, hat offenbar gelernt, daß es Situationen gibt, in denen auch ein anständiger Mensch ohne lange Erklärungen verschwinden muß.

Ich glaube, diese erste Begegnung mit der italo-amerikanischen Form des organisierten Verbrechens und dessen Personal war für mich das, was man ein Schlüsselerlebnis nennt. Ich bin ziemlich sicher, daß ich damals Partei ergriffen habe für die andere Seite. Wie unfähig, korrupt oder ohnmächtig sie auch sein mochte.

GAMBIT

Bei den Sicherheitskräften der Bundesrepublik Deutschland sind Journalisten besonders unbeliebt, wenn sie sich mit Fragen der inneren Sicherheit befassen, ohne die Waschzettel von polizeilichen Pressestellen, von Pressestaatsanwälten, von der Polizeigewerkschaft oder vom Bund Deutscher Kriminalbeamter zu beherzigen.

Der Antagonismus zwischen Polizei und Presse ist gesund. Nur in totalitären Staaten ziehen beide am gleichen Strang. Gelegentlich nimmt das Gegeneinander von Polizei und Presse aber auch recht unterhaltsame und lustige Formen an. Am 5. Februar 1982 für alle unterhaltsam und lustig, außer für mich.

Es war die NDR-Talkshow, und es war ein Gambit, bei dem ich mehr als einen Bauern opfern mußte.

Zuerst läuft ein recht einleuchtender Film von Jay Tuck, in dem der Reporter sagt, daß der Senat der Freien und Hansestadt Hamburg nach jahrelangem Zieren endlich zugibt, was er immer bestritten hat: Auch in Hamburg gibt es organisiertes Verbrechen.

Im Studio habe ich einen Politiker als Gesprächspartner, der sich (selbstredend aus den honorigsten

Gründen) das Ganovenprinzip zu eigen gemacht hat, immer nur das zuzugeben, was er auch beim besten Willen nicht mehr bestreiten kann, und nur das zu bestreiten, was niemand behauptet hat.

Vor der Sendung hatte mich ein Redakteur des NDR diskret zur Seite genommen und mich unter vier Augen gebeten, im Hinblick auf die bevorstehende Bürgerschaftswahl mit dem SPD-Senator pfleglich umzugehen. Ich mußte dem Kollegen klarmachen, daß er mir das besser nicht gesagt hätte.

Die Sendung beginnt. Die Laune des Innensenators ist zum Schneiden. Ich beginne mit dem Vorwurf, einige Hamburger Polizisten seien korrupt und steckten mit Figuren des organisierten Verbrechens unter einer Decke. Darauf der Innensenator laut NDR-Kontrollmitschnitt: »Unsere Polizei ist schon in Ordnung. Sie hat mich in zwanzig Minuten quer durch Hamburg hierher gebracht.« Frenetischer Beifall des Hamburger Publikums im Studio. Mir schwant, was mir blüht. Vermutlich ist Hamburgs Innensenator mit Blaulicht und auf Kosten der Sicherheit anderer Verkehrsteilnehmer deshalb so schnell »quer durch Hamburg« ins NDR-Studio Lokstedt transportiert worden, weil seine Beamten wissen, daß ihm kein Argument zu billig ist, um sich damit vor ihr ramponiertes Image zu stellen.

Der Politiker jedenfalls erklärt, er sei »befriedigt« über das Ergebnis der Untersuchungskommission, weil dieses erstens bestätigt habe, daß es organisiertes Verbrechen tatsächlich gebe. (Das wiederum kann nur für den Hamburger Innensenator neu gewesen sein.) Zweitens sei er »befriedigt«, weil die Untersuchungskommission auf die Frage, ob es

»eine enge Verbindung der Hamburger Polizei mit der Unterwelt« gebe, einen negativen Befund festgestellt habe.

Diese Volte muß man sich genau ansehen: In Hamburg gibt es zum Zeitpunkt der Sendung Polizeibeamte, die nachweisbar mit der organisierten Unterwelt kooperiert haben, und es gibt an die achtzig Ermittlungen gegen Beamte, die in einem ähnlich schweren Verdacht stehen. Der verantwortliche Innensenator aber ist froh darüber, daß es keine »enge Verbindung der Hamburger Polizei mit der Unterwelt« gibt. Natürlich wäre eine »enge Verbindung« nicht einzelner Beamter, sondern schlechthin »der Hamburger Polizei« zur Unterwelt kein Skandal mehr gewesen, sondern eine nationale Katastrophe. Der Innensenator ist befriedigt über den Skandal, weil er sich noch nicht zur Katastrophe ausgewachsen hat.

Dieser Tag ist nicht mein Tag. Das Publikum jubelt dem für einen Skandal dankbaren Politiker zu. Ich kriege kein Bein auf die Erde. Stur redet der Innensenator von der gesamten Hamburger Polizei, wenn ich das kriminelle Verhalten einzelner Beamter anspreche. Dadurch gelingt es ihm, mich als Gegner der Sicherheitskräfte hinzustellen. Es ist der Leib-und-Magentrick von Sicherheitsbehörden. Laut NDR-Kontrollmitschnitt sage ich, »daß natürlich Hunderte und Aberhunderte (von Beamten) in Ordnung sind«. Bevor ich Luft holen kann, dreht mir der Politiker das Wort im Mund herum: »...wenn Sie behaupten, daß von zehntausend (Beamten) nur einhundert in Ordnung sind...« Tosender Applaus für den Innensenator.

Dann läuft er zur Hochform auf: »Was ich bedauere, ist, daß seit Jahren Journalisten erklären, sie wüßten genau, daß es etwas (organisiertes Verbrechen) gäbe..., nur wenn dieselben Journalisten gebeten werden von den Ermittlungsbehörden, dann verweigern sie sich. Wie paßt das zusammen?«

Jetzt meint er mich. In der Tat war ich von der Hamburger Polizei »gebeten« worden und hatte mich »verweigert«. Unter anderem deshalb, weil ich nach Lage der Dinge damit rechnen mußte, daß es in dieser Polizei ein paar Leute gab, die keinen Augenblick zögern würden, der Hamburger Unterweltprominenz meine Aussagen zur gefälligen prozessualen Verwendung an die Hand zu geben. Immerhin war öffentlich bekannt geworden, daß selbst Hamburger Kriminalbeamte brisante Ermittlungsergebnisse privat zu Hause versteckt hatten, weil sie ihnen in den Amtsräumen nicht sicher genug aufgehoben schienen.

Das Publikum versteht den Innensenator genau so, wie er verstanden werden will: Da hat ein Politiker einen Journalisten gestellt, der sein Maul aufreißt und sich weigert, Roß und Reiter zu nennen. In Wahrheit liegt dem Politiker an nichts weniger, wie sich schnell herausstellen wird.

Ich mache noch einen Versuch, den Zuschauern klarzumachen, wer unfair spielt. Deshalb ziehe ich ein polizeiinternes Telex aus meinen Akten. Es ist ein »Department of State Telegram, Limited Official Use«. In dem Dokument wird ein Hamburger Prominenter unter der Code-Nummer Subj. XN 75-0002 als »Hamburg Organized crime figure and possible narcotics trafficker« bezeichnet, also als eine Figur des organisierten Verbrechens und möglicher Rauschgifthändler.

Ich lasse erkennen, daß ich es nicht wage, diesen Text vorzulesen, weil ich die Verleumdungsklage nicht durchstehen würde. Wenn aber der Innensenator sich getraute, den darin enthaltenen Namen zu nennen...

Natürlich denkt der Senator gar nicht daran. Niemandem im Publikum fällt auf, daß derselbe Mann, der gerade noch von mir das Nennen von Namen verlangt hat, sich selber davor drückt. Irgend etwas mache ich falsch. Ich versuche es noch mal und sage laut Kontrollmitschnitt: »X... wurden engste Kontakte mit dem Hamburger Gastronomen Wilfrid Schulz nachgesagt. Was, bitte, ist daran so schlimm? Ich habe viele gute Beziehungen zu Gastronomen.« Da ist ein Name. Mal sehen, was der Politiker jetzt macht.

Seine Wendigkeit ist bestrickend. Derselbe Innensenator, der gerade noch Roß und Reiter genannt haben wollte, ist jetzt plötzlich zutiefst entrüstet: »Also ich finde das nicht fair...« Dann redet er schnell von anderen Dingen. Womit er sich verdient gemacht hat, wofür er nicht verantwortlich ist, worein er sich nicht mischen kann, und daß er sogar eine Klausurtagung organisiert hat. Großer Beifall. Und: »Im übrigen sage ich Ihnen noch mal, wenn Sie Namen nennen... Wenn Namen genannt werden...« Er sagt es, als wäre das nun wirklich der Gipfel der Perfidie.

Schließlich begründet er, warum gerade ein Mann wie er, mit Informationen in der Hand und voll gedeckt von seinem Apparat, keinen Namen bestätigen kann, aber dennoch von anderen verlangt, daß sie auspacken. Wie immer muß die Schutzheilige aller Sicherheitsbürokraten herhalten, die Kriminaltaktik.

Gute Lust habe ich, den Innensenator zu fragen, weshalb seine Leute die Telefone von Wilfrid Schulz, Uwe Carstens, Ursula Hayn und damit auch ihres Freundes »Bill« William Ray Davis, alias Gutling, abhören. Die Frage liegt mir auf der Zunge, wie denn der »begründete Verdacht« auf Mitgliedschaft in einer kriminellen Vereinigung aussieht, der zu dieser Hamburger Abhöraktion geführt hat. Gern hätte ich auch von ihm gewußt, wie zwingend die Verdachtsmomente waren, die zu einer Telefonüberwachung des Café Chérie geführt haben. (Solche Genehmigungen sind problematisch, weil durch sie auch Personen abgehört werden, die in keinem Verdacht stehen.)

Die Fragen reizen mich deshalb, weil die Abhöraktion – wie in Hamburg üblich – ein offenes Geheimnis ist. Bis zum heutigen Tag ist mir schleierhaft, weshalb die Abgehörten – wie man später einem Zentner Gerichtsakten entnehmen wird – noch im Oktober und November 1981 ganz ungeniert miteinander über ihre kriminellen Aktivitäten geredet haben. Allein aus dieser Abhöraktion kann ich dem Senator Dutzende von Namen nennen.

Sogar dem FBI ist die Hamburger Telefonnummer aufgefallen, die ziemlich regelmäßig von Cosa-Nostra-Figuren angerufen wurde. Unter ihnen der Cosa-Nostra-Mobster Joseph Andrew Nesline, der zum europäischen Personal der Leute um den verblichenen Meyer Lansky gehört. Ebenso der in einem Te-

lex des Bundeskriminalamts erwähnte »Charles Tou-
rino«. Gemeint ist sicher Charles Tourine, »Charly
the Blade«, der für die Cosa Nostra im Handel mit
gefälschten Wertpapieren steckt und im illegalen
Glücksspiel; ein besonders brutales Mitglied der Genovese.

Ich bin nahe dran, mich in der NDR-Talkshow
nicht zu »verweigern«. Aber ich will nicht um diesen
Preis recht behalten. Zum damaligen Zeitpunkt bin
ich nicht sicher, ob die Telefonüberwachung noch
läuft oder schon »verbrannt« ist. (Sie läuft noch.)

Ich halte meinen Mund.

Der Innensenator trägt nicht einen Punkt, sondern alle Punkte für die ins Haus stehende Wahl davon. Ich schleiche mich, nein, ich stehle mich aus
dem Studio und nehme mir vor, Hamburg im Hinter-
kopf zu behalten.

MOB UND MUSKEL

Wer in dem Geflecht von Geldgier, Skrupellosigkeit, Politik und Tradition ein Muster erkennen will, der darf sich nicht durch die vielfältigen Blüten des organisierten Verbrechens verwirren lassen.

Das Prinzip ist zum Lachen einfach.

Fernsehserien und Polizeiberichte täuschen darüber hinweg, daß organisiertes Verbrechen ein Geschäft ist wie jedes andere: Es geht einzig und allein darum, für möglichst wenig Leistung oder Ware möglichst viel Geld zu kriegen.

Am besten funktioniert das mit Leistungen oder Waren, die nicht überall zu haben sind. Je verbotener eine Ware und je gesetzwidriger eine Dienstleistung, desto mehr kann man daran verdienen. Die Rentabilität an sich macht es aber nicht. Auch das Risiko muß ins Kalkül gezogen werden. Deshalb ist nicht alles lukrativ, was verboten ist.

Ein Schlag über den Schädel eines Passanten zum Beispiel oder ein Stich in die Nieren kann schnellen und vielleicht sogar hohen Gewinn bringen. Solche Geschäfte sind aber höchst spekulativ. Um jemanden den Schädel einzuschlagen oder mit einem Fallmesser genau die Nieren zu treffen, braucht man eine gewisse Kompetenz, ein Minimum an unternehmerischem Elan und die Bereitschaft, sich die Hände und womöglich sogar den Anzug schmutzig zu machen. Andererseits gibt es keine Garantie, daß der Passant mehr als Kleingeld in der Tasche hat. Wenn es dumm ausgeht, dann war die ganze Mühe umsonst oder so gut wie umsonst. Bei solchen Geschäften ist der Ertrag nur ganz selten dem Aufwand angemessen. Sie sind daher das Metier von Amateuren. Im organisierten Verbrechen spielen sie nur als begleitende Maßnahmen bei ergiebigeren Geschäften eine Rolle.

Fernsehserien und Polizeiberichte täuschen nicht nur über den geschäftlichen Charakter des organisierten Verbrechens hinweg, sondern auch über die Motive der Handelnden. In Fernsehserien handeln die Hauptfiguren trotz der Sicherheit, mit der sie am Schluß des Stücks erwischt werden. Sie scheinen einfach Spaß an Autojagden zu haben, an Feuergefechten und am konspirativen Transport von allem möglichen. Die Polizei dagegen hat als Motiv den Begriff »kriminelle Energie« eingeführt. Sie will damit verschleiern, daß die Beweggründe im organisierten Verbrechen identisch mit den Beweggründen im normalen Geschäftsleben sind. (Vincent Teresa, Mafia-Don und FBI-Informant: »Der Mob gedeiht auf der Geldgier des normalen Bürgers.«)

Die Mitglieder des organisierten Verbrechens tun das, was sie tun, nicht, weil es verboten ist, weil sie sich langweilen oder gar das kapitalistische System verändern wollen, sondern weil die meisten Geschäfte, die wirklich etwas einbringen, nur außerhalb der Legalität zu finden sind. Wenn man beim

Handel mit Käse schneller Geld verdienen könnte als beim Handel mit Kokain, dann wären alle besseren Ganoven in der Molkereibranche tätig und gesetzestreue Bürger.

Wie wir gesehen haben, ist die Aussicht auf nennenswerten Gewinn nicht sehr groß, wenn man einem X-beliebigen den Schädel einschlägt oder in die Nieren sticht. Die ökonomische Prognose ist viel günstiger, wenn man dem richtigen Mann das operative Ende einer abgesägten Schrotflinte unter die Nase hält. Einem Mann, von dem man weiß, daß er viel Geld hat und daß man ihm angst machen kann, weil er gern am Leben bleiben würde. Die Wahrscheinlichkeit ist groß, daß dieser Mann zahlt, ohne daß man abdrücken müßte. Man spart Munition, hat keine Schweinerei mit der Leiche und bekommt trotzdem Geld. Es handelt sich um den geschäftlichen Idealfall schlechthin, um den Prototyp des guten Geschäfts.

Auf den ersten Blick sieht es so aus, als wäre das Ganze keine echte Transaktion, als gäbe es nur Gegenleistung, aber keine Leistung. Das ist eine optische Täuschung.

Die traditionelle Ökonomie wehrt sich aus rätselhaften Gründen gegen die Einsicht, daß Angst eine Ware ist wie jede andere. Man kann sie genausogut zu Geld machen wie jede andere. Vielleicht sogar besser.

Die traditionelle Ökonomie wehrt sich, obwohl bekanntlich Politiker gar nicht schlecht davon leben, daß sie Angst verbreiten: vor den Russen, vor den Grünen, vor den Pershings, vor den SS-20, vor der Arbeitslosigkeit und vor der Armut im Alter. Die

Kunst der Politiker ist es, Angst in Stimmen umzuwandeln und damit in relativ hochdotierte Posten für sich selbst. Deshalb sind sie auch so empfindlich, wenn jemand anderer als sie selbst Angst verbreitet (etwa vor den Folgen ihrer Politik), und deshalb nennen sie diese Schmutzkonkurrenz dann »Panikmache«.

Im Grenzbereich zwischen Politik und Geschäft, in der Rüstungsindustrie, bekommt das Geschäft mit der Angst eine sogar Fachleute beeindruckende Dimension. (Joe Bonanno, Boß der kriminellen Bonanno-Familie von New York: »Dagegen ist ›unsere Tradition‹ eine harmlose Gemischtwarenhandlung.«)

Angst spielt beim organisierten Verbrechen nicht nur als Ware eine Rolle. Sie ist ein unverzichtbares Gleitmittel, das den reibungslosen Ablauf von Transaktionen sichert, schriftliche Verträge überflüssig macht und jedes Geschäft auf das Wesentliche beschränkt: Wenn du nicht zahlst, dann verpassen wir dir Zementhosen.

Faustregel: In jeder Form des organisierten Verbrechens steckt ein Moment der physischen Gewalt.

Das gilt auch für das organisierte Verbrechen in der Bundesrepublik Deutschland, und das gilt, obwohl bei uns die physische Gewalt, im Gegensatz etwa zu Süditalien, nicht propagiert wird. Da Polizei und organisiertes Verbrechen aus ganz unterschiedlichen Gründen an einem Strang ziehen und behaupten, daß es organisiertes Verbrechen gar nicht gibt, will die Unterwelt bei uns keine schlafenden Hunde wecken.

Zurück zu unserem Mann mit der abgesägten Schrotflinte. Der Mann könnte Ärger bekommen, wenn Leute bei seiner Transaktion zusehen, die Angst nicht für eine Ware wie jede andere halten. Leute, die zur Polizei gehen und Geschichten erzählen. Zwar kennt die Polizei den Marktwert der Angst sehr genau, aber sie hat auch etwas gegen abgesägte Schrotflinten. Nicht zuletzt deshalb, weil eine derartige Bewaffnung von Zivilisten die Zuständigkeit der Polizei empfindlich berührt. Die Polizei ist daher ein Party-Killer, wenn es um Geschäfte mit abgesägten Schrotflinten geht. Sie beschafft zwar selten gerichtsverwertbare Beweise aus dem Bereich des organisierten Verbrechens, aber sie ist lästig und – was noch schlimmer ist – geschwätzig.

Das Wesen aller wirklich guten Geschäfte ist aber Diskretion. Schweigen ist ein Geschäftsprinzip, das in Süditalien mit dem wohlklingenden Namen »omertà« umschrieben wird. Man kennt das Prinzip auch bei uns und nennt es – zum Beispiel bei parlamentarischen Untersuchungsausschüssen – »Erinnerungslücke«.

So beharrlich die Polizei aus »kriminaltaktischen Gründen« schweigt, wenn Ermittlungen in die Hose gehen oder wenn Polizeibeamte die falschen Leute verhaften oder erschießen, so redselig wird sie beim leisesten Anschein eines Ermittlungserfolgs. Aus allen diesen Gründen ist den Vertretern des organisierten Verbrechens die Neugierde der Polizei nicht ganz gleichgültig.

Nun hängt die Frage, ob Zeugen einer geschäftlichen Transaktion zur Polizei gehen oder nicht, allein von der Reputation des Mannes mit der abgesägten

Schrotflinte ab. Wenn der Mann über eine Reputation verfügt, die es dem Zeugen ratsam erscheinen läßt, lieber nichts gesehen zu haben, dann passiert überhaupt nichts. Grundlage einer solchen Reputation sind zurückliegende Geschäfte, bei denen der Mann abgedrückt hat.

Beim organisierten Verbrechen wird jedes auf diese Weise mißglückte Geschäft zu einer vertrauensbildenden Maßnahme für zukünftige Geschäfte. Das heißt, im organisierten Verbrechen gibt es keine wirklich schlechten Geschäfte. Sogar ein in naiven Kategorien total mißglücktes Geschäft – kein Geld und alle Geschäftspartner tot – wird im organisierten Verbrechen irgendwann einmal Dividende zahlen.

Faustregel: Reputation ist wichtiger als die Patrone in der abgesägten Schrotflinte.

Die Strafjustiz hat im Gegensatz zum organisierten Verbrechen auf eine vergleichbare Reputation verzichtet. Sie ist daher für die Risiko-Kalkulation so gut wie belanglos. (Dr. Enrico Altieri, Mafia-Ankläger, Cagliari, Sardinien: »Die Justiz straft vielleicht. Die Mafia straft immer, und es ist immer die Todesstrafe.«)

Da die Strategie der Angst das wesentliche Kennzeichen aller bekannten Arten des organisierten Verbrechens ist, lohnt sich ein erster Blick auf die Feinheiten dieser Strategie. Je überzeugender die Reputation eines Mannes ist, daß Zeugen, die gegen ihn aussagen, den Gerichtstermin nicht erleben, desto seltener muß er Gewalt anwenden. Wenn jeder Geschäftspartner fest davon überzeugt ist, daß der Mann am hölzernen Ende der abgesägten Schrotflinte notfalls abdrückt, dann braucht der Mann mit der

Schrotflinte nie abzudrücken. Alles funktioniert wie von selbst, und die verbale Kommunikation zeichnet sich sogar durch einen zivilen, beinahe höflichen Tonfall aus.

Faustregel: Je überzeugender die Reputation, desto friedlicher die Umgangsformen.

Die Mafia hat die Strategie der Angst erkannt, lange bevor die militärische Abschreckung zu einer pseudoreligiösen Doktrin geworden ist. Diese Strategie funktioniert nicht immer ohne Reibungsverlust. Die Schießereien in New York oder Palermo bezeugen es. Das ist in der Politik nicht anders. Auf der ganzen Welt wird unterhalb der finalen Abschreckung zwischen Ost und West ein Krieg nach dem anderen geführt. Durch eine Überstrapazierung der Strategie der Angst haben die Politiker das erreicht, was sie eigentlich vermeiden wollten: Da keiner die finale Abschreckung praktiziert, macht jeder militärisch, was er will. Eine für beide Seiten terminale Abschreckung, das ist genau der eine Zahn zuviel.

Die Mafia hat in Sachen Abschreckung eine längere Erfahrung. Sie geht darin nicht zu weit und bleibt daher glaubwürdig. Niemand, aber wirklich überhaupt niemand, würde im organisierten Verbrechen jemandem eine Drohung glauben, die den Untergang des Drohenden mit einschließt. Wozu sollte so etwas gut sein? Die Vertreter des organisierten Verbrechens nehmen den Mund nicht so voll wie die Politiker, die von dem Renommee leben, daß man ihnen alles zutraut, einschließlich der Selbstvernichtung. Um glaubwürdig zu bleiben, nimmt die Mafia sogar Sand im Getriebe in Kauf. Schießereien und Konkurrenzkämpfe sind im Mob Teil des Systems und nicht, wie in der Politik, ungewollte Pannen. Todesfälle sind die unausweichliche Folge von Fehlverhalten auf der einen Seite und mangelnder Reputation auf der anderen. Todesfälle haben eine Ordnungsfunktion.

Faustregel: Menschenleben werden geopfert, damit das System funktioniert und nicht umgekehrt.

Am häufigsten ist vermutlich eine Technik, die man in Sizilien »lupara bianca« nennt. Die »weiße, abgesägte Schrotflinte« bedeutet, daß jemand einfach verschwindet. Spurlos und lautlos. Man findet keine Leiche, und es gibt keinen Hinweis auf den Urheber. Mit dieser Methode versucht das organisierte Verbrechen mehrere Fliegen mit einer Klappe zu schlagen. Ein Individuum, das aus verschiedenen Gründen zur Disposition steht, wird abgestraft und eliminiert, und die Angehörigen werden dadurch gezüchtigt, daß man ihnen nicht einmal etwas läßt, das sie begraben könnten. Jeder weiß, was mit dem Verschwundenen geschehen ist, aber es gibt keine Gewißheit, und die Polizei reagiert höchstens mit einer Vermißtenanzeige.

In der Bundesrepublik Deutschland wird eine andere Art von »lupara bianca« praktiziert. Es gibt eine ganze Reihe von Todesfällen, die ganz offensichtlich etwas mit dem organisierten Verbrechen zu tun haben. Da aber weder Polizei noch Presse dafür einen gerichtsverwertbaren Beweis beibringen können, werden solche Unfälle einfach abgelegt. Bei der deutschen »lupara bianca« verschwindet keine Leiche. Der Betroffene hat nur das Pech, in kapriziöse

Unfälle verwickelt zu werden. Er erstickt zum Beispiel in einem Abwasserschacht, in dem er nichts zu suchen hatte, er verbrennt in einem Auto ohne erkennbaren Grund und weit von seiner Fahrstrecke entfernt, oder er hängt sich auf, weil er sechs Richtige im Lotto hat.

Todesfälle auf offener Straße und vor möglichst vielen Zuschauern sind für den Umsatz notwendige Public-Relations-Veranstaltungen. Man benutzt dafür gern automatische oder halbautomatische Waffen, die viel hermachen, obwohl eine einzige Kugel in einer stillen Seitenstraße vollauf genügt hätte. Kriegswaffen mit hohem Geräuschpegel ersetzen nach und nach die eher dezenten Faustfeuerwaffen, die nur Einzelfeuer liefern und Bleiklumpen in der Gegend herumschleudern. Automaten verschaffen dem Mob eine ganze Menge Muskel.

Das organisierte Verbrechen braucht Reklame wie jedes andere Geschäft. Gefahr droht dem Markt nur, wenn zu viele Leute keine Angst haben. Insofern ist der Mob dankbar für die zahllosen Filme und Fernsehserien, die ihn als eine unangreifbare Identität darstellen. (Dalla Chiesa, von der Mafia ermordeter Carabinieri-General: »Wenn alle sich entschließen könnten, keine Angst mehr zu haben – es wäre das Ende der Mafia.«)

Der Mann am Drücker der abgesägten Schrotflinte, der Mann mit dem Benzinkanister und dem Streichholz und der Mann mit dem kokaingefüllten Kondom im Darm, sie alle gehören zur niedrigsten Kaste, die man in den USA »mechanics« nennt. Die Mechaniker oder »soldati« machen die Dreckarbeit. Sie transportieren gefährliche Ware, treiben Schutzgeld ein und schlagen notfalls zu. Ihr Profit liegt am Rande des Existenzminimums, obwohl sie zum organisierten Verbrechen gehören. Sie widersprechen dem Klischee, das jedes Mitglied des Mobs als einen etwas laut, aber teuer gekleideten Zuhälter porträtiert, der mit dem Geld nur so um sich wirft. Das materielle Elend in den unteren Rängen des Mobs ist herzerweichend. Der niedrige Lebensstandard ganz unten wird nur ungenügend durch die kostenlose Versorgung mit teuren Anwälten und preisbewußten Entlastungszeugen kompensiert. Jeder der Parias des organisierten Verbrechens hofft, sich durch besondere Leistungen irgendwann einmal nach oben zu dienen. Tatsächlich bleiben die meisten aber unten, weil man sie da braucht und wegen ihres Strafregisters fest in der Hand hat.

Die Mechaniker, das Fußvolk, die Soldaten zeigen oft ein Draufgängertum, das man auf den ersten Blick mutig nennen könnte. Die Leute sind aber nur tollkühn, weil ihr Intelligenzquotient an klinische Idiotie grenzt. Mut ist so ziemlich die einzige Eigenschaft, die man beim Mob nicht findet. Dafür eine recht erfinderische Grausamkeit gegenüber Wehrlosen und eine kompromißlose Skrupellosigkeit aus dem Hinterhalt. Das heroische Image geht ausschließlich auf die Darstellung in den Massenmedien zurück und hat keinerlei Bezug zur Realität.

Weil das Fußvolk des organisierten Verbrechens ebenso tollkühn wie stupid ist, werden diese Leute relativ oft von der Polizei erwischt. Damit bei polizeilichen Vernehmungen keine überflüssigen Komplikationen entstehen, sorgt man schon vorher dafür, daß die einfachen Soldaten nichts wissen. Selbst wenn sie aussagen wollten, könnten sie über die innere Struktur, in der sie arbeiten, kaum etwas berichten. Was sie wissen, reicht auf keinen Fall für eine Verhaftung oder gar Verurteilung von Leuten, die in der Hierarchie über ihnen stehen. Es handelt sich um das Prinzip der inneren Abschottung.

Faustregel: Je dichter die innere Abschottung, desto unangreifbarer die Organisation.

Die Polizei ist über die innere Abschottung im organisierten Verbrechen nicht nur traurig. Da sie in der Regel bloß die unteren Chargen erwischt, die ihre eigenen Hintermänner gar nicht kennen, zieht sie daraus sehr oft den Schluß, daß es keine Hintermänner gibt und somit auch kein organisiertes Verbrechen. Außerdem glaubt jede Polizei, daß sie alles weiß. Infolgedessen kann es etwas, das sie nicht weiß, gar nicht geben.

Die selektive Wahrnehmung der Polizei hat einen nicht zu unterschätzenden Vorteil. Nicht nur für die Ganoven, sondern auch für den Stoffwechsel der zweiten Gewalt. In der Sicherheitsbürokratie werden Planstellen und Mittel nach einer Art Leistungsprinzip vergeben. Je mehr Straftaten eine Polizei aufklärt, desto besser steht sie da und desto beliebter ist sie weiter oben, wo man sich ihre Fahndungserfolge ins Knopfloch steckt.

Ermittlungen im Bereich des organisierten Verbrechens kosten viel Zeit und Geld, führen aber nur selten zu einer Verurteilung. Belastungszeugen werden unter Druck gesetzt, Entlastungszeugen werden gekauft, und auf der Gegenseite stehen die besten Anwälte des Landes. Gerissene Verteidiger können praktisch jedes Verfahren so lange verschleppen, bis selbst die Anklage die Sache am liebsten los wäre. Ermittlungen im Bereich des organisierten Verbrechens sind also denkbar unrentabel.

Eine Polizei, deren Ziel eine hohe Aufklärungsquote ist, läßt davon am besten die Finger. Es bringt ihr viel mehr ein, wenn sie wie der Teufel hinter der armen Seele hinter Bagatelldelikten her ist und organisiertes Verbrechen organisiertes Verbrechen sein läßt. (Ein Berliner Staatsanwalt: »Wenn uns einer einen Tip über das große Ding im organisierten Verbrechen bringt, dann wimmeln wir ihn ab. Die Verfolgung von Eierdieben bringt mehr ein.«)

Angenommen, der Mann am Drücker der abgesägten Schrotflinte hat einen Kollegen von der Zunft vor sich, der ihm ein Gegengeschäft vorschlägt.

Der Kollege könnte zum Beispiel sagen: Laß uns doch das Geschäft gemeinsam machen. Wenn du mich über den Haufen schießt, dann werden dich meine Mechaniker irgendwann dafür festnageln. Außerdem weiß ich jemanden, der viel mehr Geld in der Tasche hat als ich. Und schließlich, wieso arbeitest du für einen Boß, der dir neun Zehntel der Beute abnimmt, während ich mit dir halbe-halbe machen würde? Laß uns Freunde werden.

Wenn der Mann am Drücker auf dieses Geschäft eingeht, ist er so gut wie tot. Er weiß es nur noch nicht. Entweder ziehen ihn seine eigenen Leute aus dem Verkehr, weil die Kasse nicht stimmt, oder der neue Geschäftspartner, der gerade noch einmal mit heiler Haut davongekommen ist, entledigt sich bei nächster Gelegenheit dieses gemeingefährlichen Trottels. Die Wahrscheinlichkeit ist zu groß, daß der neue Freund ihn genauso hereinlegen wird, wie er seinen Auftraggeber hereingelegt hat.

Faustregel: Im organisierten Verbrechen gibt es weder Treue noch Loyalität. Beides gibt es nur in Filmen über organisiertes Verbrechen.

Organisiertes Verbrechen ist ein Geflecht von Zweckbündnissen. Solange es den Beteiligten nützt und solange es gemeinsame Interessen gibt, arbeitet man zusammen und deckt sich gegenseitig. Sowie die Interessen nicht oder nicht mehr übereinstimmen, ist der Konflikt da.

Der Verrat, dieser angeblich schlimmste und todeswürdigste Verstoß gegen den Kodex der organisierten Unterwelt, ist nicht Ausnahme, sondern Regel. Wenn nachvollziehbare Interessen eines Beteiligten den Verrat fordern, dann hält sich die Ächtung durch den Mob sehr in Grenzen. Der Verräter kann, wenn ihm der Verrat wirklich nützt, sogar mit einer gewissen Hochachtung rechnen. Er ist dann das, was man im bürgerlichen Leben unter einem »dynamischen Geschäftsmann« versteht, ein Dallas-J.R. der Unterwelt.

Die rührenden Geschichten von der Ehre der Mafia, von den ehernen Traditionen und von der Blutsbrüderschaft der Unterwelt sind Reklame. Noch nie hat in der organisierten Unterwelt irgendwer auf einen Verrat verzichtet, der ihm mehr Geld und damit mehr Macht eingebracht hat. Vorausgesetzt natürlich, es gab eine vernünftige Chance, den Verrat zu überleben.

Auch die »omertà« ist kein Glaubensbekenntnis. Man hält den Mund nicht aus weltanschaulichen

Gründen, sondern weil man Angst hat. (Raymond Patriarca, Cosa-Nostra-Don von New England: »Der Mob strotzt vor Verrat. Man darf keinem trauen. Egal wer er ist.«)

Nehmen wir an, daß der Mann am Drücker nicht bloß ein »mechanic«, sondern ein »enforcer« ist, ein Durchsetzer. Sein Beruf ist unter anderem das Eintreiben von grotesk hohen Zinsen für illegale Kredite (200 Prozent in sechs Monaten). Er macht Zahlungsunwillige zahlungswillig. Er droht, verprügelt, und notfalls liquidiert er auch. Normalerweise hat er sich bei der organisierten Schutzgelderpressung seine Sporen verdient. Sporen verdienen heißt in dieser Sparte, daß bereits die Nennung seines Namens und die Ankündigung, daß er irgendeinen Geschäftspartner besuchen könnte, Verzweiflung auslöst. Der gute Enforcer beherrscht eine unwiderstehliche Mischung von weicher und harter Tour.

Wenn der Mann mit der abgesägten Schrotflinte ein Enforcer ist, dann wird man die Flinte zunächst gar nicht sehen. Er hat sie, bildlich gesprochen, unter dem Mantel.

Der Mann wird zu seinem Gegenüber sagen: Junge, du verdienst gut an deiner Gärtnerei oder an deiner Pizzeria. Wir Perser, wir Jugoslawen oder wir Kalabresen müssen in der Fremde zusammenhalten. Ein paar von unseren Landsleuten sind in Schwierigkeiten, und du weißt ja selbst, was Ärzte, Anwälte oder Beerdigungen kosten. Ich bin dein Freund, wir alle mögen dich, und keiner von uns möchte, daß dir irgendwas passiert. Deshalb fände ich es ganz gut, wenn du ein paar Braune rausrücken würdest. Weiß man, was unsere Landsleute sonst tun in ihrer Verzweiflung? Du weißt, das sind einfache Leute, und man weiß immer noch nicht genau, wer Luigi, der auch so ein gutes Geschäft hatte wie du, die Eier abgeschnitten hat.

Zu diesem Zeitpunkt weiß nicht einmal ein Süditaliener, ob sein Gesprächspartner noch ein Freund oder schon ein Feind ist. Weil er aber Süditaliener ist, vermutet er sehr stark, daß unter dem Mantel des anderen eine »lupara« steckt. Er wird also jammern und sagen, daß sein Laden noch nicht besonders viel abwirft und wieviel er noch für die Einrichtung abzahlen muß. Aber selbstverständlich wird er schnell (nach einer kaum merklichen Bewegung unter dem Mantel seines Gesprächspartners) hinzufügen, daß er gerne bereit ist, einen ihm möglichen Beitrag zur Linderung der Not von Landsleuten zu leisten. Der Betrag, auf den man sich schließlich einigt, wird so bemessen sein, daß der Laden gerade noch nicht kaputtgeht. Natürlich weiß der Mann mit der »lupara« unter dem Mantel ganz genau, was die Gärtnerei oder die Pizzeria abwirft. Er weiß sogar, wieviel der Besitzer an Steuern hinterzieht. Seit einiger Zeit arbeitet nämlich in dem Betrieb ein Landsmann, der sich vor allem durch Neugierde und Arbeitsunlust auszeichnet. Der Besitzer hat ihn nicht gefeuert, weil seine süditalienische Nase ihm sagt, daß man solche Leute nicht feuert.

Das Schutzgeld ist somit festgelegt und wird fürderhin abgeführt wie eine Steuer. Der »bagman« oder Kassierer wird einmal im Monat vorbeikommen und kassieren. Man wird sich höflich gegenseitig nach der Familie erkundigen, vielleicht einen Espresso oder einen Grappa trinken und damit den anderen Kunden demonstrieren, von welch freundlicher Lebensart italienische, persische oder jugoslawische Landsleute auch in der Fremde sind.

In der Bundesrepublik Deutschland könnte der Besitzer einer Pizzeria auf die Idee kommen, zur Polizei zu gehen. Wenn er das nach dem ersten Gespräch mit dem Enforcer tut, werden sich die deutschen Polizisten totlachen. Sie werden gar nicht begreifen, daß man eine so freundliche Plauderei zwischen Landsleuten für einen Erpressungsversuch halten kann. Sie werden nicht begreifen, was da gelaufen ist, weil der Ton die Musik macht und Polizisten qua definitionem unmusikalisch sind.

Weil das so ist, könnte der Besitzer der Pizzeria sogar auf die Idee kommen, nicht nur zur Polizei zu gehen, sondern ein Tonband mitzubringen, auf dem er das Gespräch und vielleicht ein paar spätere und recht eindringliche Telefonate aufgezeichnet hat. Wenn er das tut, werden die Polizisten, an die er sich um Hilfe wendet, ihn wegen illegalen Tonmitschnitts ohne Einwilligung des Gesprächspartners anzeigen, denn so was ist bei uns verboten. Sie werden ihm erklären, daß wir hier – im Gegensatz zu Persien, Jugoslawien oder Kalabrien – in einem Rechtsstaat leben. In jedem Fall wird der Besitzer der Pizzeria es bitter bereuen, jemals zur Polizei gegangen zu sein.

Vielleicht entschließt sich der Besitzer der Pizzeria, einfach nicht zu bezahlen. Was kann man ihm schon tun? Man ist nicht in Süditalien, wo man ihm den Kopf abschneiden und der Witwe als Überraschung auf den Beifahrersitz legen kann. Wenn man ihn formlos erschießt, dann wird die Mordkommission eingeschaltet, und die Sache gerät plötzlich in ein ganz anderes, für den Enforcer und seine Freunde in ein recht schwieriges Fahrwasser.

Der Mann mit der Pizzeria zahlt also nicht. Nehmen wir an, daß sein Laden nicht schlecht geht. Erstens weil die ganze Familie bis zur Urgroßmutter fleißig mitarbeitet. Zweitens, weil die Pizzeria günstig liegt. Jeden Mittag zwischen zwölf und halb zwei kommen die Angestellten aus den umliegenden Büros zum Essen. Sie mögen das Essen, den Wirt und die zivilen Preise.

Wenn der Wirt nicht zahlt, wird er bald andere Gäste haben. Sie kommen schon um halb zwölf, und es sind viele. An jeden seiner zehn Tische setzen sich je zwei von ihnen und bestellen zusammen ein »acqua minerale«. Sie bleiben friedlich bis zwei Uhr sitzen, erzählen sich Witze und gehen dann wieder fort. Nach drei Wochen ist die Pizzeria am Ende.

Aber soweit kommt es nicht. Der Besitzer wird vorher zahlen. Er wird auf keinen Fall zur Polizei gehen, denn er weiß ganz genau, was ihm die Polizisten sagen würden. Sie würden ihm sagen, daß man als Polizei in einem Rechtsstaat keine friedlichen Gäste aus einem Lokal werfen kann, bloß weil sie dort nicht besonders viel verzehren.

Außerdem muß der Besitzer der Pizzeria noch seine Einrichtung abzahlen. Ein italienischer Einrichter hat sie ihm mit einem Knebelvertrag aufgehängt.

Der Mann zahlt also klaglos. Seine Familie und er arbeiten mehr als bisher, und sie leisten sich weniger als bisher. Sie müssen sich nach der Decke strecken. Sie kriegen weniger für ihre Arbeit als jeder andere im Land.

Wenn der Besitzer der Pizzeria zahlt und glaubt, damit seine Landsleute los zu sein, dann täuscht er sich. Schon vor Ablauf eines Monats kommt der Mann mit der unsichtbaren »lupara« unter dem Mantel wieder. Er trinkt – ohne zu bezahlen – einen Capuccino, erkundigt sich nach der Nonna und ihrer Gicht und schlägt dann dem Besitzer der Pizzeria vor, das Tomatenmark, die Spaghetti und die Oliven in Zukunft von einer anderen Firma zu beziehen als bisher. Außerdem rät er dem Wirt, in Zukunft die Speisekarte in Catania drucken zu lassen. Spaghetti, Oliven und Tomatenmark werden in Zukunft teurer und schlechter sein als bisher, und die Speisekarte wird mit grammatikalischen Fehlern gespickt sein. Trotzdem geht der Wirt darauf ein.

Er hofft, daß dann die Leute, die zur Mittagszeit bei einer Flasche Mineralwasser herumsitzen, nicht mehr wiederkommen. Solange er zahlt und seine Oliven beim richtigen Lieferanten bestellt, ist seine Hoffnung berechtigt.

Nehmen wir aber an, der Besitzer der Pizzeria stellt sich gegenüber dem Mann mit der abgesägten Schrotflinte unter dem Mantel ganz einfach taub. Mehr noch, er wirft die ungebetenen Gäste einfach aus seinem Lokal. In diesem Fall wird man andere Saiten aufziehen.

Der Besitzer der Pizzeria hat zwei kleine Kinder. Er liebt sie und schickt sie in die Schule, damit sie möglichst schnell Deutsch lernen. Er will nicht, daß sie wieder nach Süditalien zurück müssen.

Eines Tages begegnen die Kinder auf dem Schulweg einem Landsmann. Der Landsmann wird sie in einem Dialekt anreden, den sie von zu Hause her kennen. Er wird ihnen ein paar lustige Geschichten erzählen und sie dann mitnehmen und mit ihnen bei Cesare ein Eis essen. Vielleicht geht er danach sogar mit den Kindern ins Kino und schaut sich mit ihnen einen Walt-Disney-Film an. Die Kinder werden begeistert über den netten feinen Herrn sein. Wohlbehalten liefert der Landsmann die beiden Kinder wieder zu Hause ab.

Am Abend wird dann der Mann mit der abgesägten Flinte unter dem Mantel den Vater anrufen und ihm zu seinen wohlgeratenen Kindern gratulieren. Er wird nicht vergessen hinzuzufügen, daß es vielleicht ganz gut wäre, der Vater würde in Zukunft etwas besser auf seine Sprößlinge aufpassen. Schließlich seien nicht alle Landsleute solche Kindernarren wie er selbst. Und den Kindern könnte leicht einmal etwas passieren.

Der Besitzer der Pizzeria versteht ganz genau, was der Mann mit der »lupara« unter dem Mantel meint. Er wird nicht zur Polizei gehen. Er wird zahlen.

Er sieht keine Chance, einem deutschen Polizisten klarzumachen, weshalb er zahlt. Er kann nicht ahnen, daß in Hamburg, Berlin, Frankfurt und Stuttgart inzwischen ein paar Profis sitzen, die ganz genau wissen, wovon er redet.

Was aber, wenn der Wirt der Pizzeria keine Kinder hat? Dann wird er auch nicht erschossen. Vermutlich hat dann sein neuer Wagen, den er auf Raten gekauft hat, jede Woche mit schöner Regelmäßigkeit einen platten Reifen. Vielleicht erstattet er einen Monat lang Anzeige gegen Unbekannt. Spätestens dann wird er sehr deutlich auf dem Polizeirevier zu spüren bekommen, daß man sich mit derartigen Anzeigen bei den Beamten nicht gerade beliebt macht. Hie und da geht es in seiner Pizzeria über die Sperrstunde hinaus, und bisher haben die vom Revier schon mal ein Auge zugedrückt. Jetzt plötzlich werfen sie seine Gäste mit markigen Kommandos hinaus. Ein Italiener, der andauernd zur Polizei geht, ist verdächtig. Man bringt ihm schon bei, was ein Rechtsstaat ist.

Die Kollegen des Mannes mit der »lupara« unter dem Mantel müssen sich gar nicht bemühen. In vielen Städten nimmt ihnen die Polizei die Arbeit ab. Da kochen die Polizisten den Besitzer der Pizzeria weich.

Der Wirt wird zahlen. Er kann sich ausrechnen, daß es billiger ist, dreiviertel der Reparaturkosten als Schutzgeld abzuführen und seinen Laden zu behalten. Er zahlt zwischen fünfhundert und zweitausend Mark. Das mag nicht die Welt sein. Bei zwei- oder dreitausend Pizzerien in und in der Nähe von Großstädten läppert sich für den Mann mit der »lupara« einiges zusammen. Und das Schöne daran ist, niemand kommt auf den Gedanken, daß es sich um organisiertes Verbrechen, womöglich um Mafia, Camorra, 'Ndrangheta oder um die Neue Familie handeln könnte. Zuletzt die Polizei. Auch Polizisten gehen zu oft ins Kino, und da hat das organisierte Verbrechen immer nur etwas mit den ganz großen Delikten zu tun, mit sieben Millionen falscher Dollarnoten, mit drei Tonnen Morphinbase oder mit viertausend Maschinenpistolen. Sie können nicht wissen, daß eine der steilsten Karrieren in der amerikanischen Cosa Nostra, die von Vincent Teresa, mit dem Umwerfen von Gemüsekarren begonnen hat und mit dem Schutzgeld, das die Gemüsehändler gezahlt haben, wenn man ihre Karren in Ruhe ließ. Sie wissen es nicht, und sie wollen es auch gar nicht wissen.

Faustregel: Organisiertes Verbrechen hat nur selten etwas mit spektakulären Delikten zu tun. Kleinvieh macht auch hier den Mist.

Es lohnt sich, den Mann mit der abgesägten Schrotflinte unter dem Mantel etwas genauer zu betrachten. Gleich, ob Ausländer oder Deutscher, sein Sprachschatz wird nur ein paar Dutzend Wörter umfassen. Das hat nichts mit mangelnder Sprachgewandtheit zu tun, sondern nur mit Beschränktheit.

Ein einziges Gebiet gibt es, auf dem er sich auskennt wie in Luigis Pizzeria: Er weiß genau, was die Polizei in einem Rechtsstaat alles *nicht* darf und welche Rechte ihm zustehen. Er weiß, daß er jede Antwort verweigern kann. Er weiß, daß man ihn nicht fragen darf, was er hier oder da gerade so macht. Er weiß, daß er einen Anwalt verlangen und die neugierigen Beamten seinen Buckel hinunterrutschen lassen kann. Zufällig hat er in seiner Tasche zu jeder Tages- und Nachtzeit und für alle Fälle bereits die ausgefüllten Vertretungsformulare für einen Anwalt seiner Wahl.

Bei der Verhaftung wird er von »Ausländerfeindlichkeit« reden oder von »Polizeistaat«, je nachdem, ob er ein Ausländer oder ein Deutscher ist. Erwischt man ihn in flagranti, dann spielt er auf die Gestapo an.

Vor Gericht wird er echte Tränen weinen. Hartgesotten ist er da, wo es besser paßt.

Die Wahrscheinlichkeit ist groß, daß der Mann mit der abgesägten Schrotflinte unter dem Mantel konservativ wählt. Wenn er überhaupt wählt. Das mag ein Mißverständnis seinerseits sein. Aber er tut es, weil er ganz entschieden für möglichst wenig Staat ist. Er ist für das freie Spiel der Kräfte, für freien Wettbewerb und für ein freies Unternehmertum. Er ist überhaupt für größtmögliche Freiheit. Nur die Pressefreiheit mag er nicht und die Demonstrationsfreiheit noch weniger. Er ist empört über den Terrorismus und fordert die Todesstrafe für Terroristen, denn ihnen hat er es zu verdanken, wenn die Polizei bei Kontrollen vielleicht auch seine »lupara« findet.

Was er tut, ist in seinen Augen die segensreiche Vollendung des Kapitalismus. Jeder sei seines Glückes Schmied, hat man ihm gesagt, und je mehr Leute um so eifriger an ihrem Glück schmieden, desto besser für alle. Je schneller der Geldumlauf, desto größer der allgemeine Wohlstand. Für den Geldumlauf hat er seine »lupara«, und um den allgemeinen Wohlstand hat er sich unbestreitbar verdient gemacht. Zum Beispiel durch die massenhafte Produktion der Ware Angst.

Der Mann mit der Schrotflinte unter dem Mantel ist immer wieder erstaunt, gerührt und dankbar, daß ausgerechnet die politische Linke Tag und Nacht bereit ist, für ihn und seine Rechte auf die Barrikaden zu steigen. Er versteht ihre Beweggründe nicht, er begreift den ideologischen Mechanismus nicht, der sie dazu veranlaßt. Aber er freut sich, daß er funktioniert.

Er weiß nicht, daß die politische Linke prinzipiell antiautoritär ist, also eher prinzipiell gegen die Polizei. Er versteht nicht, daß sie in ihrer Einfalt jeden für einen ideologischen Bundesgenossen hält, der mit der Polizei auch nichts am Hut hat. Er will es auch gar nicht wissen oder verstehen, solange die politische Linke seine Rechte verteidigt und der Polizei ein wirksames Instrumentarium verweigert. Solange sie seine Privatsphäre schützt und den Rechtsstaat dadurch festigt, daß sie dem Mann mit der abgesägten Schrotflinte und seinen vielen Kollegen mit den abgesägten Schrotflinten eine berufliche Selbstverwirklichung in Frieden und Freiheit garantiert.

Insofern ist der Mann mit der »lupara« ein Patriot und ein wirklicher Demokrat: Er wählt rechts, möchte aber die Linke um keinen Preis missen.

ALLGEMEINE GESCHÄFTSBEDINGUNGEN

Unter den allgemeinen Geschäftsbedingungen versteht man das Kleingedruckte. Es wird so klein gedruckt, daß es die eine Hälfte der potentiellen Geschäftspartner nicht lesen kann und die andere Hälfte nicht lesen will. Nichtsdestotrotz ist es bindend. Je kleiner gedruckt, desto bindender. Beim organisierten Verbrechen sind die allgemeinen Geschäftsbedingungen überhaupt nicht gedruckt und daher absolut bindend.

Das legale Geschäft gibt die allgemeinen Geschäftsbedingungen öffentlich bekannt und hofft, daß der potentielle Geschäftspartner sie nicht liest oder nicht versteht. Das kriminelle Geschäft verheimlicht die allgemeinen Geschäftsbedingungen, geht aber davon aus, daß jeder potentielle Geschäftspartner sie sehr genau kennt oder, wenn nicht, umgehend kennenlernt. In der Regel so, daß er sie nie wieder vergißt.

Im legalen Geschäft decken die allgemeinen Geschäftsbedingungen Geschäftsusancen ab, die von der »London Times« folgendermaßen beschrieben werden: »Die Leute glauben, daß sie von vorne bis hinten hereingelegt werden. Von morgens bis abends werden sie mit Reklamesprüchen und einer Verkaufstechnik am Rande der Nötigung bombardiert. Man verleitet sie, Dinge zu kaufen, die sie nicht brauchen, zu Preisen, die sie sich nicht leisten können. Wenn sie dann nach Hause kommen, packen sie defekte Waren aus. Sie holen ihren Wagen aus der Werkstätte und stellen fest, daß die Reparatur nicht gemacht worden ist, die sie bezahlt haben. Das passiert ihnen andauernd, und sie sehen keine Möglichkeit, sich davor zu schützen…«

Im organisierten Verbrechen haben die allgemeinen Geschäftsbedingungen nicht die Funktion, Hersteller, Lieferanten oder Verkäufer vor berechtigten Forderungen der Kunden zu schützen. Sie sind ein Verhaltenskodex. Die meisten Mitglieder des Mobs können es sich nicht vorstellen, daß sich irgend jemand nicht so verhält, wie es dieser Kodex vorschreibt. Die Polizei ist für sie die Ausnahme, die alle Regeln bestätigt. Sie vermuten – und achten – hinter dieser Ausnahme eine andere Logik als die ihre. Da sie aber nicht erraten, was das für eine Logik sein könnte (jedenfalls keine, um zu Geld zu kommen), haben sie aufgehört, darüber nachzudenken, und beschränken sich ganz pragmatisch darauf, allzu lästige Auswirkungen dieser anderen Logik in der täglichen Praxis abzuwehren.

Die wenigen Anflüge von Mitgefühl kann man beim Mob immer nur dann beobachten, wenn der »Geschäftsmann mit der Lupara unter dem Mantel« auf einen Kunden stößt, der nicht weiß, was er zu tun oder zu lassen hat. Besonders fassungslos ist der »Geschäftsmann mit der Lupara unter dem Mantel«, wenn jemand zur Polizei geht. Fassungslos nicht nur darüber, daß da wer die Spielregeln nicht einhält und sich dafür unerfreulichen Weiterungen aussetzt, fassungslos vor allem darüber, daß jemand sich von seinem Gang zur Polizei irgend etwas verspricht.

Die Polizei versucht seit Jahrzehnten die Unterschiede zwischen dem Verhaltenskodex des Mobs und dem eigenen zu ermitteln. Die Übereinstimmungen sind leicht erkennbar: Wie die traditionelle Mafia wertet die Polizei jeden Angriff gegen einen Kollegen als einen Angriff gegen die gesamte Polizei, den Staat und das Abendland. Wie die Mafia rächt die Polizei jeden Angriff mit allen Mitteln. Bei polizeilichem Fehlverhalten findet man eine ähnliche Verschwörung des Schweigens wie beim Mob. Kollegen stellen sich als Entlastungszeugen zur Verfügung, Belastungszeugen werden vom Apparat unter Druck gesetzt.

Die Unterschiede zwischen Polizei und Mob sind ebenso offensichtlich. Sie sind aber viel schwerer zu beschreiben.

Der Streit der Polizei um Definitionen ist unter anderem auch ein Streit darüber, wie man sich am besten vor der undankbaren Aufgabe drücken kann, organisiertes Verbrechen bekämpfen zu müssen. Diesem Ziel sind viele Symposien, Konferenzen und Tagungen gewidmet. Der Komparserie solcher Veranstaltungen wird der eigentliche Zweck verheimlicht. Sie ahnt nicht, daß man sich vor allem trifft, um Zeit zu gewinnen.

Da die einen jede Existenz des organisierten Verbrechens aus den unterschiedlichsten Gründen bestreiten, die anderen aber in ihrer praktischen Arbeit ein ständiges Wachsen des Mobs beobachten, spricht man nicht die gleiche Sprache. Es gibt in der Kriminologie, ebenso wie in der Theologie (mit der sie so viel gemeinsam hat), das von Hans Küng beschriebene Phänomen des »Paradigmawechsels«, das heißt, ein völlig anderes Grundmuster des Denkens bei gleichem Wortschatz und ähnlichen Methoden.

Zwischen beiden Lagern der Kriminologie gibt es aber auch Gemeinsamkeiten. Für beide Seiten sind Begriffe wie »Mafia« oder »organisiertes Verbrechen« tabu. Nicht etwa, weil »Mafia« in der Tat unzutreffend wäre und »organisiertes Verbrechen« mit dem amerikanischen »organized crime« verwechselt werden könnte, sondern weil beides nahelegen würde, daß wir in der Bundesrepublik Deutschland auf dem besten Wege zu amerikanischen oder italienischen Verhältnissen sind. Auch bei der Polizei ist es nicht so wichtig, ob eine Lagebeschreibung zutrifft. Viel wichtiger ist, ob sie einen taktisch wünschenswerten Zweck erfüllt.

Der Definitionsstreit hat sich bisher gelohnt. Er hat den deutschen Strafverfolgungsbehörden ein Vierteljahrhundert aus der Verlegenheit geholfen, handeln zu müssen. In diesem Streit konnten außerdem jene Energien abgeschöpft werden, die bei der Bekämpfung des nichtorganisierten Verbrechens überflüssig waren.

In einem internen Papier des Bundeskriminalamts aus dem Jahr 1981 werden die wichtigsten Begriffe aufgelistet, um die der Streit geht:

1. ORGANIZED CRIME
2. SYNDIKATISIERTES VERBRECHEN
3. ORGANISIERTE KRIMINALITÄT
4. ORGANISIERTES VERBRECHEN
5. BANDENKRIMINALITÄT
6. PROFESSIONELLE KRIMINALITÄT
7. VERBRECHENSINDUSTRIE
8. ORGANISIERTES VERBRECHERTUM
9. ORGANISIERTE KRIMINELLE VEREINIGUNG
10. KRIMINELLE ORGANISATION
11. KRIMINELLE ZUSAMMENSCHLÜSSE
12. KRIMINELLE GRUPPEN

Aus der Aufstellung wird zunächst nur klar, daß sich keiner der Urheber festlegen möchte und daß sich die deutsche Sprache besonders gut dazu eignet, Dinge *nicht* beim Namen zu nennen.

Hinter jedem der obengenannten Begriffe stehen ein Glaubensbekenntnis und eine kriminologisch-kriminalistische Schule. Zwischen »organisierter Kriminalität« und »organisiertem Verbrechen« zum Beispiel liegen Welten. An diesem kleinen Unterschied scheiden sich Rechtgläubige und Ketzer.

Trotz allem hat sich inzwischen die Polizei auf den Begriff »Organisierte Kriminalität« geeinigt. Wer nach dem langen und heftigen Streit dafür triftige Gründe vermutet, der irrt. Es hat sich nur irgendwie so ergeben. Schon bei einer internen Arbeitstagung des Bundeskriminalamtes über »Organisiertes Verbrechen« (sic) im Oktober 1974 brachte der damalige Landeskriminaldirektor von Berlin, Otto Boettcher, die Erläuterung einer einschlägigen Fachkommission in die Diskussion ein. Er sagte: »Obwohl die

Wortkombination ›Organisierte Kriminalität‹ begrifflich nicht präzise genug erscheint, wird an dieser Bezeichnung *ihrer Plastizität wegen* festgehalten, nicht zuletzt auch, weil sie inzwischen fester Bestandteil im Sprachgebrauch der Fachwelt ist.«

»Plastizität« war es also, wonach die Polizei die ganzen Jahre gesucht hat.

Die AG Kripo (Arbeitsgemeinschaft von Leitern der Landeskriminalämter und dem Bundeskriminalamt) stellte einer Fachkommission im Dezember 1973 unter anderem die Aufgabe, »eine Definition des Begriffes ›organisierte Kriminalität‹ zu erarbeiten«. Die von der Kommission empfohlene, aber deshalb von Fachleuten nicht weniger umstrittene Definition lautet: »Der Begriff organisierte Kriminalität umfaßt Straftaten, die von mehr als zweistufig gegliederten Verbindungen oder von mehreren Gruppen in arbeitsteiligem Zusammenwirken begangen werden, um Gewinne zu erzielen oder Einfluß im öffentlichen Leben zu nehmen.«

Worauf sich die Formulierung »Einfluß im öffentlichen Leben« beziehen soll, ist nicht ganz klar. Politischer Einfluß oder Einfluß auf Politiker kann nicht gemeint sein, sonst hätten die Fachleute das hingeschrieben. Oder man hat es gerade deshalb nicht hingeschrieben, weil das gemeint ist, was man als »Berliner Zustände« kennt.

Wie die meisten Definitionen überanstrengt sich auch diese bei dem Versuch, so allgemein wie nötig und so konkret wie möglich zu sein. Auffallend ist aber etwas anderes. Wenn die Definition der »organisierten Kriminalität« der kriminalpolizeilichen Fachkommission nicht den Begriff »organisierte Krimina-

lität« enthielte, dann wäre sie ohne große Schwierigkeiten auch auf Parteien, Konzerne und viele gesellschaftliche Körperschaften anwendbar. Falls man den
definitorischen Faktor »Gewinn« nicht auf eine materielle Bedeutung beschränkte, könnte man sogar kirch-
liche oder karitative Organisationen darunter verstehen. Die Definitoren wußten damals noch gar nicht,
wie weitsichtig ihre Ungenauigkeit war. Sie nahmen
damit Erfahrungen vorweg, die wir später mit Parteispenden, Flick, Neuer Heimat, Irangate und den kriminellen Geschäften des Vatikans machen sollten.

Die Beschreibung des speziellen Geschäfts »organisiertes Verbrechen« verlangt zunächst eine griffige
Unterscheidung von anderen Geschäften. Das ist
nicht leicht.

Im »Task Force Report: Organized Crime« (The
President's Commission on Law Enforcement and
Administration of Justice) heißt es: »Das organisier-
te Verbrechen will Geld und Macht.«

Auch den Mitgliedern der amerikanischen Kommission scheint bei diesem Satz bewußt geworden zu
sein, daß dies nicht nur für kriminelle, sondern mehr
oder weniger für alle Geschäfte gilt. Sie ergänzen daher etwas lahm: »Der Unterschied zu gesetzestreuen
Unternehmen, die dasselbe wollen (nämlich Geld
und Macht), wird durch die ethischen und moralischen Grundsätze (der Kriminellen) bestimmt und
durch die (kriminellen) Regeln, die sie befolgen.
Außerdem dadurch, daß ihre Methoden privat und
geheim sind und von ihnen selbst entwickelt und
konspirativ angewendet werden.«

Unbewußt und sicher in bester definitorischer Absicht führt die Kommission die »ethischen und moralischen Grundsätze« von Kriminellen in die Definition ein. Sie meint natürlich das Gegenteil, nämlich das Fehlen ethischer oder moralischer Grundsätze. Aber ein Hinweis darauf würde neue und noch schwerer festzulegende Abgrenzungen fordern.

Donald R. Cressey hat den Unterschied in seinem Aufsatz »The Functions and Structures of Criminal Syndicates« an einem praktischen Beispiel deutlich zu machen versucht: »Wenn eine große Ladenkette mit ihren Preisen so weit heruntergeht, daß die kleinen und unabhängigen Konkurrenten Bankrott anmelden müssen, dann ist das freier Wettbewerb. Wenn aber, nachdem die Konkurrenz erledigt ist, die Ladenkette ihre Preise weit über das Niveau hinaus anhebt, auf dem sie waren, solange es noch Konkurrenz gab, dann ist das eine monopolistische Ausbeutung.« Monopolistische Ausbeutung ist aber bereits ein mafioses Prinzip. Techniken solcher Art werden vom organisierten Verbrechen bevorzugt, weil niemand sie dem organisierten Verbrechen zuschreibt, sondern für Methoden eines zwar gnadenlosen, aber legitimen Konkurrenzkampfs hält.

In einer Experten-Diskussion über »Organisiertes Verbrechen« im Bundeskriminalamt hat Dr. Jörg Wolff das Problem quasi von hinten her aufgedröselt. Er sagt: »(Die) Rechtsnormen (die ein bestimmtes Wirtschaftsmodell definieren und damit ein anderes Wirtschaftsmodell ausschließen) ermöglichen auch die Definition eines bestimmten Marktverhaltens als kriminell und eines anderen Marktverhaltens als konform. Das haben wir gesehen an den Abgrenzungsschwierigkeiten (zwischen) organisiertem Verbrechen, wirtschaftlich einwandfreiem Verhalten und Wirtschaftskriminalität... Die Organisation, die zur Begehung von Kriminalität entwickelt wird, entspricht den Wirtschaftsformen, die der offizielle Markt hervorbringt, also etwa offenen Handelsgesellschaften, Aktiengesellschaften und so weiter. Damit ist auch dieselbe Zielsetzung verbunden wie in der offiziellen Wirtschaft, etwa das Prinzip der Gewinnmaximierung, des Grenzkostennutzens und so weiter.«

Die Abgrenzung wird dadurch nicht leichter, daß immer mehr Leute aus allen gesellschaftspolitischen Lagern mit der These »Geschäft ist Geschäft« einfach die Waffen strecken. Vor allem dagegen hatte sich der amerikanische Justizminister Robert F. Kennedy zu wehren versucht: »Für mich ist ein Geschäftsmann, der heimlich Absprachen trifft, dasselbe wie ein Gangster. Bei Preisabsprachen, illegaler Zusammenarbeit und anderen Praktiken, die den Staat übers Ohr hauen sollen, ist der eigentliche Feind der Geschäftsmann, der so etwas macht. Wer sich solcher Praktiken bedient und sein Vorgehen mit der Ausrede rechtfertigt, ›Geschäft ist Geschäft‹, der ist unser Feind. Nicht nur, weil er ein Dieb ist, sondern weil er die Glaubwürdigkeit zerstört, die eine freie Wirtschaft braucht.«

Ronald Reagan, Präsident der Vereinigten Staaten von Amerika, schreibt in einem Artikel für die »New York Times«: »Während Gesetzeshüter, Ankläger und Rechtsgelehrte immer noch über die Definition des organisierten Verbrechens (organized crime) streiten, halten wir uns am besten an einen Vorschlag der Kommission des Präsidenten aus dem Jahr 1967. Sie wollte dem organisierten Verbrechen Gruppen zuordnen, die raffiniert genug sind, um zur Erreichung ihrer kriminellen Ziele regelmäßig eine Technik aus Gewalt und Korruption anzuwenden.«

Kern dieser Aussage ist: a) die organisatorische und logistische Verfeinerung solcher Gruppen, die sie ganz deutlich von der Bande unterscheidet, und b) die Tatsache, daß diese Gruppen Gewalt und Korruption zu einem ständigen Arbeitsprinzip gemacht haben. Wobei das amerikanische Wort »corruption« nicht exakt deckungsgleich mit dem deutschen Wort »Korruption« ist. Der Begriff »corruption«, den der Präsident von der Task Force Commission übernimmt, reicht von dem Passanten, der wegsieht, weil er nicht als Zeuge aussagen will, wenn jemand auf der Straße umgebracht wird, über Beamte, die ihre Pflicht aus Angst nicht tun, bis hin zum regelrecht bestochenen Kriminalbeamten oder Politiker.

Ronald Reagan gibt in seinem Artikel Teile eines Dialogs zwischen zwei Mobstern wieder, deren Namen er nicht nennt. Der Dialog erscheint Reagan besonders typisch für die Unverschämtheit des Mobs. Der vollständige Dialog beweist aber nicht nur die Unverschämtheit des Mobs, sondern auch eine Logik, die man abgewandelt sogar in den Allgemeinen Geschäftsbedingungen des legalen Geschäfts findet.

Die Vorgeschichte: Das FBI hatte die Büroräume einer Spitzenfigur des organisierten Verbrechens in Boston mit »misur« (Wanzen) bestückt. Die von Reagan zitierten Dialogteile stammen aus einer Unterhaltung zwischen Mr. Anguilo und Mr. Zannino. Gennaro Anguilo, genannt Jerry, ist die Nummer eins im organisierten Verbrechen von Boston und ein wichtiger Mann in der kriminellen Familie von Raymond Salvatore Loredo Patriarca. Ilario Zannino, genannt Larry Baiona, ist die Nummer zwei in der Bostoner kriminellen Hierarchie.

Jerry Anguilo schwelgt in Erinnerungen an große Zeiten: »(Wir) haben zwanzig Iren unter die Erde gebracht, um diese Stadt (Boston) in die Hand zu bekommen... Wir würden's nicht mal schaffen, die Hälfte von denen wieder auszugraben, die wir eingegraben haben. Und das ist keine Übertreibung.«

Dann folgt ein Dialog, aus dem hervorgeht, daß sich Jerry Anguilo besonders dem Studium der amerikanischen Anti-Racketeering-Gesetze (RICO-Law) gewidmet hat. Bei diesem Studium kommt der Freizeitjurist Jerry Anguilo zu dem (unrichtigen) Schluß, daß die Gesetze nur dann greifen, wenn Gangster, die der Mitgliedschaft im Mob verdächtig sind, ins legale Geschäft eindringen. Fälschlicherweise hält sich Anguilo für vollkommen sicher, solange er nur im kriminellen Geschäft tätig ist.

Anguilo: Unser Argument ist: Wir sind im illegalen Geschäft...

Zannino: ... Wir wuchern...

Anguilo: ... Wir vermitteln illegale Wetten. Wir verkaufen Rauschgift. Wir sind illegal hier und illegal da. Wir sind Brandstifter. Wir machen alles. Aber alles nur illegal. Also betrifft uns das Gesetz gar nicht.

Zannino: Ein gutes Argument...

Anguilo: Nicht für alles Geld der Welt möchte ich im legalen Geschäft sein.

Nachdem Ronald Reagan aus diesem Dialog, ohne

Namen zu nennen, eine Passage zitiert hat, fährt er fort: »Aber viele seiner (Anguilos) kriminellen Kollegen denken da ganz anders. Was sie denken, zeigt den großen Wandel im Modus operandi des organisierten Verbrechens. Wie nie zuvor bemüht sich der Mob (sic), ins legale Geschäft einzudringen und es zu kontrollieren.« Als gefährdete legale Geschäftsbereiche nennt er: Restaurants, Lebensmittelindustrie, Vergnügungsindustrie, Transportgeschäfte, Müllabfuhr, Sondermüllbeseitigung, Bekleidungsindustrie und noch ein paar andere.

Man würde es sich wünschen, daß der amerikanische Präsident mit einer so klarsichtigen Beurteilung der Lage es sich versagen würde, das Paradepferd der Cosa Nostra, Frank »Old Blue Eyes« Sinatra, im Weißen Haus zu hätscheln, nur weil der Heuler Stimmen bringt.

Wie wir bereits wissen, ist es die Absicht des legalen wie des illegalen Geschäfts, möglichst schnell möglichst viel Geld zu verdienen und möglichst wenig Ware oder Leistung so teuer wie möglich zu verkaufen. Das organisierte Verbrechen erfüllt diesen Unternehmenszweck durch Täuschung, Gewalt und Korruption und mit einer wirkungsvollen *Strategie der Angst.* Das legale Geschäft kann denselben Unternehmenszweck nur mit einer legalen Abart der Täuschung erreichen, die man Werbung nennt.

Werbung ist vor allem deshalb nicht strafbar, weil jedermann wissen kann und eigentlich sogar wissen muß, daß es der Sinn der Werbung ist, die guten Eigenschaften einer Ware bis in den Bereich des Schwindels hinein zu übertreiben und die Nachteile zu unterschlagen. Wenn man so will, dann ist die Werbung der »Catch-22« des Geschäftslebens. (In dem gleichnamigen Roman »Catch-22« von Joseph Heller wird der Bomberpilot Yossarian verrückt vor Angst, weil die Verluste seiner Einheit so hoch sind, daß er sich ausrechnen kann, wann er abgeschossen wird. Er will nicht mehr fliegen. Er reißt sich die Kleider vom Leib und klettert auf Bäume. Eine Bestimmung der US-Airforce lautet nämlich, daß man nicht mehr fliegen darf, wenn man verrückt ist. Der »Catch-22«, der Haken dabei ist, daß einer, der vor Angst verrückt wird, gar nicht verrückt sein kann, weil es ganz normal ist, vor Angst verrückt zu werden, wenn man den sicheren Tod vor Augen hat. Also muß Yossarian fliegen.) Die Werbung, also die Täuschung des Kunden, ist erlaubt, weil der Getäuschte wissen muß, daß er getäuscht wird.

Gewalt und die Strategie der Angst werden im legalen Geschäft zum Teil durch die allgemeinen Geschäftsbedingungen ersetzt. Sofern man einen gewissen Typ von Reklame nicht als Gewalt und etwa die Überredungskünste der Heilmittelwerbung nicht als Strategie der Angst ansehen will. Das aber tun wir zum Zweck dieser Diskussion nicht, weil uns sonst wieder ein paar der raren Unterscheidungskriterien zwischen legalem und illegalem Geschäft abhanden kommen, nach denen wir mit so großer Mühe suchen.

In loser Analogie zum legalen Geschäft versucht die Polizei das organisierte Verbrechen (das sie nicht so nennt) nach Tätigkeitsbereichen zu ordnen, die mit bestimmten Deliktgruppen übereinstimmen. Also zum Beispiel: organisierter Güterdiebstahl, Herstellung und Vertrieb von Falschgeld, Waffenhandel, Rauschgifthandel, Schutzgelderpressung oder organisierter Autodiebstahl. Das macht aber keinen Sinn. Ein wesentliches Kennzeichen des organisierten Verbrechens ist nämlich nicht nur eine hohe, grenzüberschreitende geographische Mobilität, sondern auch eine enorme Flexibilität, was die Delikte angeht. Prinzipiell ist alles interessant, was bei geringem Risiko viel einbringt. Es gibt keine Laufbahn im engeren Sinn und keine fachliche Ausbildung. Es gibt kaum die für eine echte Spezialisierung notwendige Intelligenz.

Niklaus Schmid stellt in »Banken zwischen Legalität und Kriminalität« im Zusammenhang mit Wirtschaftskriminellen fest: »Überrascht hat, daß die psychiatrischen Intelligenzuntersuchungen sehr oft zu Resultaten führten, die daran zweifeln lassen, ob diese Kategorie von Straftaten als Intelligenzdelikte bezeichnet werden können, wie man dies verallgemeinernd tut.«

Dies gilt auch für den Mob. Das Know-how, das selbst Spitzenfiguren des organisierten Verbrechens vollauf genügt, erinnert an den Witz von den drei Prozent, von denen dieser Unternehmer ganz gut leben konnte, der Holzkisten für eine Mark eingekauft und für vier Mark verkauft hat.

Die Sprecher der Polizei betonen wieder und wieder, daß die Ermittlungen im Bereich des organisierten Verbrechens mehr täterbezogen und weniger deliktbezogen zu sein hätten, aber niemand zieht daraus irgendwelche Konsequenzen. Die Einordnung des organisierten Verbrechens nach Delikten eignet sich hervorragend für die Kriminalstatistik.

Der Aufklärung – in des Wortes doppelter Bedeutung – dient sie nicht.

Da wir weder Kriminologen noch Kriminalisten sind, dürfen wir das organisierte Verbrechen einfach nach den drei wesentlichen Geschäftszweigen ordnen:

1. HANDEL MIT VERBOTENEN WAREN ODER DIENSTLEISTUNGEN
   Das ist zum Beispiel der Handel mit Rauschgift oder Waffen und das Angebot von Dienstleistungen wie Verprügeln, Erpressen, Brandstiften oder Töten auf Bestellung.

2. DAS KRIMINELLE MONOPOL
   Damit ist die Beseitigung von Konkurrenz mit kriminellen Methoden gemeint. Auch im legalen Geschäft. Zum Beispiel durch Einschüchterung von Kunden, durch Bedrohung mit physischer Gewalt, mit Brandstiftung oder Mord.

3. DIE KRIMINELLE BETEILIGUNG
   Damit sind alle organisierten Methoden der Schutzgelderpressung bis hin zum Erwerb einer Geschäftsbeteiligung durch Bedrohung, physische Gewalt oder Betrug gemeint.

Das sind die drei Geschäftszweige des organisierten Verbrechens. Den HANDEL MIT VERBOTENEN WAREN ODER DIENSTLEISTUNGEN kennt jeder. Die einschlägigen Unternehmer sind Rauschgifthändler, professionelle Autoknacker oder bezahlte Killer. DAS KRIMINELLE MONOPOL und die KRIMINELLE BETEILIGUNG werden von Laien fälschlich nicht zum organisierten Verbrechen gerechnet. Der Konkurrenz systematisch den Laden anzuzünden oder sich durch organisierte Erpressung

am Gewinn von Pizzerien oder Bordellen zu beteiligen, entspricht nicht dem Klischee vom organisierten Verbrechen. Hinzu kommt, daß die drei Bereiche
selten sauber voneinander getrennt sind. In der Praxis mischen sie sich.

Im öffentlichen Bewußtsein, in Filmen und Fernsehserien spielt vorwiegend der Geschäftszweig 1 eine Rolle, weil sich daraus die simpelsten Stories mit
einer Menge »action« machen lassen.

In den letzten Jahren kommt langsam auch der
Geschäftszweig 3 einer breiten Öffentlichkeit zu Bewußtsein. Von Schutzgelderpressung hat jeder schon
einmal gehört. Die wenigsten wissen, daß die Schutzgelderpressung das Herz, der Motor und der klassische Einstieg des organisierten Verbrechens ist. Vielleicht hängt es sogar damit zusammen, daß die Polizei in manchen deutschen Städten die Existenz dieses Geschäftszweiges ganz besonders entschieden
bestreitet. In München kann man annehmen, daß nahezu jedes italienische Restaurant (und jedes chinesische) auf die eine oder andere Weise zahlt. Also
entweder bar, durch Scheinarbeitsverträge oder
durch Bezug von Waren bei bestimmten Abnehmern.
Das Polizeipräsidium München erklärt aber beharrlich, daß ihm keinerlei Erkenntnisse über organisierte Schutzgelderpressungen vorliegen.

Mit einer beklemmenden Naivität und einer gezielt falschen Anwendung der Begriffe »Mafia« und
»Cosa Nostra« hat der Polizeipräsident von München, Gustav Häring, im April 1986 festgestellt: »Eine Mafia oder deren US-Parallele Cosa Nostra gibt es
in München nicht – weder von der Struktur her noch
vom Volumen.« (AZ, 3.4.1986) Bisher habe die ent-

sprechende Dienststelle der Kriminalpolizei »nichts entdeckt«, was auf die Tätigkeit von Verbrecherorganisationen schließen ließe (SZ, 11.4.1986). Für den Polizeipräsidenten ist organisiertes Verbrechen wie für den nächstbesten Laien immer noch identisch mit Mafia oder Cosa Nostra. Daß dies nicht so ist, weiß inzwischen jeder Schupo.

Das KRIMINELLE MONOPOL oder der Geschäftszweig 2 ist außerordentlich verbreitet. Von der Öffentlichkeit wird es überhaupt nicht als organisiertes Verbrechen zur Kenntnis genommen. Vermutlich, weil es vorwiegend legale Geschäfte betrifft und sich daher noch weniger von diesen unterscheidet. Nicht zuletzt aber deshalb, weil das KRIMINELLE MONOPOL nicht so aussieht wie das, was man in Film und Fernsehen als organisiertes Verbrechen zu sehen bekommt.

DAS UNSICHTBARE NETZ

Die »President's Commission on Organized Crime«
(1986) stellt fest: »Die Schwierigkeiten bei der Definition des organisierten Verbrechens haben nichts
mit dem Wort ›Verbrechen‹ zu tun, sondern mit ›organisiert‹. Es gibt in der Gesellschaft kaum Zweifel
daran, was kriminell ist und was nicht, aber es gibt
keine Übereinstimmung darüber, ab wann eine kriminelle Gruppe organisiert ist. Die Tatsache, daß organisierte kriminelle Aktivität nicht unbedingt auch
gleich organisiertes Verbrechen sein muß, erschwert
das Definieren weiter.«

Da nahezu jedes Geschäft, jede Behörde und jede
Institution mehr oder weniger gut organisiert ist,
fragt es sich, ob man illegale Organisationsformen
von legalen Organisationsformen einigermaßen sicher unterscheiden kann.

Zunächst fällt ins Auge, daß illegale Organisationen
alles tun, um die organisierte Struktur vor Außen-
stehenden zu verbergen. Legale Behörden, Geschäfte
oder Institutionen dagegen sind fast immer stolz
auf ihre Organisation. Sie betreiben damit sogar
Propaganda. Am liebsten erfinden sie noch ein

wenig mehr an Organisation hinzu, als sie tatsächlich haben.

Das organisierte Verbrechen entwickelt ganz spezielle Strategien, um die eigene Organisation zu verschleiern und dem Blick der Sicherheitsbehörden zu entziehen. Wir werden später sehen, daß dies zu einer ganzen Reihe von unverwechselbaren Symptomen führen muß. Das wichtigste und für Polizei, Justiz, Journalisten oder Opfer gleich gravierende Symptom ist eine ganz spezielle »organisierte Beweisnot«.

Bei näherer Betrachtung des unsichtbaren Netzes, das den Mob zusammenhält, wird sich herausstellen, daß der Begriff »Organisation« in diesem Zusammenhang seine eigentliche Bedeutung erlangt.

Im legalen Geschäft ist unter »Organisation« vor allem ein gewisses (und oft erfolgloses) Streben nach zweckmäßiger Ordnung zu verstehen. Die äußere Form der Organisation ist häufig nur eine Tarnung der Tatsache, daß die Realität von Desorganisation bestimmt wird. Die Behauptung, organisiert zu sein oder einer Organisation anzugehören, ist unter anderem auch eine Drohgebärde. Sie soll eine Effizienz und somit eine Macht signalisieren, die über die Macht eines einzelnen hinausgeht. »Das fanatische Gruppenerleben basiert auf einem totalen Minderwertigkeitsgefühl, das durch die Allmachtsgefühle der Gruppenidentifikation kompensiert wird.« (Eugen Drewermann)

In der Praxis sind Organisationen um so schwerfälliger, je größer sie sind. Sie dienen daher allem, nur nicht einem geordneten Zweck. Militärische Operationen, die niemals verlaufen wie von den Organisatoren geplant, machen das deutlich. Die Ineffizienz legaler Organisationen hängt mit den privaten oder ideologischen Interessen zusammen, die sich in die meisten Organisationen einschleichen.

Eine Partei braucht dringend einen neuen Vorsitzenden, aber der alte ist ein verdienter Mann, den man schlecht in die Wüste schicken kann. Also wählt man den alten wieder. Entgegen jeder Zweckmäßigkeit.

Eine große Klinik beruft einen Chefarzt. Nicht, weil er fachlich oder wenigstens vom Management her kompetent wäre, sondern weil er das richtige Parteibuch besitzt. Da er keine Ahnung von Organisation hat, aber das, was er dafür hält, um so energischer durchsetzen will, entsteht auf Kosten der Patienten ein Modell strengster Desorganisation, das dem der Organisation zum Verwechseln ähnlich ist.

Genauso ist es in Ministerien, in Universitäten, in Landeskriminalämtern und beim Fernsehen.

In der einfachen Welt des Mobs würde man so etwas mit »Muskel« regeln und ohne Sentimentalität dem Parteifunktionär und dem Chefarzt einen sogenannten »contract« oder »hit-contract« verordnen. Das heißt, man würde den Auftrag geben, sie zu liquidieren, weil ihre Existenz alle Beteiligten Geld kostet.

Dies zeigt, wie sparsam man mit dem Begriff »Organisation« im legalen Geschäft umgehen sollte. Organisation, das ist die *zweckmäßige Anordnung von Teilen in einer Gesamtheit*. In dem Wort »Organisation« steckt das Wort »Organismus«. Da gibt es einen Kopf, mehr oder weniger lebenswichtige Glieder und Organe, mit ganz unterschiedlichen Aufgaben.

Es gibt Aktionen, die von einem Gehirn geplant und kalkuliert werden. Und es gibt Reflexe, die nicht überlegt werden müssen, sondern wie von selbst ablaufen. Letztere funktionieren »subkortikal« wie das Gangschalten beim Autofahren.

Es gibt eine ganze Reihe von lebenswichtigen Vorgängen in einem Organismus, die nur sehr bedingt mit irgendeiner Gehirnpartie zusammenhängen: das Weiten der Pupillen im Dunkeln, die Heilung einer Wunde oder das Zusammenzucken, wenn es hinter einem knallt.

Das gilt auch für den Mob: Gelegentlich weiß die rechte Hand, was die linke Hand tut. Oft weiß sie es nicht und muß es auch gar nicht wissen. Die kleine Zehe weiß nichts vom Gehirn, aber das Gehirn weiß recht viel von der kleinen Zehe. Vor allem, wenn jemand darauftritt. Im Mob versteht man darunter die Abschottung nach oben.

Faustregel: Ein Organismus, in dem jeder Teil alles über alle anderen Teile weiß, ist nicht lebensfähig.

Der Mob hat daher die innere Abschottung zum Prinzip gemacht. Unter anderem wird durch sie eine »organisierte Beweisnot« erzeugt. Lassen wir uns das in der einfachen Sprache eines Mannes aus der Soldateska der Cosa Nostra erklären. Vincent Teresa: »Jeder einzelne ist eine Wand, die den Kerl weiter oben schützt. Angenommen, Sie wollen mit Tameleo (Enrico Henry ›the Referee‹ Tameleo, Unterboß der Patriarca-Familie) ein Geschäft machen. Mit Tameleo kann man (direkt) kein Geschäft machen. Man muß mit jemandem weiter unten das Geschäft machen. Wir stellen uns jeden als Wand vor. Wenn Sie zu mir kommen, dann bin ich die Wand. Weiter kommen Sie nicht. Wenn ich mit Ihnen ein Geschäft mache und danach mit Tameleo, würden Sie nie was davon erfahren. Sie könnten mich der Polizei ausliefern, aber nie Tameleo, weil ich nie reden würde. Wenn Sie Tameleo erwischen, dann kommen Sie nie über ihn hinaus zum ›padrone‹ (Chef der kriminellen Familie). Tameleo sitzt seit Jahren in einer Todeszelle. Trotzdem hat er kein Wort gesagt, das Patriarca ans Messer liefern könnte.«

Die spezielle Beweisnot, die innere Abschottung und die Trennung der Drahtzieher von der kriminellen Aktivität führen zu einer Lage, auf die sich unsere Polizei aufgrund ihrer Organisationsstruktur nicht einstellen kann und aus rechtsstaatlichen Gründen auch gar nicht einstellen darf. Es war der frühere Chef des Landeskriminalamts Bremen, Dr. Herbert Schäfer, der als einer der ersten auf die Notwendigkeit einer Umkehrung der Ermittlungsrichtung hingewiesen hat.

Normalerweise ist es so, daß die Polizei etwas von einer Tat erfährt und nun wissen möchte, wer der Täter war. Das Schema der polizeilichen Ermittlungen entspricht dem dramaturgischen Prinzip von Kriminalfilmen, die man im Englischen »whodonits« (Werwarsdenn) nennt. Hier ist die Leiche mit einem Loch im Kopf. Wo ist der Mann, der geschossen hat? Man ermittelt also von der Tat zum Täter.

Beim organisierten Verbrechen funktioniert das bestenfalls bei Tätern auf der unteren hierarchischen Ebene. Um an Drahtzieher heranzukommen oder organisierte Gruppen zu knacken, ist diese Methode völlig untauglich. Beim organisierten Verbrechen müssen Ermittlungen genau in die entgegengesetzte Richtung laufen. Nämlich vom Täter zur Tat. Spitzenfiguren sind relativ leicht erkennbar. Die Frage ist, was sie angestellt haben, um zu ihrem materiellen Erfolg zu kommen, wo sie mitgemischt haben und in welchem Keller die Leichen liegen.

Wenn jemand im Jahr 120 000 DM Einnahmen versteuert und nachweislich 300 000 DM ausgibt, dann ist das, zum Beispiel im Nachtbetrieb, eine übliche Marge der Steuerhinterziehung. Wenn sein jährlicher nachgewiesener Geldverbrauch und die von ihm im legalen Geschäft getätigten und selbstfinanzierten Investitionen bei ein paar Millionen liegen, dann kann man sich mit einem gewissen Recht fragen, woher die Kohle kommt. Wenn der Mann sich dann auch noch im passenden Milieu bewegt, wenn die richtigen Anwälte seine Angelegenheiten vertreten und wenn sein Finger immer dann an der Wand zu sehen ist, sobald bei einer interessanten Sache die Ermittlungen in eine Sackgasse geraten, dann darf man mißtrauisch werden. Die Chancen stehen dann hundert zu eins, daß die Polizei fündig wird, wenn sie nur lange genug und gründlich genug observiert. Irgendwann muß sie durch ununterbrochene Beobachtung des »Täters« zur Tat finden.

Leider widerspricht die beim organisierten Verbrechen sehr oft allein erfolgreiche Ermittlung vom Täter zur Tat vielem, was man unter rechtsstaatlichem Vorgehen der Polizei versteht. Wenn die Ermittlungen auf der Gegenfahrbahn einen Sinn haben sollen, dann müssen sie intensiv und lückenlos sein und sich mit einer Person befassen, gegen die es noch gar keinen stichhaltigen Verdacht gibt. Das ist nicht nur nicht erlaubt: Es ist verboten. Eine solche

Ermittlung würde von uns Journalisten sehr schnell für die vollkommen grundlose Schnüffelei einer Polizei gehalten werden, die einen unschuldigen Staatsbürger zur Strecke bringen will.

Selbstverständlich sorgen die Polizisten, wenn sie nicht auf den Kopf gefallen sind, wenigstens für ein paar Verdachtsmomente, die rechtlich einigermaßen ausreichen. Aber sie wissen es, der Richter später wird es wissen, und der Staatsanwalt weiß es sowieso, daß die Fahnder – rechtlich gesehen – zunächst einmal ins Blaue ermittelt haben, um ihre Vermutungen durch Ermittlungen erst zu einem rechtlich relevanten Verdacht zu machen. Einer deliktbezogenen Ermittlung hält das unsichtbare Netz des Mobs aber meistens stand.

Die Vorstellung, gute Organisation sei totale Kontrolle aller Teile und die vorherige Festlegung aller Entscheidungen nach Vorschriften und Regeln, lähmt auf der ganzen Welt Armeen, Regierungen und Polizeien. Eine Organisation funktioniert nur dann, wenn einerseits Befehlsketten und die dazugehörigen Rückmeldungen klappen und andererseits wichtige Teile der Organisation auch ohne zeitraubende und überflüssige Kommunikation ihre Aufgaben erfüllen können und ausreichend genug spezialisiert und motiviert sind, um dem gemeinsamen Zweck zu dienen.

Eine kriminelle Organisation muß ihre Umrisse genauso verbergen, wie das viele Organismen mit Hilfe des Mimikry tun. Interessanterweise stellt die natürliche Eigenschaft einer jeden wirklich funktionierenden Organisation, nämlich in weiten Bereichen auch ohne klare Befehlsketten und ohne detaillierte Kommunikation zu funktionieren, die definierenden Theoretiker in der Kriminalistik und unsere Gerichte vor die größten Schwierigkeiten. In einer Welt voll von Organisationen, die selbst sparsamste Anflüge von zweckmäßiger Ordnung sofort als geniale und letztzeitliche Organisationsstrukturen in die Welt hinausposaunen, rechnet niemand mit spontanen Ordnungen, die dadurch entstehen, daß man am gleichen Strang zieht.

Vielleicht muß man, ohne in definitorische Panik auszubrechen, sang- und klanglos davon Abschied nehmen, das Phänomen »organisiertes Verbrechen« innerhalb der herkömmlichen kriminologischen oder kriminalistischen Organisationsstrukturen zu definieren. Ganz sicher muß die Polizei damit aufhören, ihrem organisierten Gegner dieselben Organisationsformen anzudichten, die sie aus der eigenen Bürokratie kennt. Wenn der Gegner sie hätte, wäre er längst erledigt.

Vielleicht sollte die Polizei mit dem Beschreiben beginnen wie die Medizin. Seit ihren steinzeitlichen Ursprüngen war die Medizin dazu verdammt, Krankheiten zu bekämpfen, die keiner definieren konnte. Wenn irgendwer in den letzten paar tausend Jahren der medizinischen Erkenntnis die in der Kriminalistik so oft implizierte These ernst genommen hätte, nämlich, daß man nichts bekämpfen kann, was noch nicht definiert ist, dann hätte es nie eine Entwicklung der Heilkunde auf den heutigen Stand gegeben.

Es gibt immer mehr Krankheiten, deren Erreger oder Ursachen wohlbekannt sind, über deren Verlauf man recht zutreffende Aussagen machen kann und deren Beeinflußbarkeit (oder Unbeeinflußbarkeit) durch Medikamente in Grenzen feststeht. Im Gegensatz zu den klar umschriebenen Krankheiten gibt es aber auch Syndrome, also Geflechte von Symptomen, die sich nicht der Beschreibung, wohl aber der exakten Definition entziehen. Natürlich darf kein Arzt so lange warten, bis sich jemand findet, der das Syndrom zum exakt definierten Krankheitsbild macht. Der Arzt wird mit der Behandlung unverzüglich beginnen, weil ihn die Erfahrung gelehrt hat, daß auch symptomatische Behandlungen lebensrettend sein können. Extrem hohes Fieber muß man drücken, auch wenn man den Grund für das Fieber nicht finden kann. Notfalls muß man die Körpertemperatur durch kalte Umschläge senken, weil sonst der Kreislauf des Patienten zusammenbricht und dann wirklich jede weitere Diskussion überflüssig wird.

Die meisten Polizeiführer aber warten heute noch auf die eine richtige und endgültige Definition. Der Landespolizeipräsident von Baden-Württemberg, Dr. Alfred Stümper, gehört nicht zu ihnen. Er hat vor der Bedrohung durch die nebenstaatliche Macht des organisierten Verbrechens nie die Augen verschlossen. Seine Kompetenz bestreiten nicht einmal seine Kritiker. Schon vor mehr als zehn Jahren hat er sich dazu einmal sehr bildhaft geäußert: Ein junges Paar, so Stümper, würde sich auch nicht ewig damit aufhalten, sich gegenseitig die Liebe zu erklären, sondern eher früher als später zum physischen Vollzug dessen schreiten, was sie bewegt.

Das ist sicher richtig beobachtet. Die Definitionsversuche in Sachen Liebe füllen ganze Bibliotheken. Wenn sich jedes Paar erst definitorisch einigen müßte, bevor es etwas unternimmt, dann wäre die menschliche Art längst ausgestorben.

Viel leichter als auf eine Definition der kriminellen Organisation kann man sich auf Symptome des unsichtbaren Netzes einigen. Die Symptome sind Typologie und Verhaltensweisen von Tätern.

In einem Seminar der Polizeiführungsakademie im März 1983 über eine spezielle Form der »Organisierten Kriminalität«, das wieder aus unerfindlichen Gründen unter »VS – Nur für den Dienstgebrauch« im Oktober 1983 schriftlich festgehalten wurde, war von den folgenden »Indikatoren«, also Kennzeichen oder Symptomen, die Rede:

a) Qualität der Tatausführung (präzise Planung und Durchführung, einschließlich profitorientierter Beuteverwertung);

b) überregionale und internationale Tatzusammenhänge bzw. Kontakte;

c) Anpassung an Markterfordernisse;

d) ein nicht ohne weiteres erklärbares Abhängigkeits- und Autoritätsverhältnis zwischen mehreren Tatverdächtigen;

e) augenscheinlich hohe Investitionen;

f) konspirative Taktiken (Gegenobservationen, Abschottung, Codes, widerrechtlicher Gebrauch von Stempeln, Vordrucken etc., Ausnutzung technischer und wissenschaftlicher Erkenntnisse und Mittel);

g) Schutz des Tatverdächtigen bei drohendem Zugriff von Strafverfolgungsbehörden;

h) Mitführen von Vertretungsvollmachten für Rechtsanwälte;

i) hohe Kautionsangebote zur Aussetzung des Haftbefehls;

j) Betreuung in der Haft, Versorgung der Angehörigen;

k) Wiederaufnahme nach Haftentlassung;

l) Auftreten von Entlastungszeugen.

Niemand weiß besser als die einschlägig tätigen
Kriminalbeamten, daß jedes einzelne dieser Symptome und sogar eine Häufung von mehreren Symptomen noch kein absolut sicherer Hinweis auf eine
kriminelle Organisation ist. Aber jedes dieser Symptome sollte die Beamten aufmerksam machen.

Die Aufstellung stimmt fast wörtlich mit entsprechenden Formulierungen in einem BKA-Papier aus
dem Jahr 1981 überein. In dem Papier werden allerdings noch einige Indikatoren mehr aufgeführt als in
der Fassung der Führungsakademie, nämlich:

m) Aufwendung von größeren Mitteln und Bestellung eines prominenten Anwalts zur Verteidigung
eines anscheinend wenig begüterten Tatverdächtigen;

n) Unauffindbarkeit von Zeugen;

o) typisches ängstliches Schweigen Betroffener;

p) typische Gedächtnisschwäche bei unbeteiligten
Zeugen, dagegen präzise und auffällig überein-
stimmende Aussagen von Personen aus dem jeweiligen Milieu;

q) Verdacht der Korrumpierung;

r) gesteuerte, tendenziöse oder von einem bestimmten Tatverdacht ablenkende Presseveröffentlichungen.

Mit allem Respekt sei gesagt, daß einige Indikatoren stark an das erinnern, was man in den parlamentarischen Untersuchungsausschüssen zu illegalen Parteispenden und anderem gehört hat: Qualität der Tatausführung, überregionale Tatzusammenhänge, Abhängigkeitsverhältnis zwischen mehreren Tatverdächtigen, konspirative Taktik, prominente Anwälte, Gedächtnisschwäche, Verdacht der Korrumpierung und ganz gewiß »gesteuerte, tendenziöse oder von einem bestimmten Tatverdacht ablenkende Presseveröffentlichungen«.

Bei der Auflistung der Indikatoren (a bis r) treten die Verfasser des Bundeskriminalamt-Papiers ganz besonders vorsichtig auf, damit sich nun ja keine Länderpolizei unziemlich behelligt fühlen und womöglich ihr polizeiliches Meldeverhalten gegenüber dem BKA weiter einschränken könnte. Dieses Meldeverhalten ist nämlich einer der wunden Punkte zwischen Bund und Ländern. Wenn der Verdacht auf international organisiertes Verbrechen, also auf überregionale Tatvorgänge besteht, sollte das BKA (Bundesbehörde) von den LKAs (Länderbehörden) entsprechend dem »Gesetz über die Einrichtung eines Bundeskriminalpolizeiamtes« informiert werden. Der Gesetzestext ist aber unzureichend formuliert. Der einschlägige Passus, Absatz 1 des Paragraphen 5, definiert eine Zuständigkeit »in Fällen des international organisierten ungesetzlichen Handelns mit Waffen, Munition, Sprengstoffen oder Betäubungsmitteln und der international organisierten Herstellung oder Verbreitung von Falschgeld, die eine *Sachaufklärung im Ausland erfordern*, sowie damit im Zusammenhang begangene Straftaten«. Das (fast) einzige Kriterium einer »Sachaufklärung im Ausland« ist hoffnungslos unzureichend. In dieser Lücke machen es sich die Bundesländer bequem.

Natürlich kann das BKA nicht tätig werden, wenn es von den Länderpolizeien nicht informiert wird, und die Länderpolizeien sind nicht in allen Fällen darauf versessen, interessante Fälle abzugeben und sich dabei die Läuse des BKA in den heimischen Pelz zu setzen. Im Zusammenhang mit den vom BKA erarbeiteten Indikatoren heißt es deshalb auch: »(sie) sollen (nur) zur Sensibilisierung führen.« Aber immerhin: »Wenn auch nicht schon *ein* Symptom das Vorliegen von organisierter Kriminalität signalisieren muß, (so) liegt ein solcher Verdacht mindestens nahe, wenn mehrere Indikatoren erkannt sind.« Unter Punkt 5.1.3 heißt es allerdings: »Die Indikatorenliste ist nach Auffassung des Bundeskriminalamtes nicht geeignet, einheitliche Definitionen und entsprechendes Meldeverhalten zu fördern.« Prompt werden für den gesamten Berichtszeitraum Fehlanzeigen von Baden-Württemberg, Bayern, Niedersachsen, Rheinland-Pfalz und Schleswig-Holstein konstatiert.

Das Erste Deutsche Fernsehen hat in einem Bericht (»SoKo Zitrone«) versucht, eine Brandstiftungsserie in Niedersachsen durch symptomatische Eingrenzung einer kriminellen Organisation zuzuordnen. Befragt wurde der Leiter der Sonderkommission »Zitrone« des Landeskriminalamts in Hannover, der Kriminalhauptkommissar Rainer Hoffmann.

Reporter: Ist Angst ein strategischer Faktor?
Hoffmann: Ja, das kann man sagen.
Reporter: Gibt es eine spezielle Beweisnot?
Hoffmann: Ja.

Reporter:	Gute und teure Anwälte auf der Gegenseite?
Hoffmann:	Die besten Anwälte.
Reporter:	Eingeschüchterte Belastungszeugen?
Hoffmann:	Ja.
Reporter:	Gekaufte Entlastungszeugen?
Hoffmann:	Wir vermuten es. Wir können es aber nicht beweisen.
Reporter:	Arbeitsteiliges Vorgehen?
Hoffmann:	Ja.
Reporter:	Eine innere Disziplinarordnung?
Hoffmann:	Sieht so aus.
Reporter:	So etwas wie eine erkennbare Hierarchie?
Hoffmann:	Vieles deutet darauf hin.
Reporter:	Werden Sanktionen gegen Gruppenmitglieder, die sich falsch verhalten, angedroht und durchgesetzt?
Hoffmann:	Ja.

In einer Verschluß-Sache des AK-II (Arbeitskreis der Innenministerkonferenz) aus dem Jahr 1981 werden nicht nur eine enorm ansteigende Kriminalität bei fallender Aufklärungsquote, sondern auch die Symptome einer »neuen Kriminalität« geschildert. Sie sind bezogen auf Täterbild, Täterverhalten, Tätermilieu, Tatmittel, Tatobjekte, Tatziele und Tatwirkung. Hier die wesentlichen Feststellungen des Ad-hoc-Ausschusses des AK-II:

Täterbild:
• Individuen ohne sittliche, moralische, traditionelle Bindung, frei von gesellschaftlichen oder sozialen Zwängen, dem Staat in keiner Weise verpflichtet.

- In der Lage, Schwachstellen unserer Gesell-schafts-, Wirtschafts- und Rechtsordnung zu er-kennen und zur Begehung von Straftaten auszu-nutzen.
- Mobil, agieren häufig außerhalb ihres Lebenskrei-ses und über Ländergrenzen hinweg.
- Fremde Nationalität, Sprache und Mentalität.

Täterverhalten:

- Schließen sich zur Begehung von Straftaten zu-sammen und bilden auf Dauer angelegte Täter-gruppierungen mit hierarchischer Gliederung und arbeitsteiligem Vorgehen.
- Wechseln öfter die Deliktsbereiche (keine Perse-veranz) und/oder verändern ihre Arbeitsweisen (kein fester Modus operandi).
- Täter oder Tätergruppen sichern sich ab durch In-formationssperren zwischen Auftraggebern, Ab-nehmern, Hintermännern (Abschottung).
- Betreiben Gegenobservation unter Verwendung technischer Mittel.
- Sind zunehmend mit Waffen ausgestattet und auch bereit, diese einzusetzen.
- Sichern ihre Mitglieder »sozial« ab durch finan-zielle Unterstützung der Betroffenen und deren Angehörigen während der Haftzeiten, Bereithal-ten von Barmitteln für Anwaltshonorare und so weiter.
- Schützen sich vor belastenden Aussagen durch Druck auf unbeteiligte Zeugen. Schweigen wird mit Disziplinierungsmaßnahmen erzwungen.

Diese Auszüge aus dem Text des AK-II lassen recht aufschlußreiche Einblicke in die praktischen Erfahrungen der Kriminalpolizei zu.

Wenn man sie einem amerikanischen Kriminalbeamten zu lesen gäbe, dann würde er in dem, was hier verschämt als »neue Kriminalität« beschrieben wird, genau das wiedererkennen, was er seit eh und je unter »organized crime« versteht. Kurz und bündig heißt es in einem Text des Bundeskriminalamts:

- Kontinuierlicher organisatorischer Aufbau.
- Strafkodex und Normensystem im internen Bereich.
- Komplexes Stufensystem mit fehlendem Rückschlußprozeß (Abschottung).
- Feste Strukturen im Personal- und Geschäftsbereich.
- Weitsichtige Planungen von Aktivitäten, die zum Ziel haben die Infiltration legaler Geschäftsbereiche der Industrie und der Wirtschaft sowie Gewinnbringung durch Monopolisierung.

Die Pointe dieser Aufstellung ist allerdings überraschend: Mit diesen BKA-Indikatoren soll nämlich nicht etwa beschrieben werden, was sich bei uns tut. Ganz im Gegenteil. Damit soll nur verdeutlicht werden, was man sich unter dem amerikanischen »organized crime« vorzustellen hat, das es hierzulande angeblich nicht gibt. Die kriminalistische Analyse gipfelt in dem Satz: »*Kriminalitätserscheinungen, die diesen Kriterien entsprechen, wurden bisher (1981) in der Bundesrepublik Deutschland nicht festgestellt.*« Man weiß nicht recht, ob man über einen solchen Satz lachen oder weinen soll.

Tatsache ist, daß ein hoher Prozentsatz dessen, was in den USA nach allen definitorischen Regeln als »organized crime« eingeordnet wird, bei uns aus Gründen der sicherheitspolitischen Propaganda nicht einmal als »Organisierte Kriminalität« angesprochen werden dürfte. Ein Beispiel sind die in den USA noch eindeutig als Aktivitäten des organisierten Verbrechens bezeichneten Abschöpfungen im Bereich des Gesundheitswesens. Der »special agent« Kenneth P. Walton vom FBI Detroit berichtet unter dem Titel »Organized Crime and Medical Fraud« über systematisches »Absahnen« (skimming) durch das Korrumpieren von Kliniken und Ärzten oder Rezept-Schwindel. Die Frage sei nicht, ob das organisierte Verbrechen im Medizinbetrieb operiere, so der amerikanische Fahnder, sondern nur noch in welchem Ausmaß. Aus den Ermittlungen des FBI geht hervor, daß vor allem Techniken des KRIMINELLEN MONOPOLS und der KRIMINELLEN BETEILIGUNG eine Rolle spielen.

In Italien hat Gesundheitsminister Carlo Donat-Cattin erklärt, daß nicht Ärzte, sondern Mafiosi den örtlichen Behörden Millionen durch systematischen Betrug im Gesundheitswesen entziehen. Er rechne insgesamt mit einem Schaden von 400 Millionen Mark. Wie zu erwarten verbrannten die in Avellino eingelagerten Beweisstücke, bevor sie einem Gericht vorgelegt werden konnten.

In der Bundesrepublik hat man bisher noch keinen organisierten, sondern nur ziemlich häufigen Rezeptbetrug oder das Abrechnen von nicht erbrachten Leistungen beobachtet.

Darüber regt sich aber niemand auf in einer

Gesellschaft, in der der amtierende Bundesaußen-
minister Genscher angesichts von 353 Ermittlungsverfahren gegen Ärzte in Nordrhein-Westfalen sofort in der ärztlichen Standespresse unter dem Titel
»Eine Hexenjagd auf die deutsche Ärzteschaft« auf
die Barrikaden geht (»Münchner Ärztliche Anzeigen«, 9.8.1986); in der Bundesinnenminister Zim-
mermann (im Zusammenhang mit dem Celler Loch)
»seinen Hut zieht« vor einem Schwerkriminellen
und in der ein abgehalfterter Wirtschaftsminister
sich laut »stern« mit Steuerhinterziehern »in guter
Gesellschaft« wähnt. Ich fürchte, amerikanische
Kriminologen würden das für Symptome von »corruption« halten.

Offenkundig liegt der Verdacht auf organisiertes Verbrechen nahe:
1. wenn Aktivitäten erkannt werden, die einem der
   drei Geschäftszweige (HANDEL MIT VERBOTENEN WA-
   REN ODER DIENSTLEISTUNGEN, KRIMINELLES MONOPOL
   ODER KRIMINELLE BETEILIGUNG) zuzuordnen sind;
2. wenn MOB UND MUSKEL zu erkennen sind und eine
   STRATEGIE DER ANGST, die physische Bedrohung als
   Mittel der inneren Disziplinierung, zum Beugen
   und Brechen von Opfern und zur Korrumpierung
   von Gegnern einsetzt;
3. wenn einige Hinweise *für* eine ORGANISIERTE STRUK-
   TUR sprechen und zugleich andere *dagegen;* vor allem, wenn sich die Hinweise für eine organisierte
   Struktur aus der Ermittlungsarbeit der Polizei ergeben und Hinweise dagegen aus den Einlassungen von Verdächtigen oder von Zeugen aus deren
   Umfeld;

4. wenn die Art der kriminellen Aktivität auf eine LOGISTISCHE STEUERUNG hindeutet, die den Ausführenden nicht zuzutrauen ist, und wenn dort, wo die Steuerung zu suchen wäre, trotz aller Ermittlungsarbeit nur ein unproportionaler Beweismangel erkennbar wird;
5. wenn PHYSISCHE GEWALT präsent ist, gleich ob sie sich als Tat realisiert oder nur angedroht oder von dem dieser Kriminalität eigenen Klima nahelegt wird.

Wenn sich Gewalt nicht in Form von Körperverletzung oder Tötungsdelikten zeigt, dann ist das nach Meinung von Ralph Salerno ein Zeichen dafür, daß die Strategie der Angst erfolgreich funktioniert, daß Mob und Muskel etabliert sind.

Nach alldem steht fest, daß der Unterschied zwischen dem amerikanischen »organized crime« und dem organisierten Verbrechen in der Bundesrepublik nur noch mit großer definitorischer Anstrengung festzustellen ist. Der Unterschied liegt in der Quantität und im Stadium der Entwicklung, nicht aber in der Qualität des organisatorischen Netzes.

Am besten definiert Mob und Muskel der Bericht des Jahres 1986 der »President's Commission on Organized Crime«:

»Organisiertes Verbrechen ist das kollektive Resultat von Einsatz, Können und Aktivität dreier Komponenten:

- *kriminelle Gruppen,* die durch rassische, sprachliche, ethnische und andere Gemeinsamkeiten zusammengehalten werden.

121

- *Protektoren* (Gönner, Beschützer, Schirmherren), also Personen, die Interessen der Gruppe verteidigen.
- *Spezialisten,* die ihre Dienste der Gruppe in Kenntnis ihrer kriminellen Natur von Fall zu Fall zur Verfügung stellen.

Die kriminelle Gruppe ist ein beständiges Kollektiv von Leuten, die kriminelle Methoden, Gewalt und Korruption benutzen, um Einfluß und Profit zu erlangen... [Außerdem:]

Beständigkeit: Die kriminelle Gruppe verfolgt wie jeder Apparat ihre Ziele über längere Zeit. Sie operiert über die Lebenszeit des einzelnen Mitglieds hinaus und ist so gebaut, daß sie auch einen Wechsel an der Spitze übersteht. Die Aktivitäten sind zu unterschiedlichen Zeiten unterschiedlich konzentriert und kontrolliert. Die Mitglieder der Gruppe unterstellen ihre persönlichen Interessen dem Interesse der Gruppe.

Struktur: Die kriminelle Gruppe besteht aus verschiedenen Ebenen, die hierarchisch geordnet sind. Jede Ebene hat spezielle Funktionen. Die hierarchische Struktur kann sehr rigide sein (wie bei der Cosa Nostra) oder aber fließend (wie bei den kolumbianischen Organisationen, die den Rauschgifthandel betreiben).

Mitgliedschaft: Die Mitgliedschaft basiert auf einer Gemeinsamkeit ethnischer, sprachlicher oder rassischer Art, auf einem kriminellen Hintergrund oder auf gemeinsamen Interessen. Potentielle Mitglieder werden genau geprüft. Sie müssen ihren Wert für die Gruppe und ihre Loyalität beweisen. Zu den Regeln der Mitgliedschaft gehören Verschwiegenheit, die Bereitschaft, alles für die Gruppe zu tun, was man verlangt, und Entschlossenheit, die Gruppe zu verteidigen. Die Gruppe gibt den Mitgliedern für ihre Loyalität ihren Schutz, ein gewisses Prestige, eine Gelegenheit für materiellen Gewinn und – vielleicht noch wichtiger – ein Gefühl der Dazugehörigkeit.

Kriminalität: (...) Die Gruppe bestreitet ihren Profit aus kriminellen Aktivitäten. Einige dieser Aktivitäten, etwa der Handel mit verbotenen Waren oder Dienstleistungen, verschaffen direkten Gewinn. Andere, einschließlich Mord, Einschüchterung oder Bestechung, tragen zum Profit der Gruppe bei und verstärken ihren Einfluß. Einige Gruppen befassen sich mit ganz unterschiedlichen Aktivitäten. Andere konzentrieren sich auf eine Aktivität, wie zum Beispiel den Rauschgifthandel. Zusätzlich zum illegalen Geschäft ist die kriminelle Gruppe oft auch im legalen Geschäft tätig. So durch die Infiltration von Restaurants und anderen Betrieben, die mit Bargeld umgehen. Dabei wird (unverbuchtes) Geld abgeschöpft und gewaschen und die Macht der Gruppe gestärkt.

Gewalt: Gewalt und Androhung von Gewalt gehören zum Wesen der kriminellen Gruppe. Beides ist Instrument der Kontrolle und des Schutzes. Nach innen gewendet, wenn die Loyalität verletzt wird, nach außen gerichtet zur Verteidigung und um die Macht zu mehren.«

DAS PERSONAL

Der Mob hat überall ähnliche Personalstrukturen. In Varianten erkennt man den in der Praxis erprobten Aufbau der italo-irisch-jüdisch-amerikanischen Grundformen wieder. Der Einfachheit halber verwenden wir hier die Terminologie der Cosa Nostra.

Da gibt es ganz unten die »groupies«, die in der Nähe der eigentlichen Organisation herumhängen wie die Groupies einer Rockband. Die Amerikaner nennen sie »gofers«. Ein Slangausdruck für Laufbursche, der sich aus den zwei Worten »go for« entwickelt hat.

Dann gibt es die im italo-amerikanischen organisierten Verbrechen »soldati« genannten Leute. Es handelt sich um Fußvolk, das fast immer in den unteren Rängen hängenbleibt. Gofer und Soldat reißen gern das Maul auf und lassen die ermittelnden Polizisten oft ungefragt erkennen, daß sie »dazugehören«. Sie wollen damit ihr Gegenüber einschüchtern und Eindruck schinden. Jeder Versuch, aus ihnen Genaueres über die Organisation herauszuholen, muß scheitern, weil sie nichts Genaueres wissen.

Der Soldat hat einen kriminellen Hintergrund. Vor der Aufnahme testet man ihn durch einen Mordauftrag oder als Komplizen bei einem Mord. Man holt sogar über korrupte Beamte Auskunft bei der Polizei über ihn ein. Je schlechter die Auskunft, desto geeigneter der Mann.

Dann kommen die »mechanics«. Sie sind spezialisiert. Weil man sie braucht, haben sie eine Sonderstellung. Sie können Flugzeuge fliegen, die Kokain geladen haben, Bomben basteln und Wertpapiere fälschen. Sie wissen, wie man es macht, daß man bei einer Brandstiftung möglichst nicht selbst in die Luft fliegt, und daß es sich nicht rentiert, ein Polizeifahrzeug zu klauen, weil man nicht sehr weit damit kommt.

Die Spezialität des »enforcers« ist Muskel. Er versteht es, Forderungen Nachdruck zu verleihen, Zeugen zum Schweigen und Opfer zum Reden zu bringen. Er weiß, daß man mit Gewalt langwierige Geschäftsverhandlungen abkürzen kann, und er kennt die zweckmäßigsten Methoden, um jemanden geräuschlos und diskret oder laut und publikumswirksam umzubringen. Sein Talent ist das Rückgrat des Mobs.

Der unabhängigste Spezialist ist der »consigliere«, der auf den Mob spezialisierte Verteidiger und Anwalt. Wie im legalen Geschäft haut er seine Mandanten nicht nur hinterher heraus, sondern sagt ihnen vorher, was sie zu tun und zu lassen haben, damit sie später vor Gericht gut abschneiden. Er versteht es, die Skrupel eines Rechtsstaats für die kriminellen Zwecke seiner Mandanten auszubeuten. Selbst aus dem besten Gesetz gegen die Unterwelt quetscht er noch einen Vorteil für den Mob heraus. Der »consigliere« kann aber auch einfach ein erfahrener Don sein, der den Padrone einer kriminellen Familie berät.

Die »lieutenants«, Hauptleute, Königskegel, Paten oder Bosse sind oft einflußreiche Leute, denen man nichts nachsagen kann. Sie haben Freunde in der Justiz und im Parlament. Manchmal spielen sie auch die Rolle eines Friedensrichters, der dafür sorgt, daß Streitereien um Reviere oder Beuteanteile nicht mit Maschinenpistolen ausgetragen werden.

Der sogenannte »fall guy« kann in allen Rängen rekrutiert werden. Manchmal ist die Polizei hartnäckiger, als es fürs Geschäft gut ist. Dann muß man ihr jemanden zum Fraß vorwerfen, damit sie Ruhe gibt. Dieser Fraß ist der »fall guy«, der Sündenbock. Er ist niemals eine Zufallsbesetzung. Er muß kriminell involviert sein, damit die Polizei sich über ihn freut, andererseits darf er aber nicht genug wissen, um die Drahtzieher und Hintermänner ernstlich zu gefährden.

Die Hintermänner und die Drahtzieher des Mobs sind selbst kaum an kriminellen Aktivitäten beteiligt. Sie haben sich eine Position außerhalb des akuten Risikobereichs erkämpft. Persönlich langen sie nur noch zu, wenn sie ganz sicher sein können, daß die Alibis wasserdicht sind, Entlastungszeugen und Fall Guys bereitstehen und ihr Prestige der Skrupellosigkeit bereits so gefestigt ist, daß ohnehin keiner etwas gegen sie unternimmt. Sie fahren nicht betrunken Auto. Wenn sie eine Waffe tragen, dann haben sie auch einen gültigen Waffenschein. Sie treffen sich in der Sauna, im Puff oder in der Kirche mit einflußreichen Politikern. Man lädt sich gegenseitig zu Weihnachten oder zu Hochzeiten ein.

Zum Personal des Mobs wird jeder, der mit ihm Geschäfte macht, der ihm Vorteile verschafft oder der Gefälligkeiten von ihm annimmt.

Das Studium der Texte kriminalpolizeilicher Symposien läßt vermuten, daß mangelhafte Englischkenntnisse und vor allem eine überraschende Unkenntnis der amerikanischen Fachliteratur unsere polizeilichen Definitionskünstler immer wieder dazu gebracht haben, Mafia und Cosa Nostra für ein und dasselbe zu halten und außerdem das darunter zu subsumieren, was sie (und nur sie) unter dem verstehen, was die Amerikaner »organized crime« nennen. Vor allem deshalb suchen sie danach vergeblich. Sie haben konsequenterweise auch Schwierigkeiten, das Personal zu identifizieren, wenn es nicht den Prototypen der Cosa Nostra oder der Mafia entspricht.

DAS GARSTIGE LIED

Die Stabilität des Mobs hängt unter anderem mit seinem politischen Einfluß zusammen. Dennoch darf man politische Korruption nicht zu einem Unterscheidungskriterium machen. Sie ist nicht eine Voraussetzung, sondern eine Folge dieser Kriminalität. Außerdem muß sie nicht erkennbar sein.

Fälschlicherweise hat die deutsche Kriminalistik sich immer damit beruhigt, daß in der Bundesrepublik Deutschland ähnliche politisch-kriminelle Verstrickungen wie in den USA oder in Italien nicht erkennbar seien.

Dies könnte sich als folgenschwere Fehldiagnose herausstellen. Politische Korruption muß nicht unbedingt so aussehen wie in Palermo oder in Chicago. Sie kann auch aussehen wie in Berlin, Hamburg oder Frankfurt.

In München ist parteipolitische Blindheit am »Wegsehen« wahrscheinlich ebenso beteiligt wie Interessenkollusion. Vermutlich gibt es darüber hinaus eine ideologisch bedingte Toleranz gegenüber den Kräften des illegalen Marktes. Zwischen Wegsehen aus föderalistischer Opportunität und kriminalistischer Unfähigkeit gibt es im Endeffekt keinen Unterschied. Beides hindert die Polizei am Handeln.

Nirgends, weder in Italien noch in den USA, werden die Querverbindungen zwischen Politik und Unterwelt so gründlich unter den Teppich gekehrt wie in der Bundesrepublik Deutschland. Wenn hier etwas aufkommt, dann wird vor allem aus Gründen der PR ein parlamentarischer Untersuchungsausschuß eingesetzt, der nicht, wie etwa in den Vereinigten Staaten, gnadenlos aufklärt, was vorgegangen ist, sondern eine Art Börse für den Handel mit parteipolitischer Munition eröffnet. Wenn sich herausstellt, daß alle Beteiligten schmutzige Finger haben, dann wird es sehr schnell still um den Ausschuß.

Diese mitteleuropäische Nachsicht mit dem Fehlverhalten von ranghohen Politikern fällt den Amerikanern immer wieder auf. David Bar-Ilan versucht damit in der »New York Times« sogar eine Verteidigung des amerikanischen Präsidenten im Zusammenhang mit den illegalen Waffenlieferungen an den Iran und die Finanzierung der Contra über Schweizer Geheimkonten. Er schreibt: »Die Führer der wichtigsten Verbündeten der Vereinigten Staaten, Präsident François Mitterrand und Premierminister Jacques Chirac von Frankreich, Premierministerin Margaret Thatcher von Großbritannien und Kanzler Helmut Kohl von Westdeutschland, sind allesamt direkt im Zusammenhang mit Skandalen impliziert, die juristisch, moralisch und ethisch viel ernster sind als das, was der Präsident (Reagan) vielleicht gewußt hat... Keiner von ihnen mußte sich derartigen Angriffen durch die Medien aussetzen oder so quälenden parlamentarischen Ermittlungen (wie Reagan in den USA)...«

Ein führender europäischer Geschäftsmann stellt zum gleichen Gegenstand in der »International Herald Tribune« vom 21. März 1987 fest: »Wir haben politische Skandale, aber wir haben kaum Skandale wegen Korruption. So ehrlich sind wir nicht. Unsere schmutzige Wäsche bleibt ungewaschen.«

Dieter Buhl beschreibt die Unduldsamkeit gegenüber den Fehlern der politischen Führer in den Vereinigten Staaten. Und: »Wer weiß, als wie läßlich Politikersünden hierzulande gelten, muß sich wundern über die Strenge.« (Die Zeit, 3.7.1987)

Da man in der Bundesrepublik Deutschland gegenüber politischer Korruption nachsichtig ist (»politisch Lied, ein garstig Lied«), fehlt der Polizei die politische Korruption im Katalog der Symptome.

George Washington wird im Jahr 1789 in New York als erster Prasident der Vereinigten Staaten in sein Amt eingeführt. Zu diesem Zeitpunkt existiert die »Tammany Society« seit siebzehn Jahren in Philadelphia. Sie nennt sich nach dem Indianerhäuptling Tammenend, der dem Quäker William Penn das Stück Land verkauft hatte, auf dem später die Hauptstadt Pennsylvaniens stehen sollte. Der Name »Tammany« steht für uneingeschränkte Freiheit in Handel und Wandel, vor allem für Unabhängigkeit von einer amerikanischen Zentralregierung und damit für einen militanten Föderalismus.

Im Jahr der Amtseinführung von George Washington ruft ein gewisser William Mooney auch in New York eine Tammany-Gesellschaft ins Leben. Jedes Mitglied muß sich verpflichten, den Föderalismus – beinahe um jeden Preis – zu verteidigen, »die Länderinstitutionen zu unterstützen und jeder Konsolidierung von Macht in einer Zentralregierung zu widerstehen«. Einiges aus den Tammany-Texten erinnert sehr an die Stimme Bayerns in der Innenministerkonferenz und in der AG Kripo.

Die Tammany-Gesellschaft macht von Anfang an Parteipolitik. Ihr Hauptquartier am Broadway wird von den Verfechtern einer starken Bundesregierung einfach »Schweinestall« getauft. Spätestens seit 1811 nennt sich die Tammany-Gesellschaft »Tammany-Hall-Partei«. Ihr Programm ist das freie Spiel der Kräfte, der freie Markt. Diese Freiheit macht New York jahrzehntelang zu einer für Kriminelle und Spekulanten offenen Stadt. Nur kurzfristig wird die Macht der föderalistischen Tammanianer gebrochen.

1903 bewirbt sich der 38jährige Rechtsanwalt George B. McClellan um das Amt des New Yorker Bürgermeisters. Er ist ein Tammany-Kandidat und ein Sohn des umstrittenen Bürgerkriegsgenerals gleichen Namens, der 1864 gegen Abraham Lincoln kandidiert und verloren hat. Als McClellan am ersten Tag des Jahres 1904 in sein Amt eingeführt wird, versammeln sich Bordellwirte, Glücksspieler und andere Ganoven vor seinem Büro in Manhattan, um ihn zu feiern. Die Stadt ist wieder offen.

Ein Hauptproblem der offenen Stadt New York ist der Straßenverkehr. Es handelt sich um ein Chaos. Versuche, wenigstens so etwas wie einen Paragraphen 1 einer Straßenverkehrsordnung einzuführen, schlagen fehl. Die Stadtverwaltung schickt den Polizeihauptmann O'Connor nach Europa. Dort soll er sich anschauen, wie man in der Alten Welt mit dem Verkehr fertig wird. Er kommt mit tollen Nachrichten zurück. »Die Leute da drüben«, sagt er, »haben Verkehrsvorschriften und stellen Schilder auf. Und wenn sich jemand nicht danach richtet, dann muß er Strafe zahlen.«

Virgil W. Peterson: »Die Fahrer unterschiedlichster Fahrzeuge vereinigten sich im Aufstand gegen Verkehrsvorschriften jedweder Art. Sie hielten solche Vorschriften für eine Einschränkung ihrer persönlichen Freiheit. Boß Murphy (Tammany Hall), angeheizt von der Gewerkschaft der Lastwagenfahrer, hatte Schaum vor dem Mund über die Absicht, Autofahrern Strafzettel zu geben, wenn sie den Anordnungen der Polizei nicht nachkamen. In Brooklyn verfügte der Richter William Jay Gaynor – der später Bürgermeister werden sollte – eine gerichtliche Anordnung gegen Bürgermeister McClellan mit der Begründung, jede Verkehrsregelung stelle eine Beeinträchtigung der verfassungsmäßigen Freiheiten des einzelnen Bürgers dar.«

Von Anfang an ist der Tammany-Hall-Partei jedes Mittel recht, um bei Wahlen zu betrügen und eigene Leute in lukrative Ämter zu hieven. Den Druck moderner Massenbeeinflussung durch Propaganda gibt es damals noch nicht. Deshalb kauft man Leute, Stimmen und Sitze. Oder man erprügelt sie sich. Ein Skandal jagt den anderen. Zunächst geht es nur um kriminelle Methoden zu einem angeblich guten politischen Zweck. Es geht um »Parteispenden« und »Postenvergabe«. Später geht es um Betrug und Erpressung. Auch das nur zum Wohl des Vaterlands.

Ähnlich wie bei den Parteispenden unserer Tage,

bei illegalen Waffenlieferungen oder beim Mißbrauch der Geheimdienste gibt es kein Unrechtsbewußtsein. Man tut alles nur zum Wohl der Bürger und um Unheil vom Staat abzuwenden. Alles ist von einem Paragraphen 34 der Staatsräson entschuldigt, von einem rechtfertigenden Notstand, den jeder Politiker in Anspruch nimmt, zuerst um die kriminellen Aktivitäten seiner Partei zu decken, dann um seine eigenen zu rechtfertigen.

Spätestens 1817 beginnt in den USA eine Serie von Skandalen. Die Tammany-Führung schiebt nun auch privat Geld ein. Ruggles Hubbart, der praktischerweise zugleich Sheriff von New York ist, verschwindet mit der Kasse. Unterschlagungen gehören zur Tagesordnung. Robert Swartwout läßt 68 000 Dollar mitgehen. Damals ein Vermögen. Trotzdem kommt er ums Gefängnis herum. Er bleibt sogar im Präsidium der »Tammany Society«. Tammany-Leute haben Anteile an Firmen, die für die Stadt arbeiten. Sie vergeben Bauaufträge für Straßen und Häuser und verdienen daran. Währenddessen versinken die Straßen im Dreck, und die knapp 130 000 Bürger der Stadt haben nicht einmal gesundes Trinkwasser.

»Tammany Hall« ist der politische Ursprung des organisierten Verbrechens in den USA. Die »Five Pointers« sind der unpolitische.

»Five Pointers« nennt sich eine Straßenbande nach den fünf Begrenzungen ihres Gebiets: Little Water, Cross, Anthony, Orange und Mulberry. Bis zum heutigen Tag sind in Europa fünf tätowierte Punkte an der Hand ein Erkennungszeichen für Ganoven geblieben.

In den ersten Jahrzehnten des 19. Jahrhunderts werden die »Five Pointers« von Metzgern regiert, deren wichtigste Freizeitbeschäftigung das sadistische Vergnügen des Bullenhetzens ist. Das von den fünf Straßen begrenzte Gebiet wird zum Dorado unterschiedlicher krimineller Unternehmen und zur Straßenschule für einige der später führenden Gangster Amerikas. Noch haben »Tammany Hall« und die »Five Pointers« nichts miteinander zu tun.

Bei den Wahlen im November 1827 läuft die »Tammany Hall« zu großer Form auf. Wagenladungen von Einwanderern werden von Wahllokal zu Wahllokal gekarrt und müssen ein paar dutzendmal ihre Stimmen für Tammany-Leute abgeben. Wer nicht so wählt wie erwartet, der wird von bezahlten Polizisten verprügelt. Natürlich haben diese Polizisten auch nur die Segnungen des Föderalismus und das Wohl Amerikas im Auge.

Dann kommt der entscheidende Schritt. Politiker und Kriminelle vereinigen ihre Kräfte: »Sowie die kriminellen Banden von New York gut organisiert waren, machte sich Tammany Hall ihre Talente dienstbar, um Wahlen zu gewinnen und die Stadt zu kontrollieren. Kriminell-politische Bündnisse waren alltäglich...« Und: »Im Jahr 1838 ist es schon die Regel, daß die Unterwelt den Politikern die Wahlen finanziert. Das ist das Fundament des organisierten Verbrechens.« (Virgil W. Peterson)

Die Frage ist, um wieviel besser die Situation ist, wenn es nicht Straßenbanden sind, die Politiker finanzieren, sondern Herren in Nadelstreifen. Die Frage ist, ob man sich damit beruhigen kann, daß

heute nicht Wahlen gekauft werden, sondern
Wähler. Daß Wähler nicht verprügelt, sondern sub-
ventioniert werden. Die Frage ist, ob Korruption mit
Weste besser ist als Korruption ohne Weste.

In der Bundesrepublik Deutschland werden Bündnisse zwischen Politikern und Kriminellen angeblich
unter anderem dadurch vermieden, daß der Steuerzahler den Parteien ihre absurden Wahlausgaben finanzieren muß. Wie wir wissen, hat das keine Partei
daran gehindert, konspirativ Geld zu nehmen. Flick,
Siemens, Thyssen und Neue Heimat sind keine »Five
Pointers«. Der Bundestag ist keine »Tammany Hall«.
Dieser im doppelten Sinn des Wortes feine Unterschied macht die Bundesrepublik nicht viel besser
als die Vereinigten Staaten. Er macht sie nur weniger
sensibel.

Gerade weil die amerikanische Geschichte eine
Geschichte der politischen Korruption ist, reagieren
die Amerikaner überempfindlich auf jedes Fehlverhalten von Amtsträgern. Nixons Vize, Spiro Agnew,
mußte wegen eines Betrags gehen, der hierzulande
nur Achselzucken auslösen würde. Die Annahme be-
scheidener Werbegeschenke hat in den USA politische Karrieren beendet. Briten und Amerikaner haben aus ihrer politischen Geschichte gelernt und
sind daher überempfindlich gegen Interessenkon-
flikte, die der Beginn jeder politischen Korruption
sind. In der Bundesrepublik Deutschland sind Inter-
essenkonflikte an der Tagesordnung. Niemand findet
etwas dabei.

Politische Korruption gehört zum Beginn des organisierten Verbrechens amerikanischer Prägung. In
einigen Bereichen hat sich diese Tradition erhalten.

Aber es gibt auch organisiertes Verbrechen, das ohne Komplizenschaft mit der Politik auskommt und deshalb nicht weniger organisiertes Verbrechen ist.

Sehr oft hält der Mob das, was er tut, für Politik. Der Mob sieht sich dann als Ordnungsfaktor. Staaten riskieren Menschenleben für Prestige und Macht. Der Mob sieht nicht ein, wieso es unmoralisch sein sollte, wenn er dasselbe tut. Physische Bedrohung, Täuschung und Erpressung sind in Geschäft und Politik gang und gäbe. Der Mob begreift nicht, weshalb er auf diese Methoden verzichten soll. Auch die Omertà, die Verschwörung des Schweigens, und die innere Abschottung praktiziert der demokratische Rechtsstaat dann, wenn Fehlverhalten gedeckt, fragwürdige Pläne gefördert, Folgen oder Ursachen von Katastrophen vertuscht werden müssen.

Der unternehmerische Mob betrachtet sich nicht als Gegner der staatlichen Ordnung, sondern als einer ihrer Garanten. Er hält sich für einen Motor der wirtschaftlichen Konjunktur und für eine fünfte Gewalt. Immer wieder verbündet er sich mit der politischen Macht gegen gemeinsame Feinde. Oft ist es der Staat, der solche Bündnisse vorschlägt. Immer wieder reicht die Politik dem Mob die Hand. (Gemeinsame Fahndung von Camorra und Polizei nach der Entführung des christdemokratischen Regionalministers Ciro Cirillo, Kooperation zwischen Mafia und Staat im Zusammenhang mit der Entführung und Ermordung des italienischen Premierministers Aldo Moro, Kooperation der CIA mit der Cosa Nostra, um den Staatschef von Kuba ermorden zu lassen, Kooperation zwischen dem US-Westküstenmob und

Menachem Begins Irgun, Kooperation der US-Streit-
kräfte mit der Mafia während der Invasion in Italien,
Kooperation zwischen Amtsträgern und Kriminellen
in der Berliner Bauszene und so weiter und so weiter.)

Die Ähnlichkeit der im Mob und in der Politik
praktizierten Verhaltensweisen ist die Achillesferse
der Gesellschaft.

Es sieht so aus, als würde der Unterschied immer
kleiner.

DER GEFÄHRLICHE KNOTEN

Der Unterschied zwischen legaler und krimineller Politik ist genauso schwer zu definieren wie der zwischen legalem und illegalem Geschäft. Der politische Terror und das organisierte Verbrechen sind eng verknotet und dennoch etwas Grundverschiedenes.

Weil terroristische Gruppierungen, der Mob und politische Geheimgesellschaften zu den kriminellen Vereinigungen gerechnet werden, hat man immer wieder versucht, den Terrorismus definitorisch dem organisierten Verbrechen als »politische organisierte Kriminalität« zuzuordnen. Der Terrorismus ist hochorganisiert wie der Mob. Er geht konspirativ und arbeitsteilig vor, und er instrumentalisiert die Angst wie das organisierte Verbrechen.

Der Versuch, kriminelle Politik mit dem organisierten Verbrechen unter einen Hut zu bringen, liegt nahe. Dennoch muß er scheitern.

Im Gegensatz zum organisierten Verbrechen ist der Terrorismus kein Geschäft. Terroristen wollen politische Ziele durchsetzen. Dazu braucht man zwar Geld, aber Geld ist nicht der eigentliche und ausschließliche Zweck des Unternehmens. Dem Mob dagegen liegt nur an Geld. Der Mob bedient sich der Politik nur, um an Geld zu kommen. Der Terrorismus hingegen bedient sich des Geldes, um politische Ziele zu erreichen. Es wäre ein Wunder, wenn es zwischen denen, die Geld zu Politik machen, und denen, die Politik zu Geld machen, keine Symbiose gäbe.

Ein Bericht der Vereinten Nationen (IHT, 14. 1. 1987) stellt fest, daß der internationale Rauschgifthandel eng mit dem illegalen Waffenhandel und mit dem internationalen Terrorismus zusammenhängt. Der Alleinherrscher über das Goldene Dreieck, das allein jährlich 60 Tonnen Heroin-4 produziert, ist Khun Sa. Er ist Befehlshaber der privaten »Shan State Army«, die auf 15 000 Mann geschätzt wird (SZ, 2. 3. 1987). Diese Armee kontrolliert ein Gebiet von 27 000 Quadratmeilen an den Grenzen von Laos, Thailand und Burma und damit auch den Opiumanbau und den illegalen Handel mit Opiumprodukten in diesem Gebiet. Das Trainingslager seiner Armee, Huay Pa Sua, liegt zehn Kilometer westlich der thailändischen Grenzstadt Mae Hong Son. Khun Sa sieht sich nicht als Rauschgifthändler, sondern als »nationalistischer Freiheitskämpfer« (dpa, 1. 3. 1987). Er sagt: »Mohnanbau ist für die Menschen hier dasselbe wie der Anbau von Weizen für die amerikanischen Farmer.«

Der Chef des thailändischen Büros zur Bekämpfung des Rauschgifthandels, Polizeigeneral Chavalit Yodmani, sieht das anders: »Khun Sa mag sich als George Washington der Shan-Staaten sehen. Wir schätzen, daß er mehr als 70 Prozent des Opiumhandels in der Hand hat.«

Die CIA hat nicht nur mit dem Opiumbaron zusammengearbeitet, sondern die eigene getarnte und vom amerikanischen Steuerzahler finanzierte Fluglinie »Air America« zum Transport von Rohopium eingesetzt. Während die CIA Opiumpflanzer von Laos zu Antikommunisten machen will, legt sie Landebahnen an, auf denen Opium abtransportiert wird. Als sich das US-Außenministerium querlegt, finanziert die CIA über die USAID dem Opiumbaron Vang Pao von Laos eine eigene Fluglinie, die sich »Xieng Khouang Air Transport« nennt. Vang Pao, ein korrupter General, verdient sich an diesem Handel und an dem amerikanischen Hilfsfonds krumm.

Im Bekaa-Tal (Libanon) liegt eines der ergiebigsten Haschischanbaugebiete der Erde, beherrscht von der Familie Jaffe, die über eine Armee von 3000 Mann und zwei Tanks verfügt. Außerdem schützen syrische Panzer und sowjetische SAM-6-Raketen die Anbaugebiete.

Man könne nachweisen, so ein Bericht in der »Neuen Zürcher Zeitung«, daß sich der Waffenhandel oft der gleichen logistischen und finanziellen Wege bediene wie der Rauschgifthandel. Italienischen Gerichtsprotokollen wäre zu entnehmen, daß nicht selten ein und dieselbe Person bei der Abwicklung von Geschäften in beiden Sparten anzutreffen sei. Amerikanische Ermittlungen ließen keinen Zweifel daran, daß die in politische und kriegerische Wirren verwickelten Staaten der traditionellen Opium- oder Kokainanbaugebiete ihre illegalen Waffenimporte immer häufiger mit der Lieferung von Drogen bezahlten (Kreyenbühl, NZZ 130/85).

Die PLO hat jahrelang ihre Tauschgeschäfte »Rauschgift gegen Waffen« im Hotel Palmyra in Baalbek abgewickelt. Auf der ganzen Welt und auf allen Seiten ist Rauschgift eine Währung für Waffen.

In Afghanistan verhökern sowjetische Soldaten ihre Waffen ebenso gegen Rauschgift, wie es GIs in Südostasien getan haben. Auch die IRA, die ETA und die Grauen Wölfe, aus deren Reihen Mehmet Ali Agca (der Papstattentäter) kommt, werden vorwiegend durch Rauschgifthandel finanziert. Der Mann, der Agca bezahlt hat, Bekir Celenk, war einer der wichtigsten Vermittler von Geschäften, in denen Rauschgift eine Währung zum Ankauf von Waffen ist.

Mindestens drei kommunistische Staaten sind mit Wissen der Regierungen in den Rauschgifthandel involviert. Amerikanische Experten der DEA (Drug Enforcement Administration) schätzen, daß drei Viertel des gesamten Rauschgifts, das nach Europa kommt, über Bulgarien und die Regierungsagentur »Klintex« (Anton Ivanov Boulevard 66, Sofia) laufen. Die Deals werden im Hotel Vitosha verabredet (Brian Freemantle, »The Fix«).

Die Bürgerkriegsparteien in Nordirland finanzieren ihren Bedarf mit den klassischen Methoden des organisierten Verbrechens: »Sie haben mit allerlei Tricks die Staatskasse für den Terror angezapft. Durch Erpressung wurden bei öffentlichen Wohnbauten insgesamt rund 115 Millionen DM abgezweigt. Protestantische und katholische Extremisten teilten sich die (öffentlich finanzierten) Bauten untereinander und kassierten pro Baustelle 60 000 DM Schutzgebühr, ganz im Stil der Mafia.« (ORF, ZiB1, 13. 2. 1987)

Diese Praxis funktioniert seit zehn Jahren. Auch die 140 einschlägigen Verfahren ändern daran

nichts. Jeder Betreiber eines Pubs oder einer Spiel-
automatenhalle muß genauso Schutzgeld bezahlen
wie jeder Bauunternehmer. Wie in Palermo oder in
Neapel respektieren die beiden Parteien, die sich
sonst mit allen Mitteln und bis aufs Messer bekämpfen, ihre jeweiligen Einflußzonen, in denen sie kassieren. »Wer in Belfast ein Taxi besteigt, finanziert in
der Regel, wenn auch ungewollt, den Kauf von Waffen und Sprengstoff mit. Etwa 90 DM werden einem
Taxifahrer wöchentlich dafür abgenommen, daß er
sein Geschäft ungestört ausüben kann. « (ORF, ZiB 1,
13. 2. 1987)

Natürlich fließen die für einen heiligen Krieg, für
einen Befreiungskampf oder zur Verteidigung des Vaterlands erpreßten Schutzgelder nicht nur in die Taschen von Waffen- und Sprengstoffhändlern, sondern
auch in die Taschen der beteiligten Politmobster.

Die beunruhigendste Entwicklung im Bereich des
organisierten Verbrechens ist der nicht mehr zu
übersehende Austausch von Methoden und Personal
zwischen Politik und Mob. An dem auf der Reeper-
bahn von Hamburg eingefädelten und am amerikanischen Außenministerium vorbei über Schweizer
Nummernkonten abgewickelten Irangeschäft sind
internationale Schieber ebenso beteiligt wie hochrangige Amtsträger. Einer der Planer des illegalen
Geschäfts, Colonel North, wurde vom amerikanischen Präsidenten als »Nationalheld« bezeichnet. Bis
heute bestreitet die Contra in Honduras, viel von
dem Geld gesehen zu haben, das auf Schweizer
Nummernkonten geflossen ist, nachdem man die Ira-
ner kräftig übers Ohr gehauen hat.

Am Terrorismus wird deutlich, daß dieselben Methoden je nach politischer Absicht ganz unterschiedlich bewertet werden. Dieselbe paramilitärische Attacke ist für die eine Seite eine legitime Operation im Freiheitskampf und für die andere ein terroristischer Anschlag. (Colonel Oliver North: »Die Freiheitskämpfer des einen sind die Terroristen des anderen.«) Die Wertung hängt vom politischen Motiv des Handelnden ab und vom politischen Standpunkt des Betrachters.

Der Terrorismus benutzt Gewalt nicht zur persönlichen Bereicherung. Es gibt keine typische innere Abschottung und vor allem keine Beständigkeit der Organisation über jeden Personalwechsel hinaus. Der Terrorismus ist weder vom materiellen Schaden noch vom Verlust an Menschenleben her mit dem organisierten Verbrechen zu vergleichen. Die Drohung des Terrorismus gilt ideologischen Systemen, ihren Repräsentanten und Institutionen. Auch der rechte Terror, der im Gegensatz zum linken Terror ungezielt zuschlägt, um durch ein generelles Klima der Angst und Wehrlosigkeit politischen Boden zu gewinnen, ist kein organisiertes Verbrechen. Die Bedrohung der Gesellschaft durch terroristische Attacken hat nicht annähernd dieselbe Größenordnung wie die Bedrohung durch organisiertes Verbrechen, auch wenn die öffentliche Reaktion das Gegenteil suggeriert und damit den Terroristen entgegenkommt.

Wenn der Staat und seine Gewalten sich durch terroristische Erpressung nicht dazu verleiten lassen, die eigenen freiheitlichen aufzugeben und sich dadurch dem Terror zu unterwerfen, hält sich die Bedrohung noch in Grenzen. Die propagandistische Breitenwirkung wäre selbst dann keine Gefahr, wenn einzelne ideologische Thesen – nicht die Methoden – der Terroristen nachvollziehbar wären. Vorausgesetzt, der Staat versuchte nicht, diese Thesen zu tabuisieren und in einer Panikreaktion aus der kontroversen öffentlichen Diskussion zu verbannen.

Es nützt der RAF, daß die Ermordung eines Funktionärs der Industrie mehr offiziöse Trauer fordert als die Ermordung von einem Dutzend Normalbürgern. Unproportionale Angst vor Terroristen scheint zum Ausweis patriotischer Gesinnung geworden zu sein. Wer vor dem Terrorismus nicht mehr Angst hat als vor allen anderen Bedrohungen der Gesellschaft, der wird der Sympathisantenszene zugerechnet. Die je nach ideologischer Valenz des Opfers unterschiedliche Beurteilung einer kriminellen Gewalttat und die damit unterschiedlich große Pflicht zur Empörung hängen damit zusammen, daß sich terroristische Verbrechen parteipolitisch besser ausschlachten lassen als andere Gewalttaten.

Fachleute nehmen an, daß im Zusammenhang mit dem organisierten Verbrechen und anderen Gewaltverbrechen pro Jahr mehrere tausend Menschen in der Bundesrepublik Deutschland ihr Leben verlieren. Trotzdem ist zum Beispiel ein Bankräuber, der eine Bank überfällt, Geiseln nimmt und dabei Menschen über den Haufen schießt, einer breiten Öffentlichkeit leichter verständlich als ein Terrorist, der mit blutiger Gewalt seine Utopie von einer besseren Welt durchsetzen will.

Der Bankräuber will »nur« Geld, um einzukaufen. Wie wir alle. Er will tun, was die patriotische Aufga-

be eines jeden Bürgers ist, der sich zur Freien Marktwirtschaft bekennt: Er will konsumieren. Nur deswegen handelt er. Er will kein System verändern, sondern an ihm teilhaben. Vielleicht sieht man dem un-
politischen Gewalttäter deshalb einen Mord eher
nach als einem Terroristen. Wenn diese Vermutung
zutrifft, dann enthüllt sie ein gefährliches Einverständnis, das politisch angefacht wird.

Schwerer ist es, andere politische und konspirative
Machtkonföderationen definitorisch vom organisierten Verbrechen zu trennen, weil sie noch enger mit
ihm verknotet sind als der Terrorismus. Sie formie-
ren sich offensichtlich als Reaktion auf demokratische Kontrollen. Je mehr Kontrolle und Transparenz
von politischen Entscheidungen verlangt wird, desto
mächtiger werden die »sottogoverni«, die Schatten-
regierungen. Gefahr und Kennzeichen zugleich ist
ihr geheimer Status in offenen Gesellschaften und
eine Personalstruktur, in der einflußreiche und ge-
achtete Persönlichkeiten eine große Rolle spielen.
Die Strukturen reichen von der heimlichen Interessenkollusion über einen konspirativen Lobbyismus
bis zur militanten Geheimgesellschaft. Die demokratischen Prozeduren werden zur Dekoration, das Parlament wird zur bloßen Spielwiese von Parlamenta-
riern. Entschieden oder mitentschieden wird außerhalb des Blickfelds der Öffentlichkeit.
    In Italien sind es die »Propaganda Due«, die Mafia,
die Kirche und die Geheimdienste, die ihren Einfluß
der Gesellschaft aufzwingen. In den USA wird eine
»zweite Regierung« (IHT) aktiv, um am Kongreß und
am Außenminister vorbei die eigentliche Außenpoli-

tik zu machen. CIA und andere Geheimdienste entziehen sich zunehmend der Kontrolle. Hinter der Ermordung von Olof Palme werden Kräfte sichtbar, die
weit über die Möglichkeiten einer kleinen Gruppe
oder eines Einzeltäters hinausreichen. In der Bundesrepublik operiert die Atomlobby mit einer verdeckten Öffentlichkeitsarbeit, die sich als Bürger-
initiative tarnt. Die Seilschaften des Verfassungsschutzes sorgen dafür, daß geheimdienstliches Instrumentarium parteipolitisch eingesetzt werden
kann, ohne daß eine parlamentarische Kontrolle
dies ans Licht brächte.

Konspirativer Lobbyismus ist die in der Bundesrepublik bevorzugte Technik, weil es bei uns dagegen
keine ähnlichen Abwehrreaktionen gibt wie in den
USA oder in Großbritannien. Politische Aufpasser
werden ungeniert in die Schaltstellen der Medien
gehievt und Parteipolitiker zu Richtern gemacht. Die
Ämterhäufung läßt nicht mehr erkennen, welche Interessen der Begünstigte jeweils wirklich vertritt.
Niemand fragt nach dem Interessenkonflikt eines
Politikers, der in Aufsichtsräten sitzt, eines Staatsanwalts, der seine Karriere dem Parteibuch verdankt,
oder eines Fernsehintendanten, der im Beirat einer
Bank sitzt.

Es gibt in der Bundesrepublik (»Republik der Ver-
tuscher«, stern, 31.7.1986) weniger Gefühl für
Befangenheit und weniger Sensitivität gegenüber
Interessenkonflikten als in angelsächsischen Ländern.
Das vermindert die Immunität gegenüber politischer
Korruption und getarnten Entscheidungszentren und
vermittelt zugleich eine intakte Oberfläche.

Nehmen wir an, es gäbe in der Bundesrepublik

Deutschland eine geheime Bruderschaft wie die italienische »Propaganda Due« oder »P2«, benannt nach der von Papst Gregor im Jahre 1622 gegründeten Kurienkongregation »de propaganda fide« zur Verbreitung des katholischen Glaubens. Nehmen wir an, diese geheime Loge würde sich ebenso definieren, wie das die P2 getan hat: dem Wohl des Vaterlandes und der Erhaltung traditioneller Werte verpflichtet. Ein Bollwerk gegen Anarchie und Systemveränderung; bereit zum wirtschaftlichen oder bewaffneten Widerstand; vor allem aber bereit, konservative Werte nachdrücklicher zu verteidigen, als das Verfassung und Rechtsstaat zulassen. Eine solche Bruderschaft würde schnell merken, daß man dazu Macht, also Geld und Einfluß, braucht. Man muß sich einflußreiche Freunde suchen und großzügige Geldgeber. Dazu wiederum braucht man Geldwaschanlagen und Leute, die Posten vergeben. Langsam, aber sicher führt das alles in eine handfeste kriminelle Verstrickung. Je mehr Beziehungen man zu Leuten knüpft, die mächtig und brauchbar, nicht aber den eigenen Idealen verpflichtet sind, desto mehr wird das Ganze zu einer kriminellen Vereinigung.

Diese deutsche P2 würde zum Wohl des Vaterlands möglichst viele Schlüsselpositionen der Gesellschaft mit Leuten besetzen, die entweder ihre Gesinnung teilen oder dafür etwas ausspucken. Sie würde zum Wohl des Landes möglichst viele ihrer Leute in Aufsichtsräten und lukrativen Unternehmen unterbringen. Sie würde Chefredakteure und Chefärzte lancieren. Sie würde versuchen, die Geheimdienste und Medien zu infiltrieren. Und das alles würde bald als normaler Stoffwechsel im Kampf um legitimen politischen Einfluß empfunden werden. Immer noch würde man »Filz« nennen, was längst politisch-kriminelle Korruption ist.

Dem untergetauchten Großmeister der italienischen Loge P2, Licio Gelli, werden von der Justiz politische Verbrechen (Beteiligung am Bombenattentat auf dem Bahnhof von Bologna, achtzig Tote) ebenso vorgeworfen wie betrügerischer Bankrott zum eigenen Vorteil und Verschwörung.

Nicht einmal eine Struktur, in der weltanschauliche Ideale schon direkt mit Profit identisch sind und politische Ziele ausschließlich mit kriminellen Methoden verfolgt werden, darf man in einen Topf mit dem organisierten Verbrechen werfen.

Faustregel: Der Mob ist trotz gelegentlicher und enger Verbindungen zur Politik prinzipiell unpolitisch.

ANGEBOT UND NACHFRAGE

Das Angebot des organisierten Verbrechens wäre ein Flop, wenn es keine steigende Nachfrage nach verbotenen Waren und Dienstleistungen gäbe. Der Verbraucher hält den Mob in Lohn und Brot: entweder durch seine Bedürfnisse oder durch die Restriktionen, mit denen seine Bedürfnisse unterdrückt werden. Unser aller Verhältnis zum Mob ist das von Komplizen zweiter Klasse.

Preise richten sich bekanntlich nicht nach dem Wert einer Ware, sondern danach, was aus einem Markt herauszuholen ist. Niemand verkauft etwas für fünf Mark, was er ohne große Anstrengung auch für zwanzig verkaufen kann. Was ein Markt hergibt, hängt zum einen von der Konsumfreude der Kunden ab, zum anderen von der Konkurrenzlage. Die Qualität des Angebots spielt eine untergeordnete Rolle. Das gilt für das legale Geschäft genauso wie für das illegale.

Die Ware, die der Mob liefert (von der Angst bis zum Kokain), ist teuer, weil der Preis einen Risikozuschlag enthält. Im legalen Geschäft werden nur die Diebstähle durch Kunden und Angestellte einkalkuliert und auf den Endpreis geschlagen. Der Mob fordert und erhält einen erheblichen Zuschlag für den Druck durch die Strafverfolgung, dem er ausgesetzt ist. Man kann sagen, daß das organisierte Verbrechen eine eigene Ökonomie des Risikos entwickelt hat. Das Risiko ist genauso wie die Angst zu einer Ware geworden, zu einer Veredelung, die bezahlt werden muß.

Es gibt Geschäfte, bei denen nur noch die illegale Weitergabe von Belang ist. Die angebotene Ware gibt es gar nicht. Statt Heroin wird Milchzucker verkauft. Bezahlt wird nur das Risiko. Man könnte solche Geschäfte auf den ersten Blick mit einfachem Betrug verwechseln, weil der Endverbraucher viel Geld für wertlosen Stoff ausgibt. Das wäre eine Täuschung. Das Geschäft funktioniert auch dann, wenn alle wissen, daß es die Ware gar nicht gibt, die weitergegeben wird. Die reinste Form ist das kriminelle Kreisgeschäft, bei dem Hersteller und Endabnehmer identisch sind und nur noch Geld für das Risiko des Zwischenhandels kassieren. Dank der unterschiedlichen Subventions- und Förderungssysteme innerhalb der EG kommt es zu vielen Varianten des Handels mit nicht existierender Ware. Der Mob steuert zur organisierten Wirtschaftskriminalität nur gelegentlich seine Strategie der Angst bei.

Der Chef der 70 000 Mann starken Nuova Camorra Organizzata, Rafele Cutolo, ist zur Zeit im Poggio Reale (Königshügel) von Neapel inhaftiert. Sein Biograph Giuseppe Marazzo läßt ihn sagen, daß zu den Profiten aus Rauschgifthandel, Glücksspiel, Erpressung und Lastwagendiebstahl vor allem die erpresserische Abschöpfung staatlicher Mittel und internationaler Spenden für erdbebengeschädigte Regionen und die Subventionen der Europäischen Gemeinschaft für Konservenhersteller kommen. Um Subventionen zu erschwindeln, fingiert die Camorra Rechnungen über Tomatenlieferungen, die nicht existieren. Außerdem werden die Beamten von Arbeitsämtern so lange unter Druck gesetzt, bis sie bereit sind, Belegschaften zu bestätigen, die es ebensowenig gibt. Dafür werden Milliarden Lire kassiert. »Das Geld, das die Europäische Gemeinschaft zur Modernisierung der Fabriken und zur Förderung der Landwirtschaft bestimmt hatte, verwandelte sich in prächtige Villen an der Küste von Amalfi.« (»Camorrista«, Giuseppe Marrazzo)

Bedingt klappt der Handel mit fiktiver Ware auch im Rauschgiftgeschäft. Angenommen, fiktives Heroin ist in einige wenige Büchsen mit dem Etikett »Tomatenmark« eingedost. Diese wenigen Büchsen gehören zu einer Lieferung von 20 000 Büchsen. Die Nummern der Büchsen mit dem fiktiven Heroin kennen nur die eingeweihten Zwischenhändler. Sie wissen sehr gut, daß in diesen Büchsen in Wirklichkeit auch nur Tomatenmark ist wie in allen anderen. Da nie jemand diese Büchsen aufmacht, weil sie nicht zum Verbrauch bestimmt sind, sondern nur für den Verkauf, handelt es sich um ein besonders umweltfreundliches Geschäft, das noch dazu den Vorteil hat, die Polizei zu beschäftigen und zugleich zu ärgern.

Man kann sich gut vorstellen, was der LKA-Präsident einem Fahnder erzählt, der zwei Lastzüge voll mit 20 000 Blechbüchsen auf Grund eines todsicheren Tips beschlagnahmt, die Büchsen aufmachen läßt und hinterher bezahlen muß, weil er wirklich bis zum Hals nur in Tomatenmark steht. Irgendwann bleibt natürlich jemand auf der fiktiven Ware sitzen. Das kommt aber auch im legalen Geschäft mit existierender Ware vor.

Aus einem Acre (knapp 5000 Quadratmeter) kann man bis zu fünfzehn Kilogramm Rohopium herausholen. Im Herkunftsland kosten zehn Kilogramm Rohopium den Aufkäufer zwischen 860 DM und 1080 DM. Der wiederum verkauft die zehn Kilo mit einem Gewinn von zehn oder 250 Prozent an jemanden, der daraus Morphinbase macht. Der enorme Unterschied der Marge hängt von der geographischen Lage innerhalb eines Repressionsnetzes ab, das von »ziemlich eng« bis »nicht vorhanden« reicht. Außerdem von der Marktlage, vom Klima und von einer Reihe anderer Faktoren. Maximal kann der Aufkäufer für zehn Kilo Rohopium knapp 3000 DM verlangen.

Aus diesen zehn Kilo Rohopium kann man rund ein Kilo Morphinbase machen. Dieses Kilo kostet im Anbauland zwischen 16 200 DM und 24 300 DM. (In Pakistan und in der Türkei liegen die Preise etwas anders.)

Die Morphinbase wird in Heroin umgewandelt. Mit Hilfe von Essigsäure, die unter anderem auch von deutschen Firmen geliefert wird. Die Umwandlung geschieht ohne Gewichtsverlust, so daß ein Kilo Morphinbase ein Kilo Heroin bringt. Die chemische Prozedur ist sehr einfach. Jeder Chemiestudent kann das nach dem ersten Semester.

Die Labors liegen an der »Goldenen Kante« (nicht zu verwechseln mit dem »Goldenen Dreieck«), also in Sizilien, Nordafrika und im Nahen Osten, außerdem in Südfrankreich. Es gibt auch Hinweise darauf, daß Morphinbase in den Endverbraucherländern Europas umgewandelt wird. Die Affäre Tabatabai ist nur ein Indiz von vielen. Der iranische Diplomat hatte Morphinbase in seinem Koffer gehabt, sie als Medikament für seine Großmutter erklärt und war der Justiz durch seinen Diplomatenstatus entgangen.

In Europa beträgt der Preis ab Labor für ein Kilo Heroin mit einem Reinheitsgrad von 90 Prozent zwischen 81 000 DM und 110 000 DM. Der Großhändler verlangt schon 108 000 DM bis 190 000 DM für die geringfügig gestreckte Ware. Der Zwischenhändler verschneidet das Heroin weiter und senkt den Reinheitsgrad auf 50 bis 70 Prozent. Er bekommt pro Kilo zwischen 460 000 DM und 675 000 DM.

Auf der Straße schließlich bringt ein Kilo Heroin, das als sogenanntes »Straßengramm« gehandelt wird und nur noch vier bis sieben Prozent reine Droge enthält, zwischen 325 0000 DM und 5 000 000 DM (Stand Herbst 1986).

Man muß kein guter Rechner sein, um über den Daumen peilen zu können, daß durch Verschnitt und Handel der Preis von einem Kilo Morphinbase von 20 000 DM auf sage und schreibe 60 Millionen angestiegen ist. Dabei sind Verluste bereits eingerechnet. Verluste, die eigentlich nur eintreten, bevor das Heroin von 50 Prozent auf sieben Prozent verschnitten wird. Der Großhandel zahlt Verluste aus der Westentasche.

Es ist andererseits nicht weiter verwunderlich, daß bei derartigen Gewinnspannen eine Infrastruktur finanziert werden kann, die der polizeilichen überlegen sein muß.

Das »Straßengramm«, das in Wirklichkeit nur ein halbes Gramm des vielmals gestreckten Stoffes ist, wird zum Preis von 200 bis 300 DM verkauft. (In Bayern hat der Repressionsapparat den Preis im Sommer 1987 bis auf 800 DM pro Straßengramm ansteigen lassen.)

Ein legales Präparat für medizinische Zwecke, durch dessen Preis die enormen Werbekosten, die Forschungsetats und die nicht kleinen Renditen der pharmazeutischen Industrie mitgedeckt werden müssen, kostet in einer vergleichbaren Menge zwischen fünf und zehn Mark, und das ist bereits ein riesiges Geschäft.

In Bolivien kosten 275 Kilo Kokablätter 700 DM. Der bolivianische Kokablatthändler bekommt für die daraus hergestellte Kokapaste 1500 DM bis 2000 DM. In Brasilien oder Kolumbien sind es 5000 bis 6000 DM.

Aus der Paste von 275 Kilo Kokablättern kann man ungefähr ein Kilo des 90- bis 95prozentigen Hydrochlorids gewinnen. Es geht zum Preis von 10 000 bis 20 000 DM an den inländischen Großhändler. In Europa muß der Großhändler dafür schon 100 000 bis 250 000 DM zahlen. Der Straßenhandel endlich wird mit einem Produkt bedient, das durch Verschnitt verdoppelt wurde. Beim Endverkauf in Gramm bringt ein Kilo zwischen 300 000 und 700 000 DM.

Anders ausgedrückt: Eine normale Lieferung von Kokapaste, die an ein Labor geht, wiegt ungefähr 300 Kilo. Um sie herzustellen, braucht man 48 Tonnen Kokablätter. Aus der Paste wird das Rohkokain, das sogenannte »base«, gemacht. Durch die Umwandlung steigt der Wert von 150 000 Dollar auf 1 500 000 Dollar.

Berechnet man die ganze Menge nach der kleinsten Verkaufsdosis, dann ist sie im Endverkauf knapp 50 Millionen Dollar wert.

Wenn die Polizei Rauschgift sicherstellt, dann wird der »Erfolg« dadurch propagandistisch ausgeschlachtet, daß man den Wert des Fangs entsprechend dem Wert im grammweisen Straßenverkauf angibt. Ein paar Kilo Heroin im Verkaufswert von vielen Millionen, solche Angaben erwecken den Eindruck, als seien dem illegalen Handel viele Millionen an kriminellem Profit entzogen worden.

Natürlich ist das Unsinn. Überall dort, wo man größere Mengen beschlagnahmen kann, ist der Stoff noch gar nicht so besonders teuer, weil er noch nicht in die Phase der Endverteilung gekommen ist. Da es sich nicht um eine wertvolle Ware handelt (im Gegensatz zu Gold oder Rohdiamanten), ist sie leicht und relativ billig zu ersetzen. Teuer macht diese Ware nur der Repressionsapparat und die zum Unterlaufen dieses Apparats notwendige Organisation, vor allem in der Phase der Endverteilung.

Der von der EAP (Europäische Arbeiter Partei) gesteuerte »Intelligence Report« hat mitgeteilt, daß der Umsatz im internationalen Rauschgifthandel den Umsatz der internationalen Automobilindustrie bei weitem übersteigt. Fachleute des BKA halten diese Schätzung trotz der fragwürdigen Quelle für realistisch.

Der »Intelligence Report« verkauft seine Propaganda raffinierter als die meisten derartigen Publikationen: vermischt mit zutreffenden Informationen, die eine Reihe von interessierten Geheimdiensten – darunter auch die CIA – liefern.

Der Feldzug gegen den Rauschgifthandel, der öffentlich von der EAP propagiert wird, ist Sympathiewerbung und Tarnung zugleich. Die EAP hat nicht immer Berührungsangst gegenüber dem organisierten Verbrechen. Deutsche Vertreter der EAP haben mir gegenüber ihre Sympathie für die größte Gewerkschaft der USA, die International Brotherhood of Teamsters, bekundet. Die President's Commission on Organized Crime, März 1986: »Die Führer der größten Gewerkschaft der Nation, der International Brotherhood of Teamsters (IBT), sind seit den fünfziger Jahren fest in der Hand des organisierten Verbrechens.«

Die EAP verbündet sich mit jedem, der ihren irrationalen Antikommunismus und ihre Sympathie für die internationale Atomlobby teilt. Sie ist ein interessantes Beispiel für das Ineinandergreifen von politischer Nachfrage und dem Angebot des Mobs. Das Anliegen der Organisation ist es, Stimmung für bewaffnete Konfliktlösungen zu machen und die Atomlobby zu unterstützen. Westentaschendemagogen stehen in unseren Städten herum und versuchen mit schlechten politischen Witzen (»Warum hat Genscher so große Ohren? Damit er besser hört, was der Kreml verlangt.«) Dumme anzulocken. Ihre Parolen (»Frieden schaffen mit Strahlenwaffen«) werden von vielen Leuten als Aufforderung zu einem präventiven Atomkrieg verstanden.

Erstaunlich ist, daß durch die Slogans sogenannter Informationsstände nahezu alle demokratischen Politiker von Rang diffamiert und beleidigt werden, ohne daß es jemals zu einer Klage gekommen wäre. Die EAP wird in den USA als eine nazistische Gruppierung bezeichnet (Wiener).

Rauschgift ist eine Ware, die man niemandem aufzwingen muß. Der Süchtige ist bereit zu stehlen, ein-
zubrechen, notfalls auch totzuschlagen, um sich das
Geld für die Ware zu beschaffen. Wir, die wir uns alle einbilden, nicht süchtig zu sein, haben dafür kein
Verständnis. Doch unterscheidet sich das zwanghaf-
te Bedürfnis nach dieser Ware kaum von anderen
zwanghaften Bedürfnissen, die kulturell akzeptiert
sind.

Die Chefetagen unserer Parteien und Konzerne
sind Anschauungsmaterial für eine Sucht, die materielle oder politische Macht braucht. Es gibt erfolgreiche Geschäftsleute, die auf jede Lebensqualität
verzichten, nur um noch reicher zu werden, als sie
ohnehin schon sind. Sie machen jeden Tag zu einem
Vierundzwanzigstundenalptraum, obwohl sie genau
wissen, daß sie nichts mit ins Grab nehmen können.
Sie betreiben nicht ein Geschäft, sie sind von einem
Geschäft getrieben, das genauso gesundheitsschäd-
lich ist wie Heroin und ebenso demoralisierend.

Wie wir alle wissen, gibt es Politiker, die sich mit
einer Wut an ihre Ämter krallen, die nur noch in den
Kategorien psychiatrischer Diagnosen zu erklären
ist. Dienstwagen, VIP-Treatment und zwei Mann Be-
gleitschutz sind ihnen zur Droge geworden. Erstaun-
licherweise werden die Sucht nach Geld oder Macht
und der damit verbundene Verlust an Humanität all-
seits als Leistung gefeiert und nicht als Symptom einer ernsten Krankheit erkannt.

Unter anderem deshalb hat der Mob so wenig
Hemmungen, die Nachfrage nach Rauschgift zu be-
friedigen: »Der ganze Stoff, den wir in einem Jahr
verhökern, bringt nicht entfernt so viele Leute unter

die Erde wie die Geldgier im Geschäft und die Machtgier in der Politik an einem einzigen Tag.« (Carmine Tramuniti, Nachfolger von Thomas Luchese, genannt »Three Finger Brown«)

Da der Preis einer Ware durch die polizeiliche Repression hochgereizt und dadurch zur Basis des organisierten Verbrechens wird, liegt es nahe, dem illegalen Geschäft dadurch die Luft abdrehen zu wollen, daß man Ware legalisiert. Bei gestohlenem Gut geht das offensichtlich ebensowenig wie mit der Ware Angst. Beim Rauschgift hat man eine solche Strategie immer wieder überlegt. Ernst zu nehmende Ärzte und Fachleute gehen davon aus, daß einige von uns auf Grund von genetischen und vielen anderen Faktoren für ein Suchtverhalten prädestiniert sind und andere nicht. Sie schätzen, daß man nach einer kontrollierten Freigabe der harten Drogen zwar mit einem geringen Anstieg der Suchtkranken rechnen müsse. Dann aber würde sich, nach ihrer Meinung, die Zahl stabilisieren.

In diesem Zusammenhang fehlt selten der Hinweis auf das Alkoholverbot im Amerika der zwanziger Jahre. Das Verbot hat an der Anzahl der Alkoholsüchtigen kaum etwas geändert. Es schuf lediglich einen neuen Markt. Durch die sogenannte Prohibition waren Gin, Whiskey, Bier und Wein zu einer kostbaren Mangelware geworden. Man mußte sie schwarz kaufen und in »geschützten« Kneipen zu sich nehmen. Der »Volstead Act« wurde am 28. Oktober 1919 erlassen und am 16. Januar 1920 rechtswirksam. Wie zu erwarten, beendete das Gesetz nicht das Geschäft mit dem Rauschgift Äthylalkohol, sondern sorgte lediglich dafür, daß der Handel und der damit verbundene Profit samt dem neuen Risikozuschlag in die Hand des Mobs kam.

Daraus zogen und ziehen viele einen Umkehrschluß: Wenn man Heroin frei kaufen und verkaufen könnte, dann müßte nach ihrer Meinung der Preis schnell auf den tatsächlichen und lächerlich niedrigen Wert der Droge sinken und wäre somit für den Mob uninteressant. Wenn das zuträfe und durch die Legalisierung die Zahl der Suchtkranken nicht erheblich anstiege, dann wäre das in der Tat das Ei des Kolumbus. Riesige Etats der Drogenrepression könnten sinnvolleren Bereichen der Verbrechensbekämpfung zugeführt werden. Personal würde für Wichtigeres frei, die Beschaffungskriminalität der Suchtkranken wäre eliminiert, und Todesfälle durch schlecht dosierten oder mit Rattengift (Strychnin) und anderen gefährlichen Chemikalien versetzten Stoff wären seltener. Außerdem würde es sich nicht mehr lohnen, neue Kunden süchtig zu machen oder selbst zu dealen, und vielen Suchtkranken könnte vielleicht noch geholfen werden, weil sie sich eher zu erkennen geben würden.

Das alles wäre zu schön, um wahr zu sein. Leider sieht es nicht so aus, als würde die Legalisierung von Rauschgift das bringen, was ihre Verfechter erwarten. Die soziale und gesundheitliche Schädlichkeit für die Gesellschaft und den einzelnen Suchtkranken wäre, wenn überhaupt, nur geringfügig vermindert.

Entscheidend ist aber etwas anderes. Das organisierte Verbrechen würde sich aus diesem Markt zurückziehen. Der Mob würde schnell andere profitable Bereiche erschließen. Das könnte die Zerstörung des einen illegalen Marktes zu einem Pyrrhussieg machen. Bisher ist es dem organisierten Verbrechen noch immer gelungen, Ersatz für verlorene Märkte zu finden. Meistens waren die neuen kriminellen Aktivitäten genauso sozialschädlich wie die vorhergehenden. Als sardische Gruppen am Zigarettenschmuggel großen Stils zwischen Italien und der Schweiz nichts mehr verdienen konnten, weil sich die Relation der Währungen änderte, verlegten sie sich über Nacht auf die Entführung von Menschen und das Erpressen von Lösegeld.

Praktisch ist ein Versuch der Entkriminalisierung von Rauschgift noch nie irgendwo konsequent unternommen worden. Auch in Amsterdam nicht. In einigen Städten oder Ländern allerdings wird die Strafverfolgung so lasch gehandhabt, daß es fast auf das gleiche hinausläuft. Das führt zu einem Vakuum an Repression und damit zu einem Sog. Suchtkranke und Händler kommen in Massen aus allen umliegenden Ländern oder Städten, um billig einzukaufen. Nur eine internationale Einigung könnte das verhindern. Eine solche Einigung ist bisher aber nicht einmal in bezug auf Probleme gelungen, von deren Lösung die Existenz der menschlichen Art abhängt.

Es gibt Bereiche des organisierten Verbrechens, in denen man das Prinzip von Angebot und Nachfrage arg strapazieren muß. Nicht alle verbotenen Waren oder Dienstleistungen, die angeboten werden, finden willige Abnehmer. Schon gar nicht zu dem Preis, der dafür verlangt wird.

Niemand, davon bin ich fest überzeugt, will den Schutz wirklich haben, für den er bezahlt. Wer Schutzgeld bezahlt, der kauft nicht eine Ware oder eine Dienstleistung. Er zahlt, damit etwas unterbleibt. Er zahlt dafür, daß seine Pizzeria nicht kurz und klein geschlagen wird oder daß man seine Nutten in Ruhe läßt.

Viele Angebote des organisierten Verbrechens sind erpresserische Angebote. Die Ware Angst hat einen sehr speziellen Charakter. Sie kann nur in einer Richtung zu Geld gemacht werden. Wer sie herstellt, kann sie verkaufen. Wer sie einmal hat, wird sie nur los, wenn er zahlt. Und oft nicht einmal dann.

William Belson hat durch eine repräsentative Umfrage festgestellt, daß 99 Prozent der Befragten zur Polizei gehen, wenn bei ihnen eingebrochen wird. Aber nur 33 Prozent derselben Befragten gehen zur Polizei, wenn ihnen billige Ware angeboten wird, von der sie sicher wissen, daß sie aus Einbrüchen stammt.

Lawrence Zeitlin geht nach seinen Untersuchungen davon aus, daß 75 Prozent der Angestellten in Einzelhandelsgeschäften stehlen. David Cort kommt bei Angestellten von Ladenketten auf dieselbe Prozentzahl.

Große Firmen kalkulieren ein, daß gestohlen wird. Sie schlagen den Verlust auf die Preise. Sie zögern sogar dann, Anzeige zu erstatten, wenn einer ihrer Angestellten in flagranti erwischt wird. Die Folge könnten langwierige arbeitsgerichtliche Verfahren und sogar Klagen des Beschuldigten sein. Die Firmen zögern »vor allem, wenn die (inkriminierten)

Mitarbeiter in einer Gewerkschaft sind«, heißt es in
»Hidden Economy« von Stuart Henry.

Die traurige Wahrheit ist also, daß der Durch-
schnittsbürger nichts gegen kriminelle Geschäfte
hat, wenn sie ihm nützen, und daß er sich darüber
aufregt, wenn sie ihm schaden.

Mehr noch. Da die Entrüstung über die Skrupellosigkeit und Schlechtigkeit anderer ein wohltuender
psychohygienischer Vorgang ist, bringen wir es sogar fertig, uns über das gesetzwidrige Handeln anderer aufzuregen, während wir selbst gegen das Gesetz
verstoßen.

In Manhattan gibt es zwei Großhehlereien in einer
Avenue mit einer ziemlich hohen Nummer. Es sind
keine Läden, sondern riesige unübersehbare Lager-
hallen, vollgestopft mit Gütern aller Art. Es gibt da
Cartier-Uhren und Bettbezüge von Yves St. Laurent,
Samsonite-Koffer und Rasierklingen, Präservative
und Zahnarztstühle, Ledermäntel und künstliche Blumen, Fernsehgeräte und Brillantringe. Angeblich
handelt es sich um billige, weil leicht beschädigte Ware oder um preiswerte Pauschalankäufe nach Ge-
schäftspleiten. Die Ware kostet ungefähr die Hälfte
von dem, was man ein paar Straßen weiter bei Bloo-
mingdale's oder bei Macy's zahlen müßte. Keiner der
Kunden, die sich in den schlechtbeleuchteten Magazinen drängen und in Bergen von Ware wühlen,
macht sich Illusionen über die Herkunft. Es ist Diebesgut: beiseite geschafft von Angestellten großer
und mittlerer »department stores«. »Sore« aus organisierten Güterdiebstählen. Der Inhalt ganzer Lastzüge, die gleich direkt beim Hehler vorfahren, bevor sie
bei der Versicherung als gestohlen gemeldet werden.

Wenn man in diesen Großhehlereien etwas ganz Spezielles haben will, wie zum Beispiel eine Mund-dusche, die von der amerikanischen Spannung von 110 Volt auf die europäische Spannung von 220 Volt umstellbar ist, oder eine goldene Armbanduhr mit Mondphasen, einen gynäkologischen Stuhl oder einen Filmschneidetisch, dann muß man die Ware »bestellen«. Ein paar Tage später, wenn sie auftragsgemäß irgendwo geklaut worden ist, kann man sie dann abholen.

Wer annimmt, daß in solchen Warenlagern nur Leute einkaufen, deren Gewissen von Hause aus so weit ist wie ein Franziskanerärmel, der irrt. Man findet dort die Crews von Airlines in voller Uniform. Sie kaufen nicht nur für sich selbst ein, sondern auch für Freunde und Verwandte und bestellen nach langen Listen, die sie mitgebracht haben. Man trifft Mitglieder des Diplomatischen Korps, Botschafts- und Konsulatspersonal. Man begegnet Leuten, von denen man angenommen hat, daß es sie überhaupt nicht interessiert, wieviel etwas kostet. Da begegnet man dem Abteilungsleiter einer Firma mit Weltrenommee, der neben einem im Flugzeug gesessen ist, und dem Zahnarzt aus einer deutschen Kleinstadt, der es sich leistet, mit der Concorde jeden Freitag nach New York zu fliegen, um sich in der Met eine Oper anzuhören. Man begegnet Leuten, die sofort zur Polizei laufen und nach der Todesstrafe rufen, wenn ihnen etwas wegkommt. Mit anderen Worten: Man begegnet uns allen.

Die riesigen Verkaufslager für Diebesgut funktionieren unter den Augen einer Polizei, die keinen Finger rührt, weil sie in Manhattan andere Sorgen hat, als einer Ware nachzulaufen, deren Diebstahl man nicht beweisen kann. Außerdem sind die Gefängnisse überfüllt, die Gerichte überlastet, und eine Verurteilung ist so gut wie ausgeschlossen.

Die Hehlerei in großem Stil ist für jeden ein Aha-Erlebnis, der das zum ersten Mal sieht. Aber immerhin, das Ganze passiert in einer Stadt, deren Kriminalität sprichwörtlich ist.

Noch verblüffender ist es, wenn man ähnlich offenem und organisiertem Betrug in der Beletage heimischer Unternehmen begegnet.

Ich kann nicht mehr genau sagen, wer von uns beiden das dümmere Gesicht gemacht hat: der Erste Kriminalhauptkommissar Karl-Heinz Fuchs vom Bundeskriminalamt oder ich. Ich glaube, es war ein totes Rennen. Wir hatten mit Vorträgen einen Vormittag bei einem großen Konzern bestritten. Dem Konzern ging es darum, interne Sicherheit zu diskutieren. Der erfahrene Polizist und der Fernsehreporter waren verschiedener Meinung gewesen. Zum Gaudium der versammelten Hierarchen. Dann tauchte plötzlich ein Diskutant auf, der eine Versicherung vertrat. Er erläuterte, wie sich Unternehmen auch gegen Schaden, verursacht durch betrügerische Machenschaften eigener Mitarbeiter, absichern können. Ganz leicht nämlich. Auch in Millionenhöhe. Vor allem aber ohne Polizei. Was der Mann mit der Beiläufigkeit einer Zugauskunft schilderte, war kein Filmexposé, erfunden von einem böswilligen Systemveränderer, es war die Gebrauchsanweisung für ein offenbar gängiges Verfahren.

Angenommen, der Konzern hat ein Informationsleck. Wichtige Produktionsverfahren werden der Konkurrenz detailliert übermittelt. Jede Verkaufsinitiative und jeder Werbefeldzug wird von der Konkurrenz konterkariert, weil sie offenbar schon vorher davon weiß. Es sieht ganz danach aus, als hätte man einen Spion im Laden. Der Schaden geht in die Millionen. Der Maulwurf muß gefunden werden.

Es kommt, wie es kommen muß. Eines Tages wird Dr. Spy mit »rauchender Pistole« erwischt. Er war es, der mit der Konkurrenz konspiriert hat. Die Sache fliegt auf, weil in der Telefonzentrale jemand ein Telefonat von Dr. Spy mitgehört und Meldung gemacht hat. Danach werden seine Telefonate vom Hausdetektiv, zwar etwas außerhalb der Legalität, darum aber nicht weniger gründlich, abgehört.

Dieser Fall, so der Herr von der Versicherung, sei der ideale Versicherungsfall, den er abzudecken bereit wäre. Ohne Einschaltung der Polizei. Das vor allem sei wichtig, denn Polizei, das hieße womöglich Öffentlichkeit, negative PR, Prozesse vor Arbeitsgerichten und so weiter und so fort.

Die elegante Lösung sieht so aus: Man holt sich Herrn Dr. Spy und spricht zunächst einmal mit ihm und den Herren von der Versicherung alles in Ruhe durch. Dann trennt man sich von Herrn Dr. Spy mit einer großzügigen Abfindung und in bestem Einvernehmen. Zum Abschied gibt man ihm zu Ehren ein kleines Champagner-Frühstück im engsten Kreis. Vor allem versorgt man ihn entweder durch Mundpropaganda oder schriftlich mit einem hervorragenden Zeugnis.

Nein, der Herr von der Versicherung hat das nicht so direkt gesagt, sondern viel vorsichtiger, viel sachlicher, viel alltäglicher. Ein solcher oder ein so ähnlicher Ablauf hat sich nur zwingend aus seinem Diskussionsbeitrag ergeben. Ein Ablauf wie unter zivilisierten Menschen eben. Man denkt an Generale, die sich nach einer Schlacht im Niemandsland treffen und miteinander anstoßen, während die Kanaille die Leichen wegräumt.

Aus dem, was der Herr von der Versicherung sagte, hat sich sogar noch mehr und ebenso zwingend ergeben: Man schaltet vor allem deshalb keine Polizei ein, und man verabschiedet vor allem deshalb einen Millionenbetrüger so nobel, weil man insgeheim hofft, daß er bald bei der Konkurrenz eine Vertrauensstellung finden wird und es dann dort genauso macht, wie er es bisher mit dem eigenen Unternehmen gemacht hat. Das heißt, man ist nicht im geringsten daran interessiert, einen Großbetrüger aus dem Verkehr zu ziehen, solange er nicht dem eigenen, sondern nur anderen Unternehmen schadet.

Die Idee des freien Marktes und einer Wettbewerbsgesellschaft ist unter anderem auch die Idee der Selbstverwirklichung auf Kosten von anderen. Diese Idee ist nicht nur das Credo des Geschäftsmannes oder des Unternehmers. Sie ist auch das Credo vieler Aussteiger, die den Vorwurf weit von sich weisen würden, wie der Mob auf Kosten von anderen zu leben. Selbstverwirklichung auf Kosten von anderen ist das Glaubensbekenntnis einer mafiosen Gesellschaft.

»Auf lange Sicht ist es die Entwicklung der sozialen Struktur, die unsere Lebensbedingungen und die Art des Verbrechens in einer Gesellschaft formt. Polizei und Justiz – selbst wenn sie mit größter Effektivität arbeiten – können die Kriminalität nur minimal beeinflussen. Das Verbrechen ist seit 1950 trotz erheblichen Mehrausgaben für Polizeietats und Instrumentarien weiter angestiegen. Nicht Polizei und Gesetz können Verbrechen verhindern. Das können nur die Bürger.« (Theodore Ferdinand, 1977)

MYTHOS MAFIA

Die sizilianische Mafia ist ebenso eine Realität wie die kalabresische 'Ndrangheta, die neapolitanische Camorra, die amerikanische Cosa Nostra und der Mob in der Bundesrepublik Deutschland. Die meisten Leute verschließen davor die Augen wie vor einer tödlichen Krankheit. Sie wünschen sich, daß es so etwas nur anderswo gibt. Organisiertes Verbrechen ist für sie nur im Kino erträglich.

Der Fluchtpunkt aller einschlägigen Phantasien ist die sizilianische Mafia. Je mehr man sie mystifizieren kann, desto weniger muß man eine Bedrohung in der unmittelbaren Nähe ernst nehmen. Was die breite Öffentlichkeit über die Mafia weiß, ist ein Mythos, der mit der Realität nichts zu tun hat. Was die Mitglieder der Mafia über sich selbst sagen, ist fast immer ein Schwindel, und was unsere Sicherheitsbehörden darüber wissen, geht unter eine Briefmarke.

Mafia, früher Maffia, nennt man die auf Sizilien und auf die Sizilianer beschränkte Form des organisierten Verbrechens.

Als Senator Edward Muskie den amerikanischen

Mobster und FBI-Informanten Joseph Valachi nach der Mafia fragt, weil Valachi zugegeben hat, »gemacht«, das heißt, formell als Mitglied der fälschlich so genannten »amerikanischen Mafia« aufgenommen worden zu sein, da bekommt der Senator eine Antwort, die ihn überrascht.

Senator Muskie: »Wenn Sie von ›Mafia‹ reden, was meinen Sie dann damit? Ist ›Cosa Nostra‹ dasselbe wie ›Mafia‹?«

Joseph Valachi: »Senator, seit ich dazugehöre, habe ich noch nie gehört, daß jemand ›Mafia‹ gesagt hat.«

Er gehört also dazu und hat noch nie den Namen gehört. Joe Valachi wollte damit sagen, daß nur Außenseiter das italienisch dominierte organisierte Verbrechen in den USA »Mafia« nennen und daß er sich zum besseren Verständnis dem falschen Sprachgebrauch angepaßt habe. Außerdem ist Joe Valachi – wie der Senatsausschuß wohl weiß – Neapolitaner und kann schon deshalb weder in den USA noch in Italien Mitglied der Mafia sein.

Auch der Cosa-Nostra-Racketeer Vincent Teresa hat das Schweigen gebrochen und vor einem Senatsausschuß zugegeben, Mitglied der Mafia zu sein. Aber:

»Wir haben nie ›Mafia‹ oder ›Cosa Nostra‹ gesagt. Den Ausdruck ›Mafia‹ habe ich als Kind zum letzten Mal gehört. Von ›Cosa Nostra‹ (als Bezeichnung einer Organisation, nicht als Redewendung) habe ich auch noch nie etwas gehört. Trotzdem gab es Mafiosi. Das waren die alten Dons, die aus Sizilien herüberkamen und den Mob organisierten. Joe (Valachi), der uns im Fernsehen verpfiffen hat, redet von

Hauptleuten und Soldaten und von ›Cosa Nostra‹, von ›unserer Sache‹. Ich habe solche Namen nie gehört. Es gab ›Gemachte‹ (Initiierte), die ›wiseguys‹ (Slang für Eingeweihte), die gehörten zu dem, was wir ›the office‹ (das Büro) nannten. Es gab ›Gemachte‹, die mehr Mumm hatten als andere Wiseguys. Die nannte man Boß. Patriarca war der oberste Boß, der ›padrone‹. Der zweite, der Unterboß, war Tameleo. Wir nannten ihn ›the referee‹, Schiedsrichter.

Die Struktur war schon so, wie Valachi sagt, aber wir nannten das nicht so. Wir haben ›Das Büro‹ auch nie eine kriminelle Familie genannt. Das hat aber auch sonst niemand getan (Anspielung auf die Terminologie der Polizei). In Buffalo hieß der Mob ›the arm‹ (der Arm). In Chicago war es ›the outfit‹ (die Truppe).«

Sein Mob, so Teresa in seinen Memoiren, hätte immer mit allen ethnischen Gruppen zusammengearbeitet. »Mit Schwarzen, mit Portugiesen, mit Juden.« Nur regelrechte Mitglieder konnten die nicht werden. Dazu mußte man Italiener sein.

Es ist müßig, über die historische Herkunft des Wortes »Mafia« (Räuberbande, Privatpolizei) zu diskutieren. Dazu gibt es viele Theorien. Eine ist unglaubwürdiger als die andere. Die Soziologen und die Historiker, die sich damit befaßt haben, sind in ihrer Weltferne fast immer auf die Propaganda hereingefallen, die den sizilianischen Mob als eine uralte Tradition mit sozialrevolutionärem Impetus verkauft.

Heute ist der Begriff »Mafia« zum Synonym für italienisch dominiertes organisiertes Verbrechen geworden. Viele Leute nennen jede Form des organisierten Verbrechens Mafia. Auch Polizeibeamte, die es besser wissen sollten, verwenden den Begriff Mafia in der gleichen Bedeutung wie La Cosa Nostra, obwohl La Cosa Nostra nichts mit der Mafia im engeren Sinn zu tun hat, sondern eine kriminelle Vereinigung amerikanischen Ursprungs aus dem Jahr 1931 ist.

Im allgemeinen Sprachgebrauch ist das Wort Mafia von seiner ursprünglichen Bedeutung abgelöst und generalisiert worden. Es ist ihm ähnlich ergangen wie dem Namen einer berühmten Faustfeuerwaffe. Der von der Firma Colt hergestellte Revolver wurde zum Synonym für alle Revolver, die man fortan »Colts« nannte, auch wenn es in Wirklichkeit Waffen der Firma Ruger oder Smith & Wesson waren (»colt«, junges männliches Pferd und Markenzeichen der Firma Colt). Mit einem Colt assoziieren fast alle Laien einen Revolver, der zuverlässig funktioniert in der Hand eines Mannes, der damit umgehen kann. »Colt«, das ist für sie das Gesetz in einem gesetzlosen Raum. Auch der Begriff »Mafia« ist zum Gattungsbegriff und zur Bezeichnung eines gesellschaftlichen Zustands geworden.

Tatsache ist, daß es die Mafia, so wie sie sich die meisten Leute vorstellen, außerhalb Siziliens nicht gibt und nie gegeben hat. Dennoch kann man auch woanders zur Mafia gehören. Dennoch gibt es Mafiosi und mafioses Verhalten. Dieses Paradoxon übersteigt die Vorstellungskraft einer breiten Öffentlichkeit und leider auch die vieler Polizisten.

In der Bundesrepublik Deutschland nennt die Polizei nicht einmal die eigentliche sizilianische Mafia bei ihrem richtigen Namen. Wenn sie bei uns auftritt, dann zögern die Behörden sogar, den Begriff »organisiertes Verbrechen« zu verwenden. Sie sagen am liebsten »Bandenkriminalität«. In der Bezeichnung »Bandenkriminalität« steckt der Wunsch, es möge doch bitte nicht auch bei uns so etwas Schlimmes wie die Mafia geben, sondern nur die seit Schillers Räubern altvertrauten Räuberbanden.

Virgil W. Peterson, langjähriger Leiter des zuständigen Dezernats der New York City Police: »Der unzutreffende Gebrauch des Begriffs ›Mafia‹ hat das Bild des organisierten Verbrechens verzerrt. Das organisierte Verbrechen in den Vereinigten Staaten ist ganz sicher kein Produkt der sizilianischen Mafia. Es war (bei uns) in einer Reihe von Städten längst etabliert, bevor Italiener oder Sizilianer irgendeine Rolle in der Unterwelt zu spielen begannen. Zu keiner Zeit, und auch jetzt nicht, hat die Mafia oder irgendeine andere ethnische Gruppe oder Organisation das organisierte Verbrechen in den Vereinigten Staaten (allein) kontrolliert.«

Das ganze rituelle Brimborium um den Begriff Mafia hat den Eindruck erweckt, als handle es sich um einen straff organisierten kriminellen Zusammenschluß mit einem eigenen Ehrenkodex, einer Verfassung und geheimnisvollen Aufnahmeritualen. In Wahrheit hat die Suggestion uralter Tradition nur eine gruppenhygienische Funktion, die sich im Kino gut macht. »Ich selbst glaubte überhaupt nicht an Rituale«, sagt Rafele Cutolo, Boß der Neuen Organisierten Camorra (nach Giuseppe Marrazzo), »aber sie waren notwendig und wirkungsvoll bei denen, die man dazu bringen mußte, ihr Leben zu riskieren.« Und: »Menschen müssen das Gefühl haben, von einer Institution aufgenommen und beschützt zu werden.«

Pino Arlacchi, Mitglied der Antimafia-Kommission der italienischen Regierung, schreibt: »Man gehört dazu, wenn man sich verhält wie ein Mafioso. Das heißt, wenn man sich Respekt verschaffen kann, wenn man ›un uomo d'onore‹ ist, und das heißt: stark genug, sich nicht beleidigen lassen zu müssen, aber zugleich stark genug, Verletzungen straflos austeilen zu können. Die damit verbundene Gewalt verstößt zwar gegen das Gewaltverbot des Staates. In der Kultur des Mafioso wird sie nicht nur akzeptiert, sondern verherrlicht. Eben die Tatsache, daß der Mafioso die offiziellen Regeln des Gesetzes offen verletzt, ist ein wesentlicher Teil seines Prestiges ... Der Schlüssel des Systems ist die ›omertà‹.«

Der Begriff ›omertà‹ kommt von dem Wort ›uomo‹ (Mensch, Mann) und bezeichnet Männlichkeit oder Machismo. Der »Ehrenmann« ist schweigsam, zuverlässig, brutal und rücksichtslos.

Selbst das Verhältnis zwischen Vater und Sohn ist traditionell nicht durch eine familiäre Hierarchie bestimmt oder vom Respekt gegenüber Alter und Erfahrung, sondern allein von der Fähigkeit des Vaters, dem Sohn mit physischer Gewalt oder durch Gerissenheit seinen Willen aufzuzwingen. Aggression ist eine legitime und positive Emotion. Ganz im Gegensatz zur Ritterlichkeit des Duells nach den Regeln einer wie auch immer definierten Fairneß sind physische Gewalt, Täuschung und vor allem Hinterhältigkeit respektierte Waffen des Mafioso. Ehre ist die Fähigkeit, andere zu unterwerfen, gleich mit welchen Methoden. Einem Opfer, das man umbringen will, Freundschaft und Bruderschaft zu schwören, um es möglichst unauffällig in einen tödlichen Hinterhalt zu locken, ist nicht ehrenrührig. Ganz im Gegenteil. Die Verstellung gilt als bewundernswerte Gerissenheit. Nur Dumme fallen auf falsche Freundschaftsschwüre herein, und Dumme haben kein Lebensrecht. Der Starke hat nicht nur ein Recht, sondern sogar eine moralische Pflicht, den Schwachen zu unterwerfen und zu vernichten, wenn er sich wehrt. Sich dem Gegner nicht offen zu stellen, sich bei Gefahr zu verkriechen, galt immer und gilt heute noch beim Mob als klug und daher ehrenvoll.

Im Jahr 1924 will Cesare Mori, Präfekt von Palermo, dem Mob zeigen, daß er (der Polizeichef) der größte Mafioso von allen ist. »Ich wollte sie nicht nur besiegen, sondern allen Leuten ihre Feigheit beweisen.« Er läßt verbreiten, daß seine Polizisten die eingesperrten Mafiosi mißhandeln und deren Frauen sexuell mißbrauchen. Wer das ungestraft tun kann, der muß der Stärkere sein.

Mori: »Eine Menge Banditen gaben daraufhin auf. Nur die Häuptlinge hielten stand ... Ihnen war die Tugend ihrer Frauen gleichgültig.«

Die Mafiosi verschanzen sich. Der Präfekt schlägt nun vor, ihre materiellen Interessen zu attackieren. Er läßt ihren Besitz beschlagnahmen, treibt ihre Herden weg, läßt die besten Tiere vor aller Augen auf der Piazza schlachten und verteilt das Fleisch unter die Bevölkerung. Der Tag wird zu einem Volksfest. Die Polizei verspottet die Mafiosi, die weder Manns genug sind, ihre Frauen oder – noch schlimmer – ihr

Vieh zu verteidigen. Dann läßt der Präfekt dem Paten Gaetano Ferrarello ausrichten, daß er allein und mit einer Muskete in der Hand um sechs Uhr abends im Fondo Sant'Andrea auf ihn warten werde. »Wenn er ein Mann ist, soll er sich zeigen.«

Natürlich läßt sich Ferrarello nicht blicken. Das hat Mori auch nicht erwartet. Er hat aber einer ganzen Stadt klargemacht, wer stark ist und wer schwach. Niemand weiß das besser als Ferrarello. Er begreift, daß er nach dieser öffentlichen Demonstration erledigt ist. Er ergibt sich und sagt: »Mein Herz schlägt mir bis zum Hals. Zum ersten Mal in meinem Leben stehe ich dem Gesetz gegenüber.« Darin steckt nicht nur Wehleidigkeit, sondern auch der Vorwurf, daß der Staat eine gewachsene Ordnung frivol und mit nackter Gewalt zerstört.

Respekt hängt mit der Anzahl der Morde zusammen, deren sich ein Mann brüsten kann. Wenigstens einen Menschen muß man umgebracht haben, um sich die Achtung zu verschaffen, die einem Mafioso zusteht.

Auch das Brechen der Gesetze verschafft Achtung. Bis zum heutigen Tag werden 'Ndrangheta-Morde in Kalabrien unter dem Vorwand aktueller Berichterstattungen in den Zeitungen als bewundernswerte Taten gefeiert. Die Berichterstattung, so stellt Pino Arbacchi fest, vermittelt eine Art »symbolischer Großartigkeit«. Der Mafioso begreift überhaupt nicht, daß irgend jemand auf die Idee kommen sollte, ihn für einen Kriminellen zu halten.

1947 entschließt sich die italienische Regierung wieder einmal, etwas gegen die Mafia zu unternehmen. Die Folge: 46 Carabinieri werden erschossen, 734 schwer verletzt. Die Mafia hat keine Verluste. Man fürchtet, daß der Staat jetzt zu einer Kraftprobe gezwungen ist. Für das Geschäft des Mobs kann das nicht gut sein. Die Mafia kommt deshalb dem Generaldirektor für die Innere Sicherheit in Sizilien, Ettore Messana, zu Hilfe und liquidiert eigene Leute, die zuviel reden. Andere liefert sie an die Polizei aus, weil sie als Randfiguren der Mafia ohnehin nur lästig sind. Der Staat gibt sich zufrieden, weil er das Gesicht nicht verloren hat.

Nur wenige Jahre später singt der Polizeichef von Caltanisetta zusammen mit einigen Parlamentsabgeordneten das hohe Lied der Mafiosi. Sie seien Wohltäter und Wächter über den sozialen Frieden und außerdem »Staatsmänner von außergewöhnlicher Begabung«.

Die Kooperation zwischen Staat und Mafia reicht weit zurück. 1875 beschwert sich ein Abgeordneter im Parlament darüber, daß man in Sizilien, um Ordnung zu schaffen, sechs notorische Killer der Mafia mit hohen Ämtern betraut hat. Einer wird Chef der Landpolizei, einer Kommandant der Nationalgarde, und vier erhalten den Rang von Hauptleuten in der Nationalgarde.

Als die ersten süditalienischen Einwanderer in New York an Land gehen, ist das damals schon hoch organisierte Verbrechen in der Hand von Gruppen irischer und jüdischer Herkunft. Es ist also unsinnig, das organisierte Verbrechen überall und vor allem den Italienern in die Schuhe zu schieben. Ebenso unsinnig ist es andererseits, ethnische Zugehörigkeit

nicht beim Namen zu nennen, wenn sie Voraussetzung für die Mitgliedschaft in einer kriminellen Vereinigung ist.

Als Deutscher zögert man, ebenso unbefangen
wie die Amerikaner vom irischen oder vom jüdischen Mob zu reden. Der Vorwurf der Ausländerfeindlichkeit oder des Antisemitismus liegt nach
dem, was in diesem Land geschehen ist, sehr nahe.
Das verlegene Zögern, kriminelle Vereinigungen
ethnischer Prägung auch ethnisch beim Namen zu
nennen, ist aber nur die Kehrseite desselben Rassismus, den man leugnen will.

Hans Lechleitner und ich sind darüber einmal auf
eine schmerzliche Weise gestolpert. In einer Sendung mußten wir jüdische Kriminelle erwähnen, die
aus der UdSSR kamen und sich in der Bundesrepublik etablierten. Wir versuchten, keinen Fehler zu
machen, und machten ihn deshalb erst recht. Soviel
wir wußten, waren und sind es kriminelle Vereinigungen, die so hoch organisiert sind, daß nicht einmal die polizeiliche Repression der UdSSR damit fertig wird. Für solche Gruppen ist die Strafverfolgung
eines Landes wie die der Bundesrepublik Deutschland höchstens lästig. Der Export dieses Mobs wird
vom sowjetischen Geheimdienst unterstützt. Man
versorgt die Leute mit sauberen Papieren. Nicht nur,
weil man sie loswerden will und weil sie nach dem
ideologischen Vorurteil in einer kapitalistischen
Wettbewerbsgesellschaft am besten aufgehoben
sind, sondern weil man von ihnen als Gegenleistung
Devisen verlangen kann, mit denen geheimdienstli-
che Aufgaben im Ausland finanziert werden.

Wie also sollten wir diese Leute nennen? Das

Wort »Jude« war im Zusammenhang mit Kriminalität tabu. Ebenso tabu war es, jemanden, der vor dem kommunistischen System der UdSSR in den freien Westen flieht, einen Verbrecher zu nennen. Denn, so lautet eine These des Westens, wer ein Feind der kommunistischen Gesellschaftsordnung ist, der ist automatisch ein Freund der unseren.

Wir entschlossen uns, die interne Bezeichnung der Berliner Kriminalpolizei zu übernehmen: »Exilrussen mosaischen Glaubens«. Damit hatten wir Verbrecher politisch und religiös definiert. Es war ungefähr so, als würde man italienische Kriminelle als »Südländer katholischen Glaubens« bezeichnen. Wir wurden dafür gezüchtigt.

Den Amerikanern geht das Wort vom irischen, italienischen oder jüdischen Mob ganz leicht über die Lippen. Zumal sie wissen, daß es auch immer einen weißen, protestantischen und angelsächsischen Mob gegeben hat, der an Perfidie jeder Konkurrenz das Wasser reichen konnte.

Die Kommission des amerikanischen Präsidenten stellt in ihrem Bericht des Jahres 1986 fest, ein wesentliches Kennzeichen des organisierten Verbrechens seien Gruppen, »die durch rassische, sprachliche, ethnische und andere Gemeinsamkeiten eng miteinander verbunden sind«. Ausländerfeindlichkeit oder Rassismus haben mit einer solchen Feststellung nichts zu tun. Ein kollektives schlechtes Gewissen hat unter anderem auch zu dem beigetragen, was wir jetzt in Frankfurt, Berlin und in einigen anderen Städten sehen.

Einige ethnische Gruppen beuten die Angst vor dem Geruch der Ausländerfeindlichkeit regelrecht aus. Nicht nur bei uns. Auch in den USA. Dort ohne großen Erfolg.

Als das Cosa-Nostra-Mitglied Joe Valachi FBI-Informant wird und auspackt, ist der Journalist Peter Maas einer der ersten, der die Story publiziert. Er hat vor, ein Buch daraus zu machen. Dazu braucht er Zugang zum Häftling Valachi und eine Genehmigung des US-Justizministeriums.

Das italo-amerikanische Blatt »Il Progresso« schießt sich auf ihn ein. In einem Leitartikel wird unterstellt, daß durch die vielen italienischen Namen im Zusammenhang mit dem Geständnis Valachis das Image der Italiener leiden könnte.

Briefe an Senatoren und Kongreßabgeordnete folgen. Vincent Landi, ein Vertreter des Ordens der »Söhne Italiens«, erklärt sogar, daß die Bürgerrechte aller Italo-Amerikaner verletzt würden.

Am lautesten protestieren die Sprecher des »American-Italian Anti-Defamation Council«, dessen Präsidium mit einer ganzen Reihe von Cosa-Nostra-Figuren besetzt ist.

Nur den italienischen Mobster Joseph Valachi läßt das alles ganz kalt. »Was regen die sich auf?« sagt er zu Peter Maas. »Ich rede nicht über Italiener. Ich rede über den Mob.«

Eine Delegation von einflußreichen Italo-Amerikanern droht damit, sich direkt ans Weiße Haus zu wenden. Im Weißen Haus ist Lyndon B. Johnson im Amt. Der ehemalige Justizminister Robert Kennedy, der in seiner Amtszeit den Kampf gegen das organisierte Verbrechen verstärkt hat, wird zu Rate gezogen. Ihm fällt auch nichts ein. »Die gehen zu Johnson«, sagt er. »Und der wird sich die Italiener verpflichten wollen. Er wird Nick (Attorney General Nicholas de B. Katzenbach) sagen, daß er das mit dem Buch bleiben lassen soll. Und Nick wird tun, was Johnson sagt.«

Der Attorney General zieht den Schwanz ein. Das Justizministerium nimmt die Genehmigung zur Veröffentlichung der Verhörprotokolle zurück. Später legt ein hoher Beamter unter anderem auch wegen dieser Entscheidung sein Amt nieder. Peter Maas aber entschließt sich, das Buch trotzdem zu machen.

Natürlich gibt es auch andere italo-amerikanische Stimmen. An der Westküste steigt der »Corriere del Popolo« ein: »Die anständigen Italo-Amerikaner müssen die Enthüllungen Valachis nicht fürchten. Sie haben einen sozialen, ethischen und moralischen Ruf in den Vereinigten Staaten, den Valachi nicht zerstören kann.« Wie in den Vereinigten Staaten zu erwarten, wird das Buch veröffentlicht.

Die »Mafia«, von der Valachi redet, hat mit der sizilianischen Mafia wenig gemein. Aber auch der italienische Mob hat sich geändert.

Der große Wandel wird beim Anti-Mafia-Prozeß von Cantanzaro im Jahr 1968 sichtbar. Ehre, Reputation und Prestige des Mafioso hängen jetzt nicht mehr davon ab, wie viele er umbringen oder gefügig machen kann. Wer in der Mafia oder in der 'Ndrangheta ernst genommen werden will, muß jetzt brutal sein und viel Geld haben. Immer noch ist es ehrenvoller, männlicher und mutiger, wenn man sich materielle Vorteile unter Verletzung der Gesetze verschafft. Aber auch legal erworbener Reichtum oder kriminelles Geld, das legalisiert ist, bringt Respekt ein. Für physische Gewalt hat man seine Leute. Reichtum ist Ehre.

»In den siebziger Jahren bricht das Gewaltmonopol des Staates zusammen, und die Mafia Siziliens und Kalabriens macht die Gewalt zu einer ökonomischen Antriebskraft... Mord ist die billigste und risikoloseste Methode, um Konflikte zu lösen ... Riesensummen werden gebraucht, um Maschinen, Arbeitskraft und Produktionsniederlassungen (für korrupte Geschäfte) zu kaufen ... Der mafiose Unternehmer ist das Produkt einer erstaunlichen kulturellen Mutation, die von althergebrachten Methoden ganz neuen Gebrauch macht...« (Pino Arlacchi)

Der Markt der Mafia wird durch Erpressung, Bedrohung, durch Bombenattentate oder Ermordung von Konkurrenten gesichert. Aus der »ehrenwerten Gesellschaft« ist ein organisiertes und kriminelles Unternehmertum geworden. Die Methoden sind dieselben geblieben: Erpressung, Drohung und Mord.

1982 hat die Mafia die Bauindustrie von Palermo ganz in der Hand. Richter Giovanni Falcone: »Mafia-Organisationen kontrollieren das Baugewerbe in Palermo ... Entweder sind die Unternehmer Mafiosi, oder sie sind Handlanger der Mafia.« Kapitalistische Mafiosi übernehmen riesige Ländereien an beiden kalabresischen Küsten. Sie bauen Strandbäder, Touristenhotels, Campingplätze.

Die Verdienstspannen der Mafia sind wesentlich größer als die der legalen Konkurrenz. Geld muß nicht aufgenommen, geschweige denn verzinst werden, weil riesige Summen aus dem Rauschgifthandel, dem Waffenschmuggel, der Schutzgelderpressung und der Erpressung von Lösegeld (Paul Getty jr., 1 000 000 000 Lire) zur Verfügung stehen.

Das einzige noch nicht ermordete Mitglied der sizilianischen Anti-Mafia-Kommission, der Jesuitenpater Pentacuda, beziffert den jährlichen Umsatz im Rauschgifthandel in Sizilien allein auf 30 Milliarden DM. Die legale Konkurrenz wird in den Ruin getrieben. Halten kann sich nur, wer auch über schwarzes Kapital verfügt. Krimineller Profit steckt in allen Bereichen der italienischen Wirtschaft. Deshalb funktioniert diese Wirtschaft trotz sinkender Arbeitsmoral und steigender Streikbereitschaft, trotz Steuerunmoral und Korruption. Mit kriminellem Geld und mit Gewalt werden große Teile des Handels mit Zitrusfrüchten und mit Olivenöl übernommen. Fachleute schätzen, daß höchstens ein Drittel der Subventionen aus Brüssel an die richtige Adresse kommt.

Der mafiose Unternehmer sieht anders aus als der klassische Mafioso. Der traditionelle Ehrenmann hat keine teuren Anzüge gebraucht. Man kannte seine Unantastbarkeit, seine Brutalität und seine Macht. Der mafiose Unternehmer zeigt seine Macht durch den Luxus, den er sich leisten kann. Durch teure Hotels, teure Frauen und nicht zuletzt durch hochbezahlte Leibwächter und teure, kugelsichere Autos. Der Mafioso ist internationaler Geschäftsmann geworden. Renommierte Anwaltskanzleien beraten ihn.

Dem jetzigen Kronzeugen im »maxi processo«, Tommaso Buscetta, Königskegel im internationalen Rauschgifthandel, wird lange vor seiner endgültigen Verhaftung der Reisepaß entzogen. Er läßt sich durch den italienischen Abgeordneten Francesco Barbaccia einen neuen besorgen. »Ich bitte Sie inständig«, schreibt das Mitglied des Hohen Hauses an den Quästor von Palermo, »Herrn Buscetta Tommaso, einer Person, die mich sehr interessiert, die Erneuerung des Reisepasses zu genehmigen, und grüße Sie herzlich ... etc.«

In der Bundesrepublik läßt sich Buscetta durch einen plastisch-chirurgischen Eingriff das Gesicht verändern. Silvester 1965 feiert er mit seiner Freundin in einem Motel bei Kelsterbach. Am Neujahrstag fliegt er als Manuel Lopez Cadena in der ersten Klasse einer Lufthansa-Boeing-707 nach Kanada, mietet sich in Montreal bei »Avis« einen Wagen und geht über die Grenze in die USA. Buscettas Rauschgiftimperium umspannt die ganze Welt. Er ist der Prototyp des unternehmerischen Mafioso, Generalmanager der sogenannten Pizza Connection.

In den siebziger und achtziger Jahren verschärft sich der politische Kampf zahlreicher Gruppen um die Macht in Italien. Wie zu erwarten, macht sich die neue unternehmerische Mafia diesen Kampf zunutze. Sie bietet ihre Dienste an. Gegenleistungen sind gesetzgeberisches Entgegenkommen.

Die altvertrauten Methoden der Erpressung, der Drohung und des Mordes funktionieren auch als Instrumente einer politischen Lobby. Es gibt Verbindungen zwischen der Democrazia Cristiana und der Mafia. Der kriminelle Banker Michele Sindona vermittelt zwischen Vatikan, P2 und Cosa Nostra. Auch die Kommunistische Partei Italiens ist nicht frei vom Einfluß der Mafia. In Mamola (Kalabrien) werden die

Kommunisten des Stadtrats als Mitglieder einer »cosca« (kriminelle Familie) angeklagt.

Zum ersten Mal in ihrer langen Geschichte ist die Mafia eine weltumspannende Finanzmacht. In der Vergangenheit hat sich, entgegen einem weitverbreiteten Vorurteil, der Reichtum von Spitzenfiguren der Mafia, der Cosa Nostra oder des organisierten Verbrechens anderer Art sehr in Grenzen gehalten. Die untere und mittlere Ebene hat – verglichen mit dem bürgerlichen Mittelstand – ein elendes Leben gefristet. Jeder einigermaßen erfolgreiche Wallstreet-Broker war wohlhabender als die amerikanischen Cosa-Nostra-Bosse. Der vermutlich reichste von ihnen, Frank Costello, hat alles in allem nie mehr als fünf Millionen Dollar besessen.

Der britische Anthropologe Ianni hat das Finanzpolster einer der größten Cosa-Nostra-Familien untersucht. Hunderte von hochrangigen Mafiosi kamen zusammen nur auf ganze fünfzehn Millionen Dollar.

Heute verfügt das mafiose Unternehmertum über ein Kapital, mit dem es ohne große Mühe das monetäre Gleichgewicht der Welt stören könnte. Trotzdem sind die großen und weltumspannenden Geschäfte des Mobs nicht die Regel. Sie fallen nur ins Gewicht. Nach wie vor sind im organisierten Verbrechen neben den kriminellen Großunternehmern auch die Handtaschendiebe, die Autoklauer, die Schutzgelderpresser, die Zuhälter und die kleinen Killer rekrutiert. Michele Greco hat im Frühjahr 1987 vor Gericht in Catania ausgesagt, daß einem Enforcer, der sich für gelegentliche Hits bereit hält, in Sizilien monatlich 950 DM bezahlt würden.

Ein bolivianischer Kokain-Magnat dagegen, der sich im eigenen Land durch einen Staatscoup eine genehme Regierung angeschafft hat, ist nach einer öffentlichen Erklärung bereit, die gesamte Verschuldung Boliviens gegenüber den USA in Höhe von zwölf Milliarden DM zu bezahlen, wenn die US-Behörden seinen Sohn laufenlassen. (Bekanntlich ist Bolivien offiziell weder imstande, ausländische Kredite zu tilgen, noch die Zinsen zu bezahlen.)

Das organisierte Verbrechen ist auf der ganzen Welt als Big Business etabliert, und es sieht so aus, als sei die Welt bereit, nicht nur das Kapital, sondern auch die Methoden des Mobs zu akzeptieren.

Lokaltermin 1986.

Man zieht unwillkürlich die Füße hoch, während die Alitalia aus Rom die Kurve vor der Landung in Palermo, Punta Raisi, fliegt. Ein paar Maschinen sind an den viel zu nahen Felswänden zerschellt. Die Mafia hat die Lage des Flugplatzes durchgesetzt. Sie hat an den Bodenspekulationen verdient.

Kurz vor Beginn des Prozesses gegen 400 Verdächtige der Mafia erinnert Palermo an Beirut in einer Flaute des Bürgerkriegs. Es wird nicht ganz so viel geschossen, aber besser getroffen.

Wenn man mit Sizilianern über die Mafia redet, dann stellt sich heraus, daß es nur Gegner der Mafia gibt. Scheinbar hat sie keine Freunde. Man erinnert sich daran, daß Deutschland nach 1945 ein Land voll von Widerstandskämpfern war. Natürlich ist der Vergleich unzulässig. Die Mechanismen der Verdrängung aber sind ähnlich. Hier wie da wird die Fiktion aufrechterhalten, daß eine kleine Clique von Kriminellen ein ganzes Land terrorisieren kann. Ohne Unterstützung durch eine Mehrheit und ohne Duldung durch die politisch Verantwortlichen.

»Die Wahrheit ist bitter«, sagt ein christdemokratischer Abgeordneter. »In Sizilien herrscht die Mafia, weil die sizilianische Gesellschaft nach dieser Herrschaft verlangt.« Die Mafia ist ein »way of life«.

Joe Bonanno, Boß der kriminellen Bonanno-Familie, sagt das so: »Meine Tradition hat viele Namen. Einige sagen Mafia, andere sagen Cosa Nostra. Das sind alles Metaphern. Wir reden von einer Tradition, von einer Art, Dinge zu tun ... Wenn ich davon rede, dann meine ich eine alles umfassende Lebensweise, die beherrscht wird von bestimmten Werten und Idealen.«

Nicht alle Sizilianer leiden unter der Knute der Mafia. Viele verlangen danach.

In den Touristenläden gibt es kleine hübsche Mafia-Killer aus Keramik mit abgesägten Schrotflinten. Zum Andenken für die Vitrine im kalten Norden.

In Sizilien scheint es ehrenrührig zu sein, sich an Verkehrsregeln zu halten. Sie werden genauso ignoriert wie die Vorschriften der Feuerpolizei, der Gesundheitsbehörden und der Baupolizei. Vorschriften gelten als unzulässige Übergriffe des Staates.

H. J. Eysenck zitiert in »Crime and Personality« eine ganze Reihe von Untersuchungen, die alle zu dem Ergebnis kommen, daß es eine erstaunliche Korrelation zwischen rücksichtslosem Verhalten im Straßenverkehr und kriminellem Verhalten in anderen Bereichen gibt. Terence Willett hat 653 Verkehrsdelinquenten untersucht, deren Delikte von Tötung durch gefährliches Fahren über Fahren in alkoholisiertem Zustand bis zur Fahrerflucht reichten. Der Anteil von Kriminellen unter dieser Gruppe war dreimal so hoch wie bei einer beliebigen Vergleichsgruppe.

Der christdemokratische Abgeordnete Guiseppe Azzaro aus Catania sagt, daß es in Sizilien nicht einen einzigen öffentlichen Auftrag gibt, bei dem Bestechung keine Rolle spielt.

Man kann von der Mafia leben, indem man für sie arbeitet, und man kann seine politische Suppe am Kampf gegen die Mafia kochen. Eine, die das nicht tut, ist die palermitanische Stadträtin der Grünen, Marianna Bartocelli. Sie sagt: »Seit den Jahren '75 und '76 haben wir zugesehen, wie Polizisten und Richter von der Mafia ermordet wurden... Seitdem haben wir und die Polizei einen gemeinsamen Feind, den wir gemeinsam bekämpfen.« Grüne und Polizei, Schulter an Schulter im Kampf gegen den Mob. In der Bundesrepublik würde eine Politikerin der Grünen vermutlich für eine solche Äußerung aus der Partei ausgeschlossen werden.

Jeder in Sizilien ist gegen die Mafia, vor allem, wenn er selbst bedroht ist oder zahlen muß. Trotzdem gibt es einen Unterton, aus dem man heraushören kann, daß die Opfer der Mafia selber schuld sind. Warum haben sie sich eingemischt? Man mischt sich nicht ein. Warum haben sie nicht den Mund gehalten? Man hält den Mund. Es gibt in Sizilien nicht mehr Egoismus und nicht mehr Feigheit als in der Bundesrepublik oder irgendwo sonst. Beides gibt es aber kaum in einer so verklärten Form wie in Sizilien.

Wenn man an der Via Libertà in Palermo und in den umliegenden Straßen jede Exekution der Mafia mit einem Gedenkstein markieren würde, dann sähe die Innenstadt aus wie ein Dorffriedhof. Aber nur die wichtigeren Opfer der Mafia bringen es zu einer Gedenktafel. Erst seit neuerer Zeit wagt es die Verwaltung, auf den Marmortafeln zu vermerken, daß da jemand »durch die Hand der Mafia« sein Leben verloren hat.

Die teuren Luxusgeschäfte in der Via Libertà leben indirekt auch vom schwarzen Geld aus dem Heroinhandel. Ohne die »Narco-Lira« gäbe es zu wenig Kunden, die solche Preise bezahlen können. An der Mafia profitieren nicht nur Mitglieder.

Dem Luxus von Palermo steht das Elend halbverfallener Schulen gegenüber, die keine Fensterscheiben haben und in denen im Winter die Kinder mit Mantel und Schal sitzen müssen. Dem Luxus stehen heruntergekommene Krankenhäuser und Universitätsinstitute gegenüber.

Die wirklichen Opfer der Mafia, das sind diejenigen, die gegen sie antreten, die in diesem Kampf gefallen sind und noch fallen werden. Sie und ihre Angehörigen. Aus einem Sumpf von Schweigen und Feigheit wächst der Mut einzelner, auf den sich alle berufen, um alles beim alten lassen zu können. Es sind Richter und Polizisten, die sich der Mafia in den Weg stellen, Priester und Bürger, Katholiken und Marxisten, Linke und Rechte.

Nach Einbruch der Dunkelheit gehe ich um das Teatro Massimo herum. Es ist das größte Theater Europas gewesen. Für Verdis »Aida« haben sie lebende

Elefanten mit Lastenaufzügen auf die Bühne gehoben. Jetzt ist das Theater seit mehr als einem Jahrzehnt geschlossen und verfällt, weil sich die Mafia nicht mit der Stadtverwaltung darüber einigen kann, wieviel ihre Dons an der Renovierung verdienen müssen.

Hinter dem Teatro Massimo ist eine kleine Straße, die Mura di San Vito. Sie steigt an und ist im Dunkeln schlecht zu gehen. Ich frage mich, ob ich etwas Unrechtes gegessen habe oder ob in meinem letzten Espresso etwas war, das meine Wahrnehmung stört. Der Boden bewegt sich. Hinter der höchsten Erhebung der Gasse sind die Lichter des Gemüsemarktes zu sehen. Die Pflastersteine tanzen und winden sich. Die Bewegung ist deutlich gegen den hellen Hintergrund zu erkennen. Dann sehe ich, daß es Ratten sind. Man muß fest auftreten, um sie bei jedem Schritt wenigstens so weit wegzuscheuchen, daß man nicht auf sie tritt.

Natürlich kosten die Gobetti (Schößlinge von Artischocken) nicht das, was auf dem Preisschild steht. Der Verkäufer ist ein Furbo. Ich bin ein Dummer. Ich habe ihm einen Zehntausend-Lire-Schein gegeben. Er gibt einfach nicht heraus. Statt dessen macht er eine drohende Miene. Die anderen auch. Es sind nicht viele Leute da. Der Markt wird gleich zumachen. Wenn ich es darauf ankommen lasse, sehe ich alt aus. Ich mache Bekanntschaft mit der harmlosen und volkstümlichen Form der Einschüchterung. Der »procuratore della repubblica«, Gaetano Costa, ist daran ganz in der Nähe gestorben. Sie haben ihn schräg gegenüber vom Teatro Massimo erwischt, als er sich an der Ecke der Via Cavour eine Zeitung kaufen wollte.

Abendessen in einer Kneipe in der Nähe. Aus irgendeinem Grund ist sie voll von sympathischen jungen Leuten. Das andere Palermo. Die jungen Leute sind witzig, frei und intelligent.

Danach Spätvorstellung in einem Kino. Das Kino ist fast leer. Drei Typen kommen herein und bleiben hinten stehen, um ihre Augen an die Dunkelheit zu gewöhnen. Dann setzt sich einer auf den Platz rechts von mir, und der andere setzt sich auf den Platz links von mir. Ich versuche, mich schmal zu machen, kann aber die Berührung nicht vermeiden. Die beiden riechen nach Schweiß. Dann setzt sich der dritte in die Reihe vor mir auf einen hochgeklappten Sessel genau vor mich. Sie wollen testen, ob ich Angst habe. Was immer ich habe, ich zeige es nicht. Sie sind nicht ganz sicher, ob ich ohne Widerrede die Brieftasche herausrücke. Sie sind unentschlossen, hauen ab.

Draußen regnet es in Strömen. Vor dem Teatro Massimo finde ich ein Taxi. Es ist nach ein Uhr nachts.

Der Taxifahrer bringt mich zum Hotel an der Via Crispi. Den Zähler stellt er nicht ein. Er verlangt 20 000 Lire für eine Fahrt, die sonst 2500 Lire kostet. Gut, sage ich. Er soll mir eine Quittung geben. Ich bleibe sitzen. Er sagt, daß ich ihm 20 000 Lire geben soll. Ohne Quittung. Sein Tonfall hat etwas Endgültiges. Besonders nachts gegen zwei am Hafen von Palermo.

Ich gebe ihm 3000 Lire und steige aus.

Er steigt auch aus, stellt sich mir in den Weg und zieht etwas aus der Tasche. Ich höre ein Geräusch, das nach einem Fallmesser klingt. Er will mir den Eindruck vermitteln, daß er notfalls zustechen wird.

Natürlich wird er nicht zustechen. Nicht wegen ein paar tausend Lire. Sollte ich mich als Beamter in Zivil entpuppen, dann wird er nur vorgehabt haben, sich mit dem Messerchen ein wenig die Fingernägel zu reinigen. Natürlich weiß er, daß ich kein Polizist bin. Deshalb ist er verblüfft, als ich ihm meine Automatik zeige. Ich werde so wenig abdrücken, wie er zustechen wird. Die Frage ist allein, ob er glaubt, daß ich abdrücke. Drohung ist ein sizilianisches Gesellschaftsspiel. Ich ärgere mich über mich selbst, daß ich mitspiele.

Er fängt an zu lachen und gibt mir die 3000 Lire zurück. Er sagt, es wäre ihm ein Vergnügen gewesen, mich zu fahren, wünscht »buona notte« und steigt ein.

Vermutlich beklagt auch er sich über den Terror der Mafia und über ihr mörderisches Spiel mit der Angst. Vor allem, wenn er amerikanische Touristen vom Flugplatz auf vielen Umwegen ins Mondello Palace Hotel fährt und sich durch die Leidensgeschichte sizilianischer Unterdrückung ein fettes Trinkgeld erplaudert.

Der Hotelportier schläft im Sitzen.

In meinem Zimmer sehe ich nach, was heute wieder gestohlen worden ist. Gestern war es mein Rasierwasser, vorgestern ein Reisewecker. Heute sind es ein paar Packungen Rasierklingen und eine aufladbare Taschenlampe. Ich werde mich mit einer alten Rasierklinge rasieren.

In der Früh rufen zwei Radiostationen aus Deutschland an. Ich soll ihnen etwas über den Kampf der Sizilianer gegen die Mafia erzählen.

Der Verkehr wird von Zivilisten geregelt. Zu viele Polizisten haben sich von Sizilien wegversetzen lassen. Man munkelt, daß die Sicherheitsbehörden Leute aus Spezialeinheiten der italienischen Streitkräfte rekrutiert haben.

Die Zivilisten, die den Verkehr regeln, tragen blaue Armbinden. Sie haben keine Ahnung, wie man einen Verkehr regelt. Sie versuchen es trotzdem. So sieht der Kampf gegen die Mafia aus. Er ist ehrlicher als die Absichtserklärungen der Politiker.

Enervierend ist das ständige Gewinsel der Polizeisirenen in der Stadt. Man denkt an Leute, die nachts durch einen finsteren Wald gehen und pfeifen, um sich die Angst zu vertreiben.

Richter, Staatsanwälte und Zeugen bewegen sich in Palermo nur mit Polizeieskorte. Der Bunker, in dem der Prozeß gegen die Mafia abgewickelt werden soll, ist nicht fertig geworden. Die weichen grünen Bodenbeläge sind noch nicht drin. Mit harten Böden hat man schlechte Erfahrungen gemacht. Querschläger können ein Blutbad unter Unbeteiligten anrichten.

Die Polizeieskorten, die durch die Stadt rasen, bestehen aus drei Autos. Vorne ein Polizeifahrzeug. Dann der Wagen, der geschützt werden soll. Dahinter wieder ein Polizeifahrzeug. Die Scheiben des »zivilen« Wagens sind oft mit einer Folie beklebt. In den Polizeifahrzeugen sitzen Leute einer Spezialeinheit. Sie tragen kugelsichere Helme und Westen und sind mit kurzen Maschinenpistolen bewaffnet. Immer hört man nahe oder ganz weit weg die Sirenen irgendeiner Eskorte. Offenbar macht es Spaß, mit Sirenengeheul durch einen Verkehr zu rasen, der sonst nur Schrittempo zuläßt. Es ist eine Drohgebärde und ein Imponiergehabe, das die Beteiligten aus der Masse heraushebt. Mehr ist es nicht.

Im Fall einer bewaffneten Attacke hat der Richter, Staatsanwalt oder Polizeioffizier keine Chance. Die Wagen fahren viel zu dicht hintereinander her. Sie können nicht anders, weil sich ständig andere Verkehrsteilnehmer dazwischenzumogeln versuchen, um mit der Eskorte schneller vom Fleck zu kommen.

Ein Hit-Kommando könnte sich in Ruhe auf die Attacke vorbereiten. Man hört es viele Straßen weit, wann und wo eine Eskorte losfährt. Man hört sie näher kommen, lange bevor man sie sieht.

Wenn der erste Wagen einer Eskorte beschossen wird, bremst er entweder scharf, so daß die hinter ihm auffahren, oder er rast steuerlos in den übrigen Verkehr, über den Bürgersteig, gegen ein Haus oder gegen einen Baum. Selbst wenn es den folgenden Wagen gelingen sollte, nicht aufzufahren, können die darin sitzenden Sicherheitskräfte entweder nicht oder nicht gezielt zurückschießen. Bis sie es können, sind die Killer längst im Gewühl verschwunden. Da niemand eine Aussage machen wird, sind die Enforcer so sicher wie in Abrahams Schoß.

Für Mafia-Exekutionen scheint es eine Saison zu geben wie für den Tourismus. Die Hits häufen sich in Palermo zwischen Juli und Oktober. Es gibt eine Reihe von Theorien, die das zu erklären versuchen. Eine lautet, daß es am besten ist, wenn viele Touristen in der Stadt sind und wenn das Wetter noch nicht zu naß ist. Bei trockenem Wetter gibt es weniger Spuren, und wenn viele Fremde in der Stadt sind, kann die Polizei fast nirgends zurückschießen, ohne Unbeteiligte zu treffen und sich eine noch schlechtere

Presse einzuhandeln, als sie ohnehin hat. »Macht, was ihr wollt«, soll ein Carabinieri-Major seine Leute vergattert haben, »aber erschießt mir keinen Touristen.«

Natürlich könnte man einen begrenzten Personenkreis mit an Sicherheit grenzender Wahrscheinlichkeit schützen. Das ist eine Geldfrage und eine Frage der Entschlossenheit. Nach der Ermordung des Carabinieri-Generals Dalla Chiesa hätte der Staat klarmachen müssen, daß Hinrichtungen entweder aufhören oder ab sofort für jeden Killer tödlich sind. »Basta« ist das Wort, das der Staat hätte sagen müssen. Zwei Dutzend Leute mit einer Ausbildung der britischen SAS, der österreichischen COBRA oder der deutschen GSG9 hätten dafür sorgen können, daß kein Angreifer überlebt. Schon allein dadurch wäre der Mafia ihre Unantastbarkeit genommen worden. Der Staat war nicht dazu bereit. Es ist billiger, Kränze zu schicken.

Trotzdem schreiben italienische Journalisten wie Lucio Galluzzo und die Redakteure von »I Siciliani« Tag für Tag gegen die Mafia und gegen die Angst vor ihr. Als wäre da nicht die entsetzlich lange Reihe von Richtern, Anklägern, Zeugen, Polizisten und Journalisten, die ermordet worden sind. Seit der Ermordung des Carabinieri-Generals Dalla Chiesa im September 1982 in der Via Isidoro Carini ist die Stadt in einem heimlichen Kriegszustand. Dalla Chiesa hatte die Bankkonten öffnen lassen und gerade damit begonnen, die merkwürdigen Geschäfte angesehener Bürger zu untersuchen. Dalla Chiesa war konfessionslos, aber der politischen Rechten zuzuordnen. Er war ein Falke. Er hat »Law and Order« repräsentiert.

Knapp ein halbes Jahr vorher haben sie den Marxisten und Regionalpräsidenten der Kommunistischen Partei Italiens, Pio La Torre, erschossen. Er war in einer parlamentarischen Kommission gegen die Mafia tätig. Er war kein Falke, aber er wollte genau dasselbe wie Dalla Chiesa: die Öffnung der Bankkonten. Wieder einen Monat vorher ermordeten sie den Gerichtspathologen Paolo Ciaccone vor seinem Institut. Er hatte sich geweigert, ein Gutachten im Sinne der Mafia zu fälschen. Davor war es der Carabinieri-Hauptmann Emmanuele Basile. Davor der Regionalpräsident der Democrazia Cristiana, Piersanti Mattarella. Davor der Chef der Mordkommission, Vizequästor Guiliano. Davor ein prominenter Linker, Richter Cesare Terranova. Davor der Provinzsekretär der Christdemokraten, Michele Riina. Davor der Gerichtsreporter des »Giornale di Sicilia«, Mario Francese. Davor der Oberstleutnant der Carabinieri, Giuseppe Russo. Davor der Staatsanwalt von Palermo, Pietro Scaglione. Davor ein Reporter der linken Zeitung »L'Ora«. Und so weiter und so weiter. Sie morden mit Autobomben, Maschinenpistolen und Revolvern. Oft genug foltern sie ihre Opfer, bevor sie sie sterben lassen.

Ein Jahr vor Beginn des »maxi processo« gegen die Mafia erschießen sie den Chef der »Mobile«, Giuseppe Montana. Davor den Carabinieri-Offizier Antonio Cassara. Die Angehörigen verweigern zum ersten Mal ein Staatsbegräbnis. Davor stirbt der Journalist Giuseppe Fava. Er hat einen Roman über die Mafia geschrieben. Der Roman gefällt der Mafia nicht, und noch weniger gefällt ihr, daß er fürs Fernsehen verfilmt wird.

Der Untersuchungsrichter Giovanni Falcone hat jahrelange Erfahrung mit der Mafia. Er leitet die Ermittlungen für den »maxi processo«.

»Falcone« heißt auf deutsch »großer Falke«. Die Grünen von Palermo benützen den Namen für ein Wortspiel. Sie ziehen mit einem Transparent durch die Straßen, auf dem steht: »Schützt den großen Falken.« Jeder Palermitaner versteht die drei Bedeutungen: »Schützt den Richter Falcone«, »Schützt den Falken, der durchgreift«, »Schützt das aussterbende Tier«.

Ich sehe ein Foto von Giovanni Falcone auf der Titelseite einer lokalen Zeitung. Er hat wieder einmal einen Drahtzieher festnehmen lassen. Falcone scheint ein gutaussehender Mann zu sein. So wie Damiano Damiani einen Richter besetzen würde. Wenn ich ihn kennenlernen will, sollte ich keine Zeit verlieren.

Vor dem Palazzo di Giustizia fühlt man sich etwas verloren. Das ist offenbar der Sinn dieser Architektur. Man meint, schon einmal dagewesen zu sein. Déjà-vu der Macht. Das sieht überall gleich aus. Die Stahltüren mit dem kugelsicheren Glas sind von außen nur zu öffnen, wenn ein grünes Licht aufleuchtet.

Aufgänge und die Etage mit den Büros des Untersuchungsrichters sind mit Bewaffneten besetzt. Auf dem Flur stehen ein Tisch und ein Stuhl. Neben dem Tisch stehen Männer mit Maschinenpistolen. Auf dem Stuhl sitzt ein junger Mann mit einer weißen Strickjacke. Auf die Strickjacke ist das Clubabzeichen eines Jachtclubs aufgenäht. Es ist der mißlungene Versuch, einen Beamten der »mobile« (mobiles

Einsatzkommando) zu tarnen. Er sieht sich meinen Paß an, dann mustert er mich, zieht die Schublade auf und schaut hinein. In der Schublade erkenne ich ein Telefoto von mir.

Der Richter vernimmt gerade einen Zeugen. Es wird ein paar Minuten dauern. Im Erdgeschoß gäbe es was zu trinken.

In der Bar fallen mir nagelneue Carabinieri-Uniformen auf. Neben mir steht ein Offizier und trinkt seinen Espresso. Ich habe das Gefühl daß er das blaue Tuch und die roten Streifen zum ersten Mal trägt. An seiner Uniform sind ein Fallschirmspringerabzeichen und eine Schießnadel zu sehen. Es muß einer von denen sein, die man sich über Nacht vom Militär geholt hat.

Inzwischen stehen noch mehr Bewaffnete vor dem Büro Falcones herum. Ich gehe an zwei oder drei festmontierten Fernsehkameras vorbei zu ihm hinein.

Falcone sagt: »So ist das hier. Die Mafia geht vor.« Der lange, dürre Richter Ayala kommt mit Akten herein, redet leise mit Falcone und geht wieder.

»Die wichtigste Waffe der Mafia ist die Angst«, beginne ich. »Die Justiz hat keine solche Waffe.«

»Ja. Wir sind an Gesetz und Verfassung gebunden.« Er sagt das, als würde er anmerken, daß Sizilien im Mittelmeer liegt. »Die Gesetze schweigen *nicht* im Waffenlärm«, lacht er und stellt damit absichtlich eine Sentenz Ciceros auf den Kopf: Inter arma silent leges.

»Aber unterhalb der Verfassung? Reicht das Instrumentarium?«

»Nein«, sagt er, »es könnte mehr sein.« Man sei

mit dem Öffnen von Bankkonten weitergekommen. Mit den nachrichtendienstlichen Methoden der Beweisbeschaffung scheint es nicht weit her zu sein. Nicht genug Leute, um Telefone abzuhören. Kaum elektronische Überwachung. Viel zu wenig Leute für Observationen.

Während wir miteinander reden, drückt Falcone immer wieder einmal auf einen Knopf neben seinem Schreibtisch. Er löscht eine Kontrollampe, damit die draußen sehen, daß er noch am Leben ist, obwohl er Besuch hat.

Und wenn er kein Lebenszeichen mehr gäbe?

Dann würden alle Schotten dichtgemacht, und die Chance für einen Killer, lebend hinauszukommen, wäre gleich Null. Von dieser Einrichtung weiß natürlich auch die Mafia. Es ist der beste Schutz, den er haben kann. Die Killer der Mafia hängen am Leben.

Welche Chancen er sich für den »maxi processo« ausrechnet?

»Es wird eine entscheidende Schlacht sein. Nicht der Krieg. Jede Niederlage der Justiz ist automatisch ein Sieg der Mafia.«

»Und Rom?«

»Was ist mit Rom?« fragt Falcone zurück, als wüßte er nicht, was ich meine. Ob er es für ausreichend hält, wenn aus Rom nach jedem Mord herzerweichende Beileidstelegramme kommen?

»Ich bin Richter. Nicht Politiker.«

Ich frage Falcone, wo das ethnische Scharnier liegt und wie es funktioniert. Nach dem Abschlußbericht des Obersten Gerichtshofes Italiens für das Jahr 1986, der im Januar 1987 veröffentlicht wird, ist der internationale Rauschgifthandel ausschließlich in der Hand von Mafia, Camorra, 'Ndrangheta und Cosa Nostra. Wo ist die Kupplung zwischen italienischen und deutschen Organisationen?

Nach Meinung Falcones spielen nichtitalienische Gruppen nur in der unteren Logistik eine Rolle. Nach den Erkenntnissen der italienischen Polizei operieren Spitzenfiguren der Mafia auch in der Bundesrepublik. So wie sie überall auf der Welt, vorwiegend im Zusammenhang mit dem Rauschgifthandel, aktiv sind. Allerdings nur auf der untersten Entscheidungsebene. Die »kingpins« der Mafia, der Camorra oder der 'Ndrangheta reisen in die Bundesrepublik nur ein, wenn es um große Deals geht. Falls jemand eliminiert werden muß, schicken sie ihre Killer oder heuern Ortskräfte an.

Der ehemalige Vizepräsident des Bundeskriminalamts (und jetzige Präsident des Verfassungsschutzes), Gerhard Boeden, der auch zu den alten Fuhrleuten der Polizei gehört, die den Mund aufgemacht haben, als andere noch jede Existenz des organisierten Verbrechens bestritten haben: »Verbindungen zu anderen Kriminalitätsbereichen (Rauschgift, Kfz-Verschiebungen) sind erkennbar. Auch haben sich in den beim Bundeskriminalamt geführten Ermittlungen Verbindungen sowohl zur ›Mafia‹ als auch zur ›Camorra‹ gezeigt.« (Polizei Digest, Dezember 1986) Außerdem gebe es, so Boeden, im Bundeskriminalamt eine Arbeitsgruppe, die der Frage nachgehe, ob von einem Einfluß der Mafia oder der Cosa Nostra auf dem Territorium der Bundesrepublik gesprochen werden könne.

»Als Zwischenergebnis konnte von dieser Arbeitsgruppe bisher festgestellt werden:

- Einflüssse und Verbindungen in die Bundesrepublik Deutschland bestehen.
- Deutschland dient Mafia-Mitgliedern aus Italien als Fluchtort zum Untertauchen sowohl vor Maßnahmen der italienischen Strafverfolgungsbehörden als auch vor rivalisierenden Mafia-Familien;
- in Einzelfällen sind auch schon bei uns ›geflohene‹ Mafia-Mitglieder bestraft worden...«

Zu Beginn des Jahres 1987 werden in Bonn drei Mafia-Killer verhaftet, die an einer Schießerei – sechs Tote – in Porto Empedocle beteiligt waren (SZ, 24.1.1987). Kurz zuvor wird in Verona ein Hit-Kommado vor Gericht gestellt, das 1984 die Münchener Disco »Liverpool« in Brand gesteckt hat. Dabei kam ein Mädchen ums Leben. Den Angeklagten werden dreizehn Morde vorgeworfen (SZ, 29.1.1987).

»Unsere Polizei hat manchmal Schwierigkeiten mit der Mentalität der Mafia«, sage ich zum Untersuchungsrichter Falcone.

»Ja«, sagt Falcone. »Die sehen einen Mafioso nicht, wenn er ihnen auf den Zehen steht.« Dann lacht er. »In Hamburg im Hotel haben sie mich gefragt, ob ich auch zur Mafia gehöre, weil ich doch aus Sizilien komme.«

Wie erklärt er, daß es in der Bundesrepublik so wenig Exekutionen gibt?

»Die Mafia mordet, wenn sie unter Druck ist. Morde der Mafia sind ein Zeichen der Krise. Warum sollten sie schießen, wenn alles läuft.«

Dann unterhalten wir uns über den 25jährigen

Agostino Badalamenti, der in der Bundesrepublik untertauchen wollte. Die Mafia erwischte ihn in Solingen und steckte ihm ein Messer in den Mund, um jedem den Urheber der Strafaktion klarzumachen. Als ich unmittelbar nach dem Auffinden der gekennzeichneten Leiche bei der Pressestelle des LKA in Düsseldorf anrufe, sagt man mir, es handle sich um ein Eifersuchtsdrama im Gastarbeitermilieu.

Unser Kamerateam versucht, eine Gedenktafel in der Nähe des Königspalastes von Palermo zu drehen. Auf ihr stehen die Namen der im Kampf gegen die Mafia gefallenen Carabinieri.

Wir werden festgenommen. Man führt uns ins Büro des Kommandeurs. Unser Gerät haben wir dabei: Kamerakoffer, Richtmikrofon, Stativköcher, Objektivkoffer. Wenn wir ein Hit-Kommando der Mafia wären, dann könnten wir ohne große Anstrengung die ganze Polizeiverwaltung von innen her aufrollen.

Man läßt uns wieder gehen, nachdem man uns klargemacht hat, daß zum Schutz des großen Prozesses nahezu alles in Palermo geheim ist. Man braucht Genehmigungen, wie man sie nicht einmal in totalitären Ländern verlangt. Das Ausfertigen kann Tage und Wochen dauern.

Später filmen wir im Zentrum ein paar vorbeirasende Polizeieskorten. Ein Spezialkommando in Zivil nimmt uns fest. Die Polizei ist sich ihrer Ohnmacht gegenüber der Mafia bewußt. Sie verlegt sich also darauf, wenigstens die Journalisten zu schikanieren, die zum »maxi processo« angereist sind. Keiner schaut in die Stativköcher hinein. Unsere Metallkof-

fer sind für die Durchleuchtungsgeräte undurch-
dringlich. In einem Büro werden unsere Papiere geprüft. Polizeieskorten sind geheim. Ich mache ein
schuldbewußtes Gesicht.

Die Bürokraten bestehen auf der Herausgabe des
Films. Ich protestiere. Der Kameraassistent mimt den
Eingeschüchterten, der am liebsten den Film heraus-
geben würde. Ich untersage es ihm. Hilfesuchend
blickt er die Polizisten an. Sie fressen den Köder mit
Haken und Schnur. Einer bietet dem Kameraassi-
stenten eine Zigarette an.

Gegen meinen lautstarken Protest öffnet der Assistent die Kamera, nimmt eine Filmrolle heraus und
legt sie dem Polizisten auf den Schreibtisch. Ich be-
schimpfe ihn.

Natürlich hat der Assistent nur den unbelichteten
Teil der Filmrolle herausgenommen. Der belichtete
Teil der Rolle bleibt unversehrt drin. Notfalls sind
auch wir »furbi«.

Mein Auftritt zahlt Dividende. Der Bürochef
mischt sich ein. Das mit dem Film täte ihm leid.
Wenn wir wollten, würde er uns eine Genehmigung
verschaffen. Wir könnten dann im Justizpalast die
perfekten Sicherheitsmaßnahmen drehen. Schließlich sind wir alle Freunde.

In der Nähe des Amtssitzes des Bürgermeisters
von Palermo demonstrieren sie wieder einmal für
die Mafia. Die Polizeibeamten stehen am Rand der
Demonstration herum und fressen vor Ärger ihre
Leber.

Endlich können wir einmal drehen, ohne verhaftet zu werden. Die Polizisten wagen es nicht, uns
an der Arbeit zu hindern. Die Mafia will, daß diese

Sympathiekundgebung publiziert wird. Unser Team steht daher unter ihrem Schutz. Wir beginnen zu ahnen, was die Mafia für viele Leute in Sizilien *auch* ist.

Die große propagandistische Leistung der Mafia ist, daß sie ihre spezifische Mischung von Brutalität und Larmoyanz stets als eine Art von Heldentum verkaufen konnte. Bei der Auswertung von knapp tausend Tötungsdelikten der Camorra von Neapel, der 'Ndrangheta von Kalabrien, der Mafia von Sizilien und der Cosa Nostra in Amerika stellen sich als wesentlichster Charakterzug der Angreifer Hinterhältigkeit und Wehleidigkeit heraus. Dies läßt sich unverändert auf alle aktiven Kader des organisierten Verbrechens übertragen.

Der Killer des Mobs wird jede Beleidigung und jede Verletzung seines Stolzes mit einer Gebärde hündischer Ergebenheit hinnehmen, solange er sich einem gleichstarken Gegner gegenübersieht. Seine Anschläge kommen aus dem sicheren Hinterhalt. Sie sind ausschließlich gegen Wehrlose gerichtet oder erfolgen zu einem Zeitpunkt, zu dem sie das Opfer nicht erwartet. Selbst Minderjährige (Kronzucker-Entführung) werden von schwerbewaffneten Männern verschleppt, die sich dann mit dieser Heldentat brüsten.

Auch der Bruderkuß vor Erfüllung eines Mordkontrakts ist kein Ritual. Die Geste dient nur dazu, das Opfer in Sicherheit zu wiegen und an jeder Gegenwehr zu hindern. »Welchen ich küssen werde, der ist es, den greifet.« (Matthäus 26,47) Auch der mit allen möglichen Bedeutungen versehene Händedruck hat nur den praktischen Sinn, das Opfer daran zu hindern, nach der eigenen Waffe zu greifen und sich zu wehren.

Der »Ehrenmann« der Ganoven und der Mafia greift nur dann an, wenn absolut feststeht, daß ihm selbst nichts passiert. Wenn er sicher ist, daß die Angst allen Zeugen den Mund versiegelt oder daß sie nicht am Leben bleiben. Wenn er sich darauf verlassen kann, daß im Falle einer Panne die besten und teuersten Anwälte auf seiner Seite sind, und wenn dafür gesorgt ist, daß man ihm auch im Gefängnis ein Leben wie in Freiheit garantiert.

Was den Totschläger des Mobs hemmen könnte, wären allein die Skrupel, so mit anderen Menschen umzugehen. Derartige Skrupel kennt er nicht.

Daß der Killer der Mafia oder der Cosa Nostra Frauen und Kinder schont, ist ein Märchen. Falls sie ihn als Zeugen gefährden oder ihm auch nur persönlich oder geschäftlich im Weg sind, zögert er nicht, sie umzubringen. Barmherzigkeit hält er für eine Perversion.

Steht ein solcher Täter unversehens einem wehrhaften Gegner gegenüber, dann wird er klein beigeben und auf seine Stunde warten. Er wird sich nicht genieren, laut zu beten (Greco, »il papa«); er wird in die Hose machen (Badalamenti) oder nach der »mamma« rufen (Maglio). Beim Prozeß gegen den »Erzengel« Maglio in Wuppertal haben die Zuschauer eine solche Vorstellung erlebt. Weinend streckte er dem Gericht seine Handgelenke hin (um die nicht existierenden Handschellen vorzuweisen) und beklagte sich darüber, daß »man mir meine geliebte, meine über alles geliebte Freiheit, mein Kostbarstes genommen hat« und daß »meine Mama daran sterben wird«.

Es ist sehr selten, daß man Details von Hinrichtungen durch den Mob erfährt, wenn sie nicht in aller Öffentlichkeit veranstaltet werden. Die Opfer werden »puttemacht«, wie der von der Unterwelt in Hamburg gefeierte Killer Werner Pinzner sich ausgedrückt hat. Wenn es keinen didaktischen Zweck erfüllt, werden die Einzelheiten der Öffentlichkeit verschwiegen, weil sonst vielleicht eine kontraproduktive Empörung geweckt werden könnte.

Der Kronzeuge im »maxi processo«, Tommaso Buscetta, sagt aus: »In Rio (de Janeiro) hat mir Gaetano Badalamenti erzählt, wie und warum der sechzehnjährige Giuseppe, Sohn des Capo Totucco, ermordet wurde.« Nach der Ermordung seines Vaters schwört der Sechzehnjährige an der Leiche Rache. Er ist entschlossen, den Killer umzubringen, der ihm den Vater genommen hat. Er kennt den Mörder, einen gewissen Salvatore Riina. Das spricht sich herum. Der Junge wird lästig mit seinem sentimentalen Getue. Pino Greco, genannt »scarpuzetta« (kleiner Schuh), läßt den Jungen entführen. Pino Greco hält sich für einen intellektuellen Killer. Er hat Jura studiert und, während die Polizei nach ihm sucht, sogar Prüfungen abgelegt.

Um an dem Kind seinen Mut zu kühlen, ermordet er den gefesselten Sechzehnjährigen nicht sofort. Er hackt ihm den rechten Arm mit einem Beil ab und schreit ihn an: »Jetzt versuch mal, auf Riino zu schießen.« Der Junge fällt durch den Blutverlust in Ohnmacht und hört nichts mehr. Eine weitere Tortur bringt nichts. Pino Greco setzt dem Bewußtlosen einen Revolver ins Genick und drückt ab.

Das ist Pinos Sinn für Ehre und Gerechtigkeit. Er ist davon überzeugt, daß der Vater von Giuseppe nach seiner Ordnung und Tradition ganz zu Recht zum Tod verurteilt worden ist. Die Tatsache, daß der Sechzehnjährige seinen Vater rächen will, ist die Auflehnung eines »Systemveränderers«. Deshalb ist der Junge nicht nur dem Tode verfallen. Er muß vor seinem Tod gezüchtigt werden. Nach allem, was wir wissen, hat Pino keinerlei Unrechtsbewußtsein. Im Gegenteil. Es ist seine Vorstellung von Treue. Pino Greco ist Katholik. Ich bin sicher, daß er die Tat nicht beichtet. Er hält sie nicht für Sünde. Und wenn er den Mord in Sizilien beichten sollte, dann ist nicht sicher, ob der Priester das nicht genauso sieht wie er und ihm für ein Ave Maria die Absolution erteilt.

Von seinem (nicht verwandten) Namensvetter Michele Greco, der mehrere hundert Morde in Auftrag gegeben hat, kennen wir den Zustand eines mafiosen Gewissens. (Der amerikanischen »commission» entspricht die sizilianische »cupola« oder Kuppel.) Die größte Cupola in Sizilien wird von den Corleone beherrscht, angeführt von Bagarella, Provenzano und den Greco. An der Spitze steht vermutlich Michele Greco. Er ist Liaison-Offizier zur Cosa Nostra und koordiniert die ganz großen internationalen Geschäfte (Incontri).

Man nennt Michele Greco den »Papst«. Nicht wegen seiner Macht, sondern wegen seiner Frömmigkeit. Während er im Jahr 1986 und 1987 in Catania vor Gericht steht, sagt er, das Gebetbuch sei sein ständiger Begleiter gewesen. Während des Plädoyers seines Verteidigers stehen ihm Tränen in den Augen. Zu einem Reporter sagt er laut »Corriere della Sera« vom 22. November 1986: »Der Friede in meinem Inneren kommt daher, daß ich in meinem Herzen einen erlauchten Gast habe. Ich glaube an Jesus Christus und an Gott, den Allmächtigen. Das gibt mir den inneren Frieden. Auch wenn ich irgendwo im Keller an Ketten gelegt (sic) werden sollte.« (Natürlich wird Greco nirgends in Italien in einem Keller an Ketten gelegt. Viel wahrscheinlicher ist es, daß er auch im Gefängnis mit dem gewohnten Luxus lebt.)

Ob er auch so gelassen gewesen sei, als die Polizei ihn gesucht habe, fragt der ziemlich unbeeindruckte Reporter.

»Ich war allein, unbewaffnet und wehrlos. Ich hatte nur die Bibel. Aber das unterschlägt man.«

Ein anderer Reporter fragt ihn im Gerichtssaal, ob er glaubt, daß ihm die Bibel immer weiterhelfen wird. »Il Papa«, der Killer, streckt seine Hände durchs Gitter, als wollte er dem Reporter väterlich übers Haar streichen, und ruft aus: »Bravo! Endlich einer, mit dem ich über meinen Glauben sprechen kann.«

Ovid Demaris hat im Detail die Ausführung eines Hit-Kontrakts für einen Mann des führenden amerikanischen Westküstengangsters Mickey Cohen berichtet. Das Opfer, Frank Niccoli, wird von Jimmy Fratianno (Berufskiller des Mobs) zu einem Bier eingeladen. Niccoli geht hin, weil niemand es wagt, sich an Leuten von Mickey Cohen zu vergreifen und weil er mit Fratianno befreundet ist. Man redet über alles mögliche.

Es läutet. Draußen steht der zwei Meter große Joseph Dippolito und versperrt den ganzen Eingang. Hinter ihm steht Sam Bruno.

»Hey, kommt rein«, sagt Jimmy Fratianno. »Ihr kennt doch Frank Niccoli.«

Während Dippolito die rechte Hand Niccolis zur Begrüßung wie in einem Schraubstock festhält, kommen noch zwei Mobster herein: Mick Licata und Carmen Carpinelli. Bevor Frank Niccoli begreift, was vorgeht, hat Dippolito ihn herumgedreht und von hinten umklammert: Mick Licata zieht ein Seil aus seiner Tasche, und Jimmy (»the Weasel« Fratianno) sagt: »Gib mir das Scheißding.« Mit dem Seil in der Hand dreht er sich zu Frank Niccoli und sagt: »Frank, es ist Zeit.« Dabei legt er die Schlinge des Seils Frank um den Hals und gibt das andere Ende Sam Bruno. Dann ziehen beide aus Leibeskräften so lange, bis Frank tot ist und sie mit herausquellenden Augen anstarrt.

»Scheiße«, sagt Jimmy. »Die Sau hat auf meinen neuen Teppich gepinkelt.«

»Die pinkeln immer«, sagt Bruno. »Manchmal scheißen sie auch. Du kannst noch von Glück sagen.«

Dippolito löst seine Umklammerung, und Niccolis Leiche sinkt zu Boden. Jimmy und Bruno, die immer noch das Seil festhalten, werden halb mit hinuntergezogen.

»Ihr könnt loslassen«, sagt Dippolito »Der rührt sich nicht mehr.«

Im Haus des kunstverständigen Sam Giancana (er sammelte Nippes) erzählten sich die Freunde des

Mobsters immer wieder mit großem Vergnügen, wie der 140 Kilo schwere William »Action Bill« Jackson gestorben ist. Der Mob schleppt ihn in ein Schlachthaus. Da fesseln sie ihn, schießen ihn an und hängen ihn lebend an einem Fleischerhaken auf, damit jeder mit Eispickeln und Baseballschlägern auf ihn eindreschen kann. Einer kommt sogar auf die Idee, ihm einen elektrischen Viehscheucher in den Anus zu stecken. Jackson hat eine eiserne Konstitution und stirbt erst nach zwei Tagen.

Die halbwüchsige Tochter von Giancana hörte bei solchen Gesprächen zu und berichtete später in ihren Memoiren, was ihr sonst so herzensguter Vater mit Leuten machen ließ, die ihm auf die Nerven fielen.

Allein zwischen dem 7. und 14. Oktober 1986 werden in Sizilien sechs Menschen von der Mafia ermordet. Während des »maxi processo«. Unter den Opfern ist auch eine junge Frau. Entgegen dem ständig wiederholten Bluff, daß die Mafia nie Hand an Frauen legt, sind solche Attacken aus der ganzen Geschichte der Mafia bekannt.

Die Ermordung des elfjährigen Claudio Domino Ende 1986 erregt die Öffentlichkeit. Aber nicht lange. Das arglose Kind wird von einem mit Helm und Visier getarnten Motorradfahrer an den Straßenrand gerufen und durch einen glatten Schuß zwischen die Augen umgebracht. Der Vater hat im Nebenberuf eine Reinigungsfirma, die auch in dem Bunker arbeitet, in dem der Maxi-Prozeß abläuft. Offenbar hat er nicht kooperiert. Der katholische Geistliche, der die Trauermesse für das Kind zelebriert, wagt es nicht, die Mafia zu erwähnen. Der Kardinal Erzbischof Pappalardo, der Mafiosi die Absolution verweigert hat, läßt sich entschuldigen, und ein Protestzug durch Palermo muß abgesagt werden, weil sich nicht genug Bürger beteiligen.

Im Bunker des Großen Prozesses distanziert sich einer der Mafia-Dons von dem Hit und schlägt dem Gericht durch die Gitterstäbe seines Käfigs vor, eine Schweigeminute für das Opfer anzuordnen. Der vorsitzende Richter stellt lakonisch fest, das beste Gedenken für den kleinen ermordeten Claudio sei eine möglichst schnelle Fortsetzung des Prozesses und nicht eine Schweigeminute.

Manche Zeitungen tun so, als sei die Ermordung eines Kindes Ausdruck einer heruntergekommenen Mafia, die alte Ehrbegriffe im neuen Reichtum vergessen habe. Sie sind Opfer des jahrhundertealten Schwindels von der Ehre der Mafia.

Der Mafia-Don und Arzt von Corleone, Michele Navarra, hat ganz im Sinne der honorigen Tradition schon vor langer Zeit das Kind eines Schäfers mit einer Zyankaliinjektion umgebracht, weil es vielleicht Zeuge eines Mordes war, den der Arzt begangen hatte.

An einem Ostermontag übten sich in Oppido Mamertina notorische Mafiosi mit Faustfeuerwaffen. Die Schießübung war eine Art Wettkampf. Zielscheibe war Pepinello, der Sohn einer Prostituierten. Er starb langsam unter den Schüssen. Die Sache kam auf, weil die Beteiligten stolz von ihren Schießkünsten erzählten.

Seit Valachi vor einem Untersuchungsausschuß des amerikanischen Senats seine Initiation in die Cosa Nostra geschildert hat, lebt das Prestige des amerikanischen Mobs von dem gruseligen Hokuspokus.

»Der Tisch ist vielleicht zehn Meter lang und eineinhalb Meter breit. Darauf liegt ein weißes Tischtuch. Teller, Gläser, alles wie für ein Abendessen. Um den Tisch herum sitzen vierzig Typen.«

Angeblich kann sich Valachi nur an Joe Profaci, Joseph Bonanno, Joe Palisades und an Tommy Lucchese, »Three Finger Brown«, erinnern.

»Jemand legt einen Revolver und ein Messer vor mich hin.« Sie stehen auf, fassen sich bei den Händen. Einer sagt zu Valachi: »Das heißt, daß du vom Revolver und vom Messer leben wirst und daß du durch den Revolver oder das Messer sterben wirst.«

Dann verbrennen sie ein Stück Papier in Valachis hohler Hand, während er sagen muß: »So soll ich brennen, wenn ich das Geheimnis unserer Sache (cosa nostra) verrate.« Verrat, so erklärt man ihm, bedeutet Tod ohne Verhandlung. Dann sagt man ihm noch, wie ein Mitglied ein anderes erkennt: »Wenn ich einen dabei habe, der Mitglied ist, und jemanden treffe, der auch Mitglied ist, und die beiden kennen sich noch nicht, dann sage ich: ›Tag, Jim. Darf ich dir John vorstellen. Er ist ein Freund von uns.‹ Wenn aber mein Begleiter nur ein Freund von mir und kein Mitglied ist, dann sage ich: ›Tag, Jim. Darf ich dir John vorstellen. Er ist ein Freund von mir.‹«

Nachher wird vom Teuersten und Besten gegessen und getrunken. Es ist die Zeit des blutigen Castellammarese-Kriegs. Der Älteste schwingt eine Durchhalterede. »Während die anderen in Saus und

Braus leben«, sagt er, »müssen wir trockenes Brot und Zwiebeln essen.« Niemand fällt auf, daß sie sich die Bäuche vollschlagen, während sie sich einreden, daß es ihnen schrecklich schlecht geht. Tränen der Wut stehen ihnen in den Augen. Sie sind entschlossen, mit Revolver und Dolch ihr hartes Los zu mildern. Auch dieses Selbstmitleid, verbunden mit Aggression, kennt man als demagogischen Trick der landläufigen Politik.

Als nach dem Ersten Weltkrieg Leonardo Vitale in Sizilien zwanzig Jahre alt wird, will er auch dazugehören. Sein Onkel, der Mafia-Don Gianbattista Albarello, möchte aber erst etwas sehen, bevor er seinem Neffen die Weihen geben läßt. Leonardo muß sich in einen Stall schleichen und einem armen Bauern das Pferd erschießen, weil er es an Ehrerbietung gegenüber dem Onkel hat fehlen lassen. Es wird eine Metzelei. Das Pferd schreit lange.

Der Neffe bekommt noch eine Chance. Ein gewisser Vincenco Mannino ist verrückt genug, auf eigene Rechnung Schutzgeld zu kassieren. Mannino schreit nicht wie das Pferd. Er kann nicht schreien, weil ihm Leonardo den Hals von Ohr zu Ohr bis auf die Halswirbelsäule durchschneidet. Jetzt kann er »ein Mann von Ehre« werden.

Die Deutsche Presse-Agentur »dpa« schildert die Initiation. Auch Leonardo Vitale muß sich die Finger verbrennen: »Einer stach ihm mit einem Dorn in den Zeigefinger. Ein Heiligenbildchen, auf das Vitale sein Blut tropfen ließ, wurde angezündet, und auch er mußte das brennende Papier, ohne eine Miene zu verziehen, so lange zwischen seinen Händen hin und her bewegen, bis es zu Asche zerfallen war. Dabei hatte er zu schwören: ›Mein Fleisch soll brennen wie dieses Bild, wenn ich die Treue breche.‹«

Danach zündet er Autos samt Insassen an, sägt Zahlungsunwilligen die Apfelsinenbäume ihrer Plantagen um, wirft eine Bombe in ein Krankenhaus und beteiligt sich so tölpelhaft an einer Entführung, daß er für einige Zeit in der geschlossenen Abteilung einer Irrenanstalt landet. Dort redet er zuviel. Nachdem man ihn genug hat reden lassen, darf er gehen. Die Behörden wissen, daß er keinen Schaden mehr anrichten wird. Schon nach wenigen Stunden erschießt ihn einer seiner Familie.

Der Zirkus der sizilianischen »greaseballs« und »mustache Pete's« (»Fettklöße« und »Schnurrbart-Peter«, Slang für die traditionellen Mafiosi) fällt der neuen Generation ziemlich auf die Nerven. Wer redet, wird umgelegt. Damit hat es sich. Trotzdem wird hie und da noch eine traditionelle Initiation versucht. Von einer berichtet Ovid Demaris:

Jimmy »the Weasel« Fratianno, Michael »Rizzi« Rizzitello, Louis Tom Dragna und Frank »Bomp« Bompiensiero treffen sich zu einem Aufnahmeritual, bevor »Bomp« wegen seiner FBI-Kontakte im Februar 1977 in Hot Springs vom Mob hingerichtet wird. Sie bestellen Kaffee, und Jimmy sagt: »Also, wie machen wir's?«

»Warum lassen wir nicht Bomp die Worte sagen?« schlägt Dragna vor. »Der kann Sizilianisch.«

»Du meinst, ich kann es in diesem Deppensizilianisch machen wie dein Onkel Jack und fast genauso schnell«, sagt Bompiensiero und zwinkert Rizzi zu.

»Bomp macht Witze«, sagt Jimmy. »Aber das ist eine ernste Sache. Es tut mir leid, daß wir mit dir nur einen ›Quickie‹ (Schnellfick) machen können. Irgendwie ist das so, als ob man vier Jahre lang auf die Uni geht und das Diplom dann mit der Post kriegt. Weil du sowieso das Sizilianisch nicht verstehst, das Bomp redet, sage ich dir, worauf es ankommt: Du wirst lebend aufgenommen und erst tot wieder entlassen.«

Dann haspelt Jimmy »the Weasel« Fratianno den üblichen Sermon von Revolver und Messer herunter und zündet sich eine Zigarre an.

»Also, wo machen wir's?« fragt Bomp.

Jimmy zuckt die Achseln. »Machen wir's im Auto. Parken wir irgendwo unauffällig. Wir haben keinen Revolver und kein Messer, aber ich hab' eine Nadel.«

Sie fahren aus dem Ort hinaus und parken in der Nähe des Highway hinter ein paar Büschen. Dann nehmen sie sich bei den Händen, während Bomp, die Zigarre im Mund, irgendwas herunterleiert, das keiner versteht. Jimmy pafft auch eine Zigarre. Langsam ist die Luft im Auto zum Schneiden.

»Das hätten wir«, sagt Bomp. »Jetzt brauchen wir Blut. Gib mir deinen Zeigefinger.«

Jimmy sticht hinein und drückt, bis Blut herauskommt, dann sagt er, um irgendwas zu sagen: »Das Blut ist ein Symbol für die Familie. Jetzt müssen wir uns küssen und uns die Hand geben, dann gehörst du dazu.«

Dragna läßt ein Fenster herunter. »Scheiße«, sagt er, »laß uns abhauen. Ich brauche frische Luft.«

DAS DRECKIGE ENDE

»Nicht alles, was zwei Enden hat, ist ein Stock. Aber jeder Stock hat zwei Enden« (Meyer Lansky, Mobster und Finanzberater der Cosa Nostra). Meyer Lansky will damit sagen, daß sich die beiden Enden eines Stocks meistens voneinander unterscheiden. Fast immer ist ein Ende dünner als das andere. Mit einem Ende schlägt man zu, das andere hat man in der Hand. Das eine Ende ist sauber, das andere ist dreckig. Warum sollte irgend jemand bei klarem Verstand nach dem dreckigen Ende greifen? Weshalb sollte sich irgend jemand freiwillig auf die Seite der Verlierer schlagen?

Der Gründer der Rockefeller-Dynastie hat einmal gesagt: »Der liebe Gott hat mir mein Geld gegeben.« Rockefeller kann nicht gemeint haben, daß die Guten ihr Geld vom Allerhöchsten für ihre Frömmigkeit bekommen, während die Bösen es sich nur erschleichen, sowie der liebe Gott gerade einmal nicht aufpaßt. Sicher war Rockefeller davon überzeugt, daß materieller Erfolg ein Ausdruck des allerhöchsten Wohlwollens ist. Heute bezeichnet ein Sprecher des Verbandes christlicher Kaufleute, der Besitzer eines

Schuhimperiums in der Bundesrepublik, Erfolg und Reichtum als eine »Gnadengabe Gottes« (SZ, 4.5.1987). Viele erfolgreiche Geschäftsleute sehen das ähnlich. Die sizilianische Mafia und die neapolitanische Camorra sind davon sogar fest überzeugt. Sie können Revolver und Gebet, Mord und Frömmigkeit leicht unter einen Hut bringen Gott wird wissen, warum er Gewinner und Verlierer gemacht hat. In Sizilien gibt es Priester und Nonnen, die »soldati« der Mafia sind. In Rom gibt es Kardinäle, die mit dem Mob Geschäfte machen, und es gibt Kirchenfürsten, die nicht zögern, sich mit der Mafia an einen Tisch zu setzen.

Joseph Bonanno, einer der mächtigsten Väter einer New Yorker kriminellen Familie, hat den Silvesterabend immer im engsten Freundeskreis verbracht: mit Priestern der katholischen Kirche. Es lag Bonanno daran, aller Welt klarzumachen, daß der kriminelle Erfolg den Segen der Kirche hat. Deshalb hat er eine Fotografie von einem dieser Silvesterabende sogar öffentlich verbreiten lassen. Von links nach rechts sind folgende Personen zu sehen: Bischof Daniel Gercke von Tucson, der Pate Joe Bonanno, der Priester Pater Radtke, der Sohn des Cosa-Nostra-Bosses und ein weiterer Priester, Pater Rosetti.

Joseph Bonanno, »Joe Bananas«, ist ein Beispiel für die Kriterien gesellschaftlicher Achtung oder Mißachtung von kriminellem Erfolg. Im Alter von 81 Jahren wollte sich Joseph »Joey« Bonanno ein Denkmal setzen. Er veröffentlichte deshalb an seinem Lebensabend seine Memoiren unter dem Titel »A Man of Honor«. Mit dem »Ehrenmann« meint er sich selbst.

Für die Formulierung des Textes hat sich Bonanno, wie er im Vorwort sagt, einen »Skribenten« angeheuert, weil er zwar in jungen Jahren Sitz und Stimme in der »commission« der Cosa Nostra schaffte, aber nach eigenem Eingeständnis nie richtig Amerikanisch gelernt hat. Sein Leben lang hatte er nichts gegen Erpressung oder Mord einzuwenden. Aber er ist ein sizilianischer Moralpinsel geblieben, der etwas gegen Prostitution hat. Die anderen Kommissionsmitglieder der Cosa Nostra haben wenig Verständnis für diese Marotte Bonannos. Der Mob hält die puritanischen Anwandlungen des Paten für Sabotage. Ich bin sicher, daß Joe Bonanno nicht zuletzt durch seine kapriziöse Abneigung gegen außerehelichen Geschlechtsverkehr seine Machtposition in der Cosa Nostra verloren hat.

Bonanno hat sich in Tucson (Arizona) zur Ruhe gesetzt. Einerseits, weil sein Sohn Salvatore wegen einer chronischen Mittelohreiterung trockenes Klima braucht, und andererseits, weil er im »Vulcano« (New York) nach dem Verfall seiner Macht kaum hätte am Leben bleiben können. Er selbst begründet es so: »Wir wollten in eine kleine Stadt, wo mich keiner kannte und wo wir ein anderes Leben führen konnten als in New York. Ich kannte keine Seele in Tucson. Alles, was ich hatte, war ein Empfehlungsschreiben von Kardinal Francis Spellman in New York an den Bischof von Tucson, Daniel Gercke.«

Es ist ausgeschlossen, daß Kardinal Spellman nicht gewußt hat, wen er da empfahl. Die Zeitungen Amerikas waren voll von Berichten über Bonannos kriminelle Karriere. Offenbar ist der Gangster nicht nur nach eigener Einschätzung, sondern auch nach Meinung katholischer Kirchenfürsten ein Ehrenmann, weil er die süditalienische Prüderie auch in der amerikanischen Cosa Nostra durchsetzen wollte.

Joseph Bonanno, der bei Erscheinen dieses Textes 83 Jahre alt sein wird (falls er dann noch lebt), hätte auf ein erfolgreiches und geachtetes Leben zurückblicken können, wenn er der Eitelkeit des Alters widerstanden und auf sein Selbstporträt »A Man of Honor« verzichtet hätte. Keiner hätte dem notorischen Kriminellen gesellschaftlichen Respekt versagt. Nach Veröffentlichung des Buches hat er nur noch die Chance, eines natürlichen Todes zu sterben, bevor ihn irgendein bezahlter Enforcer umlegt. Die offene Darstellung einer Karriere in der Cosa Nostra und die damit notwendigerweise verbundenen Eingeständnisse sind todeswürdig. Entweder stirbt Bonanno, oder die Cosa Nostra verliert ein Stück ihrer Reputation.

Das Buch des alten Joe Bonanno, so stellt sich heraus, ist kein Erfolg. Nur wenige Leute interessieren sich für die eitle Selbstbeweihräucherung eines kriminellen Greises. Einer allerdings liest jede Zeile zweimal: der New Yorker Mafia-Ankläger Rudolph Giuliani. Die »International Herald Tribune« vom 5. Juli 1985 kommentiert: »Joseph Bonanno war mit 26 Jahren der jüngste Boß, den die amerikanische Mafia jemals hatte. Man wird ihn in einem Krankenhaus von Tucson einvernehmen, und einige Bosse der Cosa Nostra werden dabeisein (müssen).« Als nämlich Rudolph Giuliani mit der Lektüre von Bonannos Selbstporträt fertig ist, klagt er den Mobster und andere Spitzenfiguren der »commission« als »hochrangige Mitglieder einer kriminellen Orga-

218

nisation« an. Noch einmal »International Herald Tribune«: »Mr. Bonanno, das einzige Mitglied (der Cosa Nostra), das je die Existenz der ›commission‹ öffentlich zugegeben hat, behauptete stets, daß sie nur ein beratendes Gremium der Chefs aller (Mafia-) Familien gewesen sei.«

Joe Bonanno selbst: »Als Vater einer (Mafia-)Familie war ich eine Art Staatschef. Ich hatte dieselben Aufgaben, wie sie ein Staatschef im internationalen Bereich hat. Ich mußte genau wie er für Ordnung sorgen. Wie er mußte ich die Außenpolitik gegenüber anderen (Mafia-)Familien bestimmen.«

Der Ärger um die Veröffentlichung der Memoiren schlägt sich dem alten Mann auf Magen und Herz. Als ich das Buch bei Scribners in New York im Schaufenster sehe, ist Joseph Bonanno bereits im Krankenhaus. Dem Richter des District Court, Richard Owen, ist auch eine Einvernahme am Krankenbett nicht zuviel Mühe. Bonanno weigert sich zunächst gegen diese Einvernahme. Daraufhin sichert ihm der Richter Straffreiheit für eine vollständige Aussage zu (bei einem Zweiundachtzigjährigen kein sehr großzügiges Angebot) und droht ihm für den Fall der Aussageverweigerung eine Gefängnisstrafe an. Der Prozeß steht bevor.

Als Joe Bonanno viele Jahre vorher zu seinem letzten »Staatsbesuch« in sein Heimatland Italien reist, steht er noch im Zenit seiner kriminellen Macht. Am Flugplatz Fiumicino wird ein roter Teppich für ihn ausgelegt. Ein Kabinettsmitglied der italienischen Christdemokraten, Bernardo Mattarella, heißt ihn willkommen.

Der Gangster hat sich tausend Zigarren seiner bevorzugten Marke mitgebracht und fragt sich, wie er die durch den italienischen Zoll bekommt. Da tritt ein Mann mit einem Schnurrbart auf ihn zu und nimmt ihm den Koffer mit den Zigarren ab.

»Ist das einer von den Unseren?« fragt Bonanno einen Begleiter.

»Nein«, sagte der, »das ist ein Zollinspektor.«

Bonanno muß natürlich nichts zahlen. Dazu er selbst: »How gracious life can be when one has friends in the right places!« (»Wie wunderbar das Leben sein kann, wenn man die richtigen Freunde hat.«)

Die Dummheit mit »A Man of Honor« hat Bonanno darum gebracht, bis zu seinem Tod von der überwältigenden Mehrheit seiner Umgebung geehrt zu werden wie ein »Staatschef« oder ein erfolgreicher Geschäftsmann. Niemand hätte je nach der Herkunft seines Geldes oder nach seinen Methoden gefragt. Die amerikanische Gesellschaft unterscheidet sich da nicht von der unseren.

»Manchmal«, so ein Fahnder aus dem Bereich der organisierten Wirtschaftskriminalität in der Bundesrepublik, »manchmal müssen wir uns ranhalten, um dem Bundespräsidialamt noch rechtzeitig auszureden, daß sie so einem Typen einen Orden umhängen, bevor wir ihn verhaften.«

Erstaunlich ist, daß die katholische Kirche den Erfolg als eine Art Absolution für Verbrechen betrachtet, die auf dem Weg zu diesem Erfolg begangen werden. Da sie dies so demonstrativ tut, fühlen sich auch Leute wie der Boß der Neuen Camorra, Rafele Cutolo (laut Giuseppe Marrazzo knapp 300 »Hit-Kontrakte«, also Exekutionen, in einem Jahr), ganz im Einverständnis mit ihrer Religion. Er meint, »daß ich mit

demselben Recht wie die anderen behaupten konnte, Christ zu sein, daß ich ebenso das Recht auf den
wohlwollenden und mütterlichen Blick der Jungfrau
und Gottesmutter hatte«. Einer seiner grausamsten
Killer, Carlo Biino, macht sich nie auf den Weg, um
einen Mord zu begehen, ohne »das heilige Antlitz
Jesu Christi« an der Windschutzscheibe seines Wagens zu haben (Giuseppe Marrazzo).

Auch im legalen Geschäft findet man Leute ganz
im Einklang mit dem eigenen Gewissen und der Moral ihrer Umgebung, obwohl sie Produkte herstellen,
durch die auf der ganzen Welt Menschen bei lebendigem Leib verbrannt, zerstampft oder frikassiert
werden. Es ist nicht einzusehen, weshalb der Mob
mehr Skrupel haben sollte.

Die zweifelhafte (wohl auf dem Fehler eines Kopi-
sten beruhende) Geschichte mit dem Nadelöhr,
durch das angeblich eher ein Kamel gehen soll als
ein Reicher in den Himmel, wurde bekanntlich erst
sehr spät und gegen den erbitterten Widerstand der
Theologen in das propagandistische Programm der
katholischen Kirche aufgenommen. Armut als
Verdienst ist eine relativ neue Masche. Bestimmt
natürlich nicht für die Hirten, sondern für die
Schafe.

Das alles macht die Frage nur noch drängender,
weshalb irgendwer das dreckige Ende des Stocks
wählen, sich auf die Seite der Verlierer schlagen, auf
die Achtung seiner Mitmenschen verzichten und sogar dem Trost der Religion entsagen sollte, statt mit-
zumachen oder wenigstens wegzusehen. Warum ist
zum Beispiel ein Staatsanwalt wie Dottore Altieri in
Cagliari auf Sardinien bereit, sich zur Zielscheibe

von Mordanschlägen zu machen, bis einer irgendwann einmal erfolgreich sein wird, statt sich vom Mob bezahlen zu lassen?

Als ich Altieri in Cagliari treffe, fährt er einen angejahrten Einskommafünfliterwagen. Der Etat der Justiz läßt keinen größeren Wagen für einen gefährdeten »procuratore della repubblica« zu. Die Panzerplatten an beiden Türen und hinter dem Sitz sind viel zu schwer für das leichte Fahrzeug. Die Hinterräder stehen unter der Last dachförmig auseinander.

Ich gehe mit Dr. Altieri durch das Portal des Justizpalastes nach draußen. Nach meinem Gefühl ist der Wagen entsetzlich weit weg. Altieri und ich müssen ein ganzes Stück zu Fuß gehen. Es kann sein, daß mir dieses Stück viel länger vorkommt, als es ist, aber ich bin sicher, daß es für einen Scharfschützen reicht. Um den Platz vor dem Justizgebäude gibt es Hunderte von anonymen Fenstern.

Die Polizeibeamten, die für die Sicherheit des Procuratore verantwortlich sind, halten sich diskret zurück. Keiner geht mit ihm. Keiner steigt aus dem Wagen, um ihn abzuholen. Das mag eine wohlüberlegte und mir unbekannte Taktik sein. Wenn die Beamten bei einer Attacke nicht sofort ins Feuer geraten, dann können sie wenigstens einigermaßen genau zurückschießen. Mir kommt es wie eine kalkulierte Demonstration von Desinteresse vor. Wie ein deutliches Zeichen für jeden potentiellen Angreifer, daß man nicht bereit ist, sich für den Hungerlohn eines Polizeibeamten und für den Oberstaatsanwalt Altieri totschießen zu lassen.

Der bewaffnete Fahrer des Wagens legt erst im

letzten Moment »La Nazione« weg und steigt aus, um dem Ankläger den Schlag zu öffnen.

»Laßt uns in Frieden«, scheint das zu heißen. »Wenn ihr mit dem Staatsanwalt ein Hühnchen zu rupfen habt, dann laßt uns aus dem Spiel.«

Ich weiß wohl, wie viele Carabinieri und Polizeibeamte sich bisher für den italienischen Staat von der Mafia haben schlachten lassen.

Von einer Mafia, die bis in die Regierung hineinreicht. Sie haben ihr Risiko gekannt und gewußt, daß ihr Heldentum niemand besingen wird. Aber Altieri wird auf diesem kurzen Weg zu seinem Wagen wie auf einem Tablett serviert. Ich hoffe, daß dies nicht immer so abläuft, und ich hoffe, daß Dr. Altieri noch lebt, wenn dieses Buch erscheint, und daß er bei guter Gesundheit ist.

Die zwanzig oder dreißig Meter, die ich mit dem Ankläger vom Portal des Justizpalastes bis zu seinem Wagen gehen muß, vermitteln mir eine Ahnung davon, wie einsam die Leute am dreckigen Ende des Stocks sein können.

Der Frust muß den Juristen Altieri beinahe umgebracht haben in den Jahren, in denen er erkannt hat, daß der Mob immer verdient und nur selten erwischt wird, während der Staat sogar dann noch draufzahlt, wenn er wirklich einmal ein paar Figuren aus der Unterwelt vor Gericht stellen kann. Ermittlungen und Prozesse kosten die Steuerzahler Milliarden. Eine Verurteilung ist unwahrscheinlich.

Altieri spielt mir keine Rolle vor. In den Gesprächen, die ich mit ihm führe, ist keine Pose zu erkennen.

Einmal sagt er obenhin und fast nebenbei – was er

übrigens später vor der Kamera nicht wiederholen will – auf meine Frage nach dem Warum: Er sei kein Demokrat; deshalb falle es ihm zu, gegen das organisierte Verbrechen zu kämpfen. Er spielt darauf an, daß die demokratischen Parteien von den Christdemokraten bis zu den Kommunisten mit dem organisierten Verbrechen verfilzt sind. Altieri sagt nicht, daß er Faschist und deshalb nicht der Opportunität, sondern einer Idee verpflichtet sei. Ich will ihm da nichts unterstellen. Er sagt nur in einem Tonfall, als wollte er die Farbe seiner Augen beschreiben: »Wissen Sie, ich bin kein Demokrat. Deshalb mache ich das.«

Diese hingeworfene Bemerkung hätte mich bei jedem anderen Vertreter des Staates entsetzt. Von Altieri kommend tut sie das nicht. Ich weiß nicht, ob meine Reaktion zu rechtfertigen ist oder nicht. Die Bemerkung des Anklägers löst in mir nur die Erinnerung an eines der großen Bücher über die Mafia aus. An »Il giorno della civetta« (Tag der Eule) von Leonardo Sciascia. Durch die Bemerkung verstehe ich plötzlich, was Sciascia an der Stelle des Buches meint, die sich mit dem Faschismus befaßt.

Die Hauptfigur in »Tag der Eule« ist der Carabinieri-Hauptmann Bellodi, »ein Emilianer aus Parma, Republikaner aus Familientradition«. Bellodi hat sich mit der Überzeugung eines Mannes bewaffnet, der an der Revolution teilgenommen und miterlebt hat, wie aus ihr das Gesetz wächst. Diesem Gesetz, das für Freiheit und Gerechtigkeit steht, will er dienen und Respekt verschaffen. Deswegen zieht er die Uniform an. Die Herausforderung reizt ihn. Er ist »ein Offizier, der seine Autorität nimmt wie ein Chirurg sein Skalpell«.

Nach der Ermordung von Carlo Alberto Dalla Chiesa sehen viele Leute in dem Buch Sciascias einen Schlüsselroman, in dem das Schicksal des Carabinieri-Generals mit hellseherischer Präzision beschrieben wird. Ein Killerkommando der Mafia hatte am Abend des 3. September 1982 in der Via Isidoro Carini von Palermo den Offizier, dessen Frau und einen Leibwächter umgebracht. Sciascia selber bestreitet, an Dalla Chiesa gedacht zu haben, als er den Hauptmann Bellodi beschrieb. Die Ähnlichkeit der beiden ist dennoch frappierend: Bellodi und Dalla Chiesa gehen vom Norden in den Süden Italiens, um die Mafia zu bekämpfen. Beide werden von den Politikern in Rom im Stich gelassen. Beide scheitern. Dalla Chiesa verblutet in der Via Isidoro Carina. Auch Bellodi entschließt sich, nach Sizilien zu gehen. Nach dem letzten Satz Sciascias zweifelt niemand daran, daß Bellodi in seinen Tod geht.

In dem Buch heißt es: »Der Hauptmann Bellodi spürte, wie wenig Raum ihm das Gesetz gab. Er träumte von Machtvollkommenheiten und von Handlungsfreiheiten wie seine Untergebenen ... *Wenn man die bürgerlichen Grundrechte und -freiheiten in Sizilien nur für ein paar Monate außer Kraft setzen würde, dann wäre die Mafia für immer ausgerottet.*«

Dann verbietet sich Bellodi diesen (totalitären) Traum, aber sein Zorn bleibt: »Der Zorn von einem aus dem Norden. Der Zorn über Sizilien. Der Zorn über die einzige Landschaft Italiens, der die faschistische Diktatur wirklich mehr Freiheit gebracht hat. ... Vielleicht gibt es deshalb in Sizilien so viele Faschisten. Nicht, weil sie den Faschismus nicht ernst nehmen, sondern weil in ihrer Lage die eine Freiheit schon genug war und sie gar nicht wüßten, was sie mit anderen Freiheiten anfangen sollten.«

Auf einen Nenner gebracht heißt das: Viele Sizilianer sind deshalb »keine Demokraten«, weil sie nicht von der Mafia erpreßt oder umgebracht werden wollen. Es ist ihnen alles recht, was die Macht der Mafia bricht. Die Pressefreiheit irgendwelcher römischer Journalisten, das Bankgeheimnis Mailänder Millionäre und die Unverletzlichkeit von Brief- oder Telefongeheimnis sind ihnen vollkommen egal. Sie wollen nicht unter Berufung auf irgendwelche bürgerlichen Rechte wie Vieh von der Mafia abgeschlachtet werden. Deshalb sind sie gern bereit, auf die Segnungen des demokratischen Rechtsstaats zu verzichten, von denen sie ohnehin nie viel gemerkt haben.

Diese politische Bedrohung durch das organisierte Verbrechen hat die politische Linke in der Bundesrepublik Deutschland bis zum heutigen Tag nicht begriffen. Ich kenne nur einen einzigen Politiker, der das ganze Ausmaß dieser Gefahr richtig einschätzt. Es ist der »kohlrabenschwarze Peter« Gauweiler in Bayern, dem offenbar die Arbeit als Chef des Kreisverwaltungsreferats von München die Augen geöffnet hat. Wenn ihm etwas politisch den Hals bricht, dann sind es nicht seine rigorosen Forderungen im Zusammenhang mit der AIDS-Epidemie. Die Entrüstung darüber wird sich legen. Entweder nach der Entwicklung einer wirksamen Medizin oder nach den ersten hunderttausend Toten (je nachdem, was zuerst kommt). Gefährlich ist für ihn die kompromißlose Haltung gegenüber dem Mob und dem Filz. Das werden ihm weder seine Parteifreunde noch seine politischen Gegner mit einschlägigen Beziehungen verzeihen. Daran könnte er eines Tages scheitern. Puritaner sind in der Politik obsolet.

Ich habe die Frage, weshalb sie sich auf die Seite der Verlierer schlagen, zwei Männern gestellt, die als Ankläger und Richter im »maxi processo« gegen 400 Mafia-Mitglieder in Palermo fungieren, den »procuratori della repubblica« Signorini und Ayala.

Domenico Signorinis Antwort ist kurz und bündig: »Ich tue das, weil es mein Beruf ist.« Er sagt es, während er mir den Grill zeigt, den er sich auf der Dachterrasse eines Mietshauses bei Mondello gebaut hat. Es gibt in unmittelbarer Nähe keine anderen Häuser, die hoch genug wären, daß man von ihnen aus die Wohnung der Signorinis beschießen könnte. Eine Bewachung sehe ich nirgends. Es ist ein Sonntag.

Den Kontakt hat die Witwe des von der Mafia in der Via Rutelli ermordeten Richters Cesare Terranova über eine nicht eingetragene Telefonnummer für mich hergestellt. Ich bin hingegangen und mit dem Aufzug hinaufgefahren. Die bildschöne Frau des Richters hat mir aufgemacht. Ich kann mir nicht vorstellen, daß ich irgendwelche Sicherheitsmaßnahmen übersehen habe.

Den Richter Giuseppe Ayala treffe ich in seiner Wohnung an der Via Libertà. Auf der Straße vor der Wohnung Ayalas stehen ein paar Bewaffnete mit kugelsicheren Westen herum. Es sind die altmodischen und ebenso schweren wie unförmigen Westen, in denen man sich nicht rühren und noch viel weniger schnell zurückschießen kann. Für die neuen leichten und dünnen Kunststoffwesten, die man sogar unter dem Hemd tragen kann, ist kein Geld da.

Als ich in die Wohnung komme, sitzt der Richter mit seinen Kindern auf dem Boden und spielt mit einem jungen Hund. Es ist ein Boxer, dessen Ohren vom Kupieren noch mit Leukoplast verklebt sind. Der Hund quietscht von Vergnügen, weil er merkt, wie ungelenk Menschen bei so einer Balgerei sind. Die Frau des Richters kommt lachend herein und sagt, daß ihr Mann nicht aufstehen kann, weil er Ischias hat. Dann fragt sie, ob wir Tee wollen.

Der Richter Ayala quält sich trotz seiner Schmerzen hoch.

»Na?« frage ich ihn. »Werden Sie morgen früh zur Eröffnung des Großen Prozesses im Tribunal sein?«

»Ich bin da«, grinst er mit schmerzverzerrtem Gesicht. »Verlassen Sie sich drauf. Und wenn ich mich hineintragen lassen muß.«

Dann frage ich ihn, warum er das macht. Ohne eine Chance, die Mafia durch diesen Prozeß ernsthaft zu schwächen, aber mit einer recht guten Chance, umgebracht zu werden. Mit einer Frau, mit Kindern und einem jungen Hund.

»Es ist mein Beruf«, sagt er. »Ich muß meinen Beruf aufgeben, wenn ich nicht tue, was man in meinem Beruf tun muß. Ich kann aber meinen Beruf nicht aufgeben. Ich bin zu alt, einen anderen anzufangen.«

Das mag nicht die ganze Wahrheit sein. Vielleicht spielt da noch der Mut eines Mannes mit, der mehr Angst vor der eigenen Feigheit hat als davor, an einer Straßenecke in Palermo hingerichtet zu werden. Vielleicht ist es Machismo. Vielleicht nur der Wunsch, den Kindern die Erinnerung an einen Vater zu hinterlassen, der sich dem Mob nicht gebeugt hat.

Der Mafioso Carlone sagt auf die Frage, ob er seine Richter achten könne: »Nein, ich kann sie nicht achten. Die gehen nicht mit der Zeit.«

Wahrscheinlich hat Carlone recht. Wahrscheinlich ist die Zeit der Ritter vorbei und die des Mobs gekommen. Wahrscheinlich ist der Große Prozeß wirklich nur ein letztes Aufbäumen gegen die »era di furbezza«, eine Ära der Gerissenheit.

»Wir kämpfen hier in Palermo gegen eine Krankheit, die eine ganze Welt infiziert hat«, sagt der neue Bürgermeister von Palermo, Leoluca Orlando, gegen den sie auf der Straße demonstrieren, weil er nicht zur Mafia gehört. Die Straße will den alten Bürgermeister Vito Ciancimino wiederhaben. Einen Mafioso. Er verschafft ihnen Arbeitsplätze, sagen sie. Die Mafia ist der größte einzelne Arbeitgeber Siziliens. Es ist dieselbe Logik, mit der in der Bundesrepublik und in vielen anderen Ländern Waffen für Krisengebiete und Diktaturen produziert werden.

Wenige Tage vor Beginn des »maxi processo« marschieren Demonstranten für die Mafia durch die Stadt. Nicht, weil man sie bezahlt oder bedroht, sondern weil sie fest davon überzeugt sind, daß die Mafia ihre Angelegenheiten besser regelt als die Regierung in Rom.

Der »furbo« ist keine süditalienische Erscheinung mehr. Es gibt ihn überall. Er hat das gute Ende vom Stock in der Hand. Der Furbo, das ist der Mann, der gerissener ist als alle anderen. Der Schlaue, der alle hereinlegt. Derjenige, der weiß, daß man nur einmal lebt, und der sich deshalb nimmt, was er haben will. Man verachtet ihn nicht. Man bewundert ihn. »J. R.« aus Dallas hat den »Gentleman« des 18. und 19. Jahrhunderts unwiderruflich abgelöst.

Es passiert in Palermo. Die Lehrerin einer Grundschule tröstet eine weinende Mutter. Das Söhnchen ist wieder einmal sitzengeblieben, weil es zum Einmaleins nicht gereicht hat. Die Mutter ist verzweifelt. Die Lehrerin will sie trösten. »Er wird seinen Weg machen«, sagt sie zur heulenden Mutter. »Er ist ein Furbo. Er hat den anderen Kindern alles gestohlen, was nicht angenagelt war, und ich habe ihn nie erwischt.« Da ist sie endlich, die gute Nachricht. Ein Furbo ist er. Das ist besser als das beste Zeugnis. Der Vater wird sich freuen, wenn er hört, daß man seinen Sohn nie beim Stehlen erwischt hat. Er wird stolz auf ihn sein.

Italien ist das einzige Land, in dem es ein Herrenparfum gibt, das nach der miesesten Figur des amerikanischen Fernsehens benannt ist, nach J. R. Ewing. Die Flasche trägt das Bild des TV-Furbos.

Der Furbo quiekt wie ein Schwein vor Angst, wenn es ihm an den Kragen geht, aber er beherrscht die Kunst, die anderen quieken zu lassen.

Wen interessiert, ob er seinen Kindern ein guter Vater und seiner Frau ein guter Mann ist, ob seine Freunde sich auf ihn verlassen können und ob er meint, was er sagt? Er ist ein Gewinner. Das allein ist wichtig.

Ein Zeuge, der durch seine Aussage im »maxi processo« vermutlich sein Leben verspielt hat, sieht das anders. Ich treffe den Mann allein auf dem Monte Pellegrino über Palermo. Auf der gesperrten Straße, die von Mondello aus über den Berg nach Palermo führt, befassen sich zu jeder Tages- und Nachtzeit ein paar Dutzend Paare in ihren Autos mit dem Geschlechtsverkehr. Es scheint in Palermo wenig Betten zu geben.

Der Zeuge ist atypisch. Er ist ein Intellektueller, war im Ausland und spricht ein tadelloses Amerikanisch. »Das mit der Furbezza«, sagt er, »das stimmt. Aber es stimmt auch in den USA, in Großbritannien oder in der Bundesrepublik. Wir Italiener sprechen nur direkter aus, was ist. Wir reden nicht darum herum. Warum sich dagegen auflehnen? Es wird über uns zusammenschlagen und uns ersäufen.«

Aber warum sagt er dann aus, wenn er so denkt? »Das ist nicht Ehre oder Mut. Es ist Resignation.« Er sei resigniert, sagt er, »weil der Verstand, der uns versichert hat, daß die Titanic niemals sinken wird, mit Klugheit verwechselt wird. Wenn um das Jahr 2000 die Städte zu Monstern herangewachsen sein werden – unregierbar und unkontrollierbar –, dann fragt es sich nur noch, auf welcher Seite man mitverlieren will. Denn verlieren werden beide Seiten«, sagt er und lacht. »Man muß sich den letzten Luxus der menschlichen Art leisten und nicht auf der Seite der Furbi verlieren.«

Der Wagen vor uns fährt ab, nachdem der Fahrer die Zeitungen heruntergenommen hat, die in die Fenster geklemmt waren. Seine Partnerin wirft ein paar zerknüllte Tempotaschentücher auf die Straße. Sie bleiben bei den Kondomen und dem anderen Dreck liegen, der sich auf dem »Berg des Pilgers« ansammelt.

MÜNCHEN CONNECTION

Montag, 28. Februar 1972. In der Münchener Brienner Straße schlendert ein Mann in Richtung Feldherrnhalle. Er ist ungefähr 1,80 Meter groß und trägt über einem hellen Maßanzug einen Kamelhaarmantel. Er kennt sich nicht besonders gut aus. Die Passanten beachten ihn nicht. In München sieht man zu jeder Tages- und Nachtzeit Vögel mit recht unterschiedlichen Federn.

Die Kriminalbeamten vom Polizeipräsidium München, die den Mann beschatten, haben den Eindruck, daß er geschminkt ist. Nicht um sein Gesicht zu verändern, sondern um gefälliger auszusehen. Wie auch immer. Die Schminke nützt nichts. Sie mildert den gefährlichen Gesichtsausdruck kaum. Die Fahnder kennen das Gesicht aus den Fotos der New York City Police.

Der Kamelhaarmantel des Mannes stammt von Brooks Brothers in der Madison Avenue, New York. Dort kaufen Leute ein, die zum sogenannten Establishment gehören oder gehören wollen. Man erzählt sich, daß alle amerikanischen Präsidenten, die seit Gründung der Vereinigten Staaten von Attentätern umgebracht wurden, in einem Anzug von Brooks Brothers gestorben sind.

Den bayerischen Beamten, die das Gepäck des Mannes am Flugplatz München-Riem vor der Auslieferung und dann noch einmal im Zimmer 354 des Palace Hotel (heute ein Altersheim) gründlich durchsucht haben, sagt das Etikett »Brooks Brothers, Makers«, überhaupt nichts. Für sie ist New York so weit weg wie ein Spiralnebel außerhalb unserer Zeitrechnung. Sie sind froh, wenn es alle heiligen Zeiten einmal zu einer Dienstreise nach Castrop-Rauxel oder nach Wien reicht.

Der Mann heißt Vincent Rizzo. Er ist am 26. Februar 1972 in New York abgeflogen, hat in seinem bequemen Sitz der ersten Klasse trotz einiger Turbulenzen über Neufundland gut geschlafen und deshalb auch das Nordlicht versäumt, das von den Fenstern auf der linken Seite der Maschine zu sehen war. Die Stewardeß hat die Passagiere, die nicht geschlafen haben, darauf aufmerksam gemacht. Mr. Rizzo hatte eine schwarze Schlafbinde über den Augen und wurde deshalb nicht von ihr gestört.

Mr. Rizzo schläft lieber, als sich mit seinem Partner Matteo »Marty« De Lorenzo zu unterhalten, der in derselben Maschine sitzt. Verbale Kommunikation liegt Rizzo nicht besonders.

Die Stewardeß ist keine echte Stewardeß, und daher weiß sie sehr genau, wer die Herren Rizzo und De Lorenzo sind, nämlich zwei Leute der Cosa Nostra.

Den Beamten im Münchener Polizeipräsidium hat man von New York aus mitgeteilt, daß Vincent Rizzo Mitglied der kriminellen Familie der Genovese ist, die von Tommy Eboli und Gerry Catena beherrscht wird. Auch das sagt den bayerischen Beamten nichts. Nach allem, was sie wissen, gibt es so etwas nur im Kino.

Operationen der Mafia oder der Cosa Nostra auf dem Gebiet des Freistaates Bayern sind nach Meinung des Münchener Polizeipräsidiums die Alpträume von Reportern, denen nichts Besseres einfällt, als mit solchen Märchen die Leute zu erschrecken und Zeilenhonorar zu schinden. Was man äußerstenfalls zugibt, das sind Zuhälterkriege oder ein wenig »Bandenkriminalität« – und auch das nur, wenn es um Rauschgift, Falschgeld oder Waffenhandel geht.

Die Kooperation mit der New York City Police läuft unter höchster Geheimhaltung. Nicht aus kriminaltaktischen Gründen, sondern weil es 1972 die offizielle Politik ist und noch mindestens fünfzehn Jahre lang sein wird, in Bayern kein organisiertes Verbrechen zu bemerken.

Ein paar Tage vor Rizzos Spaziergang in der Brienner Straße ist Detective Sergeant Joseph J. Coffey von der New York City Police eingeflogen, um seinen bayerischen Kollegen in der Ettstraße zu erläutern, was Sache ist. Coffey hat den Eindruck, daß das eigentlich niemand so genau wissen will. Sicher, man ist gerne zur Amtshilfe bereit. Der verdeckte Fahnder aus New York ist ein sympathischer Typ mit Fronterfahrung, was den Mob angeht. Er ist fast zwei Meter groß, irischer Abstammung und ein praktizierender Katholik. (Seinen einzigen freien Tag nützt er zu einem Besuch im Kloster Andechs.) Man ist freundlich zu ihm, bietet Leute zur Observation an, jede nur erdenkliche Hilfeleistung bei der Identifika-

234

tion von Kontaktpersonen des Vincent Rizzo. Aber was der verdeckte Fahnder aus New York erzählt, kommt den Bayern irgendwie arg an den Haaren herbeigezogen vor. Einige bayerische Kriminaler werden am liebsten erst dann tätig, wenn man ihnen den Fall mit allen gerichtsverwertbaren Beweisen auf einem Tablett serviert. Daß man mit Nase ermittelt, um an Beweise heranzukommen, mögen sie nicht besonders. Joseph J. Coffey merkt, daß es ein hartes Stück Arbeit sein wird, die Münchener zu überzeugen. Man muß Nägel mit Köpfen machen, wenn man es mit der Cosa Nostra zu tun hat. Das heißt Telefonüberwachung, Observation rund um die Uhr und Wanzen in Hotelzimmern. Das alles paßt nicht zu der weichen »Münchener Linie«, die man nach den Schwabinger Krawallen eingeschlagen hat. Der Polizeipräsident hat noch ein SPD-Parteibuch in der Tasche. Enger Mitarbeiter eines CSU-Innenministers wird er erst später.

Die amerikanischen Fachleute im Anti-Mafia-Dezernat der New York City Police werden den Verdacht nicht los, daß ihre deutschen Kollegen von der Wichtigkeit der Sache nicht ganz überzeugt sind. Die deutschen Kriminalbeamten wiederum haben ihrerseits das Gefühl, daß die Amerikaner um diesen Rizzo ein wenig viel Wind machen. Zu allem Überfluß nennen die amerikanischen Agenten die Ermittlungen in München auch noch »Operation Fräulein«. Dabei kommt in der ganzen Sammlung von schlimmen Fingern, über die sie dauernd reden, nicht eine einzige Frau vor. Von einem »Fräulein« ganz zu schweigen.

Schließlich kochen Coffey und ein Kollege den

damaligen Kriminaldirektor Rupprecht weich. Ein einsichtiger Richter erteilt die Genehmigung zum Abhören von Telefonen und zum Installieren von Mini-Mikrofonen.

Aus den Unterlagen der New Yorker Polizei und aus den Abschriften von abgehörten Telefonaten geht hervor, daß Rizzo als »bagman« der Cosa Nostra, also zum Kassieren, angereist ist. Die Cosa Nostra ist dafür bekannt, daß sie Außenstände ungern abschreibt. Wenn der Kunde, der offenbar Geld für gefälschte Wertpapiere schuldig geblieben ist, nicht zahlt, dann muß man nach Lage der Dinge damit rechnen, daß innerhalb der weißblauen Grenzpfähle ein Cosa-Nostra-Hit ins Haus steht. Womöglich, so überlegt man im Münchener Polizeipräsidium, würde man sich hinterher schwertun, einer breiten Öffentlichkeit zu erklären, daß zwar der Verfassungsschutz nach Lust und Laune herumspitzelt, die bayerische Polizei aber ideologische Skrupel gehabt hat, Figuren der organisierten Unterwelt zu observieren. Das Polizeipräsidium in München weiß, daß man notfalls auch einen Hit des Mobs vor der Presse und der Öffentlichkeit verstecken kann. Die Polizeireporter hat man sich erzogen. Denen ist klar, daß sie keine Informationen mehr kriegen, wenn sie nicht im Sinn der Ettstraße berichten. Aber weiß man, ob die amerikanische Polizei den Mund halten wird? Mit ihren demokratischen Flausen.

Als endlich die Genehmigungen zum Abhören da sind, stellt sich heraus, daß weder das Polizeipräsidium noch das Landeskriminalamt über brauchbares Gerät verfügt. Was sie haben, wäre besser in einem kriminalhistorischen Museum aufgehoben.

Natürlich ist der bayerische Verfassungsschutz bestens assortiert. Aus den Unterlagen der New York City Police ist nicht zu entnehmen, ob der bayerische Verfassungsschutz die Kooperation ablehnt, weil er lieber politisch mißliebige Bürger bespitzelt, oder ob die Strategen in der Ettstraße erst gar nicht anfragen, weil sie als »rotes Präsidium« mit dem Verfassungsschutz nichts zu tun haben wollen.

Erst als aus den abgehörten Telefonaten in New York klar wird, daß Rizzo bereits seine Koffer für München packt, fädelt der damalige Kriminalkommissar Rudolf Pecher einen Kontakt mit einem Außenbüro der CIA in München ein. Die CIA hilft gerne aus und stellt sogar einen in solchen Dingen bewanderten Spezialisten für »Operation Fräulein« zur Verfügung.

Endlich, einen Tag vor dem Eintreffen von Vincent Rizzo & Co., ist alles paletti. Das Unternehmen hat bedauerlicherweise nur einen Schönheitsfehler. Die Wanzen, die von der CIA auf dem Wege der Amtshilfe für das Polizeipräsidium München im Zimmer 354 des Palace Hotel gepflanzt sind und im Zimmer 350 abgehört und mitgeschnitten werden, brauchen alle paar Stunden neue Batterien. Offenbar haben die Leute von der CIA in München nicht vor, sich durch Arbeit ihren bezahlten Urlaub in »Bavaria« kaputtzumachen. Ein »assignment« in München, so ein CIA-Informant, galt und gilt eher als Ersatz für einen Sanatoriumsaufenthalt. Das Werkzeug ist daher nicht auf dem letzten Stand.

Das Ersetzen der Batterien und das Herauslocken Rizzos aus seinem Zimmer werden in den folgenden Tagen zu einem kriminalpolizeilichen Comical, das

der Direktor des Tegernseer Bauerntheaters insze-
niert haben könnte. Den bayerischen Beamten stehen die Haare zu Berge, als sie zusehen müssen, mit
welcher Gelassenheit die Amerikaner Nachschlüssel
benutzen und Zimmer filzen. Während die Münchener Kriminaler noch in der Hotelbar auf ihre amerikanischen Kollegen warten, um mit ihnen zu beraten,
wie man vielleicht in das Zimmer von Rizzo kommt
und wen von der Hoteldirektion man einweihen muß,
haben die längst die Türen geöffnet und alles ange-
schaut, was sehenswert ist.

Man richtet sich im Nebenzimmer ein. »Gin Rum-
my, anybody?« fragt Coffey. Seine bayerischen Kollegen halten das für ein Getränk. Coffey steckt die
Spielkarten wieder ein. Es wird eine mühsame Warterei werden.

Am ersten Tag hören die Beamten nur ein paar Telefonate mit. Rizzo versucht, einen gewissen Winfried Ense zu erreichen, der seit Jahren im Verdacht
steht, mit gestohlenen und gefälschten Wertpapieren
zu handeln. Es klappt nicht. Ense ist nicht zu erreichen. Dann versucht Rizzo, einen Mann in Augsburg
unter einer sechsstelligen Fünfernummer ans Telefon zu kriegen. Auch das klappt nicht.

Die Batterie in der Wanze läßt wieder einmal nach.
Als Rizzo am nächsten Morgen einen kleinen Spaziergang macht, tauscht der Mann von der Central
Intelligence Agency sie aus. Um ein Haar trifft er
dabei mit dem Stubenmädchen zusammen. Ein
Münchener Kriminaler versucht sich als Casanova.
Das Zimmermädchen fällt nicht auf den Vorstadt-
charme des Beamten herein, aber er kann es wenigstens so lange aufhalten, bis die transatlantischen

Kollegen aus dem Zimmer Rizzos verschwunden sind.

Der Spaziergang führt Rizzo unter anderem in die Brienner Straße. Rizzo bleibt vor dem Palais des Grafen Moy stehen, das Leo von Klenze im Jahr 1825 gebaut hat. Leo von Klenze und dieser Graf Moy sind für den New Yorker Mobster dieselben böhmischen Dörfer wie die Cosa Nostra für die Münchener Polizei.

Rizzo wirft einen kurzen Blick zur Feldherrnhalle hinüber. Vermutlich weiß Rizzo nicht genau, wer dieser Hitler war. Und erst recht nicht, daß die bayerische Polizei schon bei dessen »Marsch auf die Feldherrnhalle« sträflich danebengeschossen hat.

Rizzo wendet sich der Auslage zu. Hinter dem Glas stehen die nagelneuen Karossen der Mercedes-Niederlassung. Was ein »mirsidis« ist, das weiß Rizzo ganz genau. Er geht hinein, obwohl er nicht genug Geld bei sich hat, um so ein Auto zu kaufen. Vermutlich glaubt er an diesem Tag noch, daß er von den 350 000 Dollar, die er in München für eine Probelieferung von gestohlenen Wertpapieren zu kassieren hat, ein paar Scheinchen für so ein Wägelchen abzweigen kann.

Mit an Sicherheit grenzender Wahrscheinlichkeit malt sich Rizzo aus, was es für eine Schau wäre, wenn er mit einem derartigen fahrbaren Untersatz vor Jimmy's Lounge, seinem »hang-out« in New York, anrollen würde. Im Vulcano (New York) wäre der Erwerb eines solchen Schlittens natürlich viel einfacher. Rizzo würde zwei seiner Gorillas zum Geschäftsführer schicken und dem klarmachen lassen, daß es für seine Gesundheit und die seiner Familie am besten wäre, wenn Rizzo bald einen Mercedes geschenkt bekäme.

Rizzo vermutet, daß es in München nicht ganz so leicht geht. Außerdem hat er keine Gorillas dabei, sondern nur seinen etwas untersetzten und kurzatmigen Partner »Marty« (der übrigens zum Ärger der abhörenden Beamten ziemlich laut schnarcht und dadurch überflüssigerweise Strom in der Batterie der Wanze verbraucht).

Vincent Rizzo verliert sein Interesse an den Nobelfahrzeugen und geht wieder. Vielleicht hat er sich daran erinnert, daß es sein Markenzeichen im Mob von New York ist, mehr zu sein als zu scheinen. Er braucht keinen Firlefanz, um seinen Geschäftspartnern klarzumachen, wann das Radfahren auf dem Trottoir endgültig aufhört. Deshalb haben sie ihn auch nach München geschickt. Zwei deutsche Schlauberger haben sich da nämlich eingebildet, daß New York weit weg ist und daß man nicht unbedingt zahlen muß, wenn man von der Cosa Nostra heiße Ware bezieht.

Inzwischen freunden sich die deutschen Kriminalbeamten mit den amerikanischen Kollegen an. Noch lange redet Coffey von »my friend« Klaus Peter. Im Grunde findet der Amerikaner die Typen aus der Ettstraße alle ganz prima. Abgesehen von der Tatsache, daß sie nur ein einziges Kartenspiel beherrschen, das sie »Schaffkopf« nennen und das jeder Logik entbehrt. Wenn erst einmal die Anklagen stehen, wird er versuchen, seinen neuen Freunden Dienstreisen nach New York zu verschaffen. Sie können beim Prozeß als Zeugen aussagen, bei ihm wohnen, und dann wird er ihnen zeigen, was eine echte Stadt ist und was es in einer echten Stadt alles gibt. Der amerikanische Justizminister Richard Kleindienst wird später einen Strich durch diese Rechnung machen.

Die bayerischen Kriminalbeamten ahnen noch nicht, daß im Zusammenhang mit dieser Observation einer der größten Coups in der Geschichte des internationalen organisierten Verbrechens sichtbar werden wird.

Im Lauf der folgenden Monate werden nicht nur den an der »Operation Fräulein« beteiligten Kriminalbeamten die Augen aufgehen, sondern auch dem Polizeipräsidenten, dem Chef des Landeskriminalamtes (der über die Operation unterrichtet ist) und den dafür zuständigen Leuten im Innenministerium. Keinen von ihnen wird es allerdings daran hindern, weiter zu behaupten, daß es in München kein organisiertes Verbrechen gibt. Spätestens seit 1972 – und nicht nur im Zusammenhang mit der »Operation Fräulein« – ist klar, daß einschlägige Erklärungen von Verantwortlichen mit Politik viel und mit Realität wenig zu tun haben.

Einen Vorteil allerdings hat dieses bayerische sicherheitspolitische Klima. Rizzo fühlt sich in München wie in Abrahams Schoß. Auf die Idee, daß die New Yorker City Police die bayerische Polizei auf Trab gebracht haben könnte, kann er nicht kommen. Ungeniert telefoniert er mit seinen Auftraggebern in den USA. Nicht einmal eine recht unangenehme Observationspanne der Münchner Kripo irritiert ihn. Als er sich einmal auf dem Weg nach Grünwald zu einem in die Sache verwickelten »internationalen

Geschäftsmann« namens Alfred Barg verfährt und mit seinem Taxi in eine Sackgasse gerät, bleibt hinter ihm ein weiteres Taxi hängen, in dem zwei Herren mit Lodenmänteln sitzen.

Aus einem abgehörten Gespräch im Hotelzimmer können die Beamten später entnehmen, daß »Marty« De Lorenzo die beiden Männer in dem Taxi überhaupt nicht gefallen haben. Er hat recht. Es sind Kriminalhauptkommissar Klaus Peter (heute zuständig für Schwerstkriminalität) und ein Kollege. Die Beamten atmen auf, als Rizzo seinen Partner beruhigt: »Stop griping my nuts. Nobody knows we're even here.« (»Geh schon von meinen Eiern runter. Keiner weiß, daß wir da sind.«)

Als viele Monate später das ganze Ausmaß der Affäre sichtbar wird, verwenden Polizei und Innenministerium ihre ganze Energie darauf, alles als interne und bedeutungslose Amtshilfe ad acta zu legen und möglichst schnell zu vergessen. Nicht einmal die hiesigen Kontaktleute Rizzos behält die Polizei im Auge. In keinem Polizeibericht steht eine Andeutung. Keine Zeitung berichtet. Nicht einmal indiskrete Andeutungen aus den Reihen der Polizei gibt es. Einem ordentlichen Polizeibeamten sind internationale Ganoven am Arsch lieber als diese Zeitungsschmieranten im Gesicht, und in Bayern gibt es nur ordentliche Polizeibeamte.

Wenn der New Yorker Polizist Joseph J. Coffey nicht Jahre später über diese Affäre geredet hätte, dann wüßte bis zum heutigen Tag niemand davon. Joseph Coffey und Richard Hammer zitieren ausgiebig aus den Akten des Polizeipräsidiums München und dem New York City Police, sie geben Auszüge aus den Abschriften dem New Yorker und Münchener Abhörprotokolle wieder. Mit einem Wort, sie veröffentlichen das, was das Polizeipräsidium München nach der gesetzlichen Frist von zehn Jahren erleichtert eingegraben hat wie ein Hund einen frischen Knochen.

Aus der Dokumentation geht ein Riesengeschäft zwischen Vertretern des Vatikans und dem Mob hervor. Nebenbei erfahren wir, daß mit Wissen der Münchener Polizei seit Jahren im (damals noch existierenden) Hotel Regina der sogenannte »Regina-Ring« seine Operationsbasis gehabt hat. Es ist ein spezieller Zweig des organisierten Verbrechens. Eine rund um den Globus verflochtene und hochorganisierte Gruppe verschiebt über die Drehscheibe München gefälschte und gestohlene Wertpapiere.

Coffey und Hammer: »Nach Angaben der Münchener Polizei wurden in den Zimmern des Regina zu jeder beliebigen Zeit mit großer Wahrscheinlichkeit heiße Wertpapiere in Höhe von mehr als einer Million Dollar aufbewahrt. Die Polizei (von München) war sich dessen nicht nur sicher, sie war auch fest davon überzeugt, genau zu wissen, wer diese Wertpapiere kontrollierte, wer sie an die wartende Kundenschar in ganz Europa verteilte.«

Gefälschte oder gestohlene Wertpapiere sind billig zu bekommen und fast zum Nennwert zu verscheuern. Der Profit ist dementsprechend enorm. Wie der verdeckte Fahnder der New York City Police später sagt, haben ihm die Beamten des PP München diesen hochorganisierten illegalen Handel bis in die letzten Details erläutert. Es ist dieselbe Polizei, die bis zum heutigen Tag in München nicht einmal Schutzgelderpressung zugibt.

Zunächst sieht es selbst für die Amerikaner so aus, als wollte der Enforcer Rizzo nur bei einem säumigen Schuldner kassieren. Dann wird durch Wanzen im Palace Hotel und später im Hotel Bayerischer Hof (Abhörer in Zimmer 431, Rizzo & Co. in Zimmer 433) und durch die abgehörten Telefonate ein Hintergrund klar, den weder die amerikanischen Fahnder noch ihre deutschen Kollegen glauben wollen. Schließlich besteht kein Zweifel mehr darüber, daß Ganoven, die dem Vatikan nahestehen, gestohlene oder gefälschte Wertpapiere im Nennwert von einer knappen Milliarde Dollar (das ist eine Eins mit neun Nullen) aufkaufen wollen, um damit die von einem »Freund« des amerikanischen Erzbischofs im Vatikan, Paul C. Marcinkus, ruinierten Finanzen des Vatikans zu sanieren. Der »Freund« des Kirchenfürsten ist der Cosa-Nostra-Finanzberater Michele Sindona, der später mit Rattengift zum Schweigen gebracht wird, weil er für den Geschmack des Vatikans, der Mafia, der Cosa Nostra, der Propaganda Due und des rechtsradikalen Untergrunds zu viel redet. Michele Sindona steht wiederum zu Lebzeiten dem prominenten Politiker der italienischen Democrazia Cristiana Giulio Andreotti politisch nahe (Pino Arlacchi, Anti-Mafia-Kommission der italienischen Regierung).

Er hat, wie er vor Gericht in New York zugibt, aus der dem Vatikan nahestehenden Banco Ambrosiano 1,4 Milliarden Dollar verschwinden lassen. Nach seiner Aussage wird das Geld gewaschen und an rechtsgerichtete lateinamerikanische Führer weitergeleitet

(Associated Press). Er und der später ermordete Chef der Banco Ambrosiano, Roberto Calvi, den man mit den rituellen Ziegelsteinen der geheimen Freimaurerloge Propaganda Due unter einer Eisenbahnbrücke hängend findet, haben sich Mitte der siebziger Jahre entschlossen, die finanziellen Aktivitäten auf Lateinamerika auszudehnen.

Während des Prozesses hat Sindona im Detail erläutert, wie man Geld aus dem Rauschgifthandel wäscht und im Verlauf von legalen Geschäftstransaktionen an getarnte Empfänger weitergibt. »Man kauft zum Beispiel Land für 200 Millionen Dollar, bezahlt aber 300 Millionen Dollar und sagt dem Immobilienhändler, daß davon 100 Millionen Dollar an diese oder jene Partei gehen müssen.« (ABC News)

Sindona hat sich nicht nur um die Finanzen des Vatikans und der Cosa Nostra gekümmert, sondern auch um die der Geheimloge P2 (IHT 28.5.1981).

Die Fahnder der »Operation Fräulein« beobachten zunächst noch einen Besuch Rizzos im Büro von Alfred Bargs Interpromotions in der Tengstraße 38. Die Beamten des Polizeipräsidiums schlottern auf der Straße in der Kälte.

Später abgehörte Telefonate und Gespräche deuten darauf hin, daß Vincent Rizzo seinen beiden Schuldnern Ense und Barg bei diesem Treffen das Messer auf die Brust gesetzt hat. Nach der Vorgeschichte Rizzos im Mob muß das mit dem Messer keine Redewendung sein.

Am Tag darauf kommt es im Zimmer 354 des Palace zu einem Gespräch zwischen Vincent Rizzo, Alfred Barg und Winfried Ense. Rizzo bestellt, wie aus den amerikanischen Akten hervorgeht, eine Flasche Chivas Regal. Die Batterien sind wieder einmal ausgewechselt worden. Die Stimmen kommen rüber »five by five«, wie der abhörende Beamte feststellt. (Auf einer Skala von eins bis fünf sind Lautstärke und Verständlichkeit optimal und somit »fünf zu fünf«.)

Gespräche dieser Art sind schwer zu deuten, auch wenn man sie akustisch einwandfrei hört. Sie sind gespickt mit Andeutungen, deren Vorgeschichte man nicht kennt. Vieles bezieht sich auf Spitznamen von Personen, auf Methoden und Ereignisse, die nur die Beteiligten einordnen können. Oft genug klingen solche Gespräche für einen arglosen Zuhörer ganz harmlos.

Die Fahnder horchen auf, als der Name des früheren Metzgers und derzeitigen Honorarkonsuls Dr. Leopold Ledl fällt, der später in Österreich verhaftet wird. Dieser Ledl, sagt Ense, suche auf dem illegalen Markt Ware für »seine Freunde in Rom«.

Der katholische Coffey zuckt zusammen. Was für »Freunde« kann jemand wie Ledl in Rom haben?

Dann fällt ein paarmal das Wort »vatican«.

Das Wort »Vatikan«, so Coffey später, klingt in unterschiedlichsten Sprachen ziemlich ähnlich. Ein Hörfehler ist ausgeschlossen.

Die Beamten im Zimmer 350 halten den Atem an.

Ledl, so Ense, habe erzählt, das Geschäft würde mit seinen Leuten im Vatikan gemacht. Und Ricky (Ricky Jacobs laut US-Justizministerium und FBI: Großhändler für gefälschte amerikanische Wertpapiere), so Ense weiter, »fragte mich nicht einmal oder zweimal oder dreimal, sondern zwanzigmal: ›Frag ihn (Ledl) noch mal. Ist er ganz sicher, daß die Leute im Vatikan, seine Freunde in Rom, daß die wirklich Fälschungen wollen.‹ Und Dr. Ledl darauf: ›Sie wollen alles, was ich kriegen kann. Ich kann nur sagen, das ist es, was sie wollen.‹« (Coffey, Hammer)

Die Beamten hoffen, daß nicht wahr ist, was sie hören.

Trotz des ganz großen Deals am Horizont wird Rizzo immer noch von Barg und Ense hingehalten. Rizzo ist das nicht gewöhnt. Er macht deutlich, daß ihm langsam die Geduld ausgeht. Die Schuldner begreifen. Sie würden ganz gern zahlen. Nur: Sie haben gerade keine 350 000 Dollar flüssig. Damals ist das mehr als eine Million D-Mark. Rizzo diktiert den beiden eine schriftliche Vereinbarung, nach der sofort 10 000 DM in bar (als Reisekosten), 46 000 Schweizer Franken in Papieren (und zwar in echten) und der Rest aus dem Verkauf eines Immobilienprojekts Bel Air in Spanien bezahlt werden soll.

Rizzo will nicht mit leeren Händen nach New York zurückkehren. Das könnte seiner Reputation schaden. Normalerweise zahlen Leute ohne Widerrede, wenn Rizzo zum Kassieren kommt. Barg und Ense versprechen hoch und heilig, ihren Verpflichtungen nachzukommen, und wenn sie die Million D-Mark ratenweise abstottern müßten.

Am 5. März 1972 wandert Rizzo mit den beiden und samt dem kriminalpolizeilichen Schwanz der Observanten zum Marienplatz und eröffnet für die erhofften Zahlungen beim Bankhaus Otto Dierks & Co. das Konto 3745. Rizzo muß die Grundeinlage von zehn DM aus eigener Tasche zahlen. Er schiebt dem Kassierer zwei Fünfmarkstücke hin, nachdem er sie von vorne und hinten beäugt hat. Offenbar bekommt er nicht einmal die Reisekosten. Die Münchner Kriminalbeamten finden am Flughafen München-Riem im Gepäck Rizzos und De Lorenzos alles, nur kein Bargeld oder Papiere. Rizzo nimmt eine Lufthansa-Maschine zurück nach New York.

Der Mai kommt, und mit ihm kommt auch Vincent Rizzo wieder nach München. Die New Yorker haben ihn dem Polizeipräsidium München avisiert.

Den Bayern wird schwummerig. Zumal sie schon bei einem früheren Besuch Rizzos im Hotelzimmer die Augsburger Telefonnummer gefunden haben und jetzt im Bayerischen Hof einen Anruf Rizzos mithören, aus dem sie entnehmen müssen, daß sich der New Yorker Mobster westbayerische Verstärkung für eine etwas nachdrücklichere Verhandlung holen will.

Coffey und Hammer berichten in ihrem Report von einem in Augsburg wohnenden Calvelle: »Man (die Münchener Polizei) hielt ihn für ein wichtiges Mitglied eines Rings, der gestohlene Autos zu Billigpreisen an in Deutschland stationierte amerikanische Soldaten verkaufte.«

Angeblich sollen deutsche Polizei und Interpol gegen diesen Calvelle ermittelt haben. In den Akten der Münchener Polizei kommt ein solcher Calvelle nicht vor. Dafür gibt es einen 1,70 Meter großen Paß-Briten (Vater Inder) namens Galvin Theodore Carville mit einer Adresse in der Augsburger Luitpoldstraße.

Möglicherweise hat er mit dem Calvelle nichts zu

tun. Die Münchener Polizei – das geht ebenfalls aus den Akten hervor – fürchtet aber einen Cosa-Nostra-Hit unter ihrer Nase. Sie lassen Rizzo, der sich mit dem Augsburger treffen will, nicht mehr aus den Augen.

Der 23. Mai 1972 ist ein schöner, frühlingshaft warmer Tag. Die Uhr am Löwenturm an der Maxburg in München zeigt ein paar Minuten vor drei. Der Wittelsbacherbrunnen liegt in der Sonne. Vor dem Café Maxburg (das es heute nicht mehr gibt) stehen Tische und Stühle im Freien. Ein nicht mehr ganz junger Herr im Glencheck versucht einer einzelnen Dame durch Komplimente über ihren Hund näherzukommen. Der Hund ist ein Ausbund an Häßlichkeit und leidet an Haarausfall. Die Dame ist auch nicht das, was man allgemein darunter versteht. »Wannsnwoinkennasngleimidnema«, sagt sie. (»Wenn Sie ihn wollen, können Sie ihn gleich mitnehmen.«) Sie gibt damit zu erkennen, daß sie die Strizzi-Diplomatie des alternden Charmeurs durchschaut und statt barer Münze keine windigen Komplimente nimmt.

Zwei vollschlanke Damen am Nebentisch ziehen ihre zahllosen Einkauftüten fester an die Busen, als könnte ihnen sonst etwas wegkommen. Sie frösteln innerlich bei soviel Frivolität. Der Playboy zuckt ungerührt die Achseln und quatscht einen Augenblick später ein sehr junges Mädchen vor der Auslage des nahe gelegenen Schuhgeschäfts an. Es ist Frühling in München.

Im Fotogeschäft, direkt neben dem Café Maxburg, bedient eine hübsche blonde Verkäuferin im weißen Mantel. Sie ist höchstens 25 Jahre alt. Ein gutaussehender, dunkelhaariger junger Mann zieht sie konspirativ zur Seite. Zunächst denkt sie auch an den Frühling und vermutet, daß der Typ alles mögliche von ihr will, bloß keinen Fotoapparat. Dann aber stellt sich heraus, daß er selber eine Kamera dabei hat. Es ist eine Dienstkamera der Münchener Kriminalpolizei. Leider gibt es dazu kein Dienst-Teleobjektiv. Derartig raffiniertes Observationsinstrumentarium hat im Beschaffungsetat des Polizeipräsidiums bis dahin noch keinen Platz gefunden.

Nur ein einziger Kunde, ein junger Mann, bemerkt, daß der Kriminalbeamte der blonden Verkäuferin nicht seine Telefonnummer, sondern einen Dienstausweis der Kripo München zeigt. Der Kriminalbeamte bittet die blonde Verkäuferin, mit ihm nach draußen zu gehen und ihm seine eigene Kamera so zu erklären, als wäre er ein Kunde. Dabei soll sie möglichst unauffällig versuchen, zwei Herren an einem der Tische vor dem Café Maxburg zu fotografieren.

Rizzo und De Lorenzo fällt nichts auf, als die Verkäuferin mit einem jungen Mann, den sie für einen Kunden halten, aus dem Laden herauskommt und ihm eine Kamera erklärt. Es fällt ihnen auch nicht auf, daß es sich offenbar um einen ziemlich begriffsstutzigen Kunden handelt, denn die Verkäuferin wird mit dem Erklären überhaupt nicht mehr fertig.

Als der Film entwickelt wird, stellen die Beamten fest, daß die Verkäuferin wie ein Profi gearbeitet hat. Alle Bilder sind gestochen scharf. Ein Abzug liegt zum Beweis für das Improvisationstalent der Münchener Kripo bei den Unterlagen der New York City Police.

Die blonde Verkäuferin weiß bis zum heutigen Tag

nicht, daß sie »bagmen« des New Yorker Mobs fotografiert hat. Rizzo trägt diesmal einen dunkelblauen Blazer und trinkt einen Espresso.

Wenn man Rizzo so sitzen sieht, dann könnte man ihn für einen Herrn halten. Seine Gewalttätigkeit, die beim Militär zu einer psychiatrischen Untersuchung geführt hat, sieht man an diesem Tag nicht. Er ist wieder geschminkt. Seine Beschränktheit (Intelligenz-Quotient = 58) fällt nicht auf. Ebensowenig sieht man ihm die Paranoia an, die ihm ein gefährliches Temperament verleiht, und seinen »schwachen Sexualtrieb«. Das einzige, was diesen Mann anmacht, scheint Geld zu sein. Mehrfach verhaftet: Autodiebstahl, schwerer Raub, illegaler Waffenbesitz, schwere Körperverletzung. Rizzo wäre nicht wiedergekommen, wenn er sein Geld gekriegt hätte.

Ein roter Manta mit Augsburger Nummer taucht auf. Die bayerischen Kriminalbeamten sind ziemlich sicher, daß Rizzo und De Lorenzo sich jemand bestellt haben, um die Modalitäten eines Hits zu besprechen. Ein Mann mit einem Toupet steigt aus. Man unterhält sich entspannt. Irgendwie sieht es so aus, als wäre die harte Tour vom Tisch. Ense und Barg müssen doch irgendwo Geld aufgetrieben haben. Die Beamten atmen auf.

Am 28. Mai 1972 verläßt Rizzo München mit der PanAm. Aber so genau die Beamten in München-Riem sein Gepäck filzen, wieder finden sie weder Geld noch Papiere. Später stellt sich heraus, daß alles über das Konto der Bank am Marienplatz gelaufen ist.

Coffey nimmt dieselbe Maschine. Die Kontrolle am Flughafen München-Riem knöpft ihm pflichtgemäß die Colt-Automatik ab. Ohne seine Kanone kommt er sich ein wenig nackt vor im selben Flugzeug mit Rizzo und De Lorenzo. Er unterdrückt sein Unbehagen.

Damit endet die »Operation Fräulein« in München. In den USA wird weiter ermittelt. Das Ergebnis wird den gläubigen Katholiken Detective Sergeant Joseph J. Coffey in eine seelische Krise stürzen. Sein Glaube an Recht und Gesetz wird ebenso erschüttert werden wie sein Vertrauen in die oberste Instanz seiner Kirche. Am Ende der Ermittlungen wird er die Polizei verlassen.

Der »Honorarkonsul« Dr. Leopold Ledl und andere spielen den nächsten Akt in Rom. Ledl fühlt sich geschmeichelt, weil er jederzeit »direkten Vortrag« bei höchsten Würdenträgern des Vatikans hat. Zu ihnen gehören Kardinal Vagnozzi, der Senior des Kardinalskollegiums, Giovanni Cicognani und der Vorsitzende des Kardinalskollegiums, Eugene Kardinal Tisserant. Es ist derselbe Kardinal Tisserant, der in der Kurienkongregation »de propaganda fide« (zur Verbreitung des katholischen Glaubens) besonders aktiv ist. Diese »Propaganda Uno« ist das Vorbild der späteren »Propaganda Due« oder P 2.

Jeder weiß, daß die Geheimloge eng mit der Mafia, der Cosa Nostra, dem Vatikan, den rechten Seilschaften in den italienischen Geheimdiensten und dem rechten Terror zusammenhängt. Im Frühjahr 1987 wird der Neofaschist Stefano delle Chiaie in Venezuela verhaftet. Er ist wahrscheinlich, ebenso wie der noch flüchtige »hochwürdige Großmeister der zweiten Propaganda-Loge der freien und geweihten

Maurer«, Licio Gelli, einer der Drahtzieher des Anschlags von Bologna mit 85 Toten.

Zu den Mitgliedern der »Propaganda Due« gehören dreißig Abgeordnete, drei Kabinettsmitglieder der Regierung, Hunderte von Offizieren, hohen Beamten, prominenten Geschäftsleuten und Journalisten. Auch die Namen von deutschen Politikern tauchen in Gellis Liste auf. Die Vorwürfe gegen P 2 umfassen »politische Erpressung«, »Bildung einer kriminellen Vereinigung«, »Anstiftung von rechtsextremistischen Bombenanschlägen«, »illegalen Waffenhandel« und »kriminelle Finanzmanipulationen«.

Als die Sache auffliegt und eine Mitgliederliste mit knapp tausend Namen bekannt wird, stürzt die italienische Regierung. Der Generalstabschef, die Chefs beider italienischer Geheimdienste, der Chef der Zollfahndung und der oberste Polizeichef müssen gehen. Aber auch nach der Enttarnung bleibt die Bruderschaft mächtig. Keinem passiert etwas. Andere werden nach den Enthüllungen sogar durch Beförderung belohnt. Und obwohl die Regierung nach einem gesetzlichen Instrument gegen »die Korruption der (Staats-)Macht und korrupte Machtkonzentrationen« verlangt, geht das Gesetz gegen Geheimgesellschaften nie durch das Parlament.

Die Verhaftung des Neofaschisten Stefano delle Chiaie in Venezuela bestätigt, daß der rechte Terror durch den Rauschgifthandel finanziert wird, daß somit die Ultras im Vatikan mit dem Terrorismus an einem Strang ziehen, um den italienischen Staat von rechts her zu retten.

Dr. Leopold Ledl erzählt dem Fahnder der New Yorker Polizei Joseph Coffey und einem FBI-Agenten namens Richard Tamarro, wie er in den Dunstkreis der Korruption hineingezogen wurde. Es sei angeblich Kardinal Tisserant gewesen, der Dr. Ledl gefragt habe, ob er sich nicht eine Lösung für die Finanzprobleme des Vatikans einfallen lassen könnte. Der Kardinal habe wissen wollen, wie der Vatikan an genug Wertpapiere kommen könne, um dem Vatikan und Italien zu helfen. »Selbstverständlich erstklassige Wertpapiere von großen amerikanischen Firmen«, habe Kardinal Tisserant hinzugefügt.

Als der Honorarkonsul Dr. Leopold Ledl sich herauszuwinden versucht und sagt, so etwas sei nicht ganz einfach, spricht der Kardinal das aus, was nicht einmal Ledl zu denken gewagt hat: »Und wenn sie gefälscht sind?«

Jetzt ist klar, was der Vatikan will.

Ledl fragt nach der Summe, die man sich vorgestellt hat.

»Eine knappe Milliarde Dollar«, sagt Kardinal Tisserant, ohne eine Miene zu verziehen. Um genau zu sein, die Summe, mit der man rechne, seien 950 Millionen Dollar.

Ledl bleibt, wie er sagt, die Spucke weg. Die Hälfte, so gibt man ihm zu verstehen, würde über Erzbischof Marcinkus in die Vatikanbank eingeschleust. Damit soll das Loch gestopft werden, das durch die Fehlinvestitionen des Erzbischofs und die kriminellen Machenschaften seines Freundes Michele Sindona und dessen Komplizen in der Mafia und Cosa Nostra entstanden ist.

Falls Ledl eine solche Lieferung bewerkstelligen könne, so heißt es bei Coffey und Hammer weiter, dann würden der Vatikan und die Bank von Italien ihm und seinen Lieferanten (also der Cosa Nostra) 65 Prozent des Nennwertes zahlen, ungefähr 625 Millionen Dollar. Ledl und seinen Leuten müßte klar sein, daß Marcinkus und Tisserant einen »Kickback« (unter dem Tisch zurückgegebenes Geld) von etwa einem Viertel des Profits (150 Millionen Dollar) erwarten würden. Danach blieben Ledl und seinen Hintermännern immer noch 475 Millionen Dollar. Davon sollten sie sorgenfrei leben können. Es kann den Verhandlungspartnern des Vatikans nicht verborgen geblieben sein, daß in derartigen Profiten auch die Nebenkosten für Exekutionen und falsche Zeugen stecken.

Als Dr. Leopold Ledl in Wien verhaftet wird, finden die Kriminalbeamten bei ihm einen schriftlichen Kontrakt der Sacra Congregazione dei Religiosi, in dem die Bestellung der gefälschten oder gestohlenen Wertpapiere im einzelnen aufgeschlüsselt ist. Der Vertrag wird dem FBI übergeben. Es heißt darin unter anderem:

1. Wir sind bereit, die ganze Lieferung bis zu einem Nennwert von 950 Millionen Dollar zu erwerben.
2. Für die Übergabe sind folgende Daten vereinbart:

9. 3. 71	100 Millionen Dollar
10. 9. 71	200 Millionen Dollar
10. 10. 71	200 Millionen Dollar
10. 11. 71	250 Millionen Dollar
10. 12. 71	200 Millionen Dollar

3. Es wird garantiert, daß die Papiere nicht vor dem Juni 1972 weiterverkauft werden.

Ganz offensichtlich sind das etwas irreale Terminvorstellungen gewesen. Erst am 20. Juli 1971 reist

Ledl mit dem amerikanischen Lieferanten Ricky Jacobs, Ense und einem nicht bekannten dritten Mann nach Rom, um dort eine Vorzeigprobe abzuliefern.

Erzbischof Paul C. Marcinkus erwartet die drei im Büro von Kardinal Tisserant. Tisserant schlägt Ledl auf die Schulter und macht den üblichen Witz: »Mein Freund, Johann Strauß aus Wien, ist wieder da.« Dann mit einem Blick auf den Koffer in Ledls Hand: »Ich sehe, Sie haben mitgebracht, was wir bestellt haben.« (Coffey, Hammer)

Dann gibt es Probleme mit der Bezahlung des Musters. Die drei wollen keine Lire. Für den Gegenwert von sechs Millionen Dollar in italienischer Währung würden sie einen Kleinlaster zum Abtransport brauchen. Auf die Schnelle sind D-Mark oder Dollar nur in Turin zu beschaffen.

Rund um den Globus beginnt ein Schachern. Die Muster werden nicht bezahlt. Jeder legt jeden herein. Gefälschte Wertpapiere tauchen in Europa und in den USA auf. In der italienischen Presse erscheinen die ersten Hinweise auf einen großen Coup des Mobsters Sindona und des Erzbischofs Marcinkus. Es gibt Gerüchte, daß die beiden Freunde Papiere von amerikanischen Unternehmen im Wert von 100 Millionen Dollar in der Westdeutschen Landeszentralbank unterbringen wollen. Überflüssig zu sagen, daß man nie erfährt, ob das stimmt oder nicht. Die Banken in der Bundesrepublik sind noch diskreter als die Polizei.

Sindona erleichtert seine Bank in Mailand um 225 Millionen Dollar. Fünf italienische Fahnder, die mit diesen Ermittlungen zu tun haben, werden ermordet. Die italienischen Behörden bereiten auch im Zusammenhang damit eine Anklage gegen Sindona vor. Die Amerikaner verhaften ihn und stecken ihn in die Haftanstalt Rikers Island. Mit ihm sitzt auch Billy J. Arico ein. Durch eine auffällige Verkettung von Zufällen kann der fliehen und steht später im Verdacht, an der Ermordung der italienischen Ermittlungsbeamten mitgewirkt zu haben. Arico ist ein Enforcer unseres Münchner Bekannten Vincent Rizzo.

Als Erzbischof Marcinkus und zwei Kardinäle den Gangster Sindona auch noch vor einem amerikanischen Gericht per Videoband als »character witnesses«, also als Charakterzeugen, entlasten und ihm einwandfreie und gottgefällige Lebensführung attestieren wollen, greift endlich Jean Kardinal Villot ein. Es gibt eine Information aus dem Vatikan, die besagt, daß der Kardinal ein ihm sonst vollkommen fremdes Sprachbild benutzt haben soll: »over my dead body.« (»Nur über meine Leiche.«)

Der »special prosecutor« John Kenney formuliert im Understatement des Jahres, daß sich die Vatikanbank an Geschäften beteiligt habe, »die mit den religiösen Prinzipien des Vatikans und der katholischen Kirche im Widerspruch standen«.

Die Amerikaner bleiben dran. Wie eine Meute Terrier. Am 25. April 1973 sprechen die FBI-Agenten Aronwald, Tamaro und Lynch im Büro von Erzbischof Giovanni Benelli vor. Benelli (Außenminister des Vatikans) empfiehlt sich schnell. Es sieht ganz so aus, als würde er den Grund der Ermittlungen lieber nicht hören. Er ist nicht neugierig.

Die FBI-Fahnder erkundigen sich lakonisch nach der heißen Ware und wollen wissen, wo die gefälschten Papiere im Wert von fünfzehn Millionen Dollar geblieben sind, die der Vatikan im Juli 1971 genommen hat, und wie das mit der Gesamtbestellung in Höhe von 950 Millionen Dollar war. Die drei Monsignori, die sich solche Fragen anhören müssen, Edward Martinez, Carl Rauber und Justin Rigali, sind innerlich und äußerlich gefaßt. Doch, sagen sie, der Briefkopf der Sacra Congregazione dei Religiosi sähe ziemlich echt aus. Von gefälschten Wertpapieren allerdings habe man bedauerlicherweise nie etwas gehört. Selbstverständlich sei man zu jeder Kooperation mit den Behörden »unserer amerikanischen Freunde« bereit. Am besten wäre es, wenn man Erzbischof Marcinkus die Sache zur Klärung überließe.

Die Audienz ist beendet.

Der amerikanische Außenminister Henry Kissinger (anläßlich eines Staatsbesuches) oder ein Abgesandter von ihm – die Aussagen der Polizeiinformanten gehen da auseinander – wird in Privataudienz beim Heiligen Vater oder bei Kardinal Tisserant vorstellig und versucht klarzumachen, daß die amerikanische Regierung in einer schwierigen Lage sei. Jahrelang sei das FBI auf der Spur von gestohlenen und gefälschten Wertpapieren. Schließlich habe man eine Menge Gründe, heiße Papiere im Vatikan zu vermuten. Ob man die Sore nicht zurückhaben könne.

Im Vatikan zuckt man die Achseln.

Die italienischen Behörden stellen die Ermittlungen ein, und ein Sprecher des FBI erklärt abschließend, der Verdacht, hohe Würdenträger des Vatikans seien in kriminelle Geschäfte verstrickt, entbehre jeder Grundlage.

Auch der amerikanische Justizminister Kleindienst versucht, die Sache einzumotten. Das gelingt
nicht, weil der katholische Agent Coffey aus Gewis-
sensgründen auspackt. Während er das tut, findet
man den italienischen Bankier Roberto Calvi mit
Ziegelsteinen in der Tasche erhängt unter der Londoner Blackfriars Bridge.

Alles riecht nach P 2. Bei der Hinrichtung Sindo-
nas gibt man sich keine rituelle Mühe. Wahrscheinlich
wird der Hit gegen den Finanzberater der Cosa Nostra
und des Vatikan-Vizegouverneurs Marcinkus mit
Strychnin im Kaffee von der Mafia ausgeführt oder
von Polizeibeamten, die der P 2 nahestehen. Sinn für
Dekor hat keiner von beiden mehr.

Die Polizei in München aber kann sich an nichts erinnern.

Meine Bitte vom 27. Dezember 1986 um Akten-
einsicht wird von Polizeipräsident Gustav Häring wie
folgt beschieden: »Die Aktensammlung des Polizeipräsidiums München enthält keine Unterlagen zu
dem geschilderten Vorfall. Da nach den Richtlinien
über kriminalpolizeiliche Sammlungen laufend
Akten ausgesondert werden müssen, könnte ich
Ihnen – selbst wenn Datenschutzgründe dies zuließen – nicht sagen, ob es solche früher gegeben
hat.«

Diese Mitteilung aus dem Bermuda-Dreieck der
Inneren Sicherheit kann heißen, daß man sich deshalb im Polizeipräsidium an nichts erinnern kann,
weil es sich um einen in München ganz alltäglichen
Fall gehandelt hat. Oder es ist die bisher überzeu-
gendste Maßnahme im Kampf gegen den Mob: Aus-

merzen des organisierten Verbrechens durch das »Aussondern« von Akten.

Besondere Beachtung verdient der Hinweis des Polizeipräsidenten auf den Datenschutz. Der Umgang der Münchener Polizei mit Daten wird 1987 von allen im Landtag vertretenen Parteien herb kritisiert. Ein Abgeordneter stellt fest, der einschlägige Datenschutzbericht lese sich wie ein »rechtsstaatlicher Gruselroman« (SZ, 28.1.1987).

Da die Daten der München Connection jedem Bürger offenstehen, der sich dafür interessiert, geht es – wie so oft beim behördlichen Datenschutz – auch hier nicht um den Schutz von Daten, sondern nur darum, wenigstens die journalistischen Ermittlungen nach Kräften zu behindern, wenn man schon mit einer freien Presse leben muß.

Zu Beginn des Jahres 1987 stellt sich im Zusammenhang mit den kriminellen Geschäften des Vatikans heraus, daß es keine gute Idee war, fünf Sonderfahnder der italienischen Polizei umlegen zu lassen. Die gutkatholischen Freunde in der P2, in den Geheimdiensten oder in der Mafia haben mit den Hits nur das Beste für Vaterland und Kirche gewollt. In ihrer Welt setzt man auf diese Weise Schlußpunkte. Polizei und Justiz können aber recht nachtragend sein.

Am 26. Februar 1987 verfügen italienische Behörden einen Haftbefehl gegen Erzbischof Paul Marcinkus im Zusammenhang mit dem Zusammenbruch der Banco Ambrosiano unter einer Last von knapp drei Milliarden Dollar uneinbringlicher Außenstände. Ein Anteil der Banco Ambrosiano war im Besitz der Vatikanbank, genannt »Istituto per le Opere di

Religione«. Chef dieser Bank, der es ebenso wie der P2 und der sizilianischen Mafia um die Erhaltung konservativer Werte, die Mehrung finanzieller Macht und um die Verteidigung des Glaubens geht, war und ist Erzbischof Paul C. Marcinkus.

In der Begründung des Haftbefehls für den Finanzminister des Papstes wird unter anderem »Komplizenschaft bei betrügerischem Bankrott« aufgeführt. Man kann sich jetzt vorstellen, welche Art von Loch mit einer Milliarde Dollar gefälschter Wertpapiere gestopft werden sollte.

Das Wirken des »Bankinstituts für religiöse Werke« ist geheim wie vieles im Vatikan. Nicht einmal die zur Aufsicht über die Geschäfte des IOR bestimmten Kardinäle bekommen Einsicht in die Bücher. Selbst der Papst kennt nur sein eigenes geheimes Privatkonto. Bilanzen werden nicht veröffentlicht. Eigenkapital und Einlagenkapital des IOR sind unbekannt. »Als Geschäftsbank mit Verbindungen in aller Welt unterstützt und erleichtert das IOR auch die finanziellen Operationen der römisch-katholischen Kongregationen im Ausland.« (SZ, 28.2.1987)

Mit einem Wort, das IOR ist eine perfekte Geldwaschanlage, wenn es um astronomische Summen geht. Zum Beispiel aus dem Rauschgifthandel oder Kriegswaffenhandel (Der Spiegel, 10/1987, S. 134). Oder um Gelder für konservative Systeme in Lateinamerika. Oder um Finanzmittel der P2. Oder um unkontrollierte Mittel für Seilschaften der italienischen Geheimdienste.

Die als Selbstmord getarnte Hinrichtung des Chefs der Bank Ambrosiano unter einer Londoner Brücke liegt zwei Monate vor dem Zusammenbruch der Bank. 1984 versucht der Vatikan sich aus der finsteren Affäre auszuklinken. Er beschuldigt Calvi im nachhinein, die eigene Bank für ein »geheimes Projekt« (IHT, 27.2.1987) mißbraucht zu haben, und zahlt als eine »Geste des guten Willens« mal eben kurz 750 Millionen DM an geschädigte Gläubiger.

Ein Jahr später appelliert ein Sprecher des Vatikans an die Großzügigkeit der Gläubigen in aller Welt, um durch Spenden die Schulden des Heiligen Stuhls zu mindern (IHT, 28.2.1987). Im April 1987 verschickt der Vatikan einen Brief an die 3000 Bischöfe der katholischen Kirche und fordert sie auf, Geld zu besorgen, um das wachsende Defizit im Budget des Vatikans zu mindern. In dem Brief werden diverse Ausgaben und Einnahmen aufgelistet. Angaben über Investitionen und Transaktionen des IOR und der Vatikan-Bank fehlen. Ein Kardinal, der um Anonymität bittet, erklärt dem »Washington Post Service«: »Das wahre Bild der vatikanischen Finanzen ist viel komplexer, als die Kardinäle zugeben wollen.«

Auf den Haftbefehl gegen Erzbischof Paul Casimir Marcinkus und andere reagiert der Vatikan »mit Erstaunen«. Er hält die Vorwürfe der italienischen Justiz für eine »Einmischung in souveräne Rechte« (SZ, 2.3.1987). In einer Erklärung des Vatikans, die auf höchster Ebene formuliert worden ist, wird festgestellt, daß es »schwierig bis unmöglich« sein könnte, den Beschuldigten die Haftbefehle zuzustellen (IHT, 28.2.1986).

Die Prophezeiung erweist sich als zutreffend. Die Beamten können die Adressaten nicht auffinden. Bleibt nur noch die Möglichkeit einer Zustellung durch das Justizministerium in Rom. Das Ministerium in Rom aber will vorher alle Ermittlungsunterlagen studieren. Das kann Jahre oder Jahrzehnte dauern. Zumal Kabinettsstühle in Rom Schleudersitze sind. Ein Auslieferungsantrag hat keine Chance. Die Republik Italien hat keinen Auslieferungsvertrag mit dem Vatikan-Staat.

Vermutlich wird Marcinkus und seinen Freunden nichts passieren, weil ein Erzbischof nicht so ohne weiteres für die Polizei greifbar ist. Und wenn, dann wird er sich auf der Linie verteidigen, die der Gangster Michele Sindona schon vor einem New Yorker Gericht dem Kirchenfürsten vorgeschlagen hat. Marcinkus, so Sindona, sei ein gottesfürchtiger Mann, der von finanziellen Dingen nicht besonders viel Ahnung und bestimmt nie zum eigenen Vorteil Geschäfte gemacht habe.

Vierzehn Jahre nach der »Operation Fräulein« kommt es in München zu einer Mini-Affäre, die wiederum die katholische Kirche betrifft. Der damalige Staatskanzleichef und heutige Staatsminister Edmund Stoiber geht mit dem Fernsehdirektor und mit dem Intendanten des Bayerischen Rundfunks hart ins Gericht wegen einer Beichtstuhlszene in der fiktiven Fernsehserie »Kir Royal«. In der Szene, frei erfunden von Helmut Dietl, wechseln im Beichtstuhl ein paar Geldscheine den Besitzer im Zusammenhang mit einem dubiosen Grundstücksgeschäft. Die Aufregung erschüttert die Bundesrepublik. Natürlich wissen wir alle, daß in Beichtstühlen schon viel schlimmere Dinge passiert sind als dubiose Geldübergaben. In der langen Geschichte der Ohrenbeichte reichen die Delikte von Vergewaltigung bis zum Mord. Die Geldübergabe muß unter dem Druck katholischer Zensoren aus dem Film herausgeschnitten werden.

Die »Welt am Sonntag« spricht von einer »Gossenoper«, die Funkkorrespondenz von einer »skandalösen Travestie«. Der »Münchner Merkur« vergleicht den angeblich in der Szene enthaltenen »Antikatholizismus« mit dem Antisemitismus der Nazis.

Natürlich hat keine der obengenannten Publikationen ein Wort über den vor der Haustür spielenden Teil der München Connection verloren. Sie verhalten sich wie »L'Osservatore Romano«, als Ende Februar die italienischen Zeitungen den Skandal auf ihren Titelseiten bringen. Statt das Thema aufzugreifen, bietet das Vatikan-Sprachrohr an erster Stelle Auszüge aus einer Rede über »Die Wahrheit Christi im moralischen Leben der Menschen«. Und der Papst? Er sagt laut »Stern« vom 29. April 1987: »Ich verstehe nicht, daß man einen Menschen wie Marcinkus so brutal angreifen kann.«

SCHLECHTE KARTEN

Seit 1970 zählt sich der Mob von Hamburg mit Fug und Recht zum organisierten Verbrechen. Lange Zeit nimmt niemand davon Notiz. Man kann umbringen, wen man will. Man kann erpressen, wen man will. Man kann Freunde der Cosa Nostra einfliegen und notorische amerikanische Mobster ins Atlantic einladen. Es nützt nichts. Was man auch tut, die Polizei hält es für die alltägliche Kriminalität einer Hafenstadt.

Langsam führt das Desinteresse der Polizei beim Mob zu Profilneurosen. Auch die »Schmiere« sollte wissen, daß der Mensch nicht von Nutten, Falschspiel und Rauschgift allein lebt. Der Mensch braucht Reputation.

Am 20. Januar 1973 trifft im Polizeipräsidium Hamburg in einem neutralen Umschlag ohne Absender die Kopie eines Briefes ein. Darin teilt ein »Don Wilfrid« (Wilfrid Schulz) dem »ehrenwerten Don Peter! (Peter Pelkofer) – Pate der ehrenwerten Ges. –« mit, daß er zu einem Cosa-Nostra-Treffen nicht erscheinen könne, weil der Unterzeichnete und Don Bill (Ray William Davis) und noch ein paar andere verreisen müßten, um Ware zu besorgen.

Die Beamten halten den Brief für einen Witz und werfen ihn weg oder geben ihn in die Ablage, was auf das gleiche hinausläuft. Der Datenschutz verlangt bekanntlich, daß Akten spätestens nach zehn Jahren »ausgesondert« werden. So kommt es, daß professionelle Gewalttäter nach zehn Jahren mit blütenweißer Weste wieder an die Arbeit gehen können. Auch die Akten über kriminelle Organisationen, gegen die man jahrzehntelang mit einem riesigen Aufwand von Geld und Personal ermittelt hat, verschwinden irgendwann im Reißwolf, und die Polizei fängt wieder von vorn an.

Am 14. März 1977 durchsuchen Steuerfahndung und Kripo wegen eines gegen Wilfrid Schulz anhängigen Steuerstrafverfahrens das Café Chérie in St. Georg und das Büro des Buchhalters von Schulz. Dabei finden sie das Original des längst vergessenen Briefes. Die altmodische Maschinenschrift (kursiv) wird argwöhnisch studiert. Dann nimmt der damalige Leiter des LKA Hamburg den Brief mit zu der Herrenrunde, die sich AG Kripo (Arbeitsgemeinschaft der Leiter der Landeskriminalämter und des Bundeskriminalamts) nennt. Dort wird das Dokument dem Leiter des LKA Bremen gezeigt. Dr. Herbert Schäfer steht im Verdacht, von solchen Dingen etwas zu verstehen. Der hält den Brief auch für einen Witz. Und zwar für einen schlechten. Denn natürlich ist ihm klar, daß sich der Mob damit über die Polizei lustig macht.

Bei derselben Durchsuchung finden die Beamten auch eine Buchungsunterlage, aus der hervorgeht, daß ein gewisser Salow vom 5. bis 7. Dezember 1974 auf Kosten von Wilfrid Schulz im Hotel Atlantic gewohnt hat. Das wiederum ist kein Witz. Eine Nachfrage bei FBI und DEA (Drug Enforcement Administration) ergibt, daß »Musky« Joseph Morris Salow zur Cosa Nostra gehört, sich auf Erpressungen spezialisiert hat und mit Cosa-Nostra-Figuren aus dem illegalen Glücksspiel und Rauschgifthandel enge Verbindungen pflegt.

Am 6. Januar 1977 hören Mitglieder einer Hamburger SoKo etwas davon läuten, daß sich der Gastronom Wilfrid Schulz einen knappen Monat früher im Hotel Atlantic mit drei »Mafiosi« aus den USA getroffen haben soll.

Am 18. Dezember 1976 vermerkt das Hotelregister, daß einem Mr. Nesline das für ihn vorgesehene Zimmer 328 nicht gefällt. Man gibt ihm das Zimmer 372. Joseph Francis Nesline ist ein Typ aus der illegalen Glücksspielszene der Cosa Nostra. Die Liste der von amerikanischen Dienststellen mitgeteilten Beschuldigungen reicht von Tötung über Erpressung bis zu einem Sammelsurium von Glücksspieldelikten.

Das Zimmer von Francis Nesline übernimmt für dieselbe Nacht ein Mr. Dino Cellini. Cellini war einer der engsten Mitarbeiter des verstorbenen Finanzberaters der Cosa Nostra, Meyer Lansky. Lansky wiederum war Glücksspielmanager im Havanna des kubanischen Präsidenten Fulgencio Batista und Finanzminister der Cosa Nostra. Als Fidel Castro den Mob aus dem Land warf, steckte Meyer Lansky dem Minister für Finanzen und Tourismus auf den Bahamas, Sir Stafford Sands, ein paar Millionen zu und eröffnete dort ein neues Imperium. Dino Cellini, der schon im Hotel Riviera von Havanna eng mit Meyer

Lansky zusammengearbeitet hatte, wurde zum Ober-kontrolleur gemacht. Nach Meyer Lanskys Tod be-kam er den Auftrag, Europa für den Mob zu er-schließen. Er arbeitete erfolgreich von London aus. Ein Bruder Dinos, Eddie Cellini, den Fidel Castro ein paar Jahre eingebuchtet hatte, übernahm das Casino auf »Paradise Island«.

Zur Zeit seines Auftauchens in Hamburg hat Dino Cellini seinen eigentlichen Wohnsitz in Italien. In die USA kann er nicht. Die US-Steuerbehörde IRS, die nicht harmlose Bürger sekkiert, sondern notfalls mit Waffengewalt gegen die illegalen Einkünfte des Mobs vorgeht, wartet auf ihn.

Bestellt wurden die Zimmer im Atlantic telefo-nisch durch die Frau eines Mitarbeiters von Wilfrid Schulz, Davoud Dargahi, geboren am 5. Februar 1933 in Teheran. Dargahi ist jener Perser, der 1970 nach einer Schießerei in der Berliner Bleibtreustraße zwi-schen dem deutschen und dem persischen Mob ver-mittelt hat. Die Luden, die damals aus Frankfurt eingeflogen wurden, hatte ein Bayer aus der Zucker-szene mit einem »Raubvogelkopf« (polizeiliche Be-schreibung) rekrutiert. Davoud Dargahi, Mobname »König der Perser«, war vermutlich nur nach außen ein Angestellter von Schulz. Wahrscheinlich war er mächtiger als sein Arbeitgeber.

Was sich im Hamburger Atlantic abspielt, sieht nach einer kleinen Gipfelkonferenz aus. Der Dritte im Bunde, William Ray Davis, wohnt nicht im Hotel, weil er bei seiner Gefährtin Ursula Hayn in Hamburg untergekommen ist. Laut DEA hat er in den USA ei-ne Firma mit dem Namen Pioneer Tours Inc. gehabt, in der als leitende Angestellte Di Pietro und Carlo

Mastrototaro tätig waren. Beide sind Figuren des organisierten Verbrechens von Massachusetts. Mastrototaro ist Cosa-Nostra-Unterboß von New England. Der einzige von den dreien, der Humor hat, ist der alte Dino Cellini, denn er schreibt als Beruf in den Anmeldezettel des Hotels Atlantic: »Privatier« (retired).

Zu dieser Zeit erklärt die Hamburger Polizei auf eine Anfrage von mir: »Organisiertes Verbrechen? So was gibt es nur im Kopf von Reportern.« (Telefonat Pressestelle PP Hamburg, Dienstag, 1.2.1977)

Am 10. September 1979 erscheint in Hamburger Zeitungen ein großes Inserat mit folgendem Text:

Am 8. September 1979 hast Du uns verlassen!

MR. JOE
GUISEPPE DI GIORGIO

Ehrlich und aufrecht war Dein Leben.
Vieles hast Du uns gelehrt!
Nach Deinem Kodex woll'n wir streben!
Wir hab'n Dich alle sehr verehrt! Fare well.

Deine Ehefrau
und
Deine Hamburger Freunde

Auch das ist kein Witz. Trotz der Knüppelverse. Der Mann, der am 14. September in der Friedshofskapelle Wedel ausgesegnet wird, ist »Onkel Joe«. Aus den USA wird er zum ersten Mal am 14. April 1954 wegen verbrecherischer Aktivitäten »auf Staatskosten«

ausgewiesen und mit der SS Independence nach Europa geschickt. Er ist ein kleines Licht, aufgewachsen im Dunstkreis der alten Camorra. Vergeblich hat er bei der Cosa Nostra Fuß zu fassen versucht. Er bleibt ein krimineller »gofer«, ein Kaffeeholer. Für Hamburg reicht es. Man muß nicht lange raten, um dahinterzukommen, wer die »Hamburger Freunde« sind.

Dann vergehen dem Mob nach und nach sowohl Scherze wie Unterweltlyrik.

Die Hamburger Polizei setzt eine Sonderkommission ein, die zu prüfen hat, ob es in Hamburg Polizeikorruption und organisiertes Verbrechen gibt. Keiner der für die innere Sicherheit der Stadt Verantwortlichen ahnt, daß diese Kombination kein Zufall ist. Organisiertes Verbrechen und Polizeikorruption sind eineiige Zwillinge.

Die SoKo ist bei der Staatsanwaltschaft angesiedelt. Die beiden polizeilichen Leiter werden vom Präsidium abgestellt und haben für die Dauer der SoKo nichts mehr mit der Polizei zu tun. So ist jede hausinterne Befangenheit ausgeschlossen. Einer der polizeilichen Leiter ist zuständig für »Korruption«, der andere für »Organisierte Kriminalität«. Die SoKo »Organisierte Kriminalität« führt der damalige Kriminaloberrat Wolfgang Sielaff. Er ist heute leitender Kriminaldirektor in Hamburg.

Der Mob von Hamburg ist eine kleine Blaupause des organisierten Verbrechens schlechthin. Vor allem deshalb, weil er sich mit den klassischen Metiers befaßt: illegales Glücksspiel, Prostitution und Schutzgelderpressung.

Während die Polizeien der meisten deutschen

Großstädte sich damit begnügen, illegale Spielclubs zu schließen (die dann wenige Stunden später woanders wieder aufmachen) oder bei Razzien Spieler zu verhaften und Spielgerät zu beschlagnahmen (was schlimmstenfalls die Geschäftsunkosten des Mobs etwas erhöht), kommt es in Hamburg zu großangelegten verdeckten Ermittlungen. Sie lassen Symptome aller drei wesentlichen Geschäftszweige des organisierten Verbrechens erkennen:

1. HANDEL MIT VERBOTENEN WAREN ODER DIENSTLEISTUNGEN
2. KRIMINELLE BETEILIGUNG
3. KRIMINELLES MONOPOL

Außerdem:

- Verbindungen zum amerikanischen und italienischen organisierten Verbrechen, also zur sizilianischen Mafia und zum amerikanischen Mob,
- eine straff organisierte Personalstruktur,
- eine mehr als zweistufige Hierarchie,
- innere Abschottung und eine spezielle Beweisnot,
- einen eigenen Disziplinarkodex,
- Komplizenschaft von Anwälten,
- Indikationen für eine Organisation mit spezifischer Mimikry.

Die für jedes organisierte Verbrechen typische Strategie der Angst ist in diesem Bereich weniger Instrument der Erpressung oder der Einschüchterung von Opfern. Sie hat vorwiegend eine nach innen gerichtete und disziplinarische Funktion. Nach außen wird sie nur im Konkurrenzkampf wirksam, wenn jemand zuviel redet oder viel verliert und nicht zahlt.

Dem Laien erscheint die Ausbeutung der Spielsucht als eher atypisches Nebengeschäft des organisierten Verbrechens. Das Gegenteil ist richtig.

Im »Task Force Report on Organized Crime« der amerikanischen Regierung heißt es: »Die Verantwortlichen der Strafverfolgung sind sich einig, daß (in den USA) das Glücksspiel die größte einzelne Einkommensquelle des organisierten Verbrechens ist.«

Der »Task Force Report« ist 1967 formuliert worden und daher nicht mehr ganz taufrisch. Inzwischen sind die Einnahmen aus dem Rauschgifthandel weitaus größer als die aus dem Glücksspiel. Auch während der Prohibition wurden die Profite aus dem Glücksspiel kurzfristig von den Einnahmen aus dem illegalen Alkoholhandel übertroffen. Das Glücksspiel aber war und ist das beständige wirtschaftliche Standbein des Mobs.

Der »Task Force Report« von damals weiter: »In großen Städten mit organisiertem Verbrechen sind nur sehr wenige Glücksspiel-Operateure von kriminellen Organisationen unabhängig. Jeder, der (noch) unabhängig und erfolgreich ist, muß mit dem Besuch eines Repräsentanten des organisierten Verbrechens rechnen, der ihm Angst einjagt (KRIMINELLES MONOPOL) oder mehr Profit verspricht, wenn er mit der Organisation zusammenarbeitet (KRIMINELLE BETEILIGUNG). Die meisten Glücksspiele in großen Städten werden von einer ausgeklügelten Hierarchie des organisierten Verbrechens gegründet und kontrolliert.«

Virgil W. Peterson schreibt: »Wenn man organisiertes Verbrechen definiert, dann wird oft nur der Handel mit verbotenen Waren oder Dienstleistungen

272

betont. Eine solche Definition ist unvollständig und ungenau. Natürlich interessiert sich die Unterwelt vor allem für Aktivitäten, die bei geringem Risiko und ohne große Mühe viel einbringen. Solche Aktivitäten sind das Ziel des organisierten Verbrechens, unabhängig davon, ob sie legal sind oder nicht. *Das Glücksspiel ist für das organisierte Verbrechen besonders attraktiv. Gleichgültig, ob legal oder nicht. Man kennt die führende Rolle von internationalen Figuren des organisierten Verbrechens in Nevada, auf Kuba oder auf den Bahamas. Es ist auch nachgewiesen worden, daß die Unterwelt die treibende Kraft hinter den Bemühungen war, alle möglichen Formen des Glücksspiels zu legalisieren.* Es ist allein die Art des Geschäfts, die entscheidet, ob es für das organisierte Verbrechen interessant ist oder nicht. Mit Legalität oder Illegalität hat das nichts zu tun.«

1950 ist das illegale Glücksspiel – die Prohibition ist lange vorbei – sogar das Rückgrat des amerikanischen organisierten Verbrechens. Der Nachfolger Al Capones, Sam Giancana, versucht ganz gezielt, »die wichtigste Geldquelle des Chicagoer Syndikats zu stärken, das Glücksspiel« (Antoinette Giancana, Tochter von Sam Giancana).

Justizminister J. H. McGrath definiert organisiertes Verbrechen in erster Linie über das Glücksspiel-Monopol als »schlimmsten Ausdruck des Geschäfts mit Gewalt und Korruption, um das Glücksspiel zu umklammern und zu einem (kriminellen) Monopol zu machen«.

Erst viel später stellt ein Untersuchungsausschuß unter Senator Estes Kefauver fest, daß organisiertes Verbrechen nicht nur im Bereich des Glücksspiels tätig sei, sondern auch im Rauschgifthandel, in der Prostitution und in der Erpressung durch Androhung physischer Gewalt.

Der jährliche Reingewinn aus verbotenem und betrügerischem Glücksspiel oder aus krimineller Beteiligung an legalem Glücksspiel beträgt in den USA nach Schätzungen einer Kommission des Präsidenten an die 50 000 000 000 (50 Milliarden) Dollar. Da es sich um unverbuchtes Geld handelt, können damit Unmengen von halblegalen oder legalen Geschäften angeleiert werden, die dem Mob einen enormen Einfluß in der legalen Ökonomie verschaffen.

Auch im »McClellan Gambling Report« heißt es: »...organisiertes Verbrechen in den USA verdient primär am Glücksspiel. Damit werden andere kriminelle Aktivitäten oder illegale (und legale) Unternehmen finanziert.«

Wer die Bedeutung des Glücksspiels für den Mob analysieren will, muß sich zunächst mit den psychologischen und mathematischen Voraussetzungen befassen. Zum Glücksspiel muß man den Kunden ebensowenig einladen wie den Süchtigen zum Konsum von Rauschgift. »Fast alle Aktivitäten des organisierten Verbrechens sind Ausbeutung einer menschlichen Schwäche.« (Kefauver-Senats-Kommission)

Die Spielsucht wird durch unterschiedliche Methoden ausgebeutet. Dadurch, daß der Spieler mit mathematischer Sicherheit verliert, obwohl ihm die Reklame eine reelle Gewinnchance vorgaukelt; durch technische Manipulation oder Falschspiel in legalen oder illegalen Casinos.

Ganz ähnlich wie beim Waffenhandel zeigt sich

beim Glücksspiel die doppelte Moral der Gesellschaft. Das Glücksspiel ist in der Bundesrepublik Deutschland nur verboten, solange der Staat es nicht selbst betreibt (wie in Bayern) oder wenigstens mitverdient (wie in anderen Bundesländern).

Die Spielbank Hohensyburg wird laut »Spiegel« (vom 24. 11. 1986) von der »Westdeutsche Spielbanken GmbH & Co KG« in Münster betrieben. Sie ist »eine Tochter der Westdeutschen Landesbank. Am Gewinn ist die Stadt Dortmund vertraglich mit 15 Prozent beteiligt, rund 60 Prozent gehen an das Land Nordrhein-Westfalen.« Schon im ersten Jahr nach Einrichtung der Spielbank haben die Kunden dort über 100 Millionen Mark verloren. Die Spielbank Hohensyburg ist ein vergleichsweise bescheidenes Unternehmen.

Nach einer Entscheidung des Bundesgerichtshofs soll dadurch, daß der Staat die Spieler abzockt, die »wirtschaftliche Ausbeutung der natürlichen Spielleidenschaft des Publikums« unter staatlicher Kontrolle gezügelt werden. Von Zügelung ist aber in der Praxis keine Rede. Die Werbung, am Rande des Kundenbetrugs wie jede Werbung, läuft auf Hochtouren, und es werden, laut »Spiegel«, sogar »Tage der offenen Türe« und spezielle Aktionen für Neulinge veranstaltet, um Nachwuchs an Spielsüchtigen heranzuzüchten. Der Dortmunder Bürgermeister Samtlebe bei der Eröffnung einer Spielbank: »Hier wurde schon vor Jahrzehnten nach Kohle gegraben, aber die Spielbank wird das beste Flöz der Stadt werden.«

Die seltenen statistischen Ausnahmefälle von hohen Gewinnen werden in der Presse veröffentlicht, der Regelfall, der hohe Verlust, wird vertuscht. Die gezielte Täuschung der Kunden über das Verlustrisiko bei legalen Spielbanken nimmt oft groteske Formen an. So ging der Gewinn eines namhaften Geschäftsmannes in Höhe von 600 000 DM durch alle Zeitungen. Allein in der Woche vor diesem Gewinn hatte der Geschäftsmann 2,4 Millionen, also das Vierfache, verloren und im Lauf einer zwanzigjährigen Spielerkarriere noch nie unter dem Strich gewonnen, sondern nur verloren. In Bad Wiessee verspielt der »Bayern Türk«, ein Türke, der ohne Akzent bairisch spricht, sein gesamtes Vermögen. Nachdem er einen Häuserblock und eine große Firma im Gesamtwert von acht Millionen verloren hat, arrangiert er einen betrügerischen Bankrott. In den USA hätte sich spätestens zu diesem Zeitpunkt die Steuerbehörde, Internal Revenue Service IRS, für Verluste dieser Größenordnung und vor allem für die Herkunft des verlorenen Geldes interessiert. Unsere Finanzämter halten die Spielcasinos für ihren verlängerten Arm, weil sie den Leuten schwarzes Geld abnehmen, an das sie nicht herankommen.

Der Umgang von Staat und Justiz mit der Spielsucht läßt es als nicht ganz sicher erscheinen, ob man nicht auch den Handel mit Rauschgift für ein moralisch vertretbares Geschäft hielte, sofern der Fiskus der Kommunen und vielleicht auch noch die Kassen politischer Parteien daran profitieren würden.

Daß es sich bei der Spielsucht um eine Sucht wie jede andere handelt, kann man nur bestreiten, wenn man zu medizinischer Rabulistik Zuflucht nimmt. Es ist eine Sucht, obwohl physiologische Entzugsreaktionen fehlen, mit denen der Körper auf das Fehlen einer bewußtseinsverändernden Substanz reagiert. Die Merkmale sind unübersehbar, wenn man sie nicht wegdefiniert: Unfähigkeit aufzuhören, trotz des sich abzeichnenden finanziellen Ruins, Verlust der Selbstkontrolle, deutliche Entzugserscheinungen psychologischer und psychosomatischer Art.

In einem Zeitungsbericht über die Automatenspielsucht (SZ, 10. 11. 1986: »So gefährlich wie Drogenabhängigkeit«) heißt es: »Der süchtige Spieler fällt erst auf, wenn er sich hoch verschuldet oder kriminell wird, um die nötigen Einsatzgelder zu beschaffen.«

Am potentiellen Suchtcharakter der Spiellust ändern auch die Äußerungen von Experten nichts.

Laut SZ vom 29. November 1986 stellen sie fest: »Geldspielgeräte machen nicht süchtig.«

Was die Experten vom Max-Planck-Institut und von der Universitätsklinik in Hamburg sowie von einem Münchener Institut für Therapieforschung von sich geben, erinnert an ein Mißverständnis im Zusammenhang mit der Alkoholsucht: Nur weil statistisch gesehen mehr Menschen trotz Alkoholgenuß sozial einwandfrei funktionieren, ist Alkohol nach Meinung einschlägiger Interessengruppen kein Suchtmittel. Ein verdeckter Fahnder der Pennsylvania State Police (Charles Deodati), der sich über sechs Jahre unerkannt als »Junkie« im Untergrund des Heroinhandels aufgehalten hat, und sein FBI-Stringer haben mir übereinstimmend erzählt, daß auch heroinsüchtige Ärzte, Banker und Anwälte sozial einwandfrei funktionieren, weil sie das Geld haben, sich guten Stoff in ausreichender Menge zu besorgen.

Die von den legalen Casinos im Bundesgebiet ange-
botenen Spiele sind natürlich keine *Glücks*spiele.
Das Wort »Glück« in Verbindung mit »Spiel« suggeriert, daß man wenigstens im gleichen Maße Glück
oder Pech haben kann und daß geschicktes Spiel für
den Erfolg bedeutungslos ist. In Wahrheit handelt es
sich fast ausnahmslos um Spiele, bei denen mit mathematischer Sicherheit feststeht, daß der Spieler
verliert. Es ist unmöglich, in irgendeinem der üblichen
Casinospiele durch ein System die Bank zu schlagen.
(Die einzige theoretische Ausnahme ist Blackjack.)

Es gibt Spiele mit unabhängigen Spielzügen (inde-
pendent choices) und Spiele mit abhängigen Spielzügen (dependent choices). Auf einen simplen Nenner
gebracht, heißt das: Wenn etwa beim Roulette tau-
sendmal hintereinander ROT gekommen ist, dann
steht die Chance für SCHWARZ beim tausendund-
ersten Wurf genauso wie tausend Würfe vorher,
nämlich 1 zu 1. Auch eine Millionen-Serie von ROT
ändert daran nicht das geringste. Der Grund ist ganz
einfach: Bei jedem neuen Wurf hat der »Zufall« noch
unendlich viele SCHWARZ und unendlich viele ROT in
Reserve. Es ist also vollkommen gleichgültig, was
vorher gefallen ist. Jeder neue Spielzug ist ganz und
gar »unabhängig« vom Spielverlauf vorher. Immer
vorausgesetzt, die Roulettemaschine ist in Ordnung.

Spätestens seit Th. Bayes 1764 seinen »Essay
toward solving a Problem in the Doctrine of Chances«
veröffentlicht hat, ist klar, daß es bei unabhängigen
Spielzügen nie ein System geben kann, das dem
Spieler auch nur Chancengleichheit mit der Bank
verschafft. Wer etwas anderes sagt, ist ein Idiot oder
ein Betrüger.

$$P(B_i|A) = \frac{P(B_i)P(A|B_i)}{\sum\limits_{r=1}^{n} P(B_r)P(A|B_r)} \quad (1 \le j \le n)$$

Anders ist es bei Spielen mit abhängigen Spielzügen wie zum Beispiel beim »Blackjack«.

Beim Blackjack wird während des Spiels ein sogenannter »Schlitten«, also ein aus mehreren Kartenspielen zusammengemischter Stoß Karten »verbraucht«. Karten, die gefallen sind, können nicht mehr fallen. Der »Zufall« hat daher nicht mehr unendlich viele Möglichkeiten in Reserve. Innerhalb sehr enger Grenzen und durch Überlegungen von einer Kompliziertheit, die dem normalen Spieler verschlossen bleiben, ist Blackjack berechenbar und die Bank mit mathematischer Sicherheit zu schlagen. Der Bankhalter ist nämlich durch die Regeln gezwungen, immer nach der gleichen Strategie zu spielen, und man weiß, daß ein »reicher« Schlitten, also ein Kartenstoß mit vielen hohen Karten, automatisch günstig für den Spieler ist, der gegen die Bank spielt. Er kann diesen Vorteil allerdings nur ausnutzen, wenn er fehlerlos alle Karten mitzählt und dann ebenso fehlerlos eine optimale Strategie spielt, die ein paar hundert Spielzüge beinhaltet. Seine Taktik muß es sein, so viel Geld wie nur möglich zu setzen, wenn der Schlitten »reich« ist, und um möglichst wenig zu spielen, wenn er »arm» ist. Das verlangt in der Praxis ein Gehirn mit dem Erinnerungsvermögen, der Präzision und der Schnelligkeit eines Großrechners.

Der beste Blackjack-»Counter« der Welt ist Ken Uston. Ich habe in Atlantic City (USA) und im Hamburger Interconti mit ihm gespielt. Er und sein Team von zwei Dutzend Spielern haben viele Millionen

Dollar auf völlig korrekte Weise von den Spielbanken dieser Welt abgeholt. Wenn der Spieler und alle anderen Spieler im Team mit ausreichendem Kapital über eine lange Zeit nicht einen einzigen Zählfehler oder Spielfehler machen, dann gewinnen sie je nach Regelvariante zwischen 1 Prozent und 1,58 Prozent vom Umsatz. Nach einem einzigen Fehler pro Mann kann das Team sich statistisch bereits dem Verlust nähern. Befindet sich das Team gerade in der Talsohle eines negativen »swing«, dann können ein Dutzend Strategiefehler pro Mann bereits den vorher von Computern berechneten »Ruin« bedeuten. Der Computer hat vorher den »Ruinfaktor« genau berechnet. Dieser Faktor beschreibt das Risiko, ein beliebiges Grundkapital – etwa eine Million Dollar – durch extreme »swings« zu verlieren, anstatt es zu verdoppeln. Bei einem Ruinfaktor von fünf Prozent wird das Team in neunzehn von zwanzig Fällen das Grundkapital verdoppeln. Ruinfaktoren von fünf Prozent oder darunter gelten als akzeptabel.

Die Blackjackspieler im Interconti von Hamburg sind zu einem besonders hohen Prozentsatz von Vertretern des Milieus und von Zuhältern durchsetzt, deren Stärke nicht in rationaler Präsenz liegt. In einem solchen Umfeld ist es schwierig, gegen die Proteste der spieltheoretisch ahnungslosen Mitspieler eine optimale Strategie zu spielen. Es ist nicht leicht, Luden klarzumachen, daß man nicht spielt, um gegen jede Wahrscheinlichkeit zu hoffen, daß die Bank platzt (sich überkauft).

Gegenüber Ken Uston machte sich Pogromstimmung bemerkbar, weil er nach einer mathematischen Logik spielte (und gewann), die der »Mumm«-

Spieler für eine Sabotage seiner Chancen hält, weil er fälschlicherweise meint, daß die von den Spielern gekauften Karten irgendeinen Einfluß auf die statistisch wahrscheinliche Punktzahl in der Hand des Croupiers haben.

Weder der technische Direktor der Hamburger Spielbank noch einzelne Croupiers haben gegen Ken Uston etwas unternommen. Das ist eine Ausnahme. Überall sonst werden Ken Uston und Mitglieder seines Teams ohne Angabe von Gründen aus den Casinos geworfen. Das heißt: In Spielbanken darf man nur spielen, wenn entweder gegen die Bank aus mathematischen Gründen nicht zu gewinnen ist oder wenn man so schlecht spielt, daß man mit Sicherheit verliert.

Für Ken Uston ist die amerikanische »Civil Liberties Union« auf die Barrikaden gegangen. Es kam zum Prozeß. Die »Civil Liberties Union« argumentierte, daß es eine Diskriminierung sei, wenn die Casinos nur Leute zuließen, die nicht spielen können, und perfekte Spieler hinauswürfen. Die Casinos argumentierten, sie hätten ein »Glücksspiel« (sic) angeboten, das Ken Uston widerrechtlich durch seine Spieltechnik zu einem Geschicklichkeitsspiel gemacht habe. Ken Uston gewann den Prozeß. Die Casinos mußten ihn an den Spieltisch lassen. Daraufhin wurde der Mob aktiv, der an den meisten Casinos beteiligt ist. Ein paarmal wurde Uston krankenhausreif geschlagen. Jetzt spielen er und sein Team unter falschen Namen, mit falschen Bärten und mit Perücken.

Vincent Teresa beschreibt einige Methoden der kriminellen Ausbeutung der Spielsucht: »Gentile (ein Las-Vegas-Mobster) ruft mich eines Abends an und sagt, ich soll fünfzig oder sechzig Spieler auftreiben und damit ein ›junket‹ zum Sahara (Hotel in Las Vegas) machen ... ›junket‹, das war mir neu. Die Idee war, ein Flugzeug mit hundert Spielern zu füllen und für das Sahara nach Las Vegas zu fliegen...« Das Sahara zahlte fünfzig Dollar pro Nase. Man mußte nur dafür sorgen, daß die Leute einen guten Kredit und genug Geld hatten, um es zu verlieren.

Ähnliche Geschäfte laufen auch in der Bundesrepublik. Selbst ohne Betrug oder Manipulation ist eine kriminelle Beteiligung also lukrativ.

Die andere Tour ist das sogenannte »skimming« (absahnen). Dabei wird von den Gewinnen der Bank ein ziemlich happiger Teil gestohlen, bevor das Geld in den kontrollierten Raum zum Zählen kommt. In Las Vegas konnten sich Mitglieder des Mobs in den sechziger Jahren »einen Punkt« für 50 000 Dollar kaufen. Das heißt einen Anteil an der Operation mit einer einmaligen kriminellen Beteiligung, für die man dann monatlich 1500 Dollar Rendite aus dem gestohlenen Geld bekam. Es war eine Art Altersversicherung für Killer.

50 000 Dollar war die Rate vom Hotel Cesars Palace. Die Operation in diesem Hotel wurde jahrelang von einem Patriarca-Mobster namens Elliot Paul Price beaufsichtigt. Ganz oben standen Meyer Lansky und »Jimmy Blue Eyes«, ein Hauptmann der Catenas mit dem bürgerlichen Namen Vincent Alo. Auch zu Alo hat der Hamburger Mob Kontakt.

Die dritte Möglichkeit ist die Manipulation von legalen Glücksspielen und die Organisation illegaler und betrügerischer Spiele.

Vincent Teresa: *»Ich habe noch nie irgendwo ein Spiel gesehen, in dem nicht entweder die Bank bestohlen oder die Spieler betrogen wurden ...* Man brauchte ›Mechaniker‹, die das Spiel kontrollierten, Mädchen, die die Spieler unterhielten und ablenkten, und einen ›cool off man‹, einen ›Abkühler‹, der den Trottel beruhigen mußte, dem wir das Geld abnahmen. Das ist wichtig. Wenn es irgend geht, muß man dafür sorgen, daß der Trottel nicht allzu traurig ist.«

Ein internationaler Spezialist im Falschspiel und ein Künstler als »cool off man« war der inzwischen spurlos verschwundene »Tony« Robert A. DiPietro, der für Carlo Mastrototaro von der kriminellen Familie der Genovese gearbeitet hat. Auch der Name Mastrototaro wird in den Ermittlungen der Hamburger SoKo eine Rolle spielen.

Es gab und gibt kein organisiertes illegales Spiel von einiger Bedeutung, an dem die Nachfolger Meyer Lanskys nicht profitieren. Kontrolleur war und ist »Jimmy Blue Eyes«. Er sorgt dafür, daß dem Mob nichts wegkommt und daß niemand mehr einsteckt, als ihm zusteht. Die blauen Augen von Jimmy, die ebenso unbewegt auf Tote geblickt haben, wie sie auf Lebende blicken, verderben jedem die Lust, auch nur einen Dollar zu unterschlagen.

Die Ermittlungen einer staatsanwaltschaftlichen SoKo in Hamburg umfassen in den Jahren 1981 und 1982 intensive Observationen und mehrere richterlich genehmigte Telefonüberwachungen. Sie enttarnen Hauptfiguren und lassen enge Verbindungen zwischen dem deutschen Mob und der Cosa Nostra erkennen.

Es heißt im Sachstandsbericht II (FD 652) BN.: 9.658942 bu. vom 25.3.1983: »...Darüber hinaus wurden und werden immer noch weitere Personen bekannt, die dem Umfeld der kriminellen Vereinigung zuzurechnen sind bzw. in konkreten Einzelsachverhalten (s. Sonderband VIII) eine Rolle spielen.«

Die Erforschung der Randfiguren ist, wie aus den Akten der Polizei und der Justiz hervorgeht, gelegentlich etwas lückenhaft. Ein Casino-König, dem wahrscheinlich zwei Hit-Kontrakte (Morde) anzulasten sind, wird in den Akten als »nicht identifiziertes« Opfer von Betrügern beschrieben, nur weil er einmal in einer illegalen Runde 300 000 DM verloren hat. Ein Betrag, den er aus der Portokasse seiner westeuropäischen Casinos hätte zahlen können.

Die Analyse der Methodik, wie sie aus den Akten der Polizei und der Hamburger Staatsanwaltschaft hervorgeht, ist allerdings mustergültig. Ebenso vorbildlich wie die Bereitschaft der Polizei, das Problem zu erkennen.

In einer Zusammenfassung zum Sonderband VIII/Band 1 heißt es: »Der derzeitige Ermittlungsstand läßt erkennen, daß sich der Verdacht der Zugehörigkeit zu einer kriminellen Vereinigung, siehe auch hierzu Sachstandsbericht 1, Ziff. 4, für dort bezeichnete Personen konkretisiert. Ebenfalls wird immer deutlicher, daß Davis und Hayn als Zentralfiguren und die ›führenden Köpfe‹ dieser Gruppe anzusehen sind.«

William Ray Davis, alias Guttling, ist die internationale Kontaktfigur des organisierten Spielbetrugs. In einem der später abgehörten Telefonate

(18. 7. 1981, 23.08 Uhr) bezeichnet er sich selbst als »boss«. Seine Gefährtin Ursula Hayn übernimmt einen Teil der Koordinationsaufgaben, nachdem er während eines Großbetrugs im Casino »D'Été« in Monte Carlo verhaftet worden ist. Er hatte einem Araber am Bakkarat-Tisch Millionen abgenommen.

In der Übersicht zum Sonderband VIII zur Fallakte 10 (FD 652) BN.: 9.658949 vom 24. 3. 1983 heißt es (eckige Klammern von mir):

»1. Grundlage der einzelnen Sachverhaltsschilderungen des Sonderbandes VIII der Fallakte 10 sind die Telefonüberwachungsprotokolle der Anschlußinhaber

Ursula HAYN [damit auch Bill Davis]
Wilfrid SCHULZ
CAFÉ CHÉRIE [Inhaber Schulz]
Uwe CARSTENS [Wasserträger von Davis]

und die sichergestellten Gegenstände/Schriftstücke, die anläßlich der Durchsuchung entsprechender Objekte am 2. 11. 82 gefunden wurden.

2. Die Auswertung entsprechender Telefonüberwachungsunterlagen erstreckt sich derzeit bis zum Stand 1. 2. 1982 [also bis vier Tage vor der NDR-Talkshow, in der ich den Hamburger Innensenator auf Wilfrid Schulz ansprach] und führte bisher dazu, daß 160 Sachverhalte bzw. Hinweise ... angelegt wurden. Es ist somit davon auszugehen, daß ... nach Auswertung der gesamten TÜ-[Telefonüberwachungs-]Unterlagen noch eine erhebliche Anzahl von Hinweisen auf einzelne Sachverhalte zu erwarten sind, die für die Beurteilung der Mitgliedschaft in einer kriminellen Vereinigung ... bedeutsam sein könnte.«

Schon am ersten Tag der Telefonüberwachung wird laut vorläufigem Schlußbericht zum Sonderband VIII/32 vom 19. April 1983 beim Anschluß Hayn-Davis ein Gespräch zwischen Davis und dem New England ›underboss‹ der Cosa Nostra Carlo Mastrototaro aufgezeichnet. In dem Gespräch bittet Davis den Cosa-Nostra-Vize-Boß darum, die Lieferung spezieller Würfel [also manipulierter Würfel] zu beschleunigen. Damit ist von Anfang an die Verbindung des deutschen Mobs über Davis zur Oberliga der Cosa Nostra klar. Es gibt etablierte Cosa-Nostra-Figuren, die jahrelang vergeblich versucht haben, von Mastrototaro zur Kenntnis genommen zu werden, geschweige denn mit ihm zu telefonieren. Mastrototaro hat seine Finger auch im internationalen Handel mit gefälschten oder gestohlenen Wertpapieren. Deshalb saß er eine Zeit in einem US-Bundesgefängnis ein. Es ist wahrscheinlich, daß er auch an der München Connection beteiligt war.

Aus dem Sonderband VIII/1 (I):

»In einem Gespräch mit Giuseppe Marrazzi [sizilianischer Mafioso, hielt sich während der Manipulation der Aachener Spielbank in Aachen auf] erfährt Frau Hayn, daß die Fußballprofis [Rainer] Bonhof und [Günter] Netzer Beteiligungen an einem Casino in Spa/Belgien haben sollen. [Rainer Bonhof und Günter Netzer bestreiten glaubwürdig, jemals eine Teilhaberschaft an einem betrügerischen Casino angestrebt zu haben.]

Auf Grund dieser [vermeintlichen] Erkenntnis entwickelt Frau Hayn große Aktivitäten, über Wilfrid Schulz und über den Reporter Fritz Klein [NDR-Hauptabteilungsleiter Sport und inzwischen Sportkoordinator ARD] Möglichkeiten einer Manipulation in dem Casino mit dem Manager des HSV, Günter Netzer, durchführen zu können. [Fritz Klein, der von Berufs wegen Wilfrid Schulz als Veranstalter von Boxveranstaltungen flüchtig kannte, hörte sich das Ansinnen an, dachte aber natürlich nicht im Traum daran, tätig zu werden.]

Frau Hayn beabsichtigt, bei einem positiven Bescheid durch Netzer [den Netzer nie gegeben hat] Nickys Trick anzuwenden. [Nicky Fiscatoris, internationaler Betrüger und Spezialist für Manipulationen an Roulette-Kesseln].«

Dazu ist auch der vorläufige Schlußbericht vom 15. April 1983 interessant:

»Aus der Auswertung der TÜ [Telefonüberwachung], Bl. 2–11 d. A. ergibt sich, daß die

Ursula HAYN

im November 1981 geplant hat, eine betrügerische Roulettekesselmanipulation z. N. [zum Nachteil] der Gesellschafter des

Spielcasinos SPA/Belgien

vorzunehmen.

Sie bedient sich dazu des

Wilfrid SCHULZ,

der Kontakte zu dem vermeintlichen [von mir gesperrt] Casino-Mitgesellschafter,

Günter NETZER,

HSV-Manager, knüpfen sollte, um über ihn Zugang zum Casino zu bekommen.

Die eigentliche Manipulation sollte nach ihrem [Ursula Hayns] Plan von dem

Nick FISCATORIS

durchgeführt werden...

... Der Plan wurde insoweit bereits in die Tat umgesetzt, daß Schulz mit Hilfe des NDR-Sportreporters Fritz Klein versucht hat, Kontakte zu Netzer aufzunehmen, was durch zeugenschaftliche Vernehmung Netzers, Bl. 88 ff. bestätigt wird ...«

Klein und Netzer haben sich dem Ansinnen versagt. Schulz ist im Zusammenhang damit weder angeklagt noch verurteilt worden.

Die Beamten, die den Anschluß Hayn/Davis abhören, wissen nicht genau, ob Davis so redet, wie er redet, weil er zu viele Gangsterfilme gesehen hat, oder ob die Dialoge in Gangsterfilmen echter sind, als man glaubt. Bill Davis kultiviert einen leichten »southern drawl«, der mit einer Nuance von »Daddy hat alles fest im Griff« zu einem Tonfall wechseln kann, der einen frösteln läßt.

»There's a friend of mine, who's got sumpn good on blackjack«, sagt Davis in Moll. (»Ein Freund von mir hat eine gute Sache für Blackjack.«) Er versichert, daß er den Zocker eigenhändig ein paar Tage lang mit »vitamin C pills« füttern wird, damit der die Markierungen auf den ausgetauschten Karten besser sehen kann. Davis verwechselt offenbar Vitamin C mit Vitamin A. Einen Augenblick später in Dur: »Ah don't like anayboday bullshittin' me, see? Guy's fuckin' with us? I'm gonna send him some other people. Understand, here?« (»Mag nicht, wenn sich jemand mit mir anlegt. Klar? Der Kerl versucht uns anzuscheißen? Dem schick' ich andere Leute. Klar?«)

Einmal geht es stundenlang, tagelang um das Problem, daß irgendwelche Würfel nicht weiß sind, sondern »off-white«. Andere wieder sind zu gelblich, um sie unbemerkt austauschen zu können. Wieder andere spielen ins Graue. Es »ist zum Kotzen«, daß Weiß nicht Weiß ist und daß die »sons of bitches« (Würfel) auch noch je nach Material ihre Farbe leicht verändern und dann weiß-rosa oder gar weiß-braun werden.

Ein anderes Mal schafft er es, in einem einzigen Satz und in weniger als elf Sekunden viermal das Wort »fuck« und einmal das Wort »motherfucker« unterzubringen. Ursula Hayn kann, wie aus den Bändern der TÜ hervorgeht, in ihrem Amerikanisch die Unterwelt nicht so perfekt leugnen wie in ihrer Muttersprache. Die Schwierigkeiten mit dem »th« gleicht sie dadurch aus, daß sie gelegentlich etwas amerikanischer redet als Amerikaner (»dats ma biznis«).

Davis schätzt Stimmungslage und Hintergedanken eines jeden Gesprächspartners blitzschnell ein und pariert alles, was auf ihn zukommen kann, noch ehe der andere es zu Ende gedacht hat.

Es hat einen Konflikt gegeben mit einem Unterling. Der Konflikt ist bereinigt. Der Gesprächspartner versucht, die Versöhnung auszunutzen und sich Davis durch Vertraulichkeit zu verpflichten. »Can I tell you something else? I don't want to stick my nose in your business, but...« (»Kann ich dir noch was sagen? Es geht mich zwar nichts an, aber...«) Er kriegt nicht einmal den Satz zu Ende. »You can't talk to me like that« (»So kannst du mit mir nicht reden«), überrollt ihn Davis. »Entweder wir sind Freunde, oder wir sind keine Freunde, und wenn du etwas weißt, was ich auch wissen muß, dann hast du es mir zu sagen.« Mit Davis gibt es keine billigen Vertraulichkeiten. Die Luft beim Gesprächspartner entweicht hörbar. »That's why I'm tellin' ya« (»Deswegen sag' ich dir's ja«), sagt er kleinlaut, und was er ihm dann zu sagen hat, ist zur Bedeutungslosigkeit geschrumpft, bevor es das Ohr des Bosses erreicht. Verbale Zähmung. Hundertmal am Tag.

»Die Typen in Frankfurt haben's auch versucht«, sagt Davis fast gelangweilt. »Die haben gesagt, sie brauchen keinen Boß in ihrem Scheißcasino. Die haben schnell begriffen, daß ich bestimme und sie sich nur noch darum kümmern müssen, daß alles so gemacht wird, wie ich will.«

Sonderband VIII/62 (I): »In mehreren Gesprächen deutet Frau Hayn an, daß Nicky Fiscatoris in der Lage sei, einen Roulette-Kessel innerhalb von 40 Minuten zu manipulieren. Sie stellt besonders heraus, daß die Arbeitsweise einzigartig sei ...«

Sonderband VIII/71 (I): »Die Wahl der Sozialisten in Griechenland bereitet Newton [internationaler Falschspieler] und Frau Hayn Sorge.« Seit die Casinos der Cosa Nostra in Kuba durch Fidel Castro geschlossen worden sind, hat man in diesem Milieu für Sozialisten nicht viel übrig. Man ist entschieden für freien Wettbewerb.

Sonderband VIII/82 (II): »Wilfrid Schulz will sich an einem Preis-Skat beteiligen. In einem Gespräch mit Uwe Carstens wird erwähnt, daß er für das anschließende Glücksspiel die richtigen [manipulierten] Würfel mitbringen soll.«

Während der Hamburger Polizeiaktion beobachten die verdeckten Fahnder nebenbei, wie für den Wasserträger von Schulz, Uwe Carstens, alias »Dakota

Uwe«, eine Pfründe besorgt wird. Es ist die Konzession für eine Würstelbude im Volksparkstadion. Solche Würstelbuden sind Goldgruben. Alle Welt meint, das Volksparkstadion müsse attraktiver werden. Auch der damalige NDR-Sportreporter Fritz Klein setzt sich dafür ein. Zu den Attraktionen sollen auch die Würstelbuden gehören.

Die observierenden Beamten der SoKo sehen zu, wie Carstens in einem Nobelrestaurant an der Elbchaussee einem einflußreichen Hamburger Bezirkspolitiker Bargeld zusteckt. »Dakota Uwe« erhält die Konzession (laut TÜ) im Namen seiner Frau, und er behält sie, auch als die Polizei darauf hinweist, daß die Vergabe durch Bestechung eines Politikers zustande gekommen ist.

In einem Brief von einem jugoslawischen »mechanic« an Carstens will der endlich Details im Zusammenhang mit einer geplanten Manipulation am Roulettekessel im Hamburger Interconti wissen (9. 2. 1981). »1. Um wieviel Uhr das Spiel ist beenden? 2. Um wieviel Uhr nach dem Spiel die Putzfrau kommt? 3. Gibt es Wachmeister in den Casino nach dem Spiel? 4. Was ist gegen über Casino, auf gleichem Stock? 5. Gibt es einen Notausgang in Casino, und können wir durch im von draußen hereinkommen? 6. Wie hoch ist die Maximum auf die Nummer? 7. Gibt es überhaupt Coro-Zilinder dort? Die Antworten brauche ich weil kann ich nicht unter ein Mann für das dort zu schicken weil bin ich in Engpaß mit dem Zeit. Das Gewinn verteilen wir halb-halb.«

Da kein Spieler – mit welchem System auch immer – eine Chance hat, im Roulette auf Dauer zu gewinnen, kann man sich ausrechnen, was es bringt, wenn durch die mechanischen Veränderungen am Kessel bestimmte Zahlen mit Wissen einiger Großzocker bevorzugt fallen. Sie »skimmen« also schon durch Mitspielen den Gewinn und holen sich den Rest durch kriminelle und verdeckte Teilhaberschaften.

Schließlich erwähnt Frau Hayn in einem abgehörten Telefonat mit einem Rechtsanwalt, daß sie mit Davis [der inzwischen in Frankreich sitzt] »einen neuen Code« für den Schriftverkehr abgesprochen habe. Als die Hamburger Polizisten am 2. November 1982 die Wohnungen von Hayn-Davis, Schulz, Carstens und dem starken Arm von Schulz, Davoud Dargahi, durchsuchen, finden sie ganze Wagenladungen mit »Ziehbesen« (tastmarkierte Spielkarten), manipulierten Würfeln und anderem Gerät zum Betrug beim Glücksspiel. Bei Wilfrid Schulz finden die Beamten keine manipulierten Spielmaterialien.

Die Tentakel des Hamburger Mobs reichen über ganz Europa hinweg. Von Split bis Spa, von Rhodos bis London, von Beirut bis München. Ursula Hayn und auch Davis werden im »Derby«, einem luxuriösen Münchener Spielclub, observiert. Der Spielclub fliegt auf. Um den riesigen Crap-Tisch aus dem Etablissement herauszuholen, muß die Feuerwehr mit einem Kran anrücken. Der Tisch ist aus den USA eingeflogen und von ebenfalls eingereisten Spezialisten erst im Club zusammengebaut worden.

Als französische Fahnder anreisen, um bei dem slowakischen Tschechen Vladimir Granec, der bei einer Schießerei im Stockholmer »Caravelle« aufgefallen ist, in München eine Haussuchung zu machen, bitten sie einen bayerischen Kriminalhauptkommissar, sie zu begleiten. Pech für Granec.

Kriminalhauptkommissar Peps Zoller sagt später in einer Verhandlungspause: »I bin immer von Notizbücheln fasziniert.« Kaum ist er in der Wohnung, fällt ihm beim Telefon ein Notizbuch mit Krokoeinband auf. Nach einem kurzen Blick steckt er es ein. Der Experte für Spieldelikte hat sofort Skizzen von Roulettekesseln und codierte Notizen erkannt. Außerdem stehen da acht Zahlen mit dem Schlüssel BB, AA und RH. »Gibt's des?« fragt sich Zoller. Prompt findet er in Bad Bentheim (BB), Aachen (AA) und in Rhodos (RH) an bestimmten Roulettekesseln unmerklich gelockerte Stege. Die Stege sind von Bad Bentheim bis Rhodos genau an denselben Zahlen gelockert. Es sind die Zahlen in Granecs »Notizbüchel«.

»Alles Zufall«, sagt später der Verteidiger. Granec wird im Januar 1987 zu viereinhalb Jahren verurteilt. In der mündlichen Urteilsbegründung des Verfahrens gegen Granec wird der damalige Technische Direktor der Spielbank Wiessee in einer Weise erwähnt, daß eine Wiederaufnahme des (zunächst eingestellten) Verfahrens gegen ihn möglich erscheint. Die Bank findet ihn mit 300 000 DM ab. Dafür verzichtet er auf eine Lebensstellung mit einem Mindesteinkommen von 20 000 DM monatlich.

Nach einem späteren Erkenntnisstand der Polizei umfaßt der harte Kern des in der Bundesrepublik Deutschland operierenden Mobs 21 Spitzenfiguren (INPOL-Fahndung vom 3.1.1983) und an die zweihundert Leute Personal. Es sind Deutsche, Amerikaner, Franzosen, Italiener, Jugoslawen, Israelis, Griechen und Perser. Amerikaner und Italiener halten die Mehrheit. Die Cosa Nostra hat das Heft in der Hand.

In der Bundesrepublik Deutschland ist der Besitz von gezinkten Karten oder manipulierten Würfeln nicht verboten. Verboten ist nur die Benutzung in Betrugsabsicht. Es handelt sich dabei um eine Analogie zu bestimmten elektronischen Geräten. So kann man zum Beispiel Geräte zum Abhören von Autotelefonen auf den Frequenzen von 153 MHz aufwärts überall kaufen. Man darf sie aber nicht benutzen, um Autotelefone abzuhören.

Das heißt, ganz im Sinne des freien Wettbewerbs: Das Geschäft mit Dingen, die illegalen Zwecken dienen, bleibt geschützt, während der Kunde, der sie für den Zweck verwendet, für den sie produziert und verkauft wurden, sich strafbar macht. Das Geschäft wird von der Sanktion verschont, der Kunde wird damit belastet.

Diese Regelung zugunsten der heiligen Kuh »Geschäft« bringt die Polizei auch im Bereich des verbotenen Glücksspiels in eine Beweisnot, die absurd ist. Sie muß nämlich nicht nur nachweisen, daß manipuliertes Spielgerät sich für betrügerische Zwecke eignet. Sie muß auch beweisen, daß die Geräte mit Betrugsabsicht benutzt werden oder benutzt worden sind. Eigentlich muß sie die Täter in flagranti erwischen. Und oft reicht nicht einmal das.

In Aachen bauen Mechaniker des Mobs einen Roulettekessel aus und nehmen ihn mit in ihr Hotel, um ihn da zu manipulieren. Die Polizeibeamten überraschen sie mitten in der Arbeit. Trotzdem kommt nicht viel mehr als Hausfriedensbruch dabei heraus. Niemand wandert hinter Gitter. Kein Mitarbeiter des Casinos wird angezeigt, obwohl der Ausbau eines Roulettekessels ohne Hilfe von innen praktisch unmöglich ist. Dem Gericht reicht die Beweisführung nicht, um eine illegale Manipulation zu unterstellen. Von krimineller Vereinigung ganz zu schweigen.

Bei der Haussuchung der SoKo in Hamburg im November 1982 wird alles mögliche bei den Verdächtigen gefunden. Magnete, elektrische Geräte, magnetische Farben und Schleifgeräte, manipulierte Würfel und gezinkte Karten. Insgesamt handelt es sich um mehrere Zentner Material. Eine mühsame Analyse beginnt. Man holt sich wieder den Experten aus München, Peps Zoller.

In der Wohnung Davis-Hayn werden unter anderem zwei Würfel beschlagnahmt (Asservaten-Liste 22.4 a): »braun; Doppelbilder 1-2-3, die Seiten 1-1 sind 0,3 bzw. 0,5 mm flacher und dadurch bevorzugt. Mit diesen beiden Würfeln können nur die Werte 2, 3, 4, 5 und 6 erzielt werden.« Wer einen anderen Wert braucht, um zu gewinnen, wird vergeblich warten. Bekanntlich ist es auf Grund der Dreidimensionalität unserer Welt unmöglich, jemals mehr als drei Seiten eines Würfels zu sehen. Wenn die Würfel schnell genug ausgetauscht werden, kommt der Spieler nie dahinter.

Außerdem finden die Beamten zwei Würfel mit den Doppelbildern 4-5-6. »Mit dieser Kombination können nur die Werte 8, 9, 10, 11, 12 erzielt werden.«

Unter 22.4 m der AL heißt es: »Natürlich sind auch Kombinationen der Würfel untereinander möglich. So erzielt man z. B. mit einer Kombination von 1-3-5 und 2-4-6 nur ungerade Points (Summen). Und wenn ein Point 5 oder 9 lautet, macht eine Kombination aus 1-4-5 und 2-5-6 das Wiederholen dieser Werte unmöglich, wogegen die 7 sehr bald fallen muß.«

Es ist nicht nur unwahrscheinlich, gegen solche Würfel zu gewinnen. Es ist unmöglich.

Unter 24 der AL sind 120 rote, grüne und durchsichtige Würfel aufgeführt. Die durchsichtigen Würfel sollen das Opfer einlullen, weil es da auch die anderen drei Seiten sieht. Aber: »Die Facetten an den Kanten sind in verschiedenen Winkeln angeschliffen ... Das Rollverhalten wird dadurch beeinträchtigt, daß verschiedenartig scharfe Kanten entstehen, die sich am Filztuch des Spieltisches entweder leichter fangen oder leichter darüber abrollen.«

Das leuchtet sofort ein. Nur, die Spezialisten der Kripo müssen das auch beweisen. Also würfeln sie mit solchen Würfeln tage- und nächtelang, um den statistischen Nachweis zu erbringen, daß sich Würfel in einer bestimmten Weise verhalten. Besonders mühsam ist das mit Würfeln, deren Material ihnen einen asymmetrischen Schwerpunkt verschafft:

(AL 2.1.l) »Die Anordnung der Gewichte (unter den Punkten) ist dergestalt, daß die 6 beschwert ist, so daß die gegenüberliegende 1 bevorzugt fallen muß. Bei 1100 Testwürfen wurden folgende Ergebnisse erzielt:

$$1 = 375 \text{ Treffer} \quad (34,0\%)$$
$$2 = 161 \text{ Treffer} \quad (14,6\%)$$
$$3 = 182 \text{ Treffer} \quad (16,3\%)$$
$$4 = 141 \text{ Treffer} \quad (12,8\%)$$
$$5 = 152 \text{ Treffer} \quad (13,8\%)$$
$$6 = 90 \text{ Treffer} \quad (8,1\%)«$$

So geht das weiter mit Hunderten von Würfeln und mit Hunderttausenden von Testwürfen. Mal sind 2 und 6 im Vorteil, mal ist es die 5. Dann wieder ergänzen sich zwei Würfel so, daß nur ganz bestimmte Zahlenkombinationen herauskommen.

Ebenso kompliziert ist die Analyse der Karten. Unter AL E.1/10 1.16 sind einzelne Karten eines »Ziehbesens« aufgeführt. Es sind Karten, deren langer Rand mit feinstem Schleifmaterial so unmerklich konvex oder konkav zugeschliffen sind, daß es niemand merkt. Der Abschliff ist kaum meßbar. Er bewirkt, daß ein Falschspieler, der die Form kennt, aus einem gemischten und abgehobenen Paket mit einem einzigen Griff alle angeschliffenen Karten herausziehen kann.

Der Ziehbesen richtet sich nach dem Spiel, das gespielt werden soll. Beim Skat wären es zum Beispiel vier Buben. Wer jedesmal, wenn er selber (oder sein Partner) gibt, vier Buben in der Hand hat, muß sich sehr anstrengen, um zu verlieren. Die Trümpfe werden nach unten praktiziert und durch eine der zahlreichen Methoden des »bottom dealings« dann selbst vereinnahmt oder einem Partner gegeben. Beim Pokern kann es eine komplette Farbe sein für einen Flush. Oder alle Asse sind für einen gelegentlichen Vierling durch den Abschliff greifbar.

Ziehbesen haben nur dann einen Sinn, wenn der Falschspieler geschickt genug ist, sie während des Spiels gegen die eigentlichen Karten auszutauschen. Dieses Geschick hat nicht jeder. Die Hersteller bieten daher für alle Lagen Ziehbesen an, die original verpackt und mit Banderole versehen sind. Es gibt sie mit allen denkbaren Kartenbildern und Rückseitenmustern. Bei einem hohen Spiel wird der Betrüger die Mitspieler bitten, seine Vorsicht nicht für Mißtrauen zu halten. Wenn es um ein paar hunderttausend Mark hin oder her geht, dann würde er gern mit nagelneuen Karten spielen. Entweder kauft er dann »beim Haus« präparierte Karten, oder er läßt sogar irgendeinen Mitspieler echte neue Karten kaufen. Dann sieht er sich das Rückseitenmuster an, läßt sich den passenden Ziehbesen von einem Komplizen geben und tauscht aus.

Wenn er nun seinen S. W. Erdnase (Künstlername des Lehrmeisters aller Falschspieler, E. S. Andrews, verkehrt herum buchstabiert, »A Treatise on the Science and Art of Manipulating Cards«) gut studiert und fleißig geübt hat, dann kontrolliert ein Betrüger nicht nur die eigenen, sondern auch die Karten seiner Gegner.

Wenn sie gerade nichts Wichtigeres zu tun haben, dann spielen Kartenkünstler der mittleren und unteren Hierarchie auch bei Skat-Turnieren oder Schaffkopfrennen in der Provinz mit. Vorausgesetzt, die örtliche VW-Vertretung setzt einen Golf als ersten Preis aus, oder man kriegt nachher eine hohe Runde zusammen. Je besser die Spieler sind, desto leichter fallen sie auf Betrüger herein und desto eher sind sie bereit, um einen aberwitzigen Point zu spielen.

Wenn dann – wie in Bayern geschehen – so ein Kartenkünstler von verdeckten Fahndern der Kripo aus anderen Gründen observiert wird, dann kann es zu einem tragikomischen Konflikt kommen. Die Fahnder merken, daß der Künstler praktisch in jedem Spiel betrügt. Sie werden vom Mitleid gepackt. Einer spielt den sachkundigen Kiebitz, geht zur Veranstaltungsleitung und teilt ihr mit, daß der Herr mit dem Kohlenpottakzent und der salonbayerischen Trachtenjacke die Buben, Asse und Zehnen gepachtet zu haben scheint und ungeniert einen Grand aus der Hand nach dem anderen herunternudelt. Der Stolz der Skatexperten ist tief verletzt. Man wirft die Fahnder der Kripo hinaus. Alle halten schon die Vermutung für eine Unverschämtheit, daß man erstklassige Spieler wie sie betrügen könnte. Erst als der Glückspilz zwei Honoratioren der Stadt nachts beim 17 und 4 noch 342 000 Mark abnimmt, fallen den Leuten die zwei dummen Kiebitze wieder ein, die sie warnen wollten.

Bei Uwe Carstens wird (AL 11.3) ein Kartenspiel (Loews, Monte Carlo) gefunden, das auf der Rückseite gezinkt ist. Und zwar: Alle Asse, Zehner und Bilder mit einer Markierung. Alle Siebener, Achter und Neuner mit einer anderen Markierung. Außerdem enthält das Spiel – für Notfälle – noch eine zusätzliche Karo 9. Man muß nicht viel von Karten verstehen, um zu wissen, daß die Karten für Blackjack vorgesehen sind.

Außerdem finden die Beamten ein Skatblatt, dessen Treffkarten per Ziehbesen kontrollierbar sind.

Es finden sich 126 Skatspiele, unlackiert und auf der Rückseite unbedruckt. Ein Verlag in Hamburg hat sie zum Preis von einer Mark pro Spiel von der Firma Schmidt bezogen. Man muß kein Sherlock Holmes sein, um sich auch darauf einen Reim zu machen.

Schließlich kommen noch chemische Gutachten hinzu. Es heißt da zum Beispiel: »Der Würfelkern, der aus Polystyrol besteht, hat laut Literaturangaben eine Rohdichte von 1,05 g cm³, während die Würfelhülle (ungesättigter Polyester) eine Rohdichte von ca. 1,2 g cm³ aufweist. Das Material, aus dem der

Würfelkern besteht, ist demnach je Volumeneinheit leichter als das Würfelaußenmaterial.«

Da der Besitz derartigen Geräts allein nicht strafbar ist, hat die Kripo das Material durch »synoptische Gegenüberstellung« zum Nachweis einer kriminellen Vereinigung herangezogen. Es läßt nach Auffassung der Ermittler »den Schluß zu, daß es auf dem Gebiet des Falschspiels zu gemeinsamen Aktivitäten zwischen Davis/Hayn, Carstens und Dargahi gekommen ist«.

Im vorläufigen Schlußbericht vom 20. April 1983 /eg (FD 652) wird endlich die Spitze eines Eisbergs beschrieben:

»Die Auswertung des gesamten vorhandenen Materials, soweit sie bisher vorgenommen werden konnte, macht deutlich, daß DAVIS und seine Lebensgefährtin Ursula HAYN (diese insbesondere nach seiner [Davis'] Verhaftung in Monaco) eine zentrale Rolle in einer kriminellen Vereinigung spielen, deren Haupttätigkeit darauf gerichtet ist, erhebliche Gewinne auf dem Gebiet des Glücksspiels und Falschspiels im fast gesamteuropäischen Raum zu erzielen.«

Aus den Daten der Beteiligten wird dann im Rückschlußverfahren eine Hierarchie der »kriminellen Vereinigung« ermittelt. Aus allem zusammen ergeben sich folgende Tatkomplexe:

1. Manipulation an Spielgeräten in Casinos
2. Falschspiel und Betrug
3. Beschaffen, Herstellen, Ankaufen und Vertreiben von Glücksspielmaterial
4. Illegales Glücksspiel

5. Eindringen in das Management europäischer Casinos

Eine besondere Rolle bei dem Versuch, die europäische Glücksspielszene unter Kontrolle zu bringen, scheint »Billy« William Ray Davis zu haben, geboren am 2. Februar 1929 in Svenson/Texas, USA. Jahrelang wohnt Davis unangemeldet mit Ursula Hayn zusammen in Hamburg und operiert auch von dort aus. Bei seiner späteren Festnahme verschweigt er seinen wahren Aufenthaltsort: Frauenthal 27, 2000 Hamburg 13. Er versucht, nicht aufzufallen. Seine Aktivitäten verlegt er nach außerhalb. Er ist oft Gast in der Sauna des Hotel Atlantic. Es ist eine der wenigen Gelegenheiten, bei der er sein Toupet abnimmt. Morgens joggt er rund um die Alster, um sich fit zu halten. Abwechselnd joggen die Mitglieder der SoKo hinter ihm her.

Davis ist ein unauffälliger älterer Herr, hat aber Sinn für Repräsentation. Während Ursula Hayn einen Chevrolet Camaro fährt, zieht er einen Mercedes 450 SE vor.

In den Akten der Hamburger Justiz heißt es zu Davis (eckige Klammern von mir):

»Nach Unterlagen des FBI wird Davis dem amerikanischen organisierten Verbrechen zugerechnet. [In Hamburg nennt man das immer noch ›organisierte Kriminalität‹, weil es im Sinne polizeilicher Verlautbarungen ›organisiertes Verbrechen‹ nicht gibt.] Er verfügt seit Jahren über Kontakte zu führenden Personen der US-Mafia [gemeint sind Cosa Nostra und Mob], z. B. zu Mastrototaro, Eddie und Dino Cellini [Mastrototaro, New-England-›underboss‹], Farell

[›Ferry‹ Jack Farell, internationaler Falschspieler und Manipulator der Spitzenklasse], Newton [›Jack‹ Basil Bratton Newton, internationaler Manipulator von Roulettekesseln], Caton [Thornton Jennings Caton, internationaler Betrüger], Beckley [US-Mob], Vincent Alo [›Uncle Blue Eyes‹, Muskelmann, enforcer, des verstorbenen ›Finanzministers‹ der Cosa Nostra, Meyer Lansky, und daher in der Hierarchie sogar noch über Mastrototaro]. Es liegen diesbezügliche Erkenntnisse des FBI aus den Jahren 1961–1966 vor, die durch die Telefonüberwachung eindeutig bewiesen werden...

Nach Beobachtungen des FBI versuchen amerikanische Verbrecherorganisationen in den sechziger Jahren Einfluß auf die Glücksspielszene in Europa zu nehmen. Dem FBI gelingt es, einen getarnten Agenten [Herbert ITKIN] in die Glücksspielszene einzuschleusen, der dann im Jahre 1967 an einem Treffen zwischen dem französischen ›Casino-König‹ FRANCISCI [Anfang 1982 erschossen] und Davis sowie einer weiteren, nicht identifizierten Person, teilnimmt...«

Weitere Indizien für die beabsichtigte Infiltration amerikanischer Verbrecherorganisationen in das europäische Spielcasinogeschehen sind folgende Fälle:
- 1971 kommt es in Stockholm im Spielclub Caravelle (er gehört zu der Gruppe des in München verurteilten Vladimir Granec) zu einer Auseinandersetzung zwischen rivalisierenden Gruppen, die schließlich in einer Schießerei endet, bei der Davis und zwei Begleiter angeschossen werden.
- 1971 versucht Davis zusammen mit einem nicht bekannten Teilhaber auf den Passagierschiffen TS

Hamburg und TS Hanseatic Spielcasinos zu errichten bei einer Gewinnbeteiligung von 33 Prozent.

- 1976 versucht Davis offensichtlich über Robert Cellini Einfluß auf das Spielcasino Travemünde zu erlangen. Cellini erstellt über angeblich höhere Gewinnchancen für das Casino eine Expertise [eine Kopie wird in der Wohnung Hayn-Davis gefunden]. Die Ermittlungen [in Travemünde] ergaben, daß tatsächlich für kurze Zeit der Plan des Cellini realisiert worden war, das heißt, es wurde dort kurzfristig amerikanisches Roulette [blitzschnell, um den Spielern mehr Geld abzunehmen und mit zwei Zero] gespielt, aber von den Spielern nicht angenommen.

- 1981 fragt Davis über seinen Anwalt Dr. Ewerwahn im Hilton Hotel in Amsterdam nach, ob dort die Möglichkeit bestünde, in geeigneten Räumen, gegen eine jährliche Miete von 100 000 Dollar, einen Spielbetrieb zu unterhalten. [100 000 Dollar sind ein lächerliches Trinkgeld gegenüber dem zu erwartenden legalen und illegalen Profit.] In diesem Schreiben [von RA Ewerwahn] wird darauf hingewiesen, daß derartige Projekte bereits in den Hotels Okura International und Sonesta verwirklicht worden sind. Das Ersuchen wird abgelehnt.

- Im April 1973 wird Davis wegen einer Kartenmanipulation beim Bakkarat von der Spielbank Bad Neuenahr gesperrt. Vier Monate später sperrt ihn Travemünde. Im März 1976 sperrt ihn das Spielcasino Wien. Ab 1976 werden die Sperren von allen deutschen Spielcasinos übernommen.

Auf die Einnahmen von Davis hat das kaum einen Einfluß. Die Organisation steht und verdient sich krumm.

Am 8. August 1981 wird Davis in Monaco verhaftet und knapp zwei Monate später von einem französischen Gericht zu zwei Jahren und einer Strafe von 100 000 FF verurteilt.

Zu dieser Zeit läuft bereits die Hamburger Telefonüberwachung. Die Beamten haben mitbekommen, daß Frau Hayn von einer Schweizer Bank »Spielgeld« in Höhe von einer Million FF nach Monte Carlo überweisen läßt, bevor sie sich selber auf den Weg macht.

Im Durcheinander der Verhaftung gelingt es Frau Hayn, den Schaden etwas zu begrenzen. Sie läßt sechs Jetons à 100 000 FF, also einen Gesamtwert von 600 000 FF, verschwinden. Die Jetons werden später beim Rechtsanwalt von Davis, Dr. Ewerwahn, gefunden. Der Anwalt hatte sie vorsorglich in Verwahrung genommen.

Am 18. November 1982 erläßt die Abteilung 160 des Amtsgerichts Hamburg einen Haftbefehl gegen Davis. Darin heißt es, Davis habe unmittelbar nach seiner Verhaftung in Monaco sein Vermögen in der Schweiz mit Hilfe von Ursula Hayn, Wilfrid Schulz und in- und ausländischen Rechtsanwälten »in Verschleierungsabsicht« beiseite schaffen lassen.

Damit die Franzosen Davis nicht in die USA abschieben, wo die Behörden seit Jahren auf ihn warten, nutzt Frau Hayn mit Hilfe von Dr. Ewerwahn die Beziehungen des Davis-Schulz-Adlatus Uwe Carstens zu einem Beamten der Hamburger Ausländer-

behörde, der sich von Persern Aufenthaltsgenehmigungen bezahlen läßt. Der Beamte hilft sofort und
muß dafür später gehen. Er stellt die vom Mob ge-
wünschte Bescheinigung aus. Sie wird im Büro von
Dr. Ewerwahn »sichergestellt«.

Um die Haftbedingungen von Davis zu erleichtern, läßt man Beziehungen spielen. Den Kontakt
zum Häftling Davis hält ein Rechtsanwalt in Nizza.
Um »eine Stabilisierung seines psychischen und physischen Gesundheitszustands zu erreichen«, wird Ursula Hayn über den Rechtsanwalt von Bill Davis be-
auftragt, Kontakt mit Dean Martin und Frank »Old
Blue Eyes« Sinatra aufzunehmen. Der Sänger soll bewegt werden, seine guten Beziehungen zur Fürstin
von Monaco (der später tödlich verunglückten Schau-
spielerin Grace Kelly) einzusetzen.

Man versucht, an französische Politiker heranzukommen, die dem Mob nahestehen. Dann richtet der
Rechtsanwalt Frau Hayn von Davis aus, sie solle in
die USA fliegen und direkt mit »Santos« reden, um
Davis aus dem Gefängnis herauszukriegen.

Ursula Hayn verschlägt es die Stimme: »Das ist
wirklich Nummero Uno!« sagt sie laut TÜ-Mitschnitt.
Gemeint ist Santo Trafficante, Floridas Boß der Bosse. Zusammen mit Sam Giancana wurde er von der
CIA angehauen, »to clip Fidel Castro«. 1978 gibt er
vor einem Ausschuß des Repräsentantenhauses zu,
an dem Komplott zur Ermordung von Fidel Castro
»aus patriotischen Gründen« beteiligt gewesen zu
sein. Vor Castros Revolution hat er die Spielcasinos
von Kuba kontrolliert. Er gilt bis zu seinem Tod im
März 1987 als der weltweite Pate des illegalen
Glücksspiels der Cosa Nostra.

Man versucht, den Nachkommen einer deutschen Industriellen-Dynastie einzuschalten, der zum Repertoire der Gelben Presse gehört. Die Ganoven erwägen, Kontakt zu Gunter Sachs über dessen Freund Walter Staudinger in München aufzunehmen, um die politischen Beziehungen des Playboys auszuschöpfen. Der verstorbene Senior der Opel-Dynastie, Fritz von Opel, über Gunter Sachs: »Ich will den Kerl nicht sehen.« Der zu diesem Zeitpunkt amtierende französische Justizminister hatte als Rechtsanwalt im Auftrag von Gunter Sachs (Sohn der Schwester von Fritz von Opel, Elinor) dessen Cousine Putzi von Opel (Tochter von Fritz von Opel) gegen den Vorwurf des Rauschgifthandels verteidigt.

Für William Ray Davis ist es eine Frage der Reputation, ob es den Behörden wirklich gelingt, ihn festzuhalten. Den französischen gelingt es zunächst, den deutschen nicht. Davis wird nach einem Auslieferungsverfahren dem Polizeirevier 1 in Saarbrücken zugeführt. Er soll nach Hamburg überstellt werden. Die deutsche Justiz muß ihn laufenlassen. Das Auslieferungsverfahren war wegen Zugehörigkeit zu einer kriminellen Vereinigung eingeleitet worden. Die Franzosen kennen den Tatbestand der kriminellen Vereinigung in unserem Sinne nicht. Deshalb wurde Davis dann wegen Betrugs (Spielbetrugs) ausgeliefert. Im Gegensatz zur Mitgliedschaft in einer kriminellen Vereinigung braucht die Anklage bei Betrug aber einen konkreten Fall. Die Anklage mußte daher einstellen. Als nach einer Anstandsfrist die Ermittlungen wegen der Zugehörigkeit zu einer kriminellen Vereinigung wieder aufgenommen werden konnten, hatte sich Davis – vermutlich in die USA – abgesetzt.

Vorläufiger Schlußbericht, FD 652 vom 20. 4. 83/eg: »Die Auswertung des gesamten ... Materials ... macht deutlich, daß Davis und seine Lebensgefährtin Ursula Hayn (diese insbesondere nach seiner Verhaftung in Monaco) eine zentrale Rolle in einer kriminellen Vereinigung spielen ...« Das Gericht hat auch dies nicht bestätigt. Frau Hayn ist inzwischen nicht mehr greifbar.

Die Führungsrolle einer Frau in der oberen Etage des deutschen Mobs wäre ein außergewöhnlicher Fall. Der italienische, irische oder jüdische Mob hat aus Gründen, die vielleicht mit einer jüdisch-christlichen Tradition zusammenhängen (oder auch nur mit einem grenzüberschreitenden männlichen Chauvinismus), niemals Frauen auf der Entscheidungsebene des Mobs zugelassen.

Figuren des Mobs von ganz unterschiedlicher ethnischer Herkunft waren immer stolz darauf, daß mit »unserer Sache« eine Männersache gemeint war. Sie werden nicht müde, diese definitive Ausgrenzung, die sie für Ritterlichkeit halten, zu betonen.

In den modernen und weitgehend von einer bestimmten ethnischen Herkunft abgenabelten Formen des organisierten Verbrechens spielen Frauen vor allem deshalb keine Rolle, weil es ihnen nicht so leicht möglich ist, das für Reputation und disziplinäre Macht unerläßliche Killer-Prestige zu erwerben. Man traut Frauen – begründet oder unbegründet – den erforderlichen Zynismus weniger zu als Männern. Diese Einschätzung mag ein Klischee sein. Für das organisierte Verbrechen sind Klischees Realitäten, solange sie das Verhalten von Gegnern und Opfern bestimmen.

Ursula Hayn arbeitet als Bardame, als sie Davis kennenlernt. Davis ist für sie der Zugang zu einer Welt, die sie für ebenso fabelhaft wie unerreichbar hält. Zwischen beiden entwickelt sich eine emotionale Bindung, die weit über das hinausgeht, was in diesem Umfeld alltäglich ist. Frau Hayn ist zu dieser Zeit eine schlanke Blondine. Ihre Erscheinung und ihr Auftreten sind geprägt von einer Eleganz, deren wichtigste Symptome Unauffälligkeit und Understatement sind. Sie verfügt über einen scharfen Intellekt und über eine psychologische Stabilität, die auch in der Haft nicht zu erschüttern ist. Hinzu kommen hohes organisatorisches Talent, absolute Zuverlässigkeit und Loyalität. Für die Hamburger Zuhälter und Zocker reicht die Reputation dieser Frau, hinter der Davis steht und damit ein US-Mob, mit dem man sich keine Witze erlauben kann.

Unterhalb der Entscheidungsebene Hayn-Davis liegt die »Beratungs- und Vermittlungsebene«. Im vorläufigen Schlußbericht vom 20. 4. 1983 heißt es: »Eine offensichtlich bedeutende Rolle in dieser Ebene kommt Wilfrid SCHULZ zu. In mehreren Fällen tritt er als Berater für DAVIS/HAYN auf (siehe Sonderband 8/1, 8/17, 8/18, 8/65). Daneben tritt er in anderen Fällen wiederum als ausführende Person in Erscheinung (siehe Sonderband 8/12, 8/82, 8/112, 8/168).« Auch das ist später vom Gericht nicht bestätigt worden.

Im November 1982 wird Wilfrid Schulz verhaftet. Durch die Verhaftung leidet seine Reputation im Milieu. Aber nur geringfügig. Immerhin, er ist nicht unantastbar.

Konkurrenten sagen ihm nach, er sei Handlanger einer gerissenen Frau und Befehlsempfänger eines Texaners gewesen. Die Große Strafkammer am Landgericht Hamburg verurteilt ihn am 13. April 1984 zu drei Jahren und sechs Monaten wegen Förderung der Prostitution, wegen Steuerhinterziehung in fünf Fällen, wegen Beihilfe zur Urkundenfälschung und wegen tateinheitlicher Anstiftung zur falschen uneidlichen Aussage und zur Begünstigung (Az. [88]25/83 KLs). Schulz geht in die Revision. Der Bundesgerichtshof hebt am 23. Oktober 1985 das Urteil in bezug auf Steuerhinterziehung in zwei Fällen auf. Die Steuerdelikte müssen neu verhandelt werden.

Am 20. 10. 1986 verurteilt die Große Strafkammer des Landgerichts Hamburg Wilfrid Schulz wegen Einkommensteuerhinterziehung unter Einbeziehung der vom BGH bestätigten Urteile zu einer Gesamtfreiheitsstrafe von zwei Jahren und sechs Monaten sowie zu einer Geldstrafe von 250 Tagessätzen zu 230 DM, also 57 500 DM. Wilfrid Schulz nimmt das Urteil an und reicht später ein Gnadengesuch ein. Das Gnadengesuch wird abgelehnt. Er muß die Strafe mit dem für gute Führung üblichen Rabatt absitzen.

Der Haftbefehl wegen Mitgliedschaft in einer kriminellen Vereinigung ist vom Oberlandesgericht Hamburg aufgehoben worden. Die Staatsanwaltschaft hat das Verfahren zunächst abgetrennt, weiter ermittelt und dann mangels Beweises eingestellt. Wilfrid Schulz gilt daher in diesem Zusammenhang als unschuldig.

Vor kurzem hat die Justiz überlegt, ob sie Tierschützer nicht wegen Mitgliedschaft in einer kriminellen Vereinigung anklagt, weil sie Tiere gesetzwidrig befreit und damit vor Tierversuchen geschützt hatten.

Mitgliedschaft in einer kriminellen Vereinigung ist ein Organisationsdelikt. Es heißt in Paragraph 129: »Wer eine Vereinigung gründet, deren Zwecke oder deren Tätigkeit darauf gerichtet sind, Straftaten zu begehen, oder wer sich an einer solchen Vereinigung als Mitglied beteiligt, für sie wirbt oder sie unterstützt, wird mit Freiheitsstrafe bis zu fünf Jahren oder mit Geldstrafe bestraft.« Das heißt, schon die Planung einer kriminellen Handlung ist strafbar, nicht erst die Ausführung; schon die Vorbereitung ist strafbar, nicht erst die vollendete Tat. Wegen der besonderen Gefährlichkeit eines solchen Organisationsdelikts tritt die Strafbarkeit schon weit im Vorfeld der Vorbereitung von Straftaten ein.

Uwe Carstens, »Dakota Uwe«, wird zu drei Jahren und drei Monaten verurteilt wegen falscher uneidlicher Aussage in Tateinheit mit Begünstigung, wegen tateinheitlicher Anstiftung zur falschen uneidlichen Aussage und zur Begünstigung, wegen Bestechung, wegen Verstoßes gegen das Betäubungsmittelgesetz und wegen Verstoßes gegen das Waffengesetz in zwei Fällen. Er hat die Strafe inzwischen abgesessen.

Davoud Dargahi ist flüchtig. Es existiert ein Haftbefehl.

Wilfrid Schulz hat das Chérie verkauft. Der neue Besitzer ist ein Freund aus München, Walter Staudinger. Staudinger hat inzwischen aus dem Café eine Spielhölle mit »einarmigen Banditen« gemacht. Mit dem organisierten Verbrechen hat Staudinger, laut Auskunft der Münchener Polizei, »überhaupt nichts« zu tun. »Der ist außerdem schon im Austrag«, sagt ein in diesem Bereich tätiger Ermittler.

Manipulationen an Roulettekesseln sind ohne Mitwirkung von Angestellten der Casinos so gut wie unmöglich. Die Beteiligten schweigen, und die Mitwisser halten den Mund, weil sie Angst haben. Die Casinos halten es nicht für eine gute Reklame, wenn herauskommt, daß ihre Geräte manipuliert werden können. Es gibt polizeibekannte Fälle, in denen Casinos leitenden Angestellten sechs- und siebenstellige Abfindungen bezahlt haben, um kriminelle Verwicklungen zu vertuschen. Die Casinos haben keine übertriebenen Skrupel beim Umgang mit Spitzenfiguren der Cosa Nostra.

Aus einem Brief des internationalen Falschspielers Robert J. »Shill Bobby« Cellini (Bruder des Meyer-Lansky-Lieutenants Dino Cellini) vom 7. Dezember 1976 an die Herren Niedbal und Willmann vom Casino Travemünde geht hervor, daß der Mobster einen angenehmen Monat »most pleasant« mit den Adressaten verbracht hat und daß die Herren dem Ganoven die »Buddenbrooks« von Thomas Mann geschenkt haben. Robert Cellini bedankt sich in dem Brief artig für die Frage nach dem Wohlbefinden seines Cosa-Nostra-Bruders Dino, der nach einer Nierenresektion wieder auf dem Damm sei.

Selten hat eine Polizei eine so komplexe Szenerie des organisierten Verbrechens so gründlich durchleuchtet wie die Hamburger Sonderkommission und die Hamburger Anklagebehörde. Ihre Beharrlichkeit hat nicht zu Urteilen wegen Mitgliedschaft in einer kriminellen Vereinigung geführt.

In diesem Milieu tut sich die deutsche Justiz nicht leicht. Sie hat mit einer gerissenen und mit den Erfahrungen des Mobs vertrauten anwaltschaftlichen Vertretung zu tun. Den Gerichten steht vor allem die Unfähigkeit im Weg, derartige Erscheinungen richtig einzuschätzen. Dieser Mangel an Einsicht spielt nach meiner Überzeugung die größte Rolle.

Die Justiz verdrängt, was sie nicht früh genug als Staatsgewalt verhindert hat. Sie hat noble rechtsstaatliche Skrupel, und außerdem reicht ihre Phantasie für die losen und flexiblen Organisationsmuster des Mobs nicht aus. Die Gesetze im Zusammenhang mit dem Delikt der kriminellen Vereinigung tun das ebensowenig. Ein verdeckter Fahnder: »Die wollten, daß wir ihnen ein notarielles Organisationsschema samt Satzung vorlegen und die Bilanz des Kassenwarts oder wenigstens einen offiziellen Eintrag ins Vereinsregister.«

Die Justiz verharrt im gleichen Irrtum, der die Polizei so lange gelähmt hat. Niemand formuliert es besser als der Cosa-Nostra-Padrone Joe Bonanno: »Jeder Polizeibeamte ist das Geschöpf einer strengen Organisation, der polizeilichen Bürokratie. Er möchte sich seinen Gegner gern als Mitglied einer ebensolchen Organisation vorstellen. Das ist psychologisch erträglicher für ihn. Es gibt ihm die Hoffnung, daß er den Krieg gegen das Verbrechen gewinnen kann, wenn er nur die monolithische Gruppe zerstört, die nach seiner Vorstellung das organisierte Verbrechen beherrscht.«

Illegales oder legales und betrügerisches Glücks-spiel ist ein Standbein des Mobs. Kriminalhauptkom-missar Zoller, der einige der Betrugsutensilien für seine Hamburger Kollegen analysiert hat, gilt als Ex-perte auf diesem Gebiet. Er sitzt im LKA München. Inzwischen befaßt er sich nicht mehr mit seinem Fachgebiet. Das hat einen Grund. Um befördert zu werden, hätte er sich in einem Lehrgang als Gutach-ter qualifizieren müssen. Da er aber schlecht selber einen Lehrgang halten und zugleich an ihm teilneh-men kann, war für ihn das Ende der Polizeikarriere erreicht. Der Beamte hat deshalb sein Spezialgebiet verlassen und ist jetzt in der kriminalpolizeilichen Beratungsstelle tätig, wo er Leuten, die nicht zuhören, erzählt, wie man am besten Kellerfenster und Spei-chertüren abschließt. Davon versteht er nicht mehr als andere, aber jetzt hat er eine Chance, befördert zu werden. Der Mob muß ihn nicht mehr fürchten. Der Beamte ist nur ein Beispiel dafür, wie die poli-zeiliche Bürokratie Kompetenz und Sachkunde aus-mendelt.

Der Mob gedeiht in der Bundesrepublik auch durch den Personalmangel der dafür zuständigen Abteilun-gen. Die polizeilichen Ermittlungen sind in der Regel mit Anklageerhebung und Urteil abgeschlossen. Die Beamten, die sich in jahrelangen Ermittlungen eine profunde Personen- und Faktenkenntnis erworben haben, werden entweder versetzt oder mit neuen Fällen bis über die Ohren zugeschüttet, statt daß man sie so lange am Ball läßt, bis es zu einer siche-ren Verurteilung reicht.

Daß die Polizei auf die Waffe der Beharrlichkeit verzichtet, entlarvt die These von der täterbezogenen Ermittlung als Lippenbekenntnis. Das historische Beispiel ist der »unantastbare« Nachfolger von Al Capone, Samuel Giancana. Er ist allein durch beharrliche Observation zu Fall gebracht worden. Giancana war ein Mann, auf dessen Wink hin ungezählte Widersacher ermordet wurden. Es handelt sich um denselben Giancana, den sich die CIA zur Ermordung von Fidel Castro angelacht hatte, dessen Busenfreund Frank Sinatra war und der für seinen wertvollsten Besitz ein Foto hielt, auf dem er in angeregtem Gespräch mit Papst Pius XII. zu sehen ist. Es ist der »padrone«, von dem die eigene Tochter Antoinette in ihren Memoiren schreibt, daß die Basis seines kriminellen Imperiums das illegale Glücksspiel war. Er habe »die Fahnen des Mobs von Chicago (sic: planting the flags of the Chicago mob ...) auf der ganzen Welt aufgepflanzt. Von Havanna bis Beirut und von Teheran bis Las Vegas.«

Das Ende des mächtigsten Mannes nach Capone kommt an dem Tag, an dem das FBI beschließt, ihn nie und nirgends mehr aus den Augen zu lassen. Er kann weder Golf spielen noch Zigaretten holen, ohne daß ihm ganz offen einige Wagen mit FBI-Agenten folgen. Er bekommt kein Hotelzimmer ohne Wanze, und es gibt für ihn kein Telefon mehr, das nicht abgehört wird. Als er am 28. Juni 1963 gegen die Regierung der Vereinigten Staaten wegen Verletzung seiner Bürgerrechte klagt, läßt das Gericht ihn abfahren, und das FBI legt bei der Überwachung einen Zahn zu. Noch heute entrüstet sich seine Tochter über die »Hexenjagd« gegen ihren Vater und vor allem über eine Presse, die unverschämt genug ist, einen Killer öffentlich einen Killer zu nennen.

Beim Begräbnis rächen sich die Verwandten des Paten und verprügeln die Journalisten. »One more fucking picture«, schreit Louis Daddano, »and I'll smash your fucking face. Ain't you got no fucking decency?« (»Noch so eine Scheißaufnahme, und ich hau' dir dein Scheißgesicht ein. Habt ihr keinen Scheißanstand?«)

Antoinette Giancana meint, daß ihr Vater dem eigenen Gesetz treu war. Dem Gesetz des Mobs. Er war »padrone«, und daher war es sein Recht, Hits anzuordnen. Die FBI-Beamten aber verletzten nach ihrer Überzeugung die Gesetze des Staates, indem sie in Giancanas Privatsphäre eindrangen.

Die ständige Überwachung des Spitzenmannes macht Samuel Giancana zu einem Sicherheitsrisiko für den gesamten Mob. »He's a man of honor and a pain in the ass of the outfit.« (»Ehrenmann und Schmerz im Arsch der Truppe.«)

In den ersten Morgenstunden des 19. Juni 1975 wird Giancana genauso hingerichtet, wie er viele hat hinrichten lassen. Der Hit-Mann läßt das Gas brennen, auf dem Giancana sich nach dem Fernsehen Spinat mit Würstchen warm machen will. Das Sicherheitsrisiko ist beseitigt. Rechtzeitig.

Auch die CIA atmet auf. Senator Frank Church hat Giancana gerade vor den Ausschuß des Senats geladen, um Genaueres über die politische Hitliste der CIA zu erfahren, auf der auch noch andere politische Führer stehen. Nun kann er nicht mehr vor dem Senat aussagen. Der Unantastbare ist erledigt.

In Hamburg hat die Polizei wieder einmal gelernt, daß sich aufwendige, kostspielige und personalintensive Ermittlungen in diesem Bereich bestenfalls als Prävention lohnen. Die Justiz ist zufrieden. Es war ein faires Verfahren. Der Mob ist gewarnt. Die Polizei hat alle ihre Karten vor Gericht aufdecken müssen. Jetzt weiß man genau, was sie darf und was sie nicht darf. Was sie kann und was sie nicht kann. Man stellt sich darauf ein. Am Telefon wird nicht mehr geredet. Die Beamten, die sich mit einer organisierten Luden- und Zockerkonföderation befaßt haben, deren Aktivitäten über hundert Aktenordner füllen, sind abgezogen. Jeder Ganove in Hamburg weiß das. Demnächst müssen die Akten auf Grund des Datenschutzgesetzes vernichtet werden.

DEUTSCHE VARIANTEN

In der Bundesrepublik Deutschland verschleiern drei
Faktoren das organisierte Verbrechen:
1. Die Bundesrepublik ist vom organisierten Verbrechen noch nicht überlaufen. Der Mob kann daher
   geräuschvolle Aufteilungskämpfe vermeiden.
2. Da es nach Feststellung einiger Sicherheitspoliti-
   ker in der Bundesrepublik Deutschland kein organisiertes Verbrechen gibt, will der Mob keine
   schlafenden Hunde wecken und verhält sich so
   ruhig wie möglich.
3. Die allgemeine Kenntnis von mafiosen Gruppierungen wird weitgehend von der Darstellung in
   den Medien geprägt. Da diese Darstellung nichts
   mit der Realität zu tun hat, wird der Mob nicht als
   das erkannt, was er ist.
Hinzu kommen zwei folgenschwere Mißverständnis-
se: Selbst Polizeibeamte meinen, daß organisiertes
Verbrechen immer und in jedem Fall etwas mit den
ganz großen Delikten (French Connection, Pizza
Connection, Murder Inc.) zu tun haben müßte. Das
war zu keiner Zeit und nirgends so. Auch nicht in
New York oder in Palermo.

Die Regel ist eine unübersehbare Anzahl von »kleinen« Delikten: Schutzgelderpressung, Prostitution, illegales Glücksspiel, Güterdiebstahl, Autodiebstahl, Arbeitskraft unter dem Mindestlohn, Bauspekulation und so weiter. Zur Kenntnis genommen werden aber bei uns – ganz im Gegensatz zu den USA – nur die großen Delikte. So werden Konflikte im Milieu als Zuhälterkriege wegerklärt. Man verschließt die Augen vor der Tatsache, daß auch die Spitzenfiguren der Cosa Nostra, von Al Capone bis Sam Giancana, nur kleine Zuhälter waren, die es zu etwas gebracht haben, weil sie mit illegalem Glücksspiel, Mord und Rauschgifthandel die Geschäftsbasis ein wenig verbreitert haben. Al Capone ist jahrelang vor Bordellen herumgestanden und hat Passanten zugeflüstert: »Girls, girls, beautiful girls.« Arriviert ist er schließlich durch das Alkoholverbot.

Der Fall Werner Pinzner in Hamburg ist das jüngste Beispiel. Pinzner hat in den polizeilichen Verhören sechs Auftragsmorde erwähnt und später fünf formell gestanden. Einer der ermittelnden Beamten geht von »mehr als zehn und weniger als fünfzehn« aus. Pro Hit sind um die 30 000 DM bezahlt worden. Pinzner personifiziert eine Enforcer-Karriere, die auch in Detroit oder in Neapel Eindruck machen würde. Trotzdem wird das Ganze behandelt, als sei es nur eine exotische Erscheinungsform der üblichen Kriminalität im Ludenmilieu. Unmittelbar nach der Festnahme Pinzners habe ich einen Anwalt gebeten, für mich bei der Pressestelle der Polizei Hamburg anzufragen, »ob die Hamburger Polizei eine derartige Spezialisierung auf bezahlten Mord dem organisierten Verbrechen zuordnet«. Die Antwort war, davon könne keine Rede sein. Eine solche Vermutung sei die Phantasterei von Journalisten. Eine spätere Prüfung ergab, daß die Presseabteilung bei den zuständigen Ermittlern nicht einmal rückgefragt hatte. Sie kennt auch ohne Rückfrage die offizielle Sprachregelung, die sie zu verbreiten hat.

Um diese Fehleinschätzung zu zementieren, hat die Staatsanwaltschaft Hamburg auch noch schleunigst eine Nachrichtensperre verhängt, die natürlich kriminaltaktisch begründet wird. Nur »Der Spiegel«, »Die Zeit« und ein paar Tageszeitungen haben angemessen berichtet. Ein Sonderkommando hat den Berufskiller abgeholt und sich auf »Gefahr im Verzug« berufen. Die bürgerrechtliche Empörung über eine Polizei, die sich bei der Festnahme eines Berufskillers auf »Gefahr im Verzug« hinausredet, ist im Bericht einer großen deutschen Illustrierten unüberhörbar. Schuld an einer solchen Berichterstattung ist allein die Justiz. Gesprächspartner der Journalisten sind, wie eine Anfrage bei der Chefredaktion ergab, nicht die Vertreter der Anklage gewesen, sondern nur die anwaltschaftlichen Vertreter des Beschuldigten.

Eine Serie von vorhergehenden Exekutionen wird in der Presse ähnlich verdrängt und somit als Symptom für organisiertes Verbrechen ignoriert. Die konditionierte Blindheit hat nichts damit zu tun, daß man die Aktivitäten des organisierten Verbrechens tatsächlich nicht an der Zahl von »Hinrichtungen« messen kann. Wenn das kriminelle Geschäft unbehelligt läuft, bedarf es bekanntlich keiner drastischen Maßnahmen. Hamburg zeigt, daß erste Verteilungskämpfe in der Bundesrepublik Deutschland beginnen.

1975 hat Karl-Heinz Gemmer, damals noch Abteilungsleiter im BKA, festgestellt: »Die Polizei registriert (in der Bundesrepublik Deutschland) eine Zunahme (von) Straftaten, die von Verbrecherzusammenschlüssen auf kommerzieller Basis begangen werden.« Er fügt hinzu, man dürfe sich nicht mit dem Hinweis beruhigen, das »organisierte Verbrechen« (sic) in der Bundesrepublik sei nicht mit amerikanischen Maßstäben zu messen und erreiche amerikanische Ausmaße nicht. »Die Grundlagen für eine solche Prognose (erscheinen mir) recht unsicher.« (Arbeitstagung BKA »Organisiertes Verbrechen«, Oktober 1975)

Der Direktor des LKA Nordrhein-Westfalen, Werner Hamacher, betont auf derselben Tagung die Charakteristika dieser »neuen Kriminalität« in der Bundesrepublik Deutschland:

- Durch Beschaffung falscher Alibis, durch dubiose Zeugen wird planmäßig verdunkelt.
- Die Aussagebereitschaft von potentiellen oder tatsächlichen Zeugen sinkt und versiegt.
- Der Täterkreis bewaffnet sich zunehmend mit großkalibrigen Schußwaffen.
- Schwierigkeiten innerhalb des Täterkreises werden durch eigene Gerichtsbarkeit geregelt und die Urteile vollstreckt.

Hamacher schließt seine Analyse mit dem Hinweis ab: »Zu alldem gehören auch Bestechung und Korruption. Viele Jahre glaubten wir, deutsche Justiz- und Polizeibeamte seien gegen solche Versuchungen gefeit. Dieser Glaube erwies sich als Aberglaube.«

Im Lande Hegels ist die Realität unglaubwürdig.

Es ist ein Freitagabend im Winter 1985/86. Thomas Schühly und ich hocken in einem Büro der »Neuen Constantin«-Filmgesellschaft (»Die Unendliche Geschichte« und »Der Name der Rose«) und brüten. Wir brauchen ein funktionierendes Filmtreatment, wenn wir Bernd Eichinger überzeugen wollen. Bernd hat einen sechsten Sinn: Er weiß genau, was alles *nicht* geht. Seine Stoffanalysen sind ein Frosthauch, der jede Kreativität zum Erstarren bringt. Diesen Frosthauch halten nur etablierte Bestseller aus. Manchmal nicht einmal die.

Thomas will einen großen Film machen, der zwischen »Dirty Harry«, »French Connection« und »Ho Paura« von Damiano Damiani liegt. Er soll organisiertes Verbrechen und politische Korruption in der Bundesrepublik zum Thema haben. Vielleicht kann man fiktiv eine Realität darstellen, die unter die Haut geht. Unbehelligt von Verleumdungsklagen, denen Journalisten ausgesetzt sind. Damiano Damiani hat bewiesen, daß Fiktion schonungsloser sein kann als Journalismus.

Thomas meint, daß Götz George die Hauptrolle spielen sollte, weil er in irgendwelchen Umfragen vorn liegt. Damit ist das Projekt für mich gestorben. Gerade habe ich einen meiner Jagdterrier »Schimanski« genannt, weil er dauernd Faxen macht. Aber das kann ich Thomas nicht sagen.

»Du glaubst doch nicht, daß so was irgendwer in diesem Land finanziert?« wende ich ein.

»Überlaß das mir«, sagt Thomas. »Davon verstehst du nichts.«

Wie immer ist es Bernd Eichinger, der das Problem auf den Punkt bringt. Er sagt: »So einen Film glaubt uns in Deutschland kein Schwein.«

Er hat recht. Niemand glaubt, daß auch bei uns inzwischen geschossen wird, daß es Hinrichtungen durch den Mob gibt und eine Komplizenschaft des Mobs mit der Politik. Man kann tagelang Fälle aufzählen. Aber er hat recht. So etwas ist bei uns – wie die Politiker sagen – kein Thema.

Schon fünfzehn Jahre vor diesem Gespräch ist es in Berlin zur ersten Mob-Schießerei gekommen. Mit einem Toten und mehreren Verletzten.

Die Schutzgelderpressung ist inzwischen etabliert. Im Saargebiet werden Wirte weichgebombt. Es gibt Erpresserbriefe und sogar eine vom Opfer auf Band aufgenommene telefonische Erpressung. Sie wird nicht ins Verfahren eingeführt, um die Persönlichkeitsrechte des Erpressers nicht zu beeinträchtigen. In dem Brief »Sermo unorati di informare la SV illustrissima« heißt es: »Wir haben die Ehre, Euer Hochwohlgeboren mit diesem Schreiben darüber zu informieren und Sie zu bitten, ohne Umstände die Summe von 10 000 DM vorzubereiten, weil Sie sich nur so gegen einen schweren Unfall schützen können, der ohne Zweifel Ihre zukünftigen Absichten und Pläne empfindlich stören würde. Eine Weigerung hätte traurige und unabwendbare Folgen. Mit Respekt richten wir an Sie die hochachtungsvollsten Grüße ...«

Die Prosa Siziliens wird heimisch. Auf deutsch liest sich das in einer Schutzgelderpressung an die Spielbank Bad Neuenahr so: »Sie sind ein schutzbedürftiges Unternehmen. Wir können Ihnen diesen Schutz gewähren. Wie sehr Sie unseren Schutz

benötigen, demonstrieren wir Ihnen an Ihrem Emp-
fangschef ... Wenn Sie die erforderliche Einsicht gewonnen haben, geben wir unsere Geschäftsbedingungen bekannt.« (Polizeitelex Koblenz lka, ea
21/30-10/090481/brill+)

Der Hamburger Mob kooperiert mit der Cosa No-
stra. Eine SoKo hört ab und stellt eine kriminelle
Vereinigung fest, mit Kontakten zum Meyer-Lansky-
Syndikat.

In Bremen faßt die Mafia Fuß.

Im Programm einer öffentlich-rechtlichen Fern-
sehanstalt wird ein Italiener gefeiert, der für Eingeweihte der Pate der kalabresischen Schutzgelderpressung in der Bundesrepublik Deutschland ist. Er
hat Unterhaltungswert.

Eine italienische Organisation etabliert sich im
Bundesgebiet. Eines ihrer Mitglieder macht ein Restaurant in einem deutschen Flughafen auf und besorgt sich ein Büro mit Zugang zum Sicherheitsbe-
reich und ohne die Lästigkeit von Kontrollen.

In Niedersachsen fackeln kalabresische und sardische Gruppen an die hundert Restaurants, Pizzerien und Discos ab.

Der Chef der berüchtigten Euro-Gang ist mit Hilfe
seiner Anwälte wieder in den alten Wirkungsbereich
zurückgekehrt (AP, 16.3.1984).

In München ist unter Ausschluß der Öffentlichkeit eine Vatikan Connection gelaufen.

Camorra und 'Ndrangheta etablieren sich im
Ruhrgebiet.

Der Chef des LKA Bremen berichtet über ein
»Apalachian Meeting« des deutschen Mobs. Benannt
nach dem historischen Gipfeltreffen der Cosa Nostra

in Apalachin am 14. November 1957. Damals trafen sich sechzig Figuren der Cosa Nostra im Haus des zweimal wegen Mordes verhafteten Joseph Barbara. Die Folge waren ein Untersuchungsausschuß des amerikanischen Senats unter dem Vorsitz von Senator McClellan und die Bildung der »New York State Commission of Investigation«.

In der Bundesrepublik wird das »Apalachian Meeting« vorwiegend von Zuhältern bestritten. Dafür sind es dreimal so viele. Sie mieten sich ein Schloß in Süddeutschland für 50 000 DM pro Tag. Dazu der LKA-Chef von Bremen: »Irgend jemand muß die Leute gekannt haben, irgend jemand muß sie eingeladen haben, irgend jemand muß das organisiert haben. Wir reden hier noch so, als wenn wir für die Bekämpfung der organisierten Kriminalität noch zehn Jahre Zeit hätten ...«

Laut Interpol arbeitet auch in der Bundesrepublik Deutschland die Organisation »Juliette«. Ihre Mitglieder sind mit Revolvern, Pistolen und Maschinenpistolen, Kaliber 22 bis 9 mm, bewaffnet. Auch eine italienische Handgranate kommt zum Einsatz (LKA Bad.-Württ. GZ 620621 BW 003/003X7).

Der Landespolizeipräsident von Baden-Württemberg, Dr. Alfred Stümper, erklärt in einem Gespräch mit dpa, daß nach seiner Einschätzung viele hundert Menschen jährlich durch organisiertes Verbrechen in der Bundesrepublik Deutschland ihr Leben verlieren. Der materielle Schaden betrage zwischen Flensburg und Garmisch nicht weniger als 164 Milliarden Mark. Zu den kaltblütigen Morden, so Stümper, kämen Verkehrsunfälle, mit denen Widersacher aus dem Weg geräumt würden, und schließlich ginge auch eine Reihe scheinbar natürlicher Todesfälle auf das Konto des Mobs. »Wir wissen, daß die Todesangaben aus dem ärztlichen Bereich erhebliche Mängel aufweisen.«

Der Frankfurter Polizeipräsident Karl-Heinz Gemmer: »Frankfurt gehört zu den Städten, in denen organisierte Kriminalität ihren Anfang nahm. Und sie hält sich beständig.« Und laut dpa vom 14. 8. 1986: »Die Polizei hat diesem professionellen und hochkonspirativen Vorgehen wenig entgegenzusetzen.«

Alle Nase lang wird eine Exekution des Mobs bekannt. Abgesehen von den routinemäßigen Hinrichtungen à la Pinzner. Gemmer: »Man kann (in der Bundesrepublik) Waffen kaufen oder Killer mieten.«

Die Frankfurter Staatsanwältin Adelheid Werner bestätigt, daß die Neue Camorra im Bundesgebiet operiert.

Ein jugoslawischer Mob verleiht seinen Schutzgelderpressungen im Rhein-Main-Gebiet und in München durch Mord und Prügel Gewicht.

In Frankfurt und anderen Städten herrschen sizilianische Verhältnisse bei der Vergabe von öffentlichen Bauaufträgen. Die Methoden erinnern an die Geburt der unternehmerischen Mafia in Palermo.

Im Frankfurter Raum gibt es Exekutionen vor Dutzenden von Zeugen (Joe Tudic auf der Tanzfläche der Disco »Old Fashioned«, Peter Neumann in der Pizzeria »Zi Teresa«). Keiner der Zeugen will etwas gesehen haben. Es ist dieselbe Blindheit, die man aus Palermo und Manhattan kennt.

Die Drogenfahnder einer deutschen Großstadt können nicht zugreifen, weil sich ihr eigener Polizeichef in dem Lokal amüsiert, das sie observiert haben.

Ein deutscher Politiker duzt sich mit dem Paten einer deutschen Großstadt und läßt sich sexuelle Naturalien für seine Sonderwünsche von ihm beschaffen.

In den (etwas außerhalb der Legalität aufgenommenen) Fotosammlungen von Spezialabteilungen kann man prominente Politiker und Schauspieler im engsten Umgang mit Berufskriminellen sehen. Alles, was aufkommt, sind ein paar Schmiergelder da und ein paar gekaufte Aufenthaltsgenehmigungen dort.

Ein deutscher Waffenhersteller hat unter den Spezialisten des Bundeskriminalamts einen Spitznamen, der so ähnlich klingt wie der Name einer kriminellen Vereinigung.

Der überführte und in der Bundesrepublik verurteilte Mafia-Killer Paolo Lippera wird aus »gesundheitlichen« Gründen aus dem Gefängnis entlassen und abgeschoben. Ebenso der »Pate« Carlo Palumbo. Eine Kugel aus seiner Pistole ist im Kopf einer Leiche gefunden worden. Bis zu seiner Abschiebung demonstriert er, daß man auch im deutschen Knast gut leben kann, wenn man Beziehungen hat.

Drogen-Designer produzieren in Hunderten von deutschen Laboratorien Abkömmlinge des Aufputschmittels Amphetamin für den kriminellen Markt. Das Bundeskriminalamt allein löst bis 1987 43 illegale Labors auf. Im April 1987 verhaftet das Bundeskriminalamt den ersten Camorra-Enforcer, einen Vincenco Picardi, der in Italien wegen Mordes gesucht wird und seit langem mit falschen Papieren unbehelligt bei uns seiner Arbeit nachgeht.

In Italien spricht sich herum, daß sich in der Bundesrepublik auch Mord mit Hilfe hochbezahlter Anwälte regeln läßt.

Schon 1973 hat der bundesdeutsche Mob Cosa Nostra gespielt. Mit großem Pomp wird der Hamburger Bordell-Wirt Hans Helmcke beigesetzt, nachdem ihn Konkurrenten umgelegt haben. Man chartert ein Flugzeug für die deutsche Ludenschaft.

Der Berliner Klaus Speer hat sich bei einem Fußballspiel während der Haft einen Miniskusriß zugezogen und kann nicht dabeisein. Er schickt einen Kranz, auf dem steht: »Du warst einer von uns und wirst in der Erinnerung einer von uns bleiben.«

Am Grab des verblichenen Luden zitiert »einer aus seinen Kreisen« (BZ, 27.8.1973) zwar nicht ganz korrekt, dafür aber mit Tremolo in der Stimme, Jesus Christus: »Wer da besser ist als sie, der werfe den ersten Stein.« Gemeint ist natürlich Johannes 8,7: »Wer unter euch ohne Sünde ist, der werfe den ersten Stein auf sie.« Jesus von Nazareth verteidigt damit nicht Zuhälter, sondern eine Ehebrecherin vor der Selbstgerechtigkeit ihrer selbsternannten Richter. Vermutlich war in der Eile keine Bibel in den Puffs aufzutreiben, um genauer nachzusehen. Dafür gibt es Berge von Kränzen und einen Autokonvoi. Sogar Polizisten in Zivil marschieren hinter dem Sarg her.

Trotzdem. Bernd Eichinger hat recht: »Kein Schwein glaubt uns, daß es das in der Bundesrepublik gibt.« Die Behandlung des organisierten Verbrechens versickert in der publizistischen Arbeitsteilung. Sie ist das Metier der Unterhaltungspresse. Die von sich selbst so genannte seriöse Presse ignoriert das Thema oder handelt es unter »Vermischtes« ab. Im Gegensatz zu den großen US-Zeitungen, die aus der Bedrohung durch den Mob Schlagzeilen machen.

Die Organisation eines Kokaingroßhändlers aus

Bayern schützt ihren weltweiten Markt mit Mord und Totschlag. Ermittelt wird in den USA, in Südamerika, Großbritannien, aber auch in Regensburg und Ingolstadt.

Trotzdem ist und bleibt München die Hauptstadt der »heilen Welt«. Da brennen zwar auch Discos und andere gastronomische Betriebe. Da gibt es auch Hinrichtungen, und die Schutzgelderpressung blüht. Aber das sind nur »Auseinandersetzungen im Zuhältermilieu« (PP München), »Mücken, aus denen man Elefanten macht« (Chef LKA Bayern).

Der erste bewaffnete Konflikt des Mobs wird in Berlin und unter der Nase der Polizei ausgeschossen. Danach taufen die quicken Berliner ihre Bleibtreustraße in »Bleistreustraße« um. Einheimische Zuhälter liefern sich mit persischen einen Verteilungskampf. Acht »Herren« (Die Welt, 21. 11. 1971) von der »Speer-Bande« müssen sich danach wegen gemeinschaftlich begangenen Mordes vor Gericht stellen lassen.

Speer ist die Konkurrenz lästig geworden. Außerdem fühlt er sich persönlich bedroht. Er reist nach Frankfurt, um Verstärkung zu holen. Die »hilfreichen Loddels« (Die Welt) wollen angeblich nur Flagge zeigen. Zu diesem Zweck nehmen sie noch ein paar Stuttgarter Kollegen, ein paar Faustfeuerwaffen und eine Maschinenpistole nach Berlin mit. »Die Welt« vermutet, daß sich da eine »einheimische Mafia« etabliert. Während Speer am 27. Juni 1970 seine Truppen im Lokal Bukarest sammelt, fahren draußen die Perser vor. Daraufhin gibt es ein paar – selbstverständlich »ungezielte« – Schüsse und ein paar Salven

aus der Maschinenpistole. Ein Toter und drei Schwer-
verletzte bleiben liegen. Selber schuld, wenn sie
nicht weggehen. Die Staatsanwaltschaft hält das für
Mord und Mordversuch.

Im Laufe des Prozesses überschlägt sich das Gericht in seinem Verständnis für die Einlassungen der
Angeklagten. Die sogenannten Herren sind allesamt
vorbestraft. So hart will es der Vorsitzende aber auch
wieder nicht sagen. Es gebe da »Berührungspunkte
mit Gerichten«, und alle sind »in der Gastronomie
tätig«.

Speer, »der vielleicht noch Intelligenteste« (Die
Welt), ist froh über die Verstärkung, hat aber vor-
sichtshalber hintenherum die Polizei verständigt und
um auffällige Überwachung gebeten, damit er im
Prozeß nachher gut aussieht und man notfalls der
Polizei die Verantwortung für die Schießerei zuschie-
ben kann, in die er »so reingeschlittert« ist.

Der Mann mit der MP, ein Jaroslav Wedrich, ist, so
stellt sich bei der Verhandlung heraus, an einer
schweren Jugend zerbrochen, und überdies war das
ganze Unternehmen nur »Feuerschutz«.

Bei der ersten polizeilichen Vernehmung erzählt
Speer, daß Wedrich der Todesschütze gewesen sei
und daß man sich nachher in einer Wohnung getroffen habe. Wedrich habe Bericht erstattet und
1100 Mark eingeschoben, um damit abzuhauen (Die
Welt). Im Prozeß stellt sich heraus, daß Speer diesen
Wedrich gar nicht kennt.

Für seine erste Aussage hat er eine verblüffende
Erklärung: »Die Polizei habe ihm gesagt, Wedrich sei
bei der Festnahme angeschossen und so schwer verletzt worden, daß an seinem Aufkommen gezweifelt

werden müsse. Es habe ihm also nicht geschadet, wenn er belastet würde.« (Die Welt)

Der »König der Perser« fliegt als Vermittler aus Hamburg ein. Der Kreis schließt sich. Bald ist von »Mord« keine Rede mehr. Auf der Anklagebank gibt es nach dem Plädoyer des Staatsanwalts »fast nur zufriedene Gesichter«.

Der Mob ist der Justiz nicht mehr böse.

In Wuppertal versucht ein Gericht Jahre später das Verfahren gegen »Erzengel« Maglio et al. revisionssicher durchzuziehen. Auch aus diesem Grund dürfen wir innerhalb des Gerichtsgebäudes nicht drehen. In den Pausen stehen auf den Gängen die Angeklagten, Zeugen, Anwälte und Angehörige herum. Maglio und sein Mob befassen sich mit Erpressungen. Sie arbeiten nach süditalienischem Muster. Atypisch: Zum Personal gehören auch ein Deutscher und laut Anklageschrift vom 23. Mai 1979 (AZ: 26Js 261/79) mehrere deutsche Rechtsanwälte.

Alle sind angeklagt: »... gemeinschaftlich handelnd und unter Anwendung von Drohungen und gegenwärtiger Gefahr für Leib und Leben einen anderen rechtswidrig zu einer Handlung genötigt und dadurch dem Vermögen des Genötigten Nachteil zugefügt zu haben.« Bei den Anwälten kommt noch hinzu: »... gemeinschaftlich handelnd versucht zu haben, absichtlich ganz oder zum Teil zu vereiteln, daß andere dem Strafgesetz gemäß wegen einer rechtswidrigen Tat bestraft werden ...«

Einer der Anwälte ist flüchtig. Die anderen haben keine Zulassung mehr.

Zum erstenmal wird in Wuppertal ein Problem

sichtbar, das später immer wieder sehr dringende Fragen an Anwaltschaft und Rechtspflege aufwerfen wird: Anwälte als Komplizen. Auf der einen Seite steht das unverzichtbare Recht auch des perfidesten Verbrechers auf eine bestmögliche Verteidigung. Auf der anderen Seite stehen die Fälle, in denen Anwälte nicht nur nach der Tat die Rechte des Beschuldigten wahren, sondern schon vor der Tat als Berater und bei der Tat als Helfershelfer auftreten.

Der rechtsstaatliche Schutz anwaltschaftlicher Vertretung wird vom Mob und seinen Anwälten genauso ausgebeutet wie alle anderen rechtsstaatlichen Skrupel. Der Wuppertaler Prozeß macht klar, daß die Grenzen anwaltschaftlicher Tätigkeit zwar nicht neu definiert, aber vor allem mit Blick auf den Tatbestand der kriminellen Vereinigung und wirtschaftskriminelle Delikte verdeutlicht werden müssen.

Opfer des Wuppertaler Mobs ist der Italiener und Landschaftsgärtner Oreste Tomasco aus Radevormwald. Man hat ihm gesagt, daß er nur als Krüppel oder Leiche in seine Heimat zurückkehren wird, wenn er nicht 150 000 DM an die Erpresser zahlt. Tomasco glaubt, daß so etwas in der Bundesrepublik nicht läuft. Er ist kein Hasenfuß und leistet Widerstand. Er geht zur Polizei.

Die Drohungen werden massiver.

Am 1. Juli 1978 kommt es zu einem Treffen in Schloß Lüntenbeck. Tomasco soll endlich zahlen und die belastenden Aussagen zurücknehmen. Außerdem soll er die fälligen Anwaltshonorare der Erpresser übernehmen und eine Entschädigung für die Untersuchungshaft herausrücken.

Oreste Tomasco ist inzwischen aus gutem Grund nicht mehr ganz so sicher, daß ihn die deutsche Justiz schützen kann. Wenn es nicht zu teuer wird, will er sich finanziell arrangieren. Er überweist einen Betrag von 9500 DM auf das Konto 535674 des RA Fritzenschaft bei der Stadtsparkasse Wuppertal. Einem Boten der Erpresser zahlt er 6500 DM in bar. Mehr will er nicht zahlen, obwohl seine Verhandlungspartner bewaffnet sind.

Ein Killer namens Sergio wird aus Italien eingeflogen, der Tomasco nicht erwischt. Dann explodiert eine Bombe in seinem Auto. Dann versuchen sie, seine Tochter zu entführen.

Auf der Anklagebank sitzen Maglio und andere. Oreste Tomasco, Zeuge der Anklage, ist ein gutaussehender Italiener mit auffallend blauen Augen. Mir verschlägt es den Atem, als er aussagt. Er attackiert Maglio im Gerichtssaal gnadenlos. Das ist kein Theaterdonner. Da haben sie einen Mann so lange in die Enge getrieben, bis er zurückbeißt.

Während der Verhandlungspause sehe ich ihn auf dem Flur eine Zigarette rauchen. Das Gesicht kommt mir bekannt vor. Ich kann ihn nicht einordnen. Plötzlich weiß ich, woher ich ihn kenne. Vom Tontaubenschießen. Oreste Tomasco ist ein italienischer Tontaubenschütze der Oberliga. Er geht so sicher und selbstverständlich mit Waffen um wie andere Leute mit ihrem Schlüsselbund. Jetzt erinnert er sich auch. Wir haben ein paarmal auf dem olympischen Schießstand in Hochbrück bei München miteinander geschossen.

»Schießen Sie immer noch Ihre Wirnhier mit dem Tula-Choke?« fragt er und lacht. Ich erinnere mich an seine Perazzi. Dann, mit einem Blick auf die Angeklagten: »Die können mich vielleicht erschießen. Aber eines können sie nicht mehr: mir angst machen.«

Sicher, er geht vor unsere Kamera. Gern. Die Ermittlungen gegen Italiener häufen sich. Die Ausländerfeindlichkeit nimmt zu. »Bin ich etwa kein Italiener?« fragt Tomasco. Und: »Mir bleibt gar keine andere Wahl (als auszusagen).«

Ich will wissen, wie so etwas abläuft.

Zuerst, sagt er, wird das Opfer beobachtet. Man will herauskriegen, wieviel es verdient und ob es Beziehungen hat, die sich als störend erweisen könnten. Man testet, ob es sich um einen »weichen« oder um einen »harten« Typ handelt. Ihn haben sie für »weich« gehalten, weil er immer Geld gegeben hat, wenn ihm seine Landsleute etwas vorgejammert haben. Tomasco hat sie freiwillig unterstützt. Von dem Geld hätte er sich ein Haus bauen können. Für professionelle Erpresser ist es unverständlich, daß sich jemand von seinem Geld trennt, ohne Angst vor Repressalien zu haben. Sie müssen daraus die falschen Schlüsse ziehen. »Anständige Kerle waren darunter. Die haben mir sogar das Geld zurückgegeben.«

Im zweiten Stadium, so Tomasco, gehen die Erpresser dann an das Opfer heran und sagen: »Weißt du, ich bin dein Freund. Ich habe gehört, da läuft was gegen dich. Vielleicht könnte ich was für dich tun, wenn du jetzt mal ein bißchen zahlst. Du mußt das verstehen. Wir müssen auch leben. Und dir geht's gut.«

Nichts ist zu greifen. Eine Anzeige ist sinnlos. »Wenn man nicht bezahlt, dann wird einem das Geschäft kaputtgemacht, oder die Angehörigen werden bedroht. Je nach dem Verdienst, den die Erpresser schätzen, wird das Opfer dann regelrecht versteuert.

Die Behörden raten einem, nicht mehr aus dem Haus zu gehen. Alle paar Minuten fährt ein Streifenwagen draußen vorbei. Man liegt mit der Frau im Schlafzimmer im Bett und will schlafen, und im Wohnzimmer sitzt einer mit einer Maschinenpistole. »Ist doch lächerlich. Im Jahr 1980. Wissen Sie, da geht eine Familie kaputt. Wenn die Leute wüßten, was man mitmacht. Als Mensch, als Geschäftsmann und als Familienvater.«

Er bereut es nicht, auszusagen. »Aber irgendwann kriege ich die Rechnung.«

Der Prozeß zieht sich hin.

Im Ruhrgebiet konsolidiert sich der Mob.

dpa meldet unter Nr. f098 200942 mrz 80: »...Raubüberfälle auf Sparkassen und Juweliere – von ortsansässigen Italienern geplant und von eigens aus Rom eingeflogenen Komplizen verwirklicht – halten die Strafverfolgungsbehörden ebenso in Atem wie Machtkämpfe zwischen italienischen und deutschen Zuhältern. Das Erheben von Schutzgebühren nach Mafiosi-Art verängstigt in der bergischen Metropole die italienischen Geschäftsleute, vornehmlich die Besitzer von Pizzerien und Spielcasinos. Mit aus Italien eingeschleusten Waffen verleihen die organisierten Gangster ihren Erpressungsforderungen mit bis zu sechsstelligen Summen den nötigen Nachdruck. Neben zahlreichen Faustfeuerwaffen und Maschinenpistolen konnte die Polizei auch schon zwei Maschinengewehre sicherstellen.«

Einer der Angeklagten, Emilio Boccolato, hat einen Bordellportier erschossen. Typische Erinnerungslücken treten auf. dpa Nr. f108 201002 mrz 80: »Aus nackter Angst vor Repressalien konnte sich ein anderer Geschädigter bei seiner Vernehmung nicht einmal daran erinnern, von einem italienischen Gangster mit einem Messer gestochen worden zu sein.«

Der Staatsanwalt Jörg Bachmann von Wuppertal, der die Anklage gegen Maglio und die anderen führt, und sein Kollege Oeser von Dortmund erklären öffentlich, daß es zwischen beiden Städten eine zusammenhängende Mob-Struktur gibt (ibid.). Sie besorgen sich einen Waffenschein.

Der Killer, der aus Rom anreist, um Tomasco umzulegen, um damit ein Exempel für alle zu statuieren, die nicht zahlen wollen, hat wenigstens einen Teilerfolg. Er organisiert die Flucht von Boccolato aus dem Landeskrankenhaus Langenfeld.

Wieder einmal wird der Prozeß unterbrochen. Oreste Tomasco möchte endlich frei atmen. Er fährt in sein Heimatdorf bei Salerno. Am Strand trifft er einen Freund von »Erzengel« Maglio. Er sei nur »zufällig« da und soll ihn aus Wuppertal grüßen. Tomasco weiß, was das heißt: Wir erwischen dich überall. Man zeigt Muskel.

Der Mob Maglios wird zu jeder Verhandlung aus dem Gefängnis geholt und nachher wieder hingebracht. Um die Häftlinge nicht durch die Gänge des Gerichtsgebäudes führen zu müssen, läßt man sie durch einen Seiteneingang gehen und in einem abgesperrten Vorgarten in einen gesicherten Kleinbus steigen. Von der Tür zum Wagen und umgekehrt sind es ein paar Schritte. Wenn wir Glück haben, dann kann sie der Kameramann Peter Carstiuc durch den altmodischen Staketenzaun mit einer langen Brennweite aufnehmen. Es ist eine elende Warterei. Mehr aus Langeweile als in der Hoffnung, es könnte offen sein, drückt Carstiuc auf die Klinke des großen Eisentors. Das Tor geht auf.

Wir werden erst im letzten Moment hineingehen, um das Wachpersonal nicht in Verlegenheit zu bringen. Oben im Gerichtssaal paßt der Kameraassistent auf, um uns zu warnen, wenn die Angeklagten den Gerichtssaal verlassen.

Hinter uns fährt schon zum fünften Mal ein blauer und daher ziemlich auffälliger Alfa Romeo vorbei. Beim sechsten Mal sehe ich mir die Insassen an.

»Müssen Verwandte sein«, sage ich. Carstiuc murmelt etwas von ».... nicht im Dunkeln begegnen«.

Dann kommt der Kameraassistent angerannt. Wir gehen hinein. Der Fahrer des Kleinbusses hat ein Herz für uns. Er stellt das Fahrzeug etwas weiter weg, damit die Angeklagten ein Stück gehen müssen. Alle laufen uns direkt in die Kamera. Strecker ist ein ziemlicher Brocken. Er brüllt, daß er uns den Schädel einschlagen wird. Das Wachpersonal hält ihn fest. Der Kameramann dreht. Der Ton läuft. Strecker schreit, daß wir hier nicht drehen dürfen. Er hat noch nie etwas von »Personen der Zeitgeschichte« gehört.

Dann läuft uns der »Erzengel« in die Kamera. Er fängt auch an herumzuschreien und will uns an die Gurgel. Die Polizisten versuchen, ihn in den Wagen zu schieben. Das dauert. Wir kriegen ihn von allen

Seiten in Bild und Ton und, wie die Amerikaner sagen, »in living color«.

Dann stopfen die Wachmannschaften die ganze Bande in den Bus. Die Schiebetür rasselt zu. Der Wagen fährt ab. Der Kameramann schwenkt mit. Tatsächlich, draußen fährt schon wieder der blaue Alfa Romeo vorbei. Wir haben die einzigen guten Aufnahmen von Maglio. Wie sich herausstellen wird, gibt es nicht einmal brauchbare Polizeifotos.

Am Nachmittag wird die Verhandlung wieder unterbrochen. Wir fliegen nach München. Wenn das Gericht nicht bald zu Stuhle kommt, dann ist der Reiseetat der Redaktion erschöpft.

Am nächsten Abend sitze ich zu Hause und sehe mir die Tagesschau an. Ich denke, ich bin im Kino. Komplizen haben Maglio mit einer Ladung Ekrasit aus dem Gefängnis freigesprengt. Er und andere sind weg.

»Der Explosionsknall«, schreibt eine Zeitung, »erschüttert die ganze Stadt, die Nachricht vom dreisten Coup die ganze Nation.« Die italienische Zeitschrift »Incontri«, die es wissen muß, spricht von »Wuppertaler Mafia«.

Ich rufe bei der »Tagesschau« an und sage, daß wir Arcangelo Maglio in Bild, in Ton, in Farbe, von hinten, von vorn und von der Seite haben. Für die Spätausgabe könnte es noch reichen.

Der Kollege erläutert mir, daß die »Tagesschau« nicht der Büttel der Polizei sei. Wir sollten unser Material behalten.

An die angelaufene Fahndung hatte ich gar nicht gedacht. Es schien mir nur naheliegend, die Bilder von einem schweren Jungen zu senden, dem gerade eine spektakuläre Flucht gelungen war. Sicher, und

insofern hatte der Kollege von der »Tagesschau«
recht, die Ausstrahlung des Materials konnte womöglich zur Verhaftung von Maglio führen. Ich muß zugeben, daß mir diese Möglichkeit nicht den Schlaf
geraubt hätte.

Der »Erzengel« schafft es, unerkannt über die
Grenze nach Italien zu kommen.

Am nächsten Tag erfahre ich, daß das Spreng-
kommando einen blauen Alfa Romeo gefahren hat.
Eigentlich sollte die Befreiung an dem Tag statt-
finden, an dem wir gedreht haben. Infolge unserer
Dreharbeiten mußte die Sache verschoben werden.
Im nachhinein kann ich die schlechte Laune von
Maglio verstehen.

In einem Fernschreiben des BKA an das LKA Düsseldorf wird später eine Auskunft von Interpol Rom
übermittelt: »Der rechtmäßige Eigentümer des Alfa
Romeo, Kennzeichen CR 251984, ist der ital. Staatsangehörige Caterino Stefano, Sohn von Antonio, geboren am 8. 1. 1955 in Mondragone ...«

Die Vorstrafen reichen von illegalem Waffenbesitz
bis zu Erpressung. Es gibt einen Haftbefehl.

Boccolato, der aus dem Krankenhausfenster in die
Freiheit gestiegen ist, taucht mit einem weißen Mercedes mit Düsseldorfer Nummer in Italien auf.

Das Verfahren gegen die Zurückgebliebenen geht
weiter.

Nachdem Oreste Tomasco mit seiner Aussage Kopf
und Kragen riskiert hat, ist es eine der ersten Amts-
handlungen der zuständigen Behörde, ihm den Faust-
feuerwaffenschein nicht mehr zu verlängern, der ihn
berechtigt, einen Revolver zur Selbstverteidigung zu
führen.

Ich rufe im NRW-Innenministerium an und frage, ob das womöglich ein neues Zeugenschutzprogramm des Bundeslandes Nordrhein-Westfalen sein soll. Stunden später fährt ein Streifenwagen bei Tomasco vorbei und bringt einen gültigen Waffenschein. Es sieht so aus, als wäre es den Behörden doch peinlich gewesen, wenn man der Anklage einen wichtigen Zeugen weggeschossen hätte, kurz nachdem man ihn von Amts wegen entwaffnet hat.

Der italienische Staatspräsident Sandro Pertini reagiert anders. Er macht Oreste Tomasco für seine Haltung zum »Ritter der Republik Italien« (Cavaliere della Repubblica).

Zu Beginn des Jahres 1986 beobachten zwei verdeckte Fahnder eines LKA ein China-Restaurant. Es gibt Indizien dafür, daß der Besitzer erpreßt wird. Als ihm das Endglied des Mittelfingers seiner linken Hand fehlt, scheint er reif zu sein. Ein Fahnder nimmt vorsichtig Kontakt mit dem Mann auf, der unter großem Druck steht.

Die Beamten glauben, daß es sich um eine landläufige Schutzgelderpressung handelt. Der Chinese schweigt. Einen Monat später fehlt ihm das Endglied am Mittelfinger der rechten Hand. Entweder wird er zahlen oder noch ein paar Amputationen hinnehmen müssen.

Über BKA und Interpol nimmt das LKA Verbindung mit einem Experten für chinesische Geheimgesellschaften, die sogenannten »Triaden«, in Hongkong auf. Was die Fachleute vom BKA erzählen, macht den Fahndern wenig Hoffnung.

Gegen die raffinierte Grausamkeit der Triaden ist

die sizilianische Mafia ein Männergesangsverein. Ihr Terror ist so wirksam, daß die Polizei von Hongkong Ende 1985 eine Spezialeinheit (»Fight Crime Commission«) aufstellen muß, die nur überleben kann, indem sie großzügig von der Schußwaffe Gebrauch macht. Das wiederum führt zu politischen Schwierigkeiten.

Die deutschen Beamten stellen fest, daß dem Chinesen inzwischen auch das Endglied des linken Daumens amputiert worden ist. Sie haben nicht den Nerv, länger zuzusehen. Wieder nimmt einer Kontakt auf. Er habe sich beim Zubereiten von Fleisch verletzt, sagt der Chinese. Einen Monat später ist der Mann weg. Angeblich »ausgewandert«. Das Lokal hat ein anderer Chinese übernommen.

Das Fehlen von Fingern und Fingerendgliedern ist nicht nur für den chinesischen Mob typisch. Im japanischen Mob ist die Amputation eine rituelle Strafe für den »kobun« (Soldat), der gegen Gesetze des »oyabun« (Paten) verstößt. Er hat sich in Gegenwart des Paten mit einem großen Messer und ohne Schmerzreaktion selbst einen Finger abzuhacken. Dann muß das Amputat in ein weißes Tuch eingewickelt und dem Oyabun dargeboten werden. Wenn der das Verstümmelungsopfer annimmt, ist die Sache ausgestanden. Wenn nicht, kann sich der Kobun nur noch umbringen, weil er zu Tode gefoltert wird, falls er nicht selbst die letzte Konsequenz zieht. Es ist unwahrscheinlich, daß die von den Beamten beobachteten Amputationen solche Selbstverstümmelungen waren. Sicher sind sie ohne Ritual und mit Gewalt vorgenommen worden.

Im September 1967 beschlagnahmen Rauschgiftfahnder der Londoner Polizei ein bräunliches Granulat.
Die Analyse ergibt eine Mischung von Heroin und
Kaffeepulver. Es ist Heroin 3 und wird von chinesischen Geheimgesellschaften eingeschmuggelt, die
es überall auf der Welt gibt, wo sich chinesische Ko-
lonien gebildet haben. Der Londoner Zweig nennt
sich Tsui Fong. Die größte Zelle hat sich in Amsterdam etabliert. Unternehmenszweck: Rauschgifthandel.

Zum ersten Mal erwähnt der (damalige) Direktor
des LKA Düsseldorf, Werner Hamacher, 1974 bei
einer internen BKA-Tagung, daß sich ein Teil des
Rauschgifttransports in die Bundesrepublik in der
Hand von Chinesen befindet (BKA-Protokoll OV,
S. 122).

Ab Mitte der achtziger Jahre ermittelt das Bundeskriminalamt im Auftrag der Staatsanwaltschaft in
Frankfurt gegen chinesische Gruppen wegen Bildung von kriminellen Vereinigungen in der Bundesrepublik. Es geht um Schutzgelderpressung von China-Restaurants. Die bis dahin bekannten Täter sind
Chinesen malaysischer Herkunft. Die Tatorte reichen von Düsseldorf über Wiesbaden, Gelsenkir-
chen und Bad Oeynhausen bis Passau. Die Täter
führen große Metzgermesser und Stiletts. Sie verlangen monatliche Zahlungen oder »einmalige Ab-
schlagszahlungen« zwischen 14 000 und 42 000 DM.
Die geforderten Summen sind immer durch sieben
teilbar. Die Sieben ist in der chinesischen Mytholo-
gie eine Glückszahl.

Die Triaden töten nicht nur. Sie foltern in der Regel. In der Bundesrepublik gibt es ein Opfer, das wie-

derholte Strangulierung mit einer Nylonschnur und brutale Mißhandlung überlebt hat.

Einer der Täter, der 23jährige Chee-Kong Woo, alias »Johnny«, taucht zum ersten Mal in Verbindung mit Überfällen auf China-Restaurants im Rhein-Main-Gebiet auf. Im Juni 1983 tötet »Johnny« mit sechzig Beilhieben und Messerstichen den chinesischen Restaurateur Chung in Mainz und flüchtet dann nach Malaysia. Chung stirbt sehr langsam.

BKA: »Eine Auftragstat kann nicht ausgeschlossen werden.«

Zwei Fahnder des BKA bringen es im chinesischen Mob zu Spitznamen: »Tiger mit dem lächelnden Gesicht« und »Bärtiger Engel«. Sie werden ausgetauscht, weil sie »verbrannt« (erkannt) sind.

Einige der Täter werden nach langwierigen Ermittlungen festgenommen. Einer von ihnen ist 1972 ohne Papiere in die Bundesrepublik eingereist, beantragt politisches Asyl und bekommt neue Papiere nach seinen Angaben. Dem 29jährigen Ten-Sang Chong, alias »Harrison«, gelingt über Holland die Flucht nach Malaysia. Der 39jährige Shu-Ying Hong, alias »Der Jurist«, entkommt samt Ehefrau den Fahndern. Sie werden später in den USA gefaßt.

Pate des organisierten Verbrechens chinesischer Prägung ist ein 35 Jahre alter Malaie chinesischer Abstammung. Mindestens zwei der mit ihm verhafteten Täter gehören nach Auskunft der chinesischen Polizei ebenfalls zu den Triaden. Eine dieser »secret societies« hat den Namen »Lao Kon« (Alte Armee), die andere »Hong Mun« (Rote Tür).

Inzwischen sind China-Restaurants auch auf dem flachen Land keine Seltenheit mehr. Das Essen ist gut, man wird satt, und man wird freundlich bedient. Das Geschäft geht gut. Man muß annehmen, daß viele vom Mob erpreßt werden und daß die Opfer den Mund halten. Die meisten Chinesen, die bei uns von der Gastronomie leben, haben noch Verwandte in China oder in Hongkong, die beim geringsten Fehlverhalten gefoltert oder ermordet werden.

Das BKA hat inzwischen genug Einblick, um hier und da die Schranken einer fremden Mentalität zu überwinden. Eine Verurteilung gefaßter Täter ist schwierig bis unmöglich. Man kann die Zeugen unter gar keinen Umständen preisgeben. Nicht zuletzt deshalb, weil man bestenfalls sie selbst, nicht aber ihre Verwandten schützen kann. Die Verteidiger der Täter verlangen vor Gericht eine Identifikation der Belastungszeugen. Sie verteidigen mit dieser Forderung rechtsstaatliche Prinzipien. Der Mechanismus ist typisch für viele Bereiche des organisierten Verbrechens.

Ein polizeilicher Ermittler braucht viel Glück, wenn er unerkannt in die Szene eindringen will. Sprache und asiatische Lidfalte fehlen ihm. Wenn er es schafft, dann erfährt er von Straftaten und lernt einige der Täter kennen. Vom Legalitätsprinzip abgesehen, das ihn eigentlich zwingt, bestimmte Straftaten in jedem Fall zu verfolgen, muß er für eine Verurteilung Beweise vorlegen und dadurch das Opfer oder die Zeugen buchstäblich ans Messer liefern. Natürlich tut das kein Beamter. Sehr oft bewegt er sich allein dadurch schon am Rand seiner Vorschriften. Er muß das Elend der Opfer mitansehen und wird vom Rechtsstaat, den vor allem Leute be-

343

schwören, die nicht in seinen Schuhen stecken, allein gelassen.

Von der gesamten Interpol-relevanten Kriminalität spielen 27 Prozent – das ist mehr als ein Viertel – in die Bundesrepublik Deutschland hinein. Dies trotz einer relativen Übersichtlichkeit unserer Städte, trotz Meldepflicht und intensiver polizeilicher Kontrollen. Alle drei Geschäftszweige des organisierten Verbrechens sind deutlich ausgeprägt:
1. Handel mit verbotenen Waren oder Dienstleistungen
2. Kriminelles Monopol
3. Kriminelle Beteiligung

Für jeden Zweig gibt es Beispiele. Sogar in dem auf den ersten Blick ruhigen Bundesland Baden-Württemberg, wo man keine Konzentrationen wie in Berlin, Hamburg oder Frankfurt beobachten kann. Dafür amtiert da ein Landespolizeipräsident, der aufpaßt.

1. HANDEL MIT VERBOTENEN WAREN ODER DIENSTLEISTUNGEN: Monatelang ermitteln verdeckte Fahnder des LKA Baden-Württemberg gegen mehrere Verdächtige einer internationalen Gruppe. Es sind besonders schwierige Ermittlungen, weil die Täter außerordentlich konspirativ vorgehen, moderne elektronische Kommunikationssysteme benutzen und Geld keine Rolle spielt. Telefonüberwachungen bringen nur bedingt etwas, weil es sich die Täter leisten können, zu persönlichen Absprachen um die halbe Erde zu fliegen. Die Ermittlungen sind mit der amerikanischen »Drug Enforcement Administration« koordiniert.

Am 3. Dezember 1984 schlagen die Beamten des Landeskriminalamts Baden-Württemberg zu. In Würzburg, Frankfurt und Schweinfurt werden ein 53jähriger Psychoanalytiker, der 37jährige Mitinhaber einer Luftfrachtfirma und ein 36jähriger Funk- und Fernsehtechniker festgenommen.

Zur gleichen Zeit verhaftet die »Drug Enforcement Administration« in New York im selben Zusammenhang weitere neun Personen. Insgesamt werden 5,4 Tonnen Phenylaceton beschlagnahmt. Allein drei Tonnen in der Bundesrepublik. Die Droge stammt von einer biederen Firma in Baden-Württemberg.

Phenylaceton unterliegt in den USA den gesetzlichen Beschränkungen für Betäubungsmittel. In der liberalen Bundesrepublik ist der Grundstoff für Amphetamin keiner Einschränkung unterworfen. Amphetamin ist ein gefährliches Aufputschmittel, das auf dem illegalen internationalen Markt als »Speed« gehandelt wird. Die beschlagnahmte Menge stellt im Endverkauf einen Wert von 300 Millionen D-Mark dar.

Vor dem Zugriff sind per Luftfracht 15 Tonnen in die USA gegangen. Eine geplante weitere Lieferung von 24 Tonnen wird verhindert.

Da die Ware in der Bundesrepublik nicht einfach Richtung USA verschwinden kann, werden »Geistertransporte« in Länder organisiert, in die Phenylaceton eingeführt werden darf. Fässer, angeblich mit Phenylaceton gefüllt, verlassen die Bundesrepublik in Richtung Pakistan. Offiziell hat der Stoff damit das Land verlassen. In Wirklichkeit wird er in Hunderten von kleinen Packungen per Post in die USA geschickt. Die Bestellungen erfolgen über ausländische Briefkastenfirmen und über ein nur auf dem Papier existierendes chemisches Institut.

Hinter dem Handel steht eine riesige Organisation. Die in der Bundesrepublik und in den USA verhafteten Täter werden zu hohen Haftstrafen verurteilt. Am besten kommt der Psychoanalytiker weg, der als Drahtzieher anzusehen ist. Über den Grund kann man nur Vermutungen anstellen. Da im Westen wie im Osten die Interessen des Rauschgifthandels sehr oft mit den Interessen der Geheimdienste zusammenfallen, ist eine Einflußnahme aus dieser Richtung nicht auszuschließen.

2. KRIMINELLES MONOPOL: Ein Zürcher Verlag befaßt sich mit Herstellung und Vertrieb von sogenannten Kontaktmagazinen. (Nach Dr. Schäfer ist diese Sparte international organisiert.) Die Schweizer Behörden verbieten dem Verlag seine Tätigkeit. Nicht in erster Linie aus moralischen Gründen, sondern weil mit solchen Anzeigen Kunden systematisch betrogen werden und eine Reihe von anderen Delikten möglich erscheinen.

Die Firma verlegt ihren Sitz nach Konstanz, in das Land Baden-Württemberg. Es gibt mehrere Teilhaber. Einer verläßt das Unternehmen, um eine eigene Firma mit dem gleichen Unternehmenszweck zu gründen.

Es beginnt ein Konkurrenzkampf mit harten Bandagen. Der aus Zürich eingewanderte Verlag beschließt, sich die Konkurrenz vom Hals zu schaffen, die er am eigenen Busen genährt hat. Die Verlagsspitze nimmt den Vorschlag eines 38jährigen Pakistani an, die Verlagsräume und die Ware der Konkurrenz durch einen

Brandanschlag zu vernichten. Hilfskräfte werden in Rheinland-Pfalz angeheuert.

Am 16. April 1985 ist es soweit. In die Räume des Konstanzer Verlags fliegen zwei Molotow-Cocktails und eine mit Klebstoff gefüllte brennende Tasche. Sachschaden 120 000 DM. Der Besitzer und seine Familie, die im selben Haus wohnen, können sich retten. Die Täter werden verhaftet und verurteilt.

3. KRIMINELLE BETEILIGUNG: Im Dezember 1982 fordern vier italienische Schutzgelderpresser von einem italienischen Gastwirt in Schopfheim, Landkreis Lörrach, einen Betrag von 30 000 DM.

Es handelt sich um klassisches »racketeering«. Wenn der Gastwirt »seine Ruhe haben will«, so die Täter, dann müsse er zahlen. Das heißt, man wird ihm die Bude anzünden, das Mobiliar kaputtschlagen oder Gäste verprügeln, wenn er nicht pariert. Die Quittung für eine Weigerung wäre eine Kugel im Kopf. Mit Ratenzahlung, so die Täter, sei man einverstanden. Zwei Raten à 5000 DM, zehn weitere Raten à 2000 DM. Die Geldübergabe soll nicht in Baden-Württemberg, sondern in der Schweiz stattfinden.

Die Stuttgarter Polizei bittet die Basler Kollegen um Amtshilfe. Als drei der Täter vor einem Hotel in Basel die ersten 5000 DM in kleinen Scheinen einschieben wollen, schnappt die Falle zu. Den vierten Täter nehmen Beamte der Polizeidirektion Lörrach fest.

Nach der Auslieferung wird das Quartett zu mehrjährigen Freiheitsstrafen verurteilt.

Der überwiegende Teil des organisierten Verbrechens in der Bundesrepublik Deutschland operiert fast geräuschlos. Schutzgelder einer bestimmten Größenordnung werden zum Beispiel ganz ungeniert auf die Bankkonten der Erpresser überwiesen. In jeder deutschen Großstadt weiß man, wer das Sagen hat und an wen man sich wenden muß, wenn man sich zum Beispiel im Nachtbetrieb mit einem Bordell, einem Spielclub oder mit einer Peepshow etablieren will.

Nehmen wir an, ein Newcomer hat das Kapital und das Know-how, einen Neppschuppen aufzumachen. Wenn es sich um eine im nördlichen Deutschland gelegene Stadt handelt, wird er zum Beispiel mit dem Sekretariat von einem gewissen Herrn Ruffian (Name geändert) einen Termin verabreden. Da Herr Ruffian im Nachtbetrieb der Stadt, die er auch »seine Stadt« nennt, eine dominierende Rolle spielt, wird der Newcomer von ihm als altem Hasen erfahren wollen, was er von dem Projekt hält.

Man wird sich so treffen, wie man sich vorstellt, daß sich richtige Gentlemen treffen sollten. An der Wand des Büros von Herrn Ruffian englische Farbstiche von Fuchsjagden: »The Chase« oder »Breaking Cover«. Die Nutten, die sonst herumhängen, werden ins Kino oder zum Friseur geschickt. In der Stadt, die ich meine, und bei dem Herrn Ruffian, den ich meine, gibt es Tee. »Earl Grey«. Den hält er für besonders britisch. Der Besucher wird schon von der Sekretärin darauf aufmerksam gemacht, »daß ›man bei uns‹ nicht raucht«.

Nun wird Herr Ruffian wissen wollen, wieso gerade er die Ehre und das Vergnügen habe, von Herrn Newcomer um Rat gebeten zu werden. Diese Frage ist schnell beantwortet. Die ganze Stadt weiß doch, welche untadeligen Geschäftsprinzipien, welche Erfahrung und Kompetenz Herr Ruffian im Nachtbetrieb habe. Fachmännischer Rat sei viel wert. Man sei daher dankbar, daß sich so ein vielbeschäftigter Mann wie Herr Ruffian Zeit nähme. (So vielbeschäftigt ist er auch wieder nicht, weil in den meisten Klitschen, die er kontrolliert, Strohmänner sitzen.)

Aber gerne, wird Herr Ruffian sagen. Er helfe gern, wenn er helfen könne.

Dann wird ihm der neue Unternehmer erklären, was er vorhat, welche Firma das Etablissement einrichten soll und wo er die Nutten hernehmen will. Vor allem wird er anhand eines Stadtplans erläutern, wo die Sache steigen soll.

Wenn Herrn Ruffian das aus Konkurrenzgründen nicht paßt, wird er bedenklich den Kopf schütteln und seinem Gesprächspartner sagen, daß er das Ganze für keine glückliche Sache hält. Man könne sich daran leicht die Finger verbrennen.

Der Gesprächspartner wird verstehen, wie Herr Ruffian das meint. Er wird wissen, daß er sich viel mehr als nur die Finger verbrennen kann, und er wird sich unter vielen Dankesbezeugungen verabschieden. Er wird höflich ein halbes Täßchen Tee zurücklassen und gehen. Natürlich nicht, ohne zu fragen, ob er wiederkommen und sich Rat holen dürfe, wenn er eine bessere Idee habe.

Wenn Herrn Ruffian aber die Sache schmeckt, wird er sagen, »schwierig, schwierig«, aber mit Fleiß und Energie (und natürlich mit den Nutten aus Ruffians Sortiment) sei da sicher was zu machen. Er wird dem Newcomer zu seinem unternehmerischen Fingerspitzengefühl gratulieren.

Nun ist der Augenblick gekommen: Der Gast wird mit einer großen Bitte herausrücken. Er wird gestehen, daß er ziemlich neu in diesem Geschäft sei (Herr Ruffian wird sehr gut wissen, daß der Newcomer alles ist, bloß nicht neu) und deshalb Herrn Ruffians Rat dringend brauche.

Bevor Herr Ruffian bescheiden ablehnen und etwas von »sehr wenig Zeit« sagen kann, wird ihm sein Gesprächspartner einen konkreten Vorschlag machen. Er wird Herrn Ruffian sagen, daß er sich glücklich schätzen würde, wenn er Herrn Ruffian einen kleinen Beratervertrag, den er auch schon vorgefertigt bei sich habe, anbieten dürfe. Natürlich könne Herr Ruffian den Betrag selbst – nein, wirklich, guter Rat sei ihm das wert –, selbst einsetzen.

Herr Ruffian wird sich zieren, denn so selbstverständlich dieser Beratervertrag ist, so klar muß er seinem neuen Geschäftspartner machen, daß er nicht die geringste Lust hat, für diesen Vertrag irgend etwas zu tun. Er wird sagen, daß er zeitlich leider sehr in Anspruch genommen sei und sich nicht wirklich um Details kümmern könne.

Aber ich bitte Sie, wird der Newcomer sagen, abwinken und betonen, daß es vollkommen genüge, wenn er Herrn Ruffian gelegentlich mal anrufen dürfe. Besonders wichtig sei ihm allerdings, daß Herr Ruffian ihn zur Eröffnung des Etablissements beehren und damit der Sache einen gewissen Glanz verleihen würde. Er wisse zwar, daß es nicht viel gäbe, was er dem erlesenen Geschmack von Herrn Ruffian bieten könne, aber er dächte da an zwei junge Damen, die eine vierzehn, die andere dreizehn Jahre alt... Die Miene von Herrn Ruffian wird eisig. So familiär möchte Herr Ruffian die Geschäftsbeziehungen nicht gestalten. Der Neue merkt, daß er einen Fehler gemacht hat.

Nun hat Herr Ruffian einen Beratervertrag über monatlich 5000 DM in der Tasche, den jeder Polizeibeamte sehen kann. Er ist genauso legal wie 87 andere und ähnliche Beraterverträge, die schon in seinem Tresor liegen. Soweit es Herrn Ruffian betrifft, hätte ruhig ein Fahnder der Abteilung Schwerstkriminalität der örtlichen Kripo bei den Vertragsverhandlungen dabeisitzen können. Nicht einmal die Steuerfahndung fürchtet er, denn er zahlt für das Schutzgeld sogar Steuern. Nur den Neuen hätte möglicherweise die Anwesenheit eines Beamten gestört, denn er hat den Vertrag ausgehandelt, obwohl er noch im Knast sitzt. Er hat die Möglichkeit des Freigangs zu einer Resozialisierung genutzt, wie er sie versteht.

Sonst ist der ganze Handel völlig in Ordnung und wird täglich in zahllosen Varianten in der Bundesrepublik Deutschland durchgespielt. Er funktioniert, weil immer wieder mal Leuten ohne Beratervertrag die Bude abbrennt oder jemand so unglücklich mit dem Kopf gegen den Randstein fällt, daß er den Rest seines Lebens ein Pflanzendasein führen muß.

Man kann nicht einmal sagen, daß ein Beratervertrag in Höhe von monatlich 5000 DM ziemlich hoch ist. Man kann erst recht nicht sagen, daß der wahre Unternehmer Herr Ruffian ist und der Newcomer nur ein Strohmann, daß es sich also um eine kriminelle Beteiligung handelt. Wer so etwas sagen oder schreiben würde, der würde Ärger bekommen. Handelt es sich um einen Kriminalbeamten, der so

etwas sagt, dann bekommt er eine Dienstaufsichts-
beschwerde an den Hals, die sich gewaschen hat. Ist
es ein Reporter der örtlichen Abendzeitung, dann wird
man ihn einmal einladen und mit den Naturalien ver-
sorgen, die so ein Laden zu bieten hat, und hoffen,
daß er die Sache in Zukunft aus einer anderen Sicht
betrachtet. Wenn nicht, wird man ihn verklagen oder
seinem Verlag die Anzeigen entziehen, und die Polizei
wird frohlocken, daß endlich wieder einmal einem
von diesen Schmieranten der Mund gestopft worden
ist.

Mob und Muskel sind dem organisierten Verbrecher
auch in der Bundesrepublik so vertraut wie dem
Fisch das Wasser. Er kennt daher auch bei uns keinerlei Unrechtsbewußtsein. Wir erleben bei einhei-
mischen Mobstern genau dieselbe subjektive Unschuld wie bei den Parteipolitikern, die illegale Spenden eingeschoben haben oder sonst mit den Fingern
im Portemonnaie des Steuerzahlers erwischt worden
sind. Da sie ihre Partei für den Staat halten (was sie
laut Verfassung nicht ist und nicht sein darf), kann es
kein Unrecht sein, der Partei auf Kosten anderer
Gutes zu tun.

Auch der Mob hält sich, wie wir wissen, nicht für
einen Feind der Gesellschaft, sondern für einen
wichtigen Ordnungsfaktor.

Hans Lechleitner und ich erfahren das am 13. Februar 1981 in der Maximiliansuniversität zu München.
Wir hatten eine Fernsehsendung mit dem Titel »Die
Bedrohung« gemacht: Die Reaktion darauf war hef-
tig. Der »Bund Deutscher Kriminalbeamter« verlieh
uns eine besondere Ehrung, die Zuschauer jubelten,

und in München beschwerte sich ein Ganove aus dem Mob bei einem verdeckten Fahnder darüber, daß er nicht in unserer Sendung vorgekommen sei, obwohl er sich für die Nummer eins in München hielt. Nun sollte der Inhalt der Sendung in einer Veranstaltung des kommunikationswissenschaftlichen Instituts von Professor Langenbucher behandelt werden.

Der Hörsaal 118 ist bis auf den letzten Platz gefüllt. Schon zu Beginn der Veranstaltung fallen mir in der ersten Reihe zwei junge Männer auf. Sie unterscheiden sich von den anderen Studenten. Beide sind leger und teuer angezogen. Einerseits wollen sie zeigen, daß sie Geld haben. Andererseits wollen sie demonstrieren, daß sie über Protz erhaben sind. Die Jeans der beiden sind schon vom Hersteller ausgewaschen. (Damals gab es noch kein stone-washing.) Statt der Nieten sitzen an den Taschen unauffällige Brillanten. Erstklassige Schuhe und teure Seidenhemden, am Kragen offen und mit hochgekrempelten Ärmeln. Trotz Föhn ist der Februar nicht warm. Kollegtaschen, Schreibmappen und andere Utensilien – alles viel zu neu, um glaubhaft zu sein. Einer der beiden ist ca. 1,85 groß, hat schwarze Haare und blaue Augen. Ich nehme mir vor, nach der Veranstaltung die anderen Studenten nach den beiden zu fragen.

Sie verfolgen die akademische Diskussion mit gerunzelter Stirn. Die Naivität einiger Fragen amüsiert sie. Unsere Antworten erregen ihre Mißbilligung. Gegen Ende der Veranstaltung meldet sich der Große zu Wort: Er wolle etwas Prinzipielles zu unserer Sendung über das »sogenannte« organisierte Verbrechen sagen. Die Sendung sei »einseitig, unobjektiv und unausgewogen« (sic) gewesen, denn sie habe Partei gegen das organisierte Verbrechen ergriffen. Schon der Titel »Die Bedrohung« habe gezeigt, daß es uns nicht um Aufklärung der Zuschauer gegangen sei, sondern nur um Polemik. In der üblichen Manier des Fernsehens hätten wir »manipuliert« und einerseits »unterschlagen«, was *für* das organisierte Verbrechen, und »hochgespielt«, was *gegen* das organisierte Verbrechen spreche.

Die Studenten begreifen nicht, was vorgeht. Einige halten den Diskussionsbeitrag für eine Parodie auf das, was sonst Politiker über Sendungen sagen, die ihnen nicht passen. Sie haben das Vokabular vorgefertigt: unausgewogen, einseitig, polemisch, unobjektiv, hochspielen, unterschlagen, manipulieren.

Mir ist nur allzu klar, daß es sich bei unseren Diskutanten um Interessenvertreter aus dem Mob handeln muß. Was es denn sei, so frage ich, das man dem organisierten Verbrechen so hoch anzurechnen habe? Die Antwort kommt wie aus der Pistole geschossen: Ob ich bestreiten würde, daß die USA das Land mit dem höchsten Lebensstandard und mit der größtmöglichen Freiheit sei. Ob ich nicht einen Zusammenhang darin erkennen könne, daß in den USA das organisierte Verbrechen in voller Blüte stünde. Ohne »organized crime« wäre Amerika nicht, was es ist. Ob mir vielleicht die Verhältnisse in der UdSSR lieber wären, wo es kein organisiertes Verbrechen gäbe (was nicht stimmt).

Lechleitner versucht höflich zu bleiben und sich auf die Argumentation einzulassen. Einige Studenten lachen. Ich sage dem Jungen, daß ich diese Argumente schon besser formuliert gehört hätte. Das letztemal von einem entlassenen FBI-Beamten, der in einem vom Mob betriebenen Spielcasino in Atlantic City als Sicherheitsbeamter tätig ist und dafür sorgt, daß der Cosa Nostra kein Geld wegkommt.

Die übliche »Verzerrung« des Fernsehens, schmettert er mich ab. Wie »einseitig« unsere Sendung gewesen sei, habe man schon daran erkennen können, daß wir »Krokodilstränen« (sic) über ein paar Herointote geweint, aber über 10 000 Verkehrstote im Jahr kein Wort verloren hätten. Schließlich werde auch das im Rauschgifthandel verdiente Geld ausgegeben, rege den Konsum an und sichere somit unseren Wohlstand genauso wie die Autoindustrie.

Nach der Diskussion stehen wir noch bei Professor Langenbucher, und die beiden stellen sich dazu. Das, was sie gesagt hätten, das sagten auch Leute, die in diesem sogenannten organisierten Verbrechen ganz oben wären. Wir müßten doch zugeben, daß die nicht dumm seien, sonst wären sie nicht so weit gekommen, daß sie die Polizei auslachen könnten. Ich frage den Schwarzhaarigen mit den blauen Augen, wovon er lebt. Er spürt, was ich damit meine.

»Ich bin Student«, sagt er. »Und ich bin deutscher Jude.«

Es klingt beinahe so, als wollte er mich durch diese Antwort auf eine nicht gestellte Frage daran hindern, ihm zu widersprechen.

»Was ist Ihr Vater?« frage ich.

»Nicht im organisierten Verbrechen«, sagt er und lacht.

»Der muß doch einen Beruf haben.«

»Gastronom.«

»Ah, wo denn?«

Zögern. Dann: »Im Allgäu.«

»Auch hier in München«, sagt sein Kumpan und handelt sich dafür einen strafenden Blick ein. Aber er läßt sich nicht bremsen. Fast habe ich den Eindruck, daß er mir drohen will.

»Discos und Spielclubs«, sagt er etwas zu patzig.

»Was für Spielclubs?«

»Das erfahren Sie nicht. Sie kennen sich da zu gut aus.«

Nachdem sie weg sind, frage ich ein paar Studenten. Keiner hat sie vorher gesehen.

Die Bundesrepublik ist kein schlechtes, sondern ein gutes Pflaster für organisiertes Verbrechen. Das Land ist wohlhabend. Es ist etwas zu holen. Die Sicherheitsbehörden beschwichtigen. Das öffentliche Bewußtsein ist auf Politik und terroristische Gefahr fixiert. Die Bundesrepublik ist ein Land, in dem mafiose Methoden im legalen Stoffwechsel salonfähiger sind als in vergleichbaren Ländern. Politiker bleiben in Amt und Würden, die in Großbritannien nicht einmal eine Chance für ein »Comeback« hätten. Gewerkschaftsbosse, die man in den USA in Handschellen abführen würde, schwingen bei uns Reden. Leute werden gesellschaftlich akzeptiert, die in Strafanstalten Anschlußschwierigkeiten hätten.

DER »FALL GUY«

Am 30. August 1986 scheint in Niedersachsen die Welt unterzugehen. Meine Scheibenwischer schaffen den Regen nicht. Alle Straßen nach Celle sind Sturzbäche. Dann wieder strahlende Sonne. Kurz danach muß ich einen Hagelschauer unter einer Brücke aussitzen. Langsam wird die Zeit knapp. Ich sollte längst im Gefängnis sein.

Als ich endlich in der Hochsicherheits-Justizvollzugsanstalt (JVA) Celle den Inhalt meiner Hosentaschen ausleere, weiß ich, daß ich mit einem Mann reden werde, der nicht mehr viel Chancen hat. Armbanduhr, Schlüsselbund, Feuerzeug und Brieftasche muß ich abliefern. Zehn Mark darf ich für den Kaffee-Automaten drinnen behalten.

»Nimmt der Automat Scheine?«

»Der Aufsichtsbeamte wird wechseln.«

Bisher kenne ich nur die Handschrift von Walter Manco. Seine Lage ist ziemlich einfach. Er kann noch ein paarmal versuchen, sich selber umzubringen. Oder er kann warten, bis andere es tun. Wenn Manco eines Tages das Gefängnis verläßt, werden sie es versuchen. Bis dahin werden allerdings noch einige Jahre vergehen. Dem Einweisungsbescheid der Justizvollzugsanstalt Hannover vom 11. November 1985 sind neun ernstgemeinte Selbstmordversuche zu entnehmen. Am 12. Oktober 1985 zum Beispiel schluckt Manco Rasierklingen. Als das nicht reicht, versucht er sich am nächsten Tag eine Arterie durchzutrennen. Er schneidet daneben und verletzt nur eine Vene.

Der Brandstifter Walter Manco ist ein »fall guy«. Die Drahtzieher eines italienischen Mobs, der am »Abfackeln« italienischer Discos und Pizzerien in Niedersachsen profitiert, sind alle draußen. Die Polizei kennt ihre Namen. Sie sind unantastbar. Die Justiz hat zu lange gewartet. Sie hat sich an Walter Manco gehalten.

Manco hatte Pech, als er in den Morgenstunden des 30. Oktober 1980 in Jever – laut seiner ersten Aussage – »nur« Schmiere stand, während Komplizen das »Queen's Pub« des Italieners Adriano Baldo angezündet haben. Das »Queen's Pub« war eine lästige Konkurrenz für die Diskothek »Lord Nelson«, die dem Italiener Antonio Caputo gehörte. Über dem »Queen's Pub« wohnte der 76jährige Rentner Joseph Gärtner. Er wurde nach dem Brand tot unter einem Fenster gefunden. Sein Blut hatte einen Kohlenmonoxydgehalt von 90 Prozent. Aus einer alltäglichen Brandstiftung war ein Tötungsdelikt geworden. Der Mob wußte, ohne Verhaftungen würde sich die Sonderkommission des LKA Hannover diesmal nicht zufriedengeben. Man mußte ihr jemanden zum Fraß vorwerfen. Am besten eignete sich dazu Walter Manco.

Walter Manco stammt aus Melissano bei Lecce.

Sein Vater hat in dem Ort ein gutgehendes Fischge-schäft gehabt. Nachdem der Sohn verhaftet wird, stirbt er. Seit der Vater tot ist, führt die Mutter den Laden. In der Touristensaison betreiben die Mancos drei Filialen am Strand.

Aus demselben italienischen Nest mit 7000 Ein-wohnern stammen auch der kleine und der große Caputo. So nennt man Antonio und Mauritio Capu-to. Der große Caputo ist angeblich der Auftraggeber Mancos.

Manco ist mit den Caputos in die Bundesrepublik gegangen. Er hat es nicht so weit gebracht wie sie und ist deshalb wieder nach Italien zurückgekehrt. Die Caputos sind in Niedersachsen geblieben. Sie haben sich Pizzerien und Diskotheken zugelegt.

Als Antonio Caputo in Melissano anruft und sagt, daß er »Probleme« hat, macht sich Walter Manco, oh-ne viel zu fragen, auf den Weg nach Niedersachsen. Caputo hat ihm am Telefon gesagt, daß die Probleme nur jemand lösen kann, dem man vertraut. In einem italienischen Dorf sind die Leute genauso unterein-ander verwandt und verschwägert wie in einem nie-derbayerischen. Auf wen soll man sich verlassen, wenn nicht auf seine Cousins, Neffen, Schwager, Onkel und deren Cousins, Neffen, Schwager und Onkel?

In der Tatnacht werden die Details mit Mauritio Caputo besprochen. Zur Feier des Ereignisses gibt er Krimsekt aus. Die portugiesische Kellnerin, so Mau-ritio, verlasse immer als letzte das Haus und schließe dann ab. Dann sei niemand mehr im Gebäude. Er wisse das sicher, denn er habe sie, so das Verneh-mungsprotokoll, »eine Zeitlang gefickt«. Der kleine

Caputo holt einen leeren Fünfliterkanister, in dem zuvor ein Putzmittel war. Er drückt Manco ein Fünfmarkstück in die Hand und gibt ihm den Kanister. Dann erklärt er ihm und einem Komplizen den Weg zu einer Münztankstelle am Ortseingang von Jever.

Eine halbe Stunde lang beobachten die Brandstifter das Haus, das »abgefackelt« werden soll. Nichts rührt sich. Manco raucht die letzte Zigarette einer Packung. Es ist eine Marlboro. Er will die leere Schachtel wegwerfen, schiebt sie dann aber doch ein. Er wird sie gleich brauchen.

Mit einer kleinen Axt und mit einem großen Schraubenzieher versucht er, die Tür der Diskothek aufzuhebeln. Es geht nicht. Er kann nur ein Brett herausstemmen.

Viel später, nämlich erst am 22. Mai 1986, sagt Manco vor der Kripo in Celle aus: »Dann habe ich durch diese Öffnung das Benzin aus dem Kanister gekippt und aus meiner Zigarettenschachtel einen ›Fidibus‹ gemacht ... und durch das Loch in das Benzin geworfen. Es gab eine Stichflamme. S. und ich sind sofort rausgelaufen.«

Bei derselben Vernehmung sagt Manco, daß Antonio Caputo Mancos Vater vor dessen Tod noch versprochen habe, 100 000 DM für Gerichtskosten und Verteidiger zu überweisen.

Aus dem Urteil des Schwurgerichts Oldenburg vom 24. Februar 1983 geht hervor, daß Manco nach Meinung des Gerichts im Auftrag der Caputos gehandelt hat. (Urteil wegen Mordes und anderem zwölf Jahre.) Zwei Tage nach der Brandstiftung übergibt Mauritio Caputo dem Walter Manco ein Honorar in Höhe von 12 500 DM. Manco behält angeblich

2500 DM für sich und gibt je 5000 DM an die beiden Komplizen weiter. So erzählt er es den einvernehmenden Kriminalbeamten.

Manco hat das Gefühl, daß er für andere im Gefängnis sitzt. Langsam beginnt er zu reden. Er sagt mehr, als für seine Gesundheit gut sein kann. Er nennt dieselben Namen, die auch andere Zeugen der Polizei mitgeteilt haben.

Nicht nur Manco, auch andere vor ihm haben immer wieder einen »padrone« erwähnt. An diesen Padrone kommt die Polizei nicht heran. Er ist Geschäftsmann und befaßt sich unter anderem mit der Einrichtung von Gaststätten, Diskotheken und Pizzerien.

Einige Zeit vor meinem Besuch bei Walter Manco im Gefängnis von Celle habe ich ihn kennengelernt. Wir gehen miteinander zum Abendessen in ein italienisches Restaurant in Oldenburg. Der Padrone sucht für mich auf der Speisekarte aus. Er weiß, was gut ist. Die von der Sonderkommission, sagt er, wären gern in Cinecittà beim Film. Er sagt es zwischen Salat und pasta asciutta. Nicht hämisch. Die hätten so gern ein bißchen Mafia in Niedersachsen gefunden. »Aber«, sagt er und spreizt die Hände, »nientissimo«.

Und was ist mit der Erpressung italienischer Pizzerien?

Der Padrone strahlt und ruft den Wirt. Dann fragt er ihn, ob er nicht auch monatlich etwas für in Not geratene Landsleute lockermacht. Wie alle anderen. »Doch. Logisch. Wir halten zusammen«, sagt der Wirt. Ich schäme mich, an so etwas Häßliches wie Schutzgeld gedacht zu haben. Sein Telefon hat man abgehört, sagt der Padrone. »So macht man es mit

uns Italienern in Deutschland. Alla mercè di tutti.«
(»Wir sind Freiwild.«) Er hat sich beim Innenminister
beschwert. Die kühle Antwort zeigt er mir.

Der Mann weiß, wie man seine Gäste zum Lachen
bringt. Ich gebe zu, daß ich mitlachen muß, wenn er
die Beamten der SoKo nachmacht wie ein Provinzschauspieler. Die niedersächsische Schmiere ist für
einen Süditaliener so seltsam wie für uns ein Eski-
mo-Ballett.

Am nächsten Tag finde ich eine große Kiste im
Kofferraum meines Wagens. In der Kiste sind zwei
Dutzend Flaschen von einem ehrlichen Landwein
ohne Etikett. Eine Geste italienischer Großzügigkeit.
Nicht weniger, aber auch nicht mehr. Ein Beamter
der SoKo rät mir, den Wein nicht zu trinken, weil er
vergiftet sein könnte. Wie wenig die Leute ihre Gegner kennen. Aus München schicke ich dem Padrone
im Gegenzug eine Kiste Frankenwein.

Ein paar Wochen später kriege ich eine Einladung
zur Hochzeit seiner Tochter. Die Anrede ist »Euer
Hochwohlgeboren«. Ich fühle mich geehrt. Das sage
ich nicht nur. Ich fühle mich wirklich geehrt. So eine
Einladung kriegt nicht jeder. Jahre vorher hat mir einer der gefaßten Brandstifter in der Justizvollzugsanstalt Oldenburg gesagt: »Lassen Sie sich nicht mit
dem Padrone ein. Den kostet es einen Telefonanruf,
um Leute einfliegen zu lassen, die Ihnen den Mund
stopfen.« Ich bin sicher, daß mir als Hochzeitsgast
kein Haar gekrümmt worden wäre.

Wie soll das eine deutsche Polizei verstehen? Sie
versteht nicht einmal die Sprache. Ein vereidigter
Dolmetscher: »Die halten Garibaldi für den Erfinder
des Schnellkochtopfs.« Der Leiter der Sonderkom-

mission tötet mir den Nerv, weil er das Wort Pizzeria immer falsch betont. Er sagt Pizzéria (mit der Betonung auf der zweiten Silbe) und nicht Pizzería (mit der Betonung auf dem zweiten »i«). Eine Zeitlang verbessere ich ihn. Dann gebe ich es auf. Die Italiener wissen vermutlich nicht, wovon er redet. Die Schuhsohlen, die er sich außerhalb der Dienstzeit abgelaufen hat, die Nächte, die er sich um die Ohren geschlagen hat, und den Frust mit den Italienern wird der Beamte später mit einem psychosomatischen Asthma bezahlen, das ihn dienstunfähig macht.

Auch bei der Polizei gibt es Verlierer. In Niedersachsen sind es die Beamten der Sonderkommission. Im Lauf der Ermittlungen müssen sie viele Reisen machen. Die Übernachtungsgelder sind so niedrig, daß sie bei Kollegen übernachten oder sich durch Beziehungen zum Milieu ein drittklassiges Hotelzimmer zum halben Preis besorgen. Wenn sich die Ganoven, die sie observieren, in einem teuren Schuppen verabreden, müssen sie ohnehin draußen bleiben, weil das Tagegeld nicht für die Zeche reicht. Jeder Beamte riskiert seinen Job, wenn er sich eine Übernachtung oder ein Mittagessen bezahlen läßt. Zum Beispiel von einer Versicherung, die in der gleichen Sache ermittelt. Fremdfinanzierung von polizeilichen Ermittlungen ist nur erlaubt und willkommen, wenn es um politische Kriminalität geht.

Ein parlamentarischer Untersuchungsausschuß löst im Landeskriminalamt Hannover einen Grabenkrieg aus, dem auch der Leiter der Sonderkommission zum Opfer fällt. Der italienische Mob tanzt auf dem Tisch. Was er nicht geschafft hat, das schafft der Untersuchungsausschuß.

Ich warte auf Walter Manco und seinen Verteidiger im Besucherraum. Deprimierend sind die gerahmten Drucke von alten Meistern an den Wänden. Sie sollen Kultur dokumentieren. Mir fällt auf, daß viele Ausländer im Besucherraum sind und daß die meisten ihren Frauen oder Freundinnen schweigend gegenübersitzen. Im Kino sieht man immer, wie sich alle gegenseitig zu überschreien versuchen. Der Beamte wechselt mir tatsächlich meinen Zehnmarkschein.

Ich hole mir einen Kaffee.

Mir fällt die Beerdigung von Salvatore Corallo ein. Es war ein traumhafter Frühlingstag. Die Vögel zwitscherten auf dem Friedhof. Corallo hatte für denselben Mob gearbeitet wie Manco. Kurz vor der Entlassung aus der Justizvollzugsanstalt Oldenburg hat er sich aufgehängt. Man hatte so etwas befürchtet und ihm einen ausgeglichenen und stabilen Strafgefangenen in die Zelle gelegt. Der sollte auf ihn aufpassen. Corallo hat sich so leise aufgehängt, daß der andere nicht einmal davon aufgewacht ist.

Je näher der Tag seiner Entlassung kam, so hat mir seine Frau erzählt, desto mehr Angst hat er gehabt. Angst vor allem. Vor dem gemeinsamen Duschen und vor dem Kaffee am frühen Morgen.

Am Grab standen ein paar von denen herum, vor denen er Angst gehabt hat. Sie haben einen Kranz mit einer Schleife mitgebracht. Auf der Schleife stand: »Gli Amici Italiani«. Der Pfarrer sagte: »Herr Jesus Christus, wir haben den Leib Deines Dieners Salvatore Corallo in dieses Grab gelegt, da er den Weg des Glaubens zu Ende gegangen ist. Laß ihn nun Dein Angesicht schauen.«

Einer von den Typen kam zu mir und sagte, daß

ich meine »Finger aus ihrer Pasta« lassen solle, »sonst wir stecken«. Er meinte natürlich »stechen«. Ich sagte ihm, daß man auf deutsch »ch« nicht als »k« spricht. Er schaute zu den anderen und schüttelte den Kopf über meine Begriffsstutzigkeit.

Endlich kommt der Verteidiger. Dann Walter Manco. Der Direktor der Strafvollzugsanstalt gibt uns das Verteidigerzimmer. Walter Manco ist ein gutaussehender Junge. Drahtig. Knapp dreißig Jahre alt. Figur eines Jockeys. Aber angeschlagen. Einer von den Typen, die Zechen bezahlen müssen, wenn es ernst wird.

Unter der Armbanduhr an seinem Handgelenk fällt mir ein roter Fleck auf. Irgend etwas hat er da mit Mercurochrom überpinselt. »Darf ich?« frage ich. Er ist zu verblüfft, um mir die Hand wegzuziehen. Er hat versucht, eine Tätowierung unkenntlich zu machen. Unter dem roten Fleck ist ein großes blaues »S« zu erkennen. Keine Ahnung, was das ist. Wenn er nicht versucht hätte, es zu verstecken, wäre mir nichts aufgefallen. Ich frage ihn, was das »S« heißt. »Eine Freundin«, sagt er. Ich weiß, daß es in seiner Geschichte keine Freundin mit einem »S« gibt.

Später stellt sich heraus, daß er mit einem anderen Brandstifter korrespondiert, den ich in der Justizvollzugsanstalt Oldenburg getroffen habe. Den hatte ich auf die fünf tätowierten Punkte angesprochen, die in der Tabatiere seiner linken Hand zu sehen waren. Solche Punkte sind ein sehr altes Rangabzeichen. Die Nachricht, daß ich mich für Tätowierungen interessiere, ist sofort weitergegeben worden. Deshalb der Fleck aus Mercurochrom am Handgelenk von Walter Manco. Wahrscheinlich hat er sich das Antiseptikum in der Krankenabteilung besorgt.

Die Lage der Tätowierung ist auffallend. Genau unter der Armbanduhr. Leute, die durch Hitze oder Flammen gefährdet sind, lassen sich gelegentlich Blutgruppe und Rhesusfaktor an Körperstellen eintätowieren, die bei Brandverletzungen nicht so schnell zerstört werden. Manche Piloten tragen die lebenswichtige Information unter der Fliegeruhr. Das könnte heißen, daß Manco professioneller gearbeitet hat, als er zugibt. Vielleicht täusche ich mich auch. Es paßt nicht zu dem, was aus den Akten hervorgeht. Ich frage nicht weiter.

Offensichtlich steht er unter Strom.

»Heroin?« frage ich. Er schiebt den rechten Ärmel hoch und zeigt mir die frischen Einstiche. Woher er das Geld hat, in einer Hochsicherheits-JVA Stoff zu kaufen? Er zeigt mir Überweisungsbelege.

Irgend jemand hält ihn von draußen an der Nadel, damit er Kontakt aufnehmen muß, wenn ihm einmal ein Ausbruchsversuch gelingen sollte. Er behauptet, daß ihm seine Mutter das Geld schickt. Sicher ist nur, jemand sorgt für ihn.

Vielleicht sind es dieselben Freunde, die auch für Giancarlo Pileri gesorgt haben: nach einer anderen Brandstiftung in Niedersachsen.

Pileri, der auch zum Mob gehört, paßt nicht auf. Er wartet zu lange, bis er eine brennende Zeitung in das Benzin-Luft-Gemisch wirft. Durch die explosionsartige Verpuffung wird er verletzt. Man kann ihn schlecht in ein Krankenhaus bringen, weil er dort unter dem Einfluß von Medikamenten vielleicht redet.

»Sie schafften den Schwerverletzten in ein Kornfeld bei Osnabrück, überschütteten ihn mit Benzin und zündeten ihn an.« (Kriminaldirektor Karl-Heinz Müller in einem Seminar der Polizeiführungsakademie am 16. März 1983)

Einer Sekretärin wird schlecht, als sie die Obduktionsfotos auf meinem Schreibtisch sieht.

Einer seiner Komplizen ist nicht so empfindlich. »Das soll Pileri sein?« sagt er und lacht, als ich ihm die Bilder von den Überresten seines Freundes unter die Nase halte. Kopf, Hals und rechter Arm sind verkohlt. Die Bauchdecke ist verbrannt. Die Eingeweide sind nach außen getreten.

Auch der Besuch bei der Schwester des Ermordeten, Pia Maria, fällt mir wieder ein, als ich Walter Manco in Celle gegenübersitze. Sie lebt in Settimo San Pietro auf Sardinien. Die meisten Brandstifter werden aus Sardinien eingeflogen. Sie arbeiten als »mechanics« für Gruppen, die aus anderen Teilen Italiens kommen. »Die Süditaliener«, sagt einer, »sind zu blöd, um Feuer zu machen.« Das Haus der Pileri in der engen Via Gerolano Titzolo 30 sieht wie eine Festung aus. Eine jahrhundertealte Mauer, keine Fenster und ein riesiges Tor.

Ich präge mir am Tag die Lage ein und gehe dann nachts zu Fuß hin. Das Tor läßt sich aufdrücken. Es ist stockfinster. Ich kann den Garten mit Zitronen- und Orangenbäumen nicht sehen, aber ich kann ihn riechen. Durch Herumtasten finde ich über eine Treppe auf die Galerie, an der die Zimmer liegen. Die Fensterläden schließen nicht ganz. Licht scheint durch die Ritzen. Pia Maria hat mich gehört, obwohl ich versucht habe, leise zu gehen. Das Licht in einem Zimmer geht aus, die Tür öffnet sich. Erst als ich drin bin, geht das Licht wieder an. Sie hat Angst. Sie sagt nichts zum Tod ihres Bruders. Nur eines: »Deutschland ist furchtbar. Da bringen sie unsere Jungen um. Oder sie sperren sie ein.«

Ich frage Manco, wie lange er noch sitzen muß. Ein paar Jahre. Wieviel Stoff er braucht. Er ist seit seiner Kindheit süchtig. »Bei uns gab es das Zeug immer.«

Weder in Celle noch in irgendeiner anderen Strafanstalt ist es ein Problem, an Rauschgift heranzukommen. Man kann nicht beides haben: einen einigermaßen humanen Strafvollzug und zugleich die Garantie, daß die verbleibende Restfreiheit nicht mißbraucht wird. Totale Kontrolle ist nur möglich, wenn man die Gefangenen wie im Mittelalter in Eisen schließt.

Als ich das Wort 'Ndrangheta' ausspreche, taut Manco auf. Die Leute, mit denen er bisher zu tun gehabt hat, wissen nicht, was das ist. Ich habe den Eindruck, daß es nicht einmal sein Verteidiger weiß. Manco schiebt mir ein zerfleddertes Heft hin. Auf einer Seite hat er in mühsamer Kleinarbeit mit einem blauen und mit einem roten Kugelschreiber einen Dolch gezeichnet. Er klammert sich an diese Zugehörigkeit.

Das mit dem alten Mann ist ihm arg. Manco ist kein Totschläger. Die Brandstiftung aber tut ihm nicht leid. Jeder muß seinen Freunden helfen, wenn sie »Probleme« haben. Man kommt aus demselben Dorf. Nur der ist ein richtiger Mann, der seine Leute in der Fremde nicht im Stich läßt. Den Lebensunterhalt der Familie sichern, indem man den Konkurrenten umbringt oder seinen Laden anzündet, das ist da, wo

Manco herkommt, ehrenvoll und männlich. Nur ein Taugenichts duldet Konkurrenz.

Joe Bonanno hat es einmal noch deutlicher gesagt, als Manco das kann: »In meiner Welt weiß man sehr genau, was Erpressung ist und was nicht. Wenn ein Außenseiter in der Nähe eines Familienmitgliedes eine Bäckerei aufmacht, dann hat der Bäcker unserer Familie jedes Recht, den Eindringling zu vertreiben, falls er sich nicht arrangiert. Was für den Außenseiter wie Erpressung aussieht, das ist für den Insider Notwehr.« Wer nicht bereit ist, mit allen Mitteln gegen geschäftliche Konkurrenz vorzugehen, der ist ein schlechter Familienvater und damit ein Mann ohne Ehre.

Manco erzählt, daß es zu Hause in Melissano inzwischen zu Konflikten zwischen den Familien gekommen ist. Die Mancos wollen es nicht hinnehmen, daß einer der ihren für einen der Caputos sitzt. Einer von den Caputos wird coram publico ermordet. Der »Hit« wird so arrangiert, daß die Mutter Mancos zufällig Zeuge wird. Will man sie so über das Schicksal ihres Sohnes trösten? Walter Manco ist ein »fall guy«.

Ich glaube nicht, daß Manco seine Rolle versteht, und ich bin sicher, daß er nie den Mob ganz durchschaut hat, für den er sitzt.

Franco Lorello hat mir die Methode in der JVA Oldenburg zu erklären versucht. Franco war einer der Organisatoren zwischen den Auftraggebern und den eigentlichen Brandstiftern. (Inzwischen ist er in Freiheit.)

Ich will von ihm wissen, wer auf welche Weise an den (damals) achtzig Brandstiftungen profitiert hat.

»Es sind nur sechzig«, sagt Franco.

»Achtzig«, sage ich.

»Achtzig«, sagt der Kriminalbeamte, der dabei ist.

»Sechzig«, beharrt Lorello.

Dann klärt sich alles auf. Von den achtzig Bränden seien mindestens zwanzig durch Kurzschlüsse, Tauchsieder oder kaputte Lichtleitungen entstanden. Die könne man nicht rechnen, sagt Franco. Damit gibt er zu, daß die restlichen sechzig organisiert sind. Davon gehen nach seiner Meinung zwanzig auf das Konto eines italienischen Gaststätteneinrichters. Weitere zwanzig Brände seien im Auftrag eines anderen italienischen Einrichters gelegt worden. Das letzte Drittel sei einfacher Versicherungsbetrug. Vielleicht habe hie und da auch ein deutscher Gaststätteneinrichter seine Finger im Spiel.

Aus dem, was Lorello sagt, ergibt sich das folgende Szenario: In Niedersachsen brennt es besonders oft, obwohl es dort nicht mehr Pizzerien und Diskotheken gibt als in anderen Bundesländern. Die Einrichter von Diskotheken und Pizzerien treten sich aber in Niedersachsen auf die Zehen. Resultat ist eine Häufung der folgenden drei Methoden:

Ein italienischer Gastarbeiter hat die Maloche satt. Er will eine Pizzeria oder eine Diskothek aufmachen. Ein Einrichter verkauft ihm einen Laden mit allem Drum und Dran zu einem Preis von angenommen 300 000 DM. Natürlich hat kein Gastarbeiter so viel Bargeld. Viele sind aber davon überzeugt, daß sie mit viel Arbeit den Laden auf die Beine bringen, das geliehene Geld zurückgeben und die Einrichtung abbezahlen können. Von den 300 000 DM bekommt der Einrichter etwa 50 000 DM schwarz ohne

Quittung unter dem Tisch. Dieses Bargeld hat man sich erspart, oder man pumpt es bei Verwandten und Freunden zusammen. Außerdem zahlt man noch einmal 10 000 DM auf den Tisch und mit Quittung. Der Rest, also 240 000 DM, läuft über Wechsel, die monatlich mit jeweils 9000 DM fällig werden. Fast immer haben die fälligen Wechsel eine Höhe, die der Eigentümer des Ladens selbst bei bestem Geschäft nicht bezahlen kann. Flauten – etwa durch Verweigerung von Schutzgeld oder durch Konkurrenz – kann er sich schon gar nicht leisten. Er ist ausweglos in der Zange.

Der Knebelvertrag, den er mit dem Einrichter geschlossen hat, enthält zwei wesentliche Vereinbarungen:

1. Die Einrichtung bleibt bis zur endgültigen Abzahlung im Besitz des Einrichters.
2. Die Nutznießung etwaiger Versicherungen – also auch einer Brandversicherung – wird auf den Einrichter überschrieben.

Da der Käufer des Ladens nicht in der Lage ist, die Wechsel pünktlich einzulösen, bittet er um Stundung. Er zahlt, soviel er gerade kann. Was er nicht zahlen kann, wird als noch zu verzinsende Schuld der Restforderung zugeschlagen. Irgendwann kommt der Käufer in eine Lage, in der er sich krummarbeitet und krummzahlt, ohne dem Ende der Abzahlung näher zu kommen.

Der Einrichter oder Verkäufer des Ladens hat die 50 000 DM schwarzes Geld eingesteckt und den Käufer am Kanthaken. Die Einrichtung gehört ihm. Er kann den Käufer hinauswerfen, weiterverkaufen oder aber, wenn es brennt, die Versicherung einstecken und das Lokal neu einrichten. Im günstigsten Fall kann der Käufer Laden, Einrichtung, Anzahlung und die bereits geleistete Arbeit verlorengeben. Meistens ist er samt seiner Familie bereits so geknebelt, daß er nicht einmal mehr diesen Ausweg hat.

Nun geht man ihm mit Rat zur Hand.

Wenn der Laden abbrennen würde, so sagt man ihm, dann käme er zwar mit Verlust, aber mit einem blauen Auge aus der Sache heraus. Man habe gehört, daß es da so Leute gäbe, die sich in solchen Dingen auskennen. In solchen Gesprächen bedarf es keiner klaren Auftragserteilung. Jeder weiß, was der andere meint, auch wenn er es nicht ausspricht.

Der Fall Walter Manco ist von der Durchführung her atypisch. Normalerweise kennen die Brandstifter ihre Auftraggeber nicht. Sie haben auch keine Ahnung, warum sie einen Brand legen. Sie fliegen aus Italien über Hamburg oder Bremen ein und haben nur eine Adresse im Kopf. Dann nehmen sie sich einen Mietwagen. Einer kauft in einem Supermarkt irgendeinen Kanister, den sie an der nächsten Tankstelle mit Benzin füllen. Nach der Sperrstunde schlagen sie ein Fenster ein, werfen den offenen Benzinkanister hinein und einen brennenden Lappen hinterher. Alarmanlagen stören sie nicht. Bis die Feuerwehr kommt, sind sie längst in ihrem Hotel. Am nächsten Morgen fliegen sie wieder ab. Ihre Papiere sind einwandfrei. Es gibt keinen Grund, sie aufzuhalten. Pro Brandstiftung kassieren sie zwischen 5000 DM und 15 000 DM, je nach Aufwand.

Hier das Original einer abgehörten Einsatzbesprechung zwischen Auftraggeber und Organisator:

Ce: Hallo?

Fo: He du. Ruf nich suviel in Geschäft an. Die kucken mich schon so blöd.

Ce: Sag mal, der von Sardinien ...

Fo: ... der komm am Wochenend.

Ce: Du zahlst die Leute zu gut. Die machen auf meine Kosten Urlaub.

Fo: Ja. Das iß die Scheiß. Ne (lacht, beide lachen), der iß ein Tip (Typ). Nicht so viel sprecht, verstehst du?

Ce: Ja.

Fo: Und wenn ihm verarscht jemand, ist kanz kefährlig.

Ce: Klar, klar.

Fo: Verstehst du mich. Er sagt, ich will 5000 voraus un 5000 danach. Un wenn jemand versuch zu bescheiß. Da sinne drei Bruder da. Un jeder so kefährlig wie die andere.

Ce: Ja, ja. Iß das der, wo du gesagt hast, die haben da so 'ne Entführung gemacht ...

Fo: ... iß doch egal. Hör mal zu. Die Sache sin sauber. Nie was gewesen. Nie was passiert. Nie Polizei.

Ce: Keine Probleme ...

Fo: Sauber, sauber, sauber. Sarde, verstehst du?

Ce: Mir ist nur ...

Fo: Hör mal zu. Wenn du ihm sagst, hör mal zu. Hier iß das Geld, und bringst du ihn, wo das Ding iß. Muß gebrannt werden. Un wenn er »ja« sagt, iss »ja«. Und wenn »nein«, du kannst ihm nicht sagen, i schieß di gleich ab.

Ce: Die letzte Sache haben die auch mit Benzin gemacht. Oder mit anderen Sachen ...

Fo: Ja mit das. Mit das.

Ce: Kann doch Kanister nehmen.

Fo: Er nimmt lieber das.

Ce: Hat er damit bessere Erfahrungen?

Fo: Natürlig. Mit die Kanister, da braucht zu viel anschleppen. Un mit diese da. Drei, vier Stuck vorbereitet, wie er das macht, verstehst du? Knallt alles durch, verstehst du.

Ce: Nur. Das ist gefährlich. Muß sich auskennen.

Fo: Kennt sich aus (lacht, beide lachen).

»Fo« ist ein Organisator, und »Ce« ist ein verdeckt ermittelnder Beamter, der glaubwürdig in die Szene integriert ist. Da er als Auftraggeber auftritt, muß die Kripo dafür sorgen, daß der bestellte Brand im allerletzten Moment, wenn praktisch schon das Zündholz brennt, verhindert wird. »Da altert man um Jahre«, sagt ein zuständiger Kriminalrat. »Wenn das schiefgeht, dann schmeißen die mich raus, und ich zahle für den Rest meines Lebens an einer Diskothek.«

Nach dem Brand kassiert der Einrichter-Verkäufer die Versicherung, nimmt sein Eigentum – oder das, was noch brauchbar ist – zurück. Dann richtet er den Laden wieder her, und der Kreislauf beginnt von vorne. Daher kommt es oft zu mehreren Bränden im selben Laden.

Die zweite Methode ist, ein Lokal »abzufackeln« und so zu Geld zu machen, weil es nicht besonders lukrativ ist. Zwischen 60 000 DM und 150 000 DM an eigenem und geliehenem Geld sind investiert. Die meisten Italiener besorgen sich ihre Theken, Tische, Stühle und sogar Speisekarten immer noch aus Italien. Ein Transport kostet maximal 1500 DM. Trotz der Transportkosten sind die in Italien gekauften Einrichtungen erheblich billiger. Wer in Italien kauft, kann seine Pizzeria für das gleiche Geld doppelt so groß oder doppelt so gut einrichten.

Solche Läden entstehen vor allem in kleinen Orten und in der Provinz. Die ganze Familie muß mitarbeiten, und das Unternehmen verträgt keinen Hauch. Wenn jetzt am gleichen Ort ein anderer Italiener aufmacht, dann hat der Platzhirsch nur noch die Wahl, Pleite zu machen oder eines der beiden Lokale anzünden zu lassen. Entweder sichert er den Lebensunterhalt seiner Familie, indem er die Konkurrenz beseitigt. Oder er holt sich die investierte Arbeit wenigstens durch Versicherungsbetrug wieder herein.

In der dritten Methode steckt auch Schutzgelderpressung oder kriminelle Beteiligung. Angenommen, ein Unternehmer hat seinen Laden einmal oder mehrmals aus unterschiedlichen Gründen »abfackeln« lassen. Dann gibt es mindestens zwei Mitwisser: den Auftraggeber und den Ausführenden.

Irgendwann findet dieser Unternehmer einen Laden in einer sehr guten Lage. Das kann in einer anderen Stadt oder sogar in einem anderen Bundesland sein. Das Geschäft ist hervorragend. Am Horizont ist ein Silberstreif. Nach wenigen Jahren werden er und seine Familie aus dem Schneider sein.

Jetzt kommen plötzlich Leute zu ihm, die auffallend gut über die früheren Brandstiftungen informiert sind. Vielleicht taucht sogar der eigentliche Brandstifter auf und bedankt sich noch einmal sehr herzlich für die 10000 DM, die man ihm über den Auftraggeber hat zukommen lassen.

Natürlich verlangt man kein Schutzgeld. Schließlich sitzt man im gleichen Boot. Das Dumme ist nur, man ist ein wenig unter Druck. Einer »von uns« ist erwischt worden. Man braucht Geld, um den Anwalt zu bezahlen. Ein anderer hat eine kranke Familie, und wieder ein anderer ist arbeitslos.

»Damals«, so werden sie sagen, »haben wir etwas für dich getan. Jetzt mußt du ein bißchen was für uns tun.« Mit 10 000 DM wäre fürs erste schon geholfen.

Der Laden läuft gut. Der Besitzer zahlt. Natürlich kommen die Leute wieder. Immer haben sie Geldsorgen. Immer sind es irgendwelche ungeraden Summen, 6375 DM für eine Operation, 3735 DM für einen Anwalt. Typisch für diese Version: Der Unternehmer wird nur bis an die Grenze seiner Existenzfähigkeit gemolken, wobei man davon ausgeht, daß er Steuern weitgehend hinterzieht.

Das Abfackeln als Disziplinierungsmaßnahme bei Schutzgeldverweigerung ist unüblich und unpraktisch. Da gibt es, wie wir wissen, viel bessere Methoden. In einer Serie von rund 80 Brandstiftungen sind ganze zwei einigermaßen als Racheakte für Weigerung glaubhaft. Allerdings geben die »Geschädigten« in fast 40 Prozent aller Fälle Schutzgeldforderungen an und behaupten, der Brand sei die Folge ihrer Weigerung zu zahlen. Sie wissen, daß so etwas die Polizei noch am ehesten frißt. Alles andere können sie nicht zugeben, da sie sich bei allen drei Methoden auch selbst strafbar gemacht haben.

Walter Manco ist kein Musterhäftling. Aber selbst wenn man endemische Rauschgiftsucht, den einschlägigen Milieuschaden und eine Weitsicht abzieht, die nicht den mitteleuropäischen Normen entspricht, dann bleibt immer noch die Tatsache, daß er nach seinem eigenen Verständnis – und nicht nur danach – für andere im Gefängnis sitzt, die draußen herumlaufen. Auch die Polizei zweifelt nicht daran, daß die Anstifter sich ihrem Zugriff entzogen haben. Das Bewußtsein, ein »fall guy« zu sein, trägt nicht zur psychologischen Stabilisierung in der Strafhaft bei. Die Prognose für Walter Manco ist nicht günstig. Die Chance, die Auftraggeber ebenfalls hinter Gitter zu kriegen, ist gleich Null.

DIE KOMPLIZEN

Die Komplizen des Mobs sind Anwälte und Richter, Politiker und Kirchenfürsten, Polizeibeamte und Journalisten. Einige dieser Komplizen wissen, daß sie Komplizen sind. Es stört sie nicht.

Die Rede ist nicht von Polizeibeamten, die gegen Bargeld den Mob vor Telefonüberwachungen warnen. Die Rede ist auch nicht von Polizeibeamten, die den Rückkauf von Diebesgut vermitteln, nachdem sie beim Stehlen Schmiere gestanden haben. Die Rede ist nicht von Anwälten, die als Hehler, Erpresser und Betrüger im Sold des Mobs stehen und die sehr genau wissen, daß ihre Kostennoten mit gestohlenem Geld gedeckt werden. (Nach Meinung der italienischen Polizei sind Mitte Dezember 1986 bei einem Postraub in Palermo 13 Millionen DM besorgt worden, um die Honorare von Verteidigern im »maxi processo« zu bezahlen; vgl. Frankfurter Rundschau, 16. 12. 1986.)

Die Rede ist nicht von Ärzten, die wider besseres Wissen Atteste ausstellen, um Figuren des Mobs vor der Haft zu verschonen, von Journalisten, die gegen Naturalien Drahtzieher in ihren Gesellschaftsspalten

zelebrieren, von Politikern, die herunterspielen, was
der Mob heruntergespielt haben will. Die Rede ist
auch nicht von den braven Bürgern, die in Palermo
für die Mafia demonstrieren, die in der Hochburg
des bolivianischen Kokainhandels, Santa Ana de Ya-
cuma, ihre Rauschgift-Barone vor dem Zugriff amerikanischer Drogenfahnder schützen und in Neapel
den Polizeibeamten die Uniformen vom Leib reißen,
weil sie den Paten der Neuen Camorra-Familie, Luigi Giuliano, verhaften wollen.

Das alles gibt es. Diese Art von krimineller Komplizenschaft ist aber nicht das Problem. Polizeibeamte, Ärzte, Anwälte, Geistliche und Journalisten sind
ebensowenig gegen kriminelle Infektion immun wie
andere Berufe. Mit einem bestimmten Maß an Korruption muß man leben.

Das eigentliche Problem sind die Komplizen, denen man nichts nachsagen darf, weil ihr Wegsehen
auch die Folge von Dummheit sein könnte. Dummheit ist weder ehrenrührig noch strafbar. Selektive
Blindheit dagegen kann sogar eine Tugend sein. Für
einige Beamte ist sie die Basis einer ruhmreichen
Karriere.

Jahre nachdem sich die Indizien für organisiertes
Verbrechen in der Bundesrepublik Deutschland un-
übersehbar häufen, Jahre nachdem sich polizeiliche
Fachleute mit immer deutlicheren Warnungen an die
Öffentlichkeit wagen und sieben Jahre nachdem die
Polizei von Berlin ein Dezernat für organisierte Kri-
minalität eingerichtet hat, erklärt der langjährige
Präsident des Bayerischen Landeskriminalamts Dr.
Trometer in einem (nicht ausgestrahlten) Fernseh-
interview im Jahr 1981: »Sie reden von der organi-

sierten Kriminalität. Die gibt es in Bayern und nach unserer Kenntnis auch im übrigen Bundesgebiet nicht.« Und: »Solche Erscheinungsformen (von organisierter Kriminalität) gibt es bei uns nicht. Wir haben solche Strukturen bislang weder in der Rauschgiftkriminalität noch in anderen klassischen Bereichen wie etwa der Prostitution, der Schutzgelderpressung, dem Falschgeld und dem Glücksspiel feststellen können.« Dr. Trometer hat diese Fehleinschätzung bis zum heutigen Tag öffentlich nicht korrigiert, obwohl es inzwischen auch im bayerischen LKA ein Dezernat für »Organisierte Kriminalität« gibt, auch wenn es nicht so heißt.

Im selben Jahr (1981) sekundiert dem bayerischen LKA-Präsidenten der NRW-Innenminister Herbert Schnoor. Allerdings formuliert er etwas schlauer: »Von der Mafia oder mafiaähnlichen Verbrechensorganisationen, wie sie aus den USA bekannt sind, kann in der Bundesrepublik nach Feststellung des NRW-Innenministers Herbert Schnoor (SPD) nicht die Rede sein.« (WR, 3. 2. 1981, nach AP)

Auch der Innenminister Herbert Schnoor hat keine Veranlassung gesehen, diese Einschätzung zu korrigieren, obwohl in seinem Bundesland und nach Informationen seiner eigenen Ermittler nicht nur »mafiaähnliche« Organisationen unterschiedlicher Herkunft, sondern sizilianische Mafia, neapolitanische Camorra, kalabresische 'Ndrangheta und chinesische Triaden aktiv sind.

Ob man will oder nicht. Man erinnert sich an den Mafioso Michele La Torre, Bürgermeister des vollkommen von der Mafia beherrschten Corleone in Sizilien: »La mafia, eh ... Ma io, senta, che vuole che

Le dica? Mi guardo intorno e non la vedo.« (»Die Mafia, ah ... Also ich, hören Sie zu. Was soll ich dazu sagen? Wenn ich mich umschaue. Ich sehe sie nirgends.«)

Im Saargebiet machen sich, nach Auskunft von Sonderfahndern, süditalienische Gruppen mit Bomben, Morddrohungen und organisierter Schutzgelderpressung bemerkbar. Wir fragen daher den zuständigen Kriminalhauptkommissar Egloff vor der Kamera, ob er diesen Erkenntnissen seiner Kollegen zustimmen kann.

Lindlau: »Würden Sie dem zustimmen? «
Egloff: »Nein.« (Pause, die Kamera läuft weiter.)
Lindlau: »Danke.«

Für die Sendung lassen wir die Pause nach dem »Nein« stehen und schneiden auch mein »Danke« nicht ab. Niemand soll später behaupten können, daß KHK Egloff sein eindeutiges und glattes »Nein« in irgendeiner Weise relativiert hat.

Es nützt nichts. Bei der nächsten Tagung in der Polizeiführungsakademie Hiltrup schickt Egloff einen seiner Leute in die Diskussion, der behauptet, das Fernsehen habe seinen Chef gelinkt, seine Aussage manipuliert und sein »Nein« aus dem Zusammenhang gerissen.

Am besten macht es der Polizeipräsident von München, Dr. Manfred Schreiber. Am 17. 10. 1978 erklärt er laut AZ: »Anhaltspunkte für ein organisiertes Verbrechertum haben wir überhaupt keine.« Fünf Monate später, am 2. 4. 1979, ergänzt er: »Es gibt natürlich auch bei uns organisiertes Verbrechen ...« Damit ist er für jede sicherheitspolitische Lage gerüstet.

Sechs Jahre vor solchen und ähnlichen Äußerungen von führenden Polizeileuten in der Bundesrepublik, die dem Mob einen nicht mehr einzuholenden Zeitvorsprung verschaffen, schreibt der Chef des Landeskriminalamtes Bremen, Dr. jur. Herbert Schäfer, in der Fachzeitschrift »Kriminalist«: »Leugner der organisierten Kriminalität, die ähnlich schon zu Beginn der Rauschgiftwelle argumentierten (sie hatten den Warnern vorgeworfen, ›Phantomjäger‹ zu sein), bleiben aber bei der passiven Formulierung ihrer Ablehnung nicht stehen. Über den verbalen Widerstand hinaus stößt man vielmehr bei den organisatorischen Vorbereitungen zur Bekämpfung und Untersuchung der organisierten Kriminalität in Einzelfällen auf Indizien vorhandener korruptiver oder korruptoider Zusammenhänge. Diese können ... Beamte der Kriminalpolizei und der Schutzpolizei einschließen, aber auch Verwaltungsbeamte im Bewilligungsbereich. Leitungskräfte, welche sich zu irgendeiner Zeit infolge einer Sauf- und Prostitutionskontaktphase während ihrer Laufbahn in dubiose Freundschaften und Kontakte zur aufsteigenden Unter- und Halbwelt verstrickten, können sich erfahrungsgemäß aus solchen Befangenheiten nicht mehr selbständig lösen. *Sie befürchten Aufdeckung und Enttarnung solcher Beziehungen und der erlangten Vorteile, die vor allem im geschlossenen Rahmen politischer Favoritensysteme und der Ämterpatronage ungestört gewährt werden können. Den solchermaßen eingesponnenen Trägern mittelbarer oder unmittelbarer Macht und Machtbeziehungen steht bei schwindendem Unrechtsbewußtsein infolge gewachsener allmählicher Eingewöhnung der persönliche Status quo*

näher als das Verhindern künftiger krimineller Ent-
wicklungen.«

Die Amerikaner haben für diese etwas umständli-
che Darstellung der Komplizenschaft mit dem organisierten Verbrechen das simple Wort »corruption«.
Diese Art der Korruption allerdings tarnt sich mit
der Mimikry parteipolitischer Ranküne oder interes-
senpolitischer Intrige. Diese Erfahrung ist keine spe-
ziell deutsche. Schon vor zwanzig Jahren hat eine
Kommission der US-Regierung in ihrem Bericht unter dem Titel »Challenge of Crime in a Free Society«
festgestellt: »Heute ist die Korrumpierung (politischer
Ordnung durch organisiertes Verbrechen) *weniger*
sichtbar und daher viel schwerer aufzudecken und einzuschätzen als die (politische) Korruption während
der Prohibition ... Seit sich die Ziele des organisierten Verbrechens und seine Methoden vervielfacht
haben, müssen mehr und mehr kommunale Amtsträger auf allen Ebenen korrumpiert werden.«

Es gibt eine Korrelation zwischen der Unverschämtheit, mit der sich die politischen Parteien zunehmend
über dem Gesetz wähnen, und einem wachsenden
Selbstbewußtsein des wirtschaftskriminellen Mobs.
Parteien berufen sich unentwegt auf ethische Werte.
Da sie im politischen Alltag den eigenen Ansprüchen
selten entsprechen, führt das automatisch zu einer
Degradierung der beschworenen Werte. Der Pomp,
mit dem Moral gepredigt wird, steht in einem au-
genzwinkernden Widerspruch zum Handeln. Immer
mehr Leuten wird dadurch klargemacht, daß moralischer Anspruch nur von rhetorischer Bedeutung ist.

Nicht nur Korruption macht Komplizen. Das tun
auch Ignoranz und Gleichgültigkeit. Anlaß für Be-

schwichtigung durch Länderbehörden ist bestenfalls die Absicht, sich dadurch das Bundeskriminalamt vom Hals zu halten und föderalistische Interessen zu wahren, schlimmstenfalls der Versuch, eine fremde Polizei daran zu hindern, ihre Nase in die schmutzige Wäsche einheimischer Machthaber und ihrer Beziehungen zu stecken.

Die Sicherheitsbehörden der Bundesrepublik unterwerfen sich der Omertà strenger als die Mafia. Nicht zuletzt deshalb, weil ihr Prestige mit der Menge der Information steigt, die sie den Bürgern ungestraft vorenthalten können. Schweigen ist auch für sie Macht über andere und Schutz bei eigenem Fehlverhalten. Verteidigt wird dieses Schweigen mit dem Hinweis auf kriminaltaktische Erfordernisse, auf den »Eingriff in ein schwebendes Verfahren« (den es nach deutschem Recht nicht gibt) und auf den Datenschutz. Der Datenschutz ist eine verhältnismäßig neue Errungenschaft, mit der sich die Polizei zunächst überhaupt nicht anfreunden konnte. Erst in letzter Zeit hat sie begriffen, was man damit alles machen kann. Man kann ihn einerseits kritisieren und für Mißerfolge bei der Prävention von Kriminalität verantwortlich machen. Andererseits kann man ihn benutzen, um bei sich zu behalten, was man bei sich behalten will. Viele Polizisten haben – ähnlich wie Politiker – vom Mob die Verschwörung des Schweigens übernommen. Mit dem kleinen Unterschied, daß Politiker die Kunst beherrschen, auch beim Reden nichts zu sagen.

Offene Berichterstattung wird mit den Begriffen »breittreten«, »hochspielen« und »in die Öffentlichkeit zerren« diffamiert. Pressestellen der Polizei reden mit

Journalisten fast nur noch, um herauszubekommen, wieviel sie ohnehin schon wissen, und um dann schleunigst die Informationslöcher im Apparat zu stopfen.

In den Empfehlungen des »Task Force Reports« der amerikanischen Regierungskommission zur Bekämpfung des organisierten Verbrechens steht an prominenter Stelle die Forderung: »Die Berichterstattung über organisiertes Verbrechen (in den Medien) muß verstärkt und unterstützt werden. Kommunale Amtsträger müssen über organisiertes Verbrechen unterrichtet sein.«

Das Gegenteil tun unsere Polizeien. Natürlich kann die Bedrohung der Gesellschaft durch die nebenstaatliche Macht des organisierten Verbrechens gar nicht genug »hochgespielt« werden. Man kann die Etablierung von Mob und Muskel gar nicht genug »breittreten«. Aber, so der ehemalige Bremer LKA-Chef, damit müsse man schließlich auch die eigenen »Versäumnisse« zugeben. Vor allem aber müsse man die Fiktion von der Allmacht und der Allwissenheit der Polizei preisgeben. Dies ist für ihre autoritären Ideologen beinahe noch unerträglicher, als tägliche Niederlagen einzustecken.

Am komplizenhaften Informationsverhalten der Polizei kann man deutlicher als an ihren gelegentlichen Übergriffen erkennen, wie kurz ihre rechtsstaatliche Decke ist. Sie ist eine traditionell autoritäre Bürokratie. Daß in ihr Zehntausende von verfassungstreuen und kompetenten Bürgern Dienst tun, die versuchen, sich dagegen zu wehren, ändert nichts an der Grundstruktur. Hinzu kommt die Arroganz des polizeilichen Experten, der sein Expertentum nie öffentlich überprüfen lassen muß. Er findet deshalb auch nichts dabei, die Prioritäten der Gesellschaft nach seiner Weltsicht aufzulisten. Die Auskunftspflicht, die der demokratische Rechtsstaat seinen Institutionen aufbürdet, wird ohne schlechtes Gewissen unterschlagen.

Das Verhalten der Polizei erinnert an das ärztlicher Standesorganisationen. Selbst tödliche Kunstfehler müssen vertuscht werden, damit das Vertrauen des Patienten in den Arzt nicht gefährdet wird. Bekanntlich stirbt es sich mit Vertrauen leichter als ohne. Genauso argumentiert die Polizei. Das Vertrauen des Bürgers in eine fiktive innere Sicherheit darf nicht erschüttert werden. Egal, wie verheerend die sozialen Folgen der Beschwichtigung sind.

Je ohnmächtiger eine Polizei ist, desto mehr Vertrauen fordert sie. Je wehrloser sie dem Mob gegenüber ist, desto kraftvoller demonstriert sie ihre Macht bei der Bekämpfung harmloser Gegner. Die Unfähigkeit, Gewalttäter von Leuten zu trennen, die das Grundrecht der Demonstrationsfreiheit wahrnehmen, und die sich daraus ergebenden Übergriffe ist ein Beispiel von vielen. Was wir in Wackersdorf oder Hamburg gesehen haben, sind keine zweckmäßigen polizeilichen Maßnahmen, sondern irrationale Gegendemonstrationen staatlicher Macht. Der stellvertretende bayerische Vorsitzende der Gewerkschaft der Polizei, Günter Sommermann, spricht das sogar aus. Er verlangt »martialisches Auftreten« und meint, die Polizei solle »Stärke zeigen«. »Die Bürger müßten den Eindruck gewinnen, zwar (!) demonstrieren zu dürfen, jedoch bei der Verletzung des Demonstrationsrechts ›die Macht der Polizei‹ zu spüren.« (SZ, 13.5.1987)

Die Polizei versucht sich auf Nebenkriegsschau-
plätzen das Prestige zurückzuholen, das sie bei den
täglichen Niederlagen im Kampf gegen die Wirtschaftskriminalität, gegen die Umweltkriminalität und
gegen das organisierte Verbrechen verliert.

Vor dem Mißbrauch der Polizei zur Durchsetzung
von Zielen einer politischen Lobby hat vor mehr als
zehn Jahren Landeskriminaldirektor Otto Boettcher,
Berlin, gewarnt: »Es ist nicht unsere Aufgabe, verfehlte politische Entscheidungen kraft Schlagstock
umzusetzen, um den Bürgern damit in den Schädel
zu hämmern, daß diese verfehlte Entscheidung doch
die richtige ist.« (Diskussion »Organisiertes Verbrechen«, BKA-Symposium 1975, Protokoll, S. 204)

Man darf hinzufügen, daß es ebensowenig die
Aufgabe der Polizei ist, *richtige* Entscheidungen der
Obrigkeit kraft Schlagstock umzusetzen. Der demokratische Rechtsstaat sieht dafür andere Mechanismen vor.

Diese Thematik versuchte ich vor einiger Zeit mit
einem hohen Polizeioffizier aus Bayreuth zu diskutieren. Er warb mit dem Argument um meine Einsicht: »Es ist immer so, daß die Polizei mehr den
Herrschenden dient und nicht den anderen.« Auf die
Idee, daß die Polizei nichts anderem als dem Gesetz
zu dienen hat, von der Verfassung bis zur Straßenverkehrsordnung, ist er nicht gekommen. Ich frage
mich, wie die Ausbildung solcher Polizeioffiziere
aussehen muß.

Ein mindestens ebenso potenter Komplize des Mobs
wie die Polizei sind die Medien. Die fiktiven Darstel-
lungen des organisierten Verbrechens unterstützen

fast ausnahmslos dessen Strategie der Angst. Ziemlich schäbige, wenn auch brutale kriminelle Konföderationen werden zu unantastbaren, übermächtigen und geheimnisvollen Syndikaten stilisiert. Ein primitiver Sozialdarwinismus wird als Philosophie verkauft und somit als eine Lehre für richtiges Handeln. Zynismus wird als Klugheit ausgegeben. Ein großer Teil der Einschüchterung, die der Mob für seine Strategie der Angst braucht, wird vom Fernsehen frei Haus und vom Kino per Breitwand geliefert.

Im journalistischen Repertoire der Medien ist es nicht viel anders. Ein Reporter, der etwas erfahren will, geht natürlich nicht zum Staatsanwalt, weil der ihm nichts erzählt. Er geht zum Verteidiger des Ganoven. Es mag sein, daß er dort nur erfährt, was dem Ganoven nützt, aber wenigstens erfährt er überhaupt etwas. Er lebt davon, etwas zu erfahren. Kein Reporter in den USA, der seine Schuhsohlen wert ist, käme auf die Idee, nicht auch und vor allem mit dem Vertreter der Anklage und dem zuständigen Beamten der Polizei zu reden. Bei uns sorgen Justiz und Polizei zuerst durch ihre Geheimniskrämerei dafür, daß vorwiegend die Sicht der Verteidigung publiziert wird, um sich nachher eben darüber zu beschweren. In ihrer Ratlosigkeit fällt ihnen nichts Besseres ein, als von der Presse Enthaltsamkeit zu verlangen, wenn sich schon eine Abschaffung der Pressefreiheit nicht durchsetzen läßt. Das Ergebnis: Zu Pressekonferenzen von Polizeien, Innenministerien und Staatsanwaltschaften geht man eigentlich nur, um zu erfahren, wie es ganz sicher *nicht* war.

Diese Politik der Strafverfolgungsbehörden macht die Medien zu Komplizen des Mobs. Schlimmer ist, daß die Medien das auch selbst tun. Die Ausrede, daß sie damit nur liefern, was ihre (mündigen) Leser, Zuhörer oder Zuschauer verlangen, ist eine Schutzbehauptung. Zwischen den Zeilen wird unverlangt eine Glorifizierung des kriminellen Erfolgs transportiert, die das Zustandekommen dieses Erfolgs oft unterschlägt.

Vielleicht leisten die Medien sogar einen noch wirksameren Beitrag zur Verdrängung der Gefahr als die sicherheitspolitischen Beschwichtiger. Sie schaffen es, einerseits die Realität des organisierten Verbrechens aus dem Bewußtsein einer breiten Öffentlichkeit zu tilgen und andererseits Angst zu verbreiten. Darüber hinaus macht das Abschieben einschlägiger Themen in »Vermischtes« auf der letzten Seite einen gesellschaftlich relevanten Gegenstand zur Domäne der Unterhaltungspresse.

Die Glorifizierung des Verbrechens in den Medien ist so alt wie die Medien selbst. Am 26. September 1872 reiten drei Männer zum Eingang der Kansas City Fair, schießen einen Billeteur und ein junges Mädchen nieder und entkommen mit knapp 1000 Dollar. Am nächsten Tag schreibt die Kansas City Times: »Der Überfall war so tollkühn und so furchtlos, daß wir gar nicht anders können, als seine Urheber zu bewundern. Sie haben getan, was Dichter besingen. Nirgendwo sonst in der zivilisierten Welt hätte eine solche Tat vollbracht werden können.«

Eine so offene Bewunderung für Kriminelle wäre heute nicht mehr möglich. Heute müßte man sie hinter Entrüstung verstecken. Den Steuerhinterzieher großen Stils versteht der durchschnittliche Fernsehzuschauer auch ohne rituelle Entrüstung als einen Helden der freien Marktwirtschaft. Die Bestohlenen feiern die Diebe, wenn sie nur genug stehlen.

Ich habe zu keiner Sendung so aggressive Zuschriften bekommen (vergasen, Zwangsarbeit) wie zu einem recht harmlos verlaufenen Streitgespräch mit dem Generalmanager des Flick-Konzerns, Eberhard von Brauchitsch, in der WDR-Sendung »Schlag auf Schlag«. Mein Gesprächspartner war ein Mann, der in der ersten Instanz wegen Steuerhinterziehung zu einer hohen Geldstrafe und einer zur Bewährung ausgesetzten Haft verurteilt worden war. Ein Mann, der konspirativ im Interesse eines Konzerns die Bonner Landschaft mit Millionenbeträgen gepflegt hat, muß sich nach Meinung einer Mehrheit von Zuschauern nichts fragen lassen. Er hat bewiesen, daß er zu den Großen gehört. Herr von Brauchitsch war mir sogar freundlicherweise entgegengekommen mit der Feststellung, daß Steuerhinterziehung kein Kavaliersdelikt sei. Von einigen Zuschauern wurde das als erlaubte verbale Finte empfunden, um meine unberechtigten Attacken, die Attacken eines »Feindes der freien Wirtschaft«, abzuwehren.

In Sizilien muß man einen Mord begehen, um ein »Mann von Ehre« zu sein. In einer Wettbewerbsgesellschaft muß man den Staat betrügen, um sich Respekt zu verschaffen. Wenn es einem Rechtsbrecher dann noch gelingt, seine Tat als patriotisches Heldenstück zu »verkaufen«, dann wird ihm sogar verziehen, daß er sich hat erwischen lassen. Ich vermute, daß dies nicht das natürliche Rechtsempfinden einer Gesellschaft ist, sondern ein auch durch die Medien fabriziertes Klima. »Insoweit die Massenmedien an der Sozialisierung des Individuums beteiligt sind, liegt es nahe anzunehmen, daß die Medien die Vermittlung von Werten und die Art der Werte beeinflussen.« Und: »Die Grundüberlegung ist, daß Menschen ernsthaft (in bezug auf ihre Werte) beeinflußt werden, auch wenn sie nur Unterhaltung wollen.« (Report to the National Commission on the Causes and Prevention of Violence)

Das simple Raster von den »Guten« und den »Bösen« wird zunehmend durch ein Raster von »Winners« und »Losers« ersetzt. Für die Guten gehen Konflikte nach den ehernen Gesetzen der Unterhaltungsdramaturgie gut aus. Sie sind die Gewinner. Die Guten werden mehr und mehr dadurch definiert, daß sie Sieger bleiben, und immer weniger durch die Methoden, die ihnen zum Sieg verholfen haben. Die »good guys«, so eine amerikanische Untersuchung (Violence in the Media), sind ebenso grausam und gewalttätig wie die »bad guys«. Man erkennt die Guten schließlich nur noch am Erfolg.

Ein Beispiel für die Komplizenschaft der Medien ist der bereits erwähnte Erfolgsfilm »Der Pate«, Originaltitel »The Godfather«. Er wird mit »Vom Winde verweht« verglichen und gilt als einer der ganz großen Filme unserer Zeit, obwohl er nur ein glänzend gemachter, aber kalkulierter Schwindel ist. Der kleine Wicht Cavalcante, dem ich als junger Reporter vor dem Gerichtsgebäude in Trenton/New Jersey begegnet bin, ist die Vorlage für die Rolle von Marlon Brando. Sam Cavalcante, alias »the Plumber«, wird durch Brandos Kunst zum Idol für Millionen. Die miese Figur aus dem Mob von New Jersey wird zum finsteren Helden.

Ich erinnere mich an die Reaktion des Publikums, als der Film in München anlief. Der Mafia-Anwalt, von Robert Duval gespielt, philosophiert über das Verbrechen im grauen Flanell und mit der Beredsamkeit eines Absolventen der Harvard Law School. Das Original dieses Mobanwalts hatte ich in Trenton, New Jersey, kennengelernt. Ich habe damals versucht, ihm nicht zu nahe zu kommen. Er hält nichts davon, sich zu waschen, und danach riecht er auch. Keine Rede von grauem Flanell oder von Harvard Law School. Wozu auch? Es ist nicht schwer, ein erfolgreicher Anwalt zu sein, wenn Belastungszeugen reihenweise verschwinden und Entlastungszeugen im Dutzend gekauft werden. Im Film macht der Consigliere dem staunenden Publikum mit dem Gestus eines Staatsmannes klar, daß die Mafia eben genauso Gesetze hat wie der Staat die seinen. Man sieht im dunklen Kino die Köpfe nicken. Der Consigliere erläutert, daß Leute zweckmäßigerweise verschwinden müssen, wenn sie dem kriminellen Geschäft im Weg sind. Beeindrucktes Raunen im Parkett. So ist das eben in der großen Welt.

»In einer Episode des Films versucht Michael (der Sohn des Paten) einer Freundin seine Familie zu erklären. Sie hält ihm vor, daß die Mafia Leute umbringt. Er erklärt ihr geduldig, daß Regierungen auch Leute umbringen.« (Mobster Times, 3.12.1972)

Der Mob hat sich diesen Film wieder und wieder angesehen. »Junge, die auf der Leinwand da oben, das sind wir.« (Joe »the Bug« Galuzzo nach der Premiere in New York)

Joe »bananas« (bananas = slang für »nicht alle Tassen im Schrank«) Bonanno kennt den Grund für die Begeisterung: »Warum sind die Leute in Scharen gekommen, um den ›Paten‹ zu lesen oder den Film zu sehen? In diesem fiktiven Werk geht es nicht um organisiertes Verbrechen oder um Gangster. Das eigentliche Thema ist familiärer Stolz und persönliche Ehre. Das hat den Film ›Der Pate‹ so populär gemacht. Er porträtiert Menschen mit einem echten Gefühl für Zusammengehörigkeit. Menschen, die in einer grausamen Welt überleben wollen.« (A Man of Honor)

Drei Jahre lang hat der New-Jersey-State-Police-Fahnder Robert Delaney sich mit zwei anderen verdeckten Agenten des FBI in der Rolle erfolgreicher Geschäftsleute zum intimen Partner des Mobs und zum Freund einiger Spitzenfiguren gemacht. Im Februar 1981 sagt der Polizeibeamte vor einem Senatsausschuß aus: »Die Filme ›Der Pate 1‹ und ›Der Pate 2‹ haben eine starke Wirkung auf die kriminellen Familien gehabt.«

Der Beamte erzählt, daß sich die Mitglieder des Mobs gar nicht daran satt sehen konnten. Einmal, bei einem »Geschäftsessen« mit Joseph Doto (Sohn von Joseph Adonis, Pate von Brooklyn), »hat Joe Adonis junior dem Ober eine Handvoll 25-Cent-Stücke gegeben und ihm gesagt, er solle dafür sorgen, daß die Jukebox ständig die Titelmusik aus dem Film spielt. Während des ganzen Essens haben wir uns dasselbe Lied wieder und wieder angehört.« Senator Sam Nunn fragt den Polizeibeamten: »Wollen Sie damit sagen, daß die ins Kino gehen und sich den Film anschauen, um zu erfahren, wie sich große

Gangster benehmen?« Delaney: »So ist es. Die haben durch den Film eine Menge gelernt. Sie wollten so sein (wie im Film). Der Film hat ihnen beigebracht, wie das geht.« (Virgil W. Peterson)

Durch den Film haben sie natürlich nicht gelernt, wie man Leute umbringt und Geld erpreßt. Das haben sie mit der Muttermilch eingesogen. Aber sie haben gelernt, wie man beides glorifiziert. Der Film »Der Pate« könnte aus dem Werbeetat der Cosa Nostra finanziert sein.

Der Autor des Films, Mario Puzo, so schreibt »The Mail« (31. 8. 1986), habe bei den Mafia-Dons einen Stein im Brett. »Mario ist ein Italo-Amerikaner, der mit dem ›Paten‹ und zwei anderen erfolgreichen Filmen einer der niederträchtigsten Geheimgesellschaften der Welt einen zweifelhaften Glorienschein verschafft hat.«

Zu Beginn des Verfahrens im Zusammenhang mit dem internationalen Heroinhandel (»Pizza Connection«) gegen Carmine »the Snake« Persico, den Boß der kriminellen Colombo-Familie, taucht zur allgemeinen Überraschung der Hollywoodstar James Caan im New Yorker Gerichtssaal auf. Er küßt Persico demonstrativ auf die Wange. Im Film »Der Pate« hat er den Sohn des Paten, Don Corleone, gespielt (dpa, 18. 11. 1985). Es schadet seiner Karriere ebensowenig, wie es deutschen Künstlern schadet, wenn man von ihren engen Beziehungen zu Figuren des Mobs in Berlin oder in Frankfurt hört. Ganz im Gegenteil. Es macht sie interessant. Künstler lieben es, interessant zu sein.

Wer einmal die konspirativ (und illegal) aufgenommenen Polizeifotos gesehen hat, mit denen einige deutsche Fahnder solche Beziehungen dokumentieren wollen, der ist davon überzeugt, daß es zwischen Politikern, Künstlern und Geschäftsleuten einerseits und Berufskriminellen andererseits nur sehr niedrige gesellschaftliche Barrieren gibt. Zwischen den Wirtschaftskriminellen der oberen Schicht und dem Großbürgertum sind sie ganz aufgehoben: »Die Täter sind sehr intelligent, gebildet, berufserfahren, bemerkenswert rücksichtslos und mit doppelter Moral gepolstert. Dieser natürliche Schutz, zu dem sich sekundäre Überhöhungen wie Titel, Ehrungen, Auszeichnungen u. ä. gesellen, macht sie nahezu unangreifbar.« (BKA-Symposium OK, 1974)

Die »New York Times«: »Am 12. Dezember 1980, am Tag nachdem der gewählte Präsident der Vereinigten Staaten, Ronald Reagan, William French Smith zum Justizminister designiert hatte, ging der Justizminister in spe zur Party anläßlich des 65. Geburtstags eines Mannes, der nach einem Bericht von ›Newsweek‹ Gegenstand einer Untersuchung der Federal Grand Jury in New York war. Der zukünftige Chef unseres Justizministeriums und 200 andere Gäste trafen sich zu Ehren von Frank Sinatra, dessen lebenslange Unterweltfreundschaften Teil seiner Geschichte sind. Mr. Sinatra machte 1947 einen Ausflug nach Kuba, um Lucky Luciano zu besuchen. In den sechziger Jahren sah man ihn oft mit dem Neffen Al Capones, Joe Fish. Er hat den Chef des Mobs von Chicago, Sam Giancana, bewirtet ... Schlimm genug, daß sich Ronald Reagan an Mr. Sinatra gewandt hat, um Geld für den Wahlkampf zusammenzukriegen; schlimm genug, daß er sich zu einem Jubiläum von Sinatra einladen ließ; schlimm genug, daß er sich Mr.

Sinatra ausgesucht hat, um die Gala seiner Amtseinführung am 19. Januar zu organisieren. Die Beteiligung des designierten Justizministers an der Auf-
wertung der Reputation eines Mannes, der offensichtlich stolz darauf ist, mit notorischen Kriminellen
zu verkehren, ist eine gezielte Attacke auf die Inte-
grität der Reagan-Regierung.« (William Safire, NYT,
Januar 1981)

Zusammen mit Dean Martin, Eddie Fisher und
Sammy Davis jr. tritt Sinatra, nach FBI-Informationen,
ohne Gage in Nachtclubs des Mobs auf. Er und die
anderen geben sich als Köder her, um die großen
Zocker anzulocken, die dann vom Mob ausgenom-
men werden. Der Mob arrangiert für solche Gefälligkeiten, daß »Old Blue Eyes« zum Malteserritter geschlagen wird. Jimmy »the Weasel« Fratianno, Cosa
Nostra »caporegima« und Killer, überbringt ihm die
frohe Botschaft. Prinz Petrucci läßt grüßen. Ovid Demaris berichtet, daß Sinatra Jimmy »the Weasel«
dafür einen Benefiz-Auftritt verspricht. »Thanks a
fucking million«, sagt Jimmy, »und wenn wir mal was
für dich tun können: Sag es, und du hast es.«

Wenige Tage später kommt Jilly Rizzo (Westküsten-
mobster) im Auftrag von Sinatra zu Fratianno. Der
Sänger fühlt sich von einem ehemaligen Bodyguard
bedrängt. Er erzählt der Presse dumme Geschichten
über sein Privatleben.

»Verklag den Hund«, sagt Jimmy »the Weasel«
Fratianno.

»Geht nicht«, sagt Rizzo. »Wenn der jeden verklagen würde, käme er nicht mehr aus dem Gerichtssaal raus. Er will, daß der Kerl aufhört. Für immer.
Wenn du weißt, was ich meine.«

»You want the guy clipped? Just say the word and the motherfucker's as good as buried.« (»Du willst ihn umgelegt haben? Brauchst nur zu sagen, dann ist der Scheißer so gut wie begraben.«)

»Na ja«, sagt Rizzo, »vielleicht genügt's auch, dem Schwanzlutscher die Beine zu brechen und ihn ins Krankenhaus zu prügeln. Vielleicht begreift er dann...« Zu seinem Glück begreift der Mann ohne die Anwendung von Muskel.

Das sind die Freunde des Sängers.

»Der Gipfel der Obszönität der Reagan-Präsidentschaft bisher war die Verleihung der ›Medaille der Freiheit‹ an Mr. Sinatra in einer Zeremonie, an der auch Mutter Teresa teilnahm. ›Seine Vaterlandsliebe, seine Großzügigkeit gegenüber denen, die weniger Glück hatten als er‹, sprudelte der Präsident, machen ihn ›zu einem der bemerkenswertesten und hervorragendsten Amerikaner‹. Schade, daß der von der CIA als Mörder von Castro gedungene Sam Giancana das nicht mehr erlebt hat. Er hatte mit Sinatra große Dinge vor. Aber sicher nichts so Eindrucksvolles wie die ›Medaille der Freiheit‹.« (NYT, 30.9.1986)

Im Sommer 1986 wird Frankie Boy für ein Konzert in Madrid eingekauft. Er steckt für den Abend eine Million Dollar ein. Die Spanier zeigen ihm die kalte Schulter. Das Bernabéu-Stadion ist trotz verschenkter Karten nicht einmal halb voll.

Der Künstler fliegt mit seiner Entourage nach Italien aus. Unternehmen, Privatleute und Banken publizieren Willkommens-Annoncen. »Aus Genua reisten die Köche Giampalo und Odin Zefferino mit 30 Kilo frischem Basilikum an.« (Der Spiegel, 6.10.1986)

Außerdem »saß Bettino Craxi mit Gattin bewundernd im Parkett, als ein pathetischer alter Mann, schlecht geschminkt, in zu engem Smoking, behäbig wie ein Stadtsparkassendirektor auf die Bühne trat... Das KP-Parteiblatt ›L'Unità‹, sonst säuerlich sittenstreng, jubelte lauter als jedes liberale Bürgerblatt: ›Das Wunderkind ist heimgekehrt, nicht arm und gebrochen, sondern reich und berühmt.‹« (Der Spiegel, 6. 10. 1986)

»22 Millionen Italiener sehen Sinatras Konzert«, freut sich die »Süddeutsche Zeitung«. »Nach dem Konzert, dessen Eintrittskarten bis zu 750 DM kosteten, lud Sinatra die prominentesten seiner Zuhörer, unter ihnen Italiens Ministerpräsidenten Bettino Craxi, zum Abendessen ins Mailänder Nobelrestaurant Savini ein.« (SZ, 29. 9. 1986) Die von dpa übernommene Meldung enthält nicht die leiseste Andeutung auf Sinatras Hintergrund.

Neben einer Komplizenschaft der Bewunderung gibt es auch noch die unschuldiger Arglosigkeit. Aus irgendeinem Anlaß zitieren mich die Kollegen der Münchener »Abendzeitung«. Ein paar Tage später werde ich ins Funkhaus gebeten. Es geht um nichts Besonderes. Dann kommt es ganz beiläufig: »Sie sollen gesagt haben, daß italienische Lokale Schutzgeld zahlen.«

»Ja«, sage ich. »Und?«

»Ich finde es gar nicht gut, daß Sie so etwas sagen.«

»Nein?«

»Das würde heißen, daß jeder, der italienisch ißt, vielleicht auch an die Mafia zahlt.«

Ich kenne und schätze meinen Gesprächspartner seit Jahrzehnten. Er weiß sicher nicht genau, was »Mafia« ist, und von »Schutzgeld« hat er vermutlich noch nie etwas gehört. Ich rieche eine Ratte. Hat da wer einen Parsifal zum Torpedo gemacht? Mein Gesprächspartner schätzt die italienische Küche ebenso wie ich. Es gibt eine Osteria, in der wir schon ein paarmal zusammen gegessen haben. Hat dort jemand gemotzt?

»Wenn Sie in dem Fernseh-Laden was zu melden haben«, könnte man ihm dort gesagt haben, »dann stellen Sie das gefälligst ab. Wir mögen es nicht, daß Ihr TV-Typ solche Geschichten erzählt.«

Nein, ich habe meinen Gesprächspartner nicht gefragt, ob es wirklich so war. Als Reporter gewöhnt man es sich ab, Fragen zu stellen, auf die man sicher keine Antwort bekommt. Ich habe nur höflich darum gebeten, diesen Teil unseres Gespräches nicht als dienstlich ansehen zu müssen.

DIE NEUE LOGIK

Seit den Anfängen der Mafia in Sizilien gilt, daß Muskel Recht schafft. Ein Opfer ist deshalb Opfer, weil es nicht genug Muskel gehabt hat, sich zu wehren.

Mafia, Cosa Nostra und alle anderen Formen des Mobs handeln so, wie es für ihre kriminellen Interessen am zweckmäßigsten ist. Sie nennen das »ihr Gesetz«, »ihre Tradition« oder ihren »way of life«. Das alles sind Schönfärbereien. Sich mit Hilfe von Angst und Gewalt zu bereichern oder menschliche Schwächen durch Korruption und Drohung auszubeuten führt immer und überall zur gleichen kriminellen Technik. Da es nach Meinung des Mobs nur die Alternative gibt, fressen oder gefressen werden, ist es legitim zu fressen. Viele Mitglieder des Mobs sehen sich als eine natürliche Elite. Es ist daher Sache des Opfers, dafür zu sorgen, daß die kriminellen Geschäfte so ungestört wie möglich abgewickelt werden können. Wenn ein Opfer Schwierigkeiten macht, dann hat es sich die Folgen selbst zuzuschreiben.

Da sich der Mob auf das Recht des Stärkeren beruft, respektiert er nur Ordnungen, die stärker sind als er. Das heißt unter anderem auch, daß er Polizei und Justiz nur so lange ernst nimmt, als sie ihm überlegen sind. Wenn sie Schwäche zeigen, verachtet er sie.

Rechtsstaatliches Fairplay versteht der Mob ebenso als Schwäche wie Zaudern oder Ignoranz. In der Welt des Mobs gibt es kein Fairplay. Wer eine Schwäche des anderen nicht zu seinem Vorteil nützt, ist ein Dummkopf. Alle Strafaktionen des Mobs, von den Exekutionen der Cosa Nostra bis zu den Brandstiftungen in Niedersachsen, sind »inappealable«. Sie bedürfen keiner Beweisführung. Eine Verteidigung des Beschuldigten ist weder vorgesehen, noch wird sie von den Betroffenen erwartet. (Don Salvatore Maranzo bei der Initiation von Joseph Valachi: »Das sind die zwei wichtigsten Dinge. Hämmere sie in deinen Kopf. Unsere Sache verraten heißt Tod ohne Verhandlung. Mit der Frau eines Mitglieds etwas anzufangen heißt Tod ohne Verhandlung.«) Für den Mob sind rechtsstaatliche Prozeduren die Rituale einer Ordnung, die sich der eigenen Sache nicht sicher ist. Das Gesetz des Mobs beweist seine Gültigkeit dadurch, daß es durchgesetzt wird. Im Gegensatz zu den meisten Gesetzen des Staates.

Wenn sich ein Opfer nicht wehrt, sondern zahlt, dann wird ihm kein Haar gekrümmt. Wenn das Opfer schweigt, statt zu reden, passiert ihm nichts. Wenn das Opfer sich nicht in die Angelegenheiten des Mobs einmischt, wird es nicht umgebracht. Wer schwach ist, muß sich fügen. Ausnahmen nicht zuzulassen ist die Ehre des Mobs.

Die Logik des Mobs wird unmerklich zur neuen Logik einer »competitive society«. Je mehr politische, ökonomische und militärische Macht oder physische Gewalt hinter einer Forderung steht, desto berechtigter ist die Forderung. Diese Logik geht weit über ordinären Pragmatismus hinaus. Wenn Philosophie die Lehre vom richtigen Handeln ist, dann lautet die Philosophie der neuen Logik, daß richtiges Handeln mit erfolgreichem Handeln identisch ist. Muskel ist Recht. Wer erfolgreich ist, hat recht.

Der Widerstand gegen die neue Logik nimmt ab. Ethische Argumente werden nicht akzeptiert. Wir wissen, daß die moralischen Prinzipien der Ritterlichkeit, der Fairneß, der Gerechtigkeit und der Barmherzigkeit weniger und weniger praktische Bedeutung haben. Der kategorische Imperativ ist dispensiert.

Wenn Terroristen damit drohen, ein Flugzeug in die Luft zu jagen und ein paar hundert Unbeteiligte bei lebendigem Leib zu verbrennen, dann sind am Tod dieser Unbeteiligten nicht die Täter schuld, sondern diejenigen, die den Forderungen der Terroristen nicht nachkommen. Leila Khaled, die an mehreren Flugzeugentführungen teilgenommen hat: »Wenn wir Bomben legen, dann ist das nicht unsere Schuld. Man mag den Tod eines Kindes bedauern, aber die Welt hat 22 Jahre lang den Tod palästinensischer Kinder ignoriert. Wir tragen keine Verantwortung.« (Time, 2.11.1970)

Das ist auch die Argumentation des Mobs. Die Welt trägt die Verantwortung für die Brutalität von einzelnen und Gruppen, weil sie ist, wie sie ist. Terror, »die Waffe der Schwachen«, ist die Schuld der Starken. Politischer und krimineller Terror wird durch tatsächliche oder angebliche Schwäche legitimiert und zur Überlegenheit. Deshalb ist die sizilianische Mafia so erfreut über die soziohistorischen Phantasien, die sie als Schutzorganisation der sozial Schwachen und der Unterprivilegierten darstellen. Terror ist »die Atombombe der Armen« (Newsweek, 16.3.1987). An den Opfern des Terrors sind die Starken schuld, weil sie nicht bereit sind, sich den Forderungen der Schwachen zu beugen. Durch die Produktion von Opfern wird man stark.

In der sogenannten legalen Politik wird das Prinzip erweitert. Unrecht kann entweder durch vorhergegangenes Unrecht oder zu erwartendes Unrecht so lange gerechtfertigt werden, bis es, genaugenommen, in der Realpolitik kein Unrecht mehr gibt. Recht oder Unrecht definiert sich nach konkreter Macht.

Wenn Bauern ganze Städte mit ihren Traktoren lahmlegen, dann sind nicht sie an einem Verkehrschaos schuld, sondern die Politiker, die nicht genug Subventionen lockermachen. Die Schuld der Politiker wiegt um so schwerer, weil sie nicht begreifen, daß sie am kürzeren Hebel sitzen und gar nicht anders können, als durch Subventionen die Stimmen zu bezahlen, denen sie ihre Wahlen verdanken.

Wenn Lastwagenfahrer Grenzen blockieren und dadurch Tausende von Urlaubern zu Geiseln machen, dann sind sie im Recht, weil man mit einer so großen und militanten Gruppe nicht das machen kann, was man mit jedem Bürger machen würde, der dasselbe täte. Den einzelnen Bürger würde man in Handschellen abführen und seinen Pkw durch ein Räumgerät von der Straße kippen. Während der Blockade von Lastwagenfahrern aber sieht die Polizei zu, und ein amtierender Ministerpräsident muntert die Gesetzesbrecher durch seinen Besuch auf.

Fluglotsen legen durch »Dienst nach Vorschrift« in der Urlaubszeit den Flugverkehr lahm, um zu mehr Geld zu kommen. Tausende von Urlaubern werden als Geiseln auf Flugplätzen festgehalten. Für die Airlines, Reiseunternehmen und Passagiere entsteht ein riesiger Schaden. Bauern, Lastwagenfahrer, Fluglotsen und sogar einige Minderheiten haben das Prinzip von Mob und Muskel übernommen.

Wenn bei Demonstrationen Kosten für Polizeieinsätze anfallen, drohen die Behörden den Bürgern, die gewaltlos ein Grundrecht wahrnehmen, daß sie zur Kasse gebeten werden. Demokratische Politiker haben ernsthaft vorgeschlagen, die Kosten von Polizeieinsätzen auf Demonstranten abzuwälzen. Zur gleichen Zeit werden jedem Wirtschaftskriminellen und jedem Massenmörder Millionen für polizeiliche Ermittlungen und juristische Bewältigung aus Steuergeldern nachgeworfen. Wer das (parteipolitische) Geschäft stört, wird materiell bedroht. Was dem (parteipolitischen) Geschäft entweder nützt oder nicht schadet, wird stillschweigend geduldet, auch wenn es nach allen Kriterien kriminell ist. Die Politik übernimmt die Logik des Mobs.

»In vorliegender Sache«, heißt es in einem Telex an das PP (Polizeipräsidium) Darmstadt und das PP München, »wurde bisher (aus Geheimhaltungsgründen) kein FS-Verkehr abgewickelt.« Inhalt des Fernschreibens ist der Bericht eines Informanten über einen Vorgang vom 17. Juli 1982. Es ist nicht auszuschließen, daß es sich bei dem Informanten um einen V-Mann der Polizei handelt.

Nach einer durchgezockten Nacht in einem ille-

galen Spielclub in Heidelberg beraten Schutzgelderpresser die Lage. Sie sind empört »über Methoden der
deutschen Polizei bei der Bekämpfung von Erpressungen von Gaststättenbesitzern durch Italiener«,
und sie beschweren sich darüber, daß in Darmstadt
Landsleute verhaftet worden sind. Dann heißt es in
dem Telex wörtlich: »Dadurch seien italienische Familien zerbrochen, Frauen hätten ihre Manner, Kinder ihre Väter, Eltern ihre Kinder verloren. Schuld
am Unglück der Familien (sic) hätten in Darmstadt
ein Staatsanwalt Rufer (richtig Ruefer), ein Kommissar Schäfer (richtig KHK Schäfer) und ein Kommissar
Thiel (richtig KHK Diel) ... *Man solle sich nicht gefallen lassen, daß deutsche Polizeibeamte italienische
Familien zerstören.*« Es sei Zeit, so die Schutzgelderpresser, den Beamten der Strafverfolgung einen
Denkzettel zu verpassen, damit »sich die Polizei
überlegt, ob und wie sie gegen Italiener vorgeht«.

Die Namen von Polizeibeamten werden phone-
tisch richtig wiedergegeben. Namen aus dem Mob
werden ebenfalls von der Polizei bestätigt. So ein gewisser »Palombo«. Gemeint ist der am 5. Oktober
1935 in Galatina geborene Carlo Palumbo, der wegen Schutzgelderpressung in der Bundesrepublik
gesessen ist. Mit »Kommissar Schäfer« ist der Leiter
einer Sonderkommission gemeint. Sie hat im Zusammenhang mit Tötungsdelikten und Schutzgelderpressung ermittelt. KHK Diel hat der Sonderkommission angehört, und Staatsanwalt Ruefer hat in
den sich aus den Ermittlungen ergebenden Verfahren die Anklage vertreten.

Die Logik der italienischen Erpresser ist beste-
chend. Viel Ahnung von deutschen Verhältnissen

haben sie nicht. Sie wissen nicht, daß es überflüssig ist, etwas gegen deutsche Polizei und Justiz zu unternehmen. Die SoKo, die sie stört, wird unmittelbar nach der Lagebesprechung im Mob durch Zuständigkeitsquerelen lahmgelegt und dann aufgelöst. »Die muß man nicht umlegen«, sagt später einer der Erpresser. »Die reißen sich gegenseitig den Schwanz aus.«

Oreste Tomasco erklärt mir diese Logik in einer Verhandlungspause. Er hat sich nicht erpressen lassen, sondern ist statt dessen zur Polizei gegangen. Deshalb machen ihn die italienischen Erpresser für ihre Verhaftung und das »Unglück italienischer Familien« verantwortlich. Die deutschen Rechtsanwälte der Erpresser verlangen regelrecht Schadenersatz.

»Angenommen, die wollen bei dir einbrechen«, sagt Tomasco. »Die wollen alles mitnehmen, was sich zu Geld machen läßt. Sonst nichts. Die haben also – nach ihrer festen Überzeugung – nichts Böses im Sinn und wollen deshalb auch keinen Ärger. Weder mit dir noch mit der Polizei. Um Ärger zu vermeiden, beobachten sie dein Haus und brechen erst ein, wenn sie sicher sind, daß niemand da ist. Du kommst aber früher nach Hause als sonst. Vielleicht halten sie dir nur ein Messer oder eine Lupara unter die Nase. Vielleicht hast du Glück. Vielleicht hast du aber auch Pech, und sie bringen dich um, weil du ihre Gesichter gesehen hast. Die tun das nicht gerne. Schließlich sind sie keine Killer, sondern brave Leute, die sich nur ihren Lebensunterhalt verdienen wollen. Die Hinrichtung ist einfach notwendig, und sie erwarten, daß jeder das einsieht. Es ist nicht ihre

Schuld, daß du früher nach Hause gekommen bist. Sie haben versucht, jede Störung zu vermeiden. Wenn du dich wehrst und nach der Polizei schreist, dann bist du nicht nur an allem schuld, was sie mit dir machen. Du trägst auch die Verantwortung dafür, daß sie vor Gericht gestellt und eingesperrt werden. Wenn es dazu kommt, haben sie jedes Recht, dich und deine Familie dafür zu bestrafen.«

Die neue Logik bestimmt sogar die Außenpolitik. Vor allem da, wo sie mit dem Mob in Berührung kommt. Ein hoher Prozentsatz des Weltbedarfs an Kokain wird durch die Anpflanzungen in Peru und in Bolivien gedeckt. Die Amerikaner verlangen von den Regierungen dieser Länder, daß die Anpflanzungen der Kokastauden vernichtet werden. Die Regierungen verlassen sich auf die neue Logik. Sie sagen, daß die Vernichtung der illegalen Kokaplantagen die Bauern ins Elend stürzen würde, die vom Anbau des Rauschgifts leben. Die bolivianische Regierung erklärt öffentlich, daß die Kokabauern 60 Prozent ihrer Wähler repräsentieren (IHT, 5.9.1986). Wenn man die Kokabauern verärgert, so heißt es, dann wählen sie vielleicht eine andere Regierung.

Die Korruption in diesen Ländern sorgt natürlich dafür, daß Wahlergebnisse von ganz anderen Dingen abhängen als vom Wohlstand irgendwelcher Bauern. Regierungen stürzen und bilden sich ziemlich unabhängig von den Präferenzen der Wähler. Das Argument, man habe Rücksicht auf die Wähler zu nehmen, wird nur benutzt, weil man weiß, daß es demokratischen Politikern einleuchtet. Vor seiner letzten Wahl hat Präsident Reagan enorme Mittel für den Kampf gegen Rauschgift freigegeben. Nach der Wahl hat er sie wieder gestrichen. Der propagandistische Zweck war erreicht. Niemand, außer einigen Kongreßabgeordneten, regt sich darüber auf. So etwas wird als legitime Wahltaktik abgebucht.

Charles B. Rangel: »Die Kürzung dieser Mittel weckt ernste Zweifel an der Absicht der Regierung, den Rauschgiftmißbrauch zu bekämpfen.«

Nach wie vor paktieren die Geheimdienste aus Ost und West mit den Drogenbaronen der Welt und halten ihnen den Rücken frei. Daran ändern auch Public-Relations-Veranstaltungen wie die mit großem Pomp publizierte »Weltdrogenkonferenz der Vereinten Nationen« Ende Juni 1987 in Wien nichts.

Am 25. Juni 1987 schreibt Heidrun Graupner in der »Süddeutschen Zeitung«: »Die politische Prominenz im hermetisch abgesicherten Vienna Austria Center versuchte konsequent, Optimismus zu verbreiten. Als Wendepunkt wurde die erste *Weltdrogenkonferenz der Vereinten Nationen* immer wieder beschworen als Chance der Weltgemeinschaft, gemeinsame Strategien gegen die globale ›Macht des Bösen‹ zu entwickeln, wie sich UNO-Generalsekretär Javier Perez de Cuellar ausdrückte. Und Optimismus ist notwendig. Zwölf internationale Abkommen wurden seit 1912 beschlossen ... Alle Anstrengungen aber scheinen die Bedrohung nur zu fördern.«

Die Amerikaner sind besonders bereitwillige Opfer internationaler Erpressung. Sie werden deshalb auch ganz ungeniert von den Rauschgift produzierenden Ländern aufgefordert, den Verlust, der durch den

Verzicht auf illegalen Anbau und Handel entsteht, mit harten Dollars zu bezahlen: in Südamerika, in Mittelamerika und im Goldenen Dreieck. Einige Regionen verstärken sogar ihren Koka- oder Opiumanbau, um noch mehr Entschädigung von den USA für einen Verzicht verlangen zu können. Das funktioniert genauso gut wie die Schutzgelderpressung bei einer Pizzeria. Wenn die Amerikaner nicht zahlen, dann wird ihr Land mit billigem Kokain oder Heroin überschwemmt.

Die staatliche Erpressung funktioniert sogar noch besser als die private Schutzgelderpressung. Man kann zugleich an der Erpressung eines Landes verdienen und an der Entschädigung, mit der sich das Land freikaufen will. Das System wird gefördert und geschützt von den jeweiligen Regierungen. Anläßlich des Besuches unseres Bundespräsidenten Richard von Weizsäcker in Anbauregionen wurde bekannt, daß auch die Bundesrepublik auf diesen Schwindel hereinfällt, daß sie sich moralisch erpressen läßt und Mittel aus der Entwicklungshilfe zur Verfügung stellt, die sehr wahrscheinlich nur den Profit der Drogenbarone erhöhen.

Thailand hat von den Amerikanern Geld bekommen, damit Notstandsgebiete, die auf den Anbau von Opium nicht verzichten wollten, legale Bodenfrüchte anbauen konnten. Das Geld sollte zu einer Verbesserung der Infrastruktur verwendet werden, also auch um Straßen zu bauen und so den Abtransport der legalen Produkte aus entlegenen Gebieten zu erleichtern und zu verbilligen. Inzwischen ist der Mohnanbau intensiviert worden, und die Straßen werden zum Transport von Opium benutzt.

Amerikanische Rauschgiftfahnder wurden in allen diesen Ländern behindert, gefoltert oder ermordet. Die einheimische Polizei hat die Rauschgifttransporte und die Übergabe an internationale Händler geschützt. Wenn die Anmerikaner dagegen protestieren, wird ihnen »imperialistische Einmischung« vorgeworfen. Man kann, so heißt es, die Kokabauern ebensowenig vergrämen wie bei uns die Bauern, die mit Hilfe von Steuergeldern Milch- und Getreideberge produzieren und dieser Überproduktion zuliebe Erde und Wasser durch Pestizide und Überdüngung ruinieren. Man darf Arbeitsplätze im Rauschgifthandel ebensowenig gefährden wie die Arbeitsplätze in der Kriegswaffenproduktion der Bundesrepublik Deutschland.

In Mexiko bauen die »narcotraficantes« Straßen, Drainagen, Restaurants und Hotels. Sie schaffen durch den Handel mit Rauschgift Arbeitsplätze (Newsweek, 4.8.1986). Wer diese Arbeitsplätze gefährdet, muß entweder Ausgleichszahlungen leisten oder die Kredite abschreiben, die er dem Land gegeben hat. Die neue Logik besagt nämlich nicht nur, daß in jedem Fall das Opfer schuld ist, sie besagt auch, daß nicht der Gläubiger den Schuldner in der Hand hat, sondern der Schuldner den Gläubiger. Wenn Staaten, die anderen mit Geld unter die Arme gegriffen haben, sich nicht zu Wohlverhalten aufraffen können, dann sind sie ihr Geld eben los.

Das tief verschuldete Mexiko ist einer der wichtigsten internationalen Umschlagplätze für Rauschgift. Niemand kann behaupten, daß Mexiko ein krimineller Staat ist, regiert von einer korrupten Regierung. Mexiko ist nicht weniger rechtsstaatlich als

Frankreich, Österreich, Italien oder die Bundesrepublik Deutschland. Mexiko ist aber der Nachbar des bedeutendsten Abnehmers für Rauschgift. Das bestimmt Mexikos Staatsräson ebenso, wie es die Staatsräson der Bundesrepublik bestimmt, daß sie über eine der bedeutendsten Stahlschmieden der Welt verfügt. Die Bundesrepublik nagt nicht am Hungertuch. Die Opfer deutscher Waffen in fast allen Konfliktgebieten der Welt sind genauso unerträglich wie die Opfer des Rauschgifts, das über Mexiko umgeschlagen wird.

Die Umgangsformen allerdings unterscheiden sich und erleichtern uns die Fiktion, es sei verwerflicher, Hanf, Opium oder Koka anzubauen, als Arbeitsplätze durch die Produktion moderner Waffen zu sichern, die an Terrorregime ebenso geliefert werden wie in Spannungsgebiete. Sie stärken den Aberglauben, daß es aus irgendeinem Grund verwerflicher sein soll, Schutzgeld zu erpressen, als pharmazeutische Präparate, die bei uns wegen ihrer Gefährlichkeit längst verboten sind, in die Dritte Welt zu verhökern.

Im Februar 1985 fällt der amerikanische Drogenfahnder Enrique Camarena Salazar den Mexikanern zum Opfer. Er stirbt während der Folter. Um andere Fahnder der DEA abzuschrecken, sorgt der mexikanische Mob dafür, daß die verstümmelte Leiche gefunden wird. Noch hält die amerikanische Regierung den Mund. Am 15. August 1986 protestiert das Weiße Haus gegen die Verhaftung und Folterung eines weiteren Fahnders der DEA. Es ist der 34jährige Victor Cortez.

Er ist den Mexikanern zu erfolgreich. Sie stecken ihn in Guadaljara ins Gefängnis. Dort ziehen sie ihn nackt aus, machen seine Beine naß, umwickeln sie mit blanken elektrischen Drähten, um die Namen anderer amerikanischer Fahnder aus ihm herauszubekommen. Cortez ist kein Weichling. Er nennt keine Namen, aber er brüllt tagelang vor Schmerzen. Ein mexikanischer Polizeibeamter sagt zu ihm: »Wenn du glaubst, das ist schlimm, dann warte, bis wir dich allein haben. Dann erlebst du, was (der zu Tode gefolterte) Camarena erlebt hat.«

Als ein Sprecher des Weißen Hauses die Folterung des amerikanischen Beamten öffentlich mitteilt und im Namen der US-Regierung dagegen protestiert, befindet sich gerade Mexikos Präsident Miguel de la Madrid zu einem Staatsbesuch in Washington. Er ist unter anderem gekommen, um Präsident Reagan Unterstützung im Kampf gegen den Rauschgifthandel zuzusichern. Er empfindet den Protest der amerikanischen Regierung als diplomatischen Affront. Der mexikanische Außenminister weist alle Anschuldigungen empört zurück. Der mexikanische Botschafter in Washington übermittelt eine Protestnote gegen die diffamierenden Äußerungen amerikanischer Amtsträger und gegen die »Einmischung in die internen Angelegenheiten Mexikos«.

Hohe amerikanische Regierungsbeamte legen Beweise dafür vor, daß die mexikanische Regierung den Anbau und die Produktion von Rauschgift deckt. Daraufhin beteiligen sich 30 000 mexikanische Demonstranten an einem Marsch zur »Verteidigung der nationalen Souveränität«, um gegen die Amerikaner zu protestieren. Zur selben Zeit bemüht sich Mexiko um finanzielle Unterstützung bei den Amerikanern.

Ein paar amerikanische Senatoren erlauben es

sich, in einem Untersuchungsausschuß Fraktur zu reden. Der Chef der US-Zollbehörde William von Raab beschuldigt den Gouverneur eines mexikanischen Bundeslandes, Marihuana und Opium im großen Stil anzubauen und seine Felder durch abkommandierte Kontingente der mexikanischen Streitkräfte schützen zu lassen. Auf die Frage, ob es nach seiner Kenntnis zutreffe, daß Verwandte des Präsidenten führend am Rauschgifthandel beteiligt seien, verweigert er in einem öffentlichen Ausschuß die Antwort. Jeder weiß, was das heißt. Die Folge ist eine offizielle Protestnote Mexikos an das US-Außenministerium. Die neue Logik besagt, daß die amerikanischen Senatoren und alle anderen Opfer von Erpressung den Mund zu halten haben, wenn sie die »freundschaftlichen Beziehungen« zu anderen Staaten nicht gefährden wollen.

Die italienischen EG-Subventionsbetrüger, die unter der Regie von Mafia und Camorra entweder zu hohe Liefergewichte für Tomaten, Olivenöl oder Südfrüchte angeben oder sich die Ware mit Hilfe von gefälschten Papieren aus den subventionierten Lagern zurückholen (SZ, 22. 8. 1986), unterscheiden sich kaum von den Ausbeutern der sozialen Subvention in anderen Ländern. Richtig ist, was etwas einbringt. Firmen, die in Schwierigkeiten geraten, besorgen sich vom Staat unter Hinweis auf die gefährdeten Arbeitsplätze Kredite, die zurückgezahlt werden müssen, wenn das Geschäft wieder in die schwarzen Zahlen kommen sollte. In Österreich lehnt ein sanierter Firmeninhaber die Rückzahlung ab: »Wenn sie uns zwingen, den Kredit zurückzuzahlen, melde ich morgen Konkurs an und schick' die Leute stempeln.« Die Republik Österreich gibt nach und schreibt den Kredit ab (Profil, 22. 12. 1986).

Die kriminelle Privatisierung von Profit und die kriminelle Verstaatlichung von Verlusten sind auch in der Bundesrepublik zu einem lukrativen Racket des Wirtschaftsmobs geworden. Fabrikanten, Hotelbesitzer und Mittelständler stellen ihre Ehefrauen zu einem respektablen Salär ein und kündigen ihnen dann, damit sie mit der Arbeitslosenunterstützung wenigstens das Benzin für ihre Zweitwagen bezahlen können. Betriebe stellen pro forma ihre ganzen Sippen an, um das Gesamteinkommen auf möglichst viele Leute zu verteilen und so der Steuerprogression zu entgehen. Eine österreichische Studie vermutet, daß ein Fünftel eines Bundeslandes Scheinarbeitslose sind, die mit den Eigentümern der Firmen in engen verwandtschaftlichen Beziehungen stehen.

In der Bundesrepublik liegen die Schätzungen noch ungünstiger. Investitionsprämien werden in Milliardenhöhe erschwindelt. Subventionen degenerieren zu volkswirtschaftlich sinnlosen Schenkungen an Privatleute und zu Etats zur Korruption von Wählern. Das alles ist nicht organisiertes Verbrechen, sondern alltägliche Wirtschaftskriminalität und eine verkommene Politik. Die Logik des Mobs wird uneingeschränkt übernommen. Sie frißt sich in fast alle Bereiche des Geschäfts und der Politik hinein und macht legale Institutionen zu kriminellen Vereinigungen.

Besonders deutlich ist das mafiose Verhalten von – an sich – legalen Institutionen an den amerikanischen

414

Gewerkschaften zu erkennen. Einige von ihnen haben sich zu kriminellen Vereinigungen entwickelt. Andere stehen unter dem Einfluß der Cosa Nostra. Nur wenige sind unabhängig geblieben. Übereinstimmungen mit ersten Ansätzen einer ähnlichen Entwicklung bei uns sind nicht zufällig.

Ganz auf der Höhe meiner professionellen Präsenz bin ich nicht, als ich mich mit dem damals noch amtierenden Chef des LKA Bremen, Dr. Herbert Schäfer, in der Polizeiführungsakademie in Hiltrup zu einem Gespräch treffe. Nicht das klar abgegrenzte organisierte Verbrechen, so Schäfer damals, sei das eigentliche Problem. Nicht einmal die Erkenntnisverweigerung der Polizei. Das Problem sei »mafioses Verhalten legaler Institutionen«. Ich werde hellhörig. Wie sich später herausstellt, nicht hellhörig genug. An wen er da denkt, frage ich Dr. Schäfer.

»Na, zum Beispiel Parteien«, sagt er. »Versicherungen, Gewerkschaften, berufsständische Institutionen.«

Ob das nicht genauer ginge, frage ich.

»Denken Sie an die ›Neue Heimat‹.«

»Neue Heimat«? Organisiertes Verbrechen? Das ist doch diese gemeinnützige Wohnungsbaugesellschaft. Jetzt übertreibt Schäfer aber wirklich, denke ich. Ein Jahr später läßt »Der Spiegel« das mafiose Verhalten einiger Gewerkschaftsbonzen im Zusammenhang mit dieser »Neuen Heimat« platzen. Mir wird schmerzlich und zu spät klar, woran mein Gesprächspartner in Hiltrup gedacht haben könnte.

Karl Heinz Ehlers, CDU-Abgeordneter in der Hamburger Bürgerschaft, sagt später: »Al Capone und Albert Vietor (Neue Heimat) waren Könner.«

Der Bericht der amerikanischen Regierung stellt fest, daß die Undurchsichtigkeit des organisierten Verbrechens dessen Stärke und die Illegitimität seine Schwäche sei. Dann: »Durch die Legitimierung, die eine Infiltration des (legalen) Geschäfts und der Gewerkschaften verschafft, hat das organisierte Verbrechen seine Macht verhundertfacht.« Und: »Organisiertes Verbrechen hat in den USA den Markt durchtränkt. Es besitzt und dirigiert legale Unternehmen, und in einigen Teilen des Landes kontrolliert es ganze Industrien. In der gesamten Wirtschaft verzerrt das organisierte Verbrechen Kosten durch Diebstahl, Erpressung, Bestechung, Preisabsprachen und Handelskontrollen.« Die Entwicklung in den USA zeigt, was uns über »Neue Heimat«, »Flick-Skandal«, die Betrugsmanöver der Thyssen Rheinstahl Technik GmbH und die politisch-kriminellen Verfilzungen im Baugeschäft hinaus noch blüht, wenn wir nicht schleunigst die Öffentlichkeit sensibilisieren.

Nach dem Bericht der »President's Commission on Organized Crime« (The Edge) sind konspirative Parteispenden, Verquickung von getarnten wirtschaftlichen oder gewerkschaftlichen Interessen mit den persönlichen Interessen von Politikern und Kandidaten ein Alarmzeichen.

Das bekannteste Beispiel ist die Gewerkschaft »International Brotherhood of Teamsters« (IBT). Seit 1952 hat die Gewerkschaft fünf Präsidenten verschlissen. Der erste, David Beck, wurde 1959 wegen Steuerhinterziehung verurteilt. Sein Nachfolger, James R. »Jimmy« Hoffa, wurde 1964 verurteilt, weil er versucht hatte, Geschworene zu beeinflussen und einzuschüchtern; er verschwand 1975. Niemand zweifelt daran, daß ihn die Cosa Nostra exekutiert hat. Der nächste Präsident, Frank Fitzsimmons, der mit der Cosa Nostra kooperierte, durfte dafür eines natürlichen Todes sterben. Der Nachfolger, Roy L. Williams, wurde verurteilt wegen Verschwörung und wegen des Versuchs, einen Senator der Vereinigten Staaten zu bestechen. »Hoffa und Williams waren Instrumente des organisierten Verbrechens.« (President's Commission 1986) Heute ist Jackie Presser im Amt.

Es ist Ende Mai 1986, als Jackie Presser in der Zocker-Metropole Las Vegas wiedergewählt werden soll. Die Brotherhood of Teamsters hat die Wahl des amerikanischen Präsidenten, Ronald Reagan, mit allen Mitteln unterstützt. Trotzdem tritt der Arbeitsminister der Vereinigten Staaten, William E. Brock, zu Beginn des Gewerkschaftskongresses ans Rednerpult und warnt die 2000 Delegierten. »Für einen Arbeitsminister ist es nicht leicht, vom Einfluß des Mobs (sic) und vom Mißbrauch der Pensionskasse zu hören und von einer Ausbeutung der Gewerkschaftsmitglieder bis aufs Blut. Es ist mir unmöglich, davon nicht Kenntnis zu nehmen.« Die Rede des Ministers steht in einem scharfen Kontrast zu den Glückwünschen von Vizepräsident George Bush und dem früheren Außenminister Alexander M. Haig, die einer Gewerkschaft Glückwünsche übersenden, deren Präsident wegen Unterschlagung und Verbindungen zur Cosa Nostra unter Anklage steht.

Am Mittwoch, dem 21. Mai 1986, wird Jackie Presser für fünf Jahre wiedergewählt. »Trotz der gerichtlichen Anklagen wird Presser auf dem Kongreß wie ein regierender Sultan und nicht wie ein potentieller

Strafgefangener behandelt.« (L. A. Times, 22. 5. 1986) Während sich die Gäste an Kaviar und Hummer erfreuen, wird Presser mit seinen 136 Kilo wie der Papst auf einem Tragstuhl von vier Gewichthebern in den Saal getragen, die als römische Krieger kostümiert sind. Auf goldenen Helmen wippen rote Federbüsche. Eine Bigband spielt Marschmusik. Der Applaus ist ohrenbetäubend. Der Bonze wird von mehreren Rednern dafür gefeiert, daß er den politischen Einfluß der Gewerkschaft durch Spenden für Kandidaten und für karitative Organisationen erhöht hat.

Die Anklage der Cosa-Nostra-Prozesse von Manhattan im Sommer 1987 wirft dem Boß der kriminellen Familie der Genovese, Anthony Salerno, vor, daß er und seine Leute die Wahl von Presser manipuliert haben (IHT, 3. 6. 1987). Drei Monate vorher hatten die Ermittler der Polizei den 72jährigen und kranken Vorgänger Pressers, Roy L. Williams, in der Krankenabteilung des Staatsgefängnisses von Springfield/Missouri einvernommen und von ihm Details erfahren.

Mitte Juni 1987 beginnen Anwälte der amerikanischen Regierung eine Klage gegen die International Brotherhood of Teamsters, IBT, zu formulieren. Das Justizministerium versucht auf diese Weise, die Gewerkschaft dem Einfluß des Mobs zu entziehen und sie unter eine gerichtlich bestimmte Vormundschaft zu stellen. Seit das nach einer erfolgreichen Klage gegen »Local 560« in Union City/New Jersey gelungen ist, hofft der Justizminister denselben Hebel auch gegen die Teamsters im ganzen Land einsetzen zu können. »Local 560« in New Jersey war von dem

verurteilten Gangster Anthony »Tony Pro« Provenzano kontrolliert worden.

»Die Anstrengungen der Regierung, den Einfluß des
organisierten Verbrechens auf die legale Wirtschaft
und die Gewerkschaften einzudämmen, waren weitgehend erfolglos. Nicht weil Gesetze fehlen. Grund
sind ein Mangel an politischem Willen sowie das
Fehlen klarer Verantwortlichkeiten und einer nationalen Strategie. Führende Persönlichkeiten in der
Politik, in der Wirtschaft und in den Gewerkschaften
unterschätzen das Ausmaß des Problems und handeln daher nicht.« (Report to the President and the
Attorney General 1986)

Roy Williams: »Das organisierte Verbrechen hat
die Teamsters unterwandert, lang bevor ich kam. Es
wird da sein, auch wenn ich nicht mehr bin.«

VERDECKTE ERMITTLUNGEN

An den verdeckten Ermittlungen der Polizei scheiden sich die Geister. Ähnlich wie am Schußwaffen-
gebrauch der Polizei. Da gibt es keine Fakten mehr.
Da gibt es nur noch Glaubensbekenntnisse.

Die Gewerkschaft der Polizei, der Bund Deutscher
Kriminalbeamter und viele Polizeibeamte meinen,
daß die Polizei mehr oder weniger alles darf und daß
es ein perfider Angriff auf Staat und Abendland ist,
wenn Richter oder gar Journalisten Fragen stellen.
Wenn sie wissen wollen, weshalb wieder einmal der
Falsche eingesperrt worden ist. Einige Strafverteidiger und einige antiautoritäre Rechtsphilosophen
meinen, daß die Polizei überhaupt nichts darf. Am
wenigsten Verbrecher fangen. Die Rechten wollen
der Polizei nahezu alles erlauben. Die Linken wollen
ihr nahezu alles verbieten.

Die Geister scheiden sich um so mehr, je weniger
Ahnung sie von der Sache haben. Die einen wissen
nichts vom alltäglichen Mißbrauch verdeckter Ermittlungen, vom Mißbrauch polizeilicher Rechte und
von der damit verbundenen Gefahr für Rechtsstaat
und Bürger. Die anderen wissen nichts von der Not-

wendigkeit und Legalität verdeckter Ermittlungen und nichts von der Gefährdung des Rechtsstaats, die dann entsteht, wenn man auf sie verzichtet.

Ein Paradebeispiel war die am 30. April 1985 ausgestrahlte Sendung »Drei vor Mitternacht« (WDR-Fernsehen III).

Zu Beginn der Sendung gibt eine Moderatorin, laut Kontrollmitschnitt, die Parole des Abends aus: »Die Polizei«, sagt sie, »hat den Auftrag, *offen, für jedermann erkennbar* Straftaten aufzudecken. Damit wollen sich die Polizeichefs aber nicht zufriedengeben. Sie sagen, sie brauchen Untergrundfahnder, oder im offiziellen Polizeijargon nennen sie das ›verdeckt ermittelnde Beamte‹ ... Polizisten, die im geheimen arbeiten. Sind wir damit nicht schon auf dem Weg zu einer neuen Geheimpolizei?«

Die Moderatorin impliziert damit, daß die Polizei *neuerdings* verdeckte Fahnder fordert, obwohl sie natürlich weiß, daß verdeckt ermittelt wird, seit es eine Kriminalpolizei gibt. Vor allem deshalb, weil es nicht möglich ist, Straftaten aufzuklären, wenn man das »offen, für jedermann erkennbar« zu tun versucht. Der Verzicht auf verdeckte Ermittlungen wäre gleichbedeutend mit der Abschaffung der Kriminalpolizei. Die Forderung, »offen, für jedermann erkennbar« Verbrechen zu klären, ist eine Forderung, die von keinem politischen oder ideologischen Lager je erhoben wurde. Das Grundgesetz verlangt das natürlich auch nicht. Trotz Artikel 19, Abs. 4. Die einzigen, die so etwas vehement fordern, sind die Angehörigen des Mobs.

Der polizeiliche Fachausdruck »verdeckt ermittelnder Beamter« wird in der Parole des Abends zum »Jargon« erklärt und statt dessen eine schlechte Übersetzung des amerikanischen Begriffs »under cover agent« falsch verwendet. Auf diese Weise wird der »verdeckt ermittelnde Beamte« zum »Untergrundfahnder« oder später in der Sendung zum »Untergrundagenten«, was noch etwas gruseliger klingt als die korrekte Übersetzung »getarnter Fahnder«.

Der Unterschied zwischen dem sogenannten UCA (under cover agent) amerikanischer Prägung und dem verdeckt ermittelnden Beamten ist von entscheidender Bedeutung. Der verdeckt ermittelnde oder fahndende Beamte ist in der Bundesrepublik – ganz im Gegensatz zum UCA – nicht nur an seinen Beamteneid gebunden, sondern auch noch an eine Reihe von Gesetzen und Vorschriften, über die sich ein UCA ohne ernste Konsequenzen hinwegsetzen kann. Außerdem ist der verdeckt ermittelnde Beamte von einem verantwortlichen Vorgesetzten geführt, während der UCA oft auf eigene Faust und auf eigenes Risiko ermittelt. In den USA kann ein UCA Polizeibeamter sein. Bei uns nicht.

Daß sich in der Realität verdeckt ermittelnde Beamte manchmal benehmen wie UCAs und umgekehrt und daß sich beide gelegentlich aufführen wie Kriminelle, ist eine traurige Tatsache. Leider bleibt die Polizei ebensowenig wie andere Berufe von einem unvermeidlichen Anteil an berufsspezifischer und allgemeiner Kriminalität verschont. Das ändert aber nichts am prinzipiellen Unterschied zwischen einem »under cover agent« und einem verdeckt ermittelnden Beamten. Es ändert auch nichts an den disziplinarischen Folgen, die einen Polizeibeamten treffen, wenn er geltendes Recht verletzt.

Neben dem Innenminister von Nordrhein-Westfalen, dem Landespolizeipräsidenten von Baden-Württemberg und einem Rechtsgelehrten sind noch zwei weitere Fachleute eingeladen worden. Einer ist der Schauspieler Eberhard Feik. Er ist dadurch qualifiziert, daß er den Partner von Schimanski im »Tatort« gibt. Nach dem Motto: »Gnä' Frau, ziehn's Ihnen aus. In mei'm letzten Film hab' ich an Doktor g'spielt.«

Feik, so wird schon im Vorgespräch klar, hält Polizisten für Übermenschen. Er will ihnen daher nicht einmal einen rechtfertigenden Notstand (§ 34 StPO) zugestehen, auf den sich jeder Bürger in einer entsprechenden Situation berufen kann. Der Paragraph 34, der gelegentlich von Polizisten mißbraucht wurde, besagt zum Beispiel, daß ein Mann, auf den geschossen wird, eine Scheibe einschlagen und in ein Haus flüchten darf, ohne daß er hinterher wegen Hausfriedensbruchs verurteilt werden könnte. Feik ist grundsätzlich gegen verdeckte Ermittlungen. Eigentlich ist er damit auch für die Abschaffung der Kriminalpolizei und des »Tatort«. Aber darüber hat er wahrscheinlich nicht nachgedacht.

Als Kronzeuge gegen die verdeckten Ermittlungen der Polizei tritt der (damals) in der ersten Instanz zu sieben Jahren Haft verurteilte Juwelier René Düe auf, den das Gericht für schuldig gehalten hat, sich selbst beim »größten Juwelenraub der Nachkriegsgeschichte« Ware im Wert von über zwölf Millionen gestohlen zu haben, um die Versicherung zur Kasse zu bitten. Als Fachmann und Kronzeuge qualifiziert er sich durch die Tatsache, daß ihn ein verdeckter

Ermittler der Versicherung aufs Kreuz gelegt hat. Der berüchtigte »under cover agent« Mauss, alias »Claude«, dient sich dem Verdächtigen Düe im Auftrag der Versicherung als Hehler an. Er bietet dem Juwelier an, ein paar Stücke der Sore in Umlauf zu bringen. Prompt produziert Düe einige der als gestohlen gemeldeten Preziosen. Das Urteil wurde vom Bundesgerichtshof unter anderem wegen des Auftritts von Werner Mauss bei der Verhandlung aufgehoben. Mauss war hinter einer spanischen Wand vernommen worden. »Diese Art der Vernehmung wurde vom Bundesgerichtshof als unzulässig verworfen. Damit verloren die Mauss-Aussagen ihre prozeßentscheidende Aussagekraft.« (SZ, 21.5.1987)

Die Zuschauer der Fernsehsendung erfahren zunächst kein Wort über diesen Hintergrund. Der Juwelier Düe tritt lediglich als Opfer polizeilicher Willkür auf. Er wird von zwei Anwälten begleitet, die vermutlich eingreifen sollen, wenn er sich im Hinblick auf die Revision um Kopf und Kragen reden sollte. Die Sorge ist ziemlich unbegründet, denn die Justiz schiebt das Verfahren gegen Düe seit Jahren vor sich her. Und bekanntlich steigen die Chancen des Beschuldigten für einen Freispruch proportional zur vergangenen Zeit, weil sich immer weniger Leute an immer weniger erinnern können. Wenn dieses Buch erscheint, kann Düe die Revision bereits mit Erfolg überstanden haben.

Zuerst werden alle aufgefordert, zu sagen, was sie von verdeckten Ermittlungen halten.

Laut Kontrollmitschnitt WDR sage ich: »Ich kann's ganz kurz machen. Ich bin gegen eine Klassenjustiz. (Zustimmendes Raunen) Ich bin dagegen, daß man den kleinen Täter faßt, weil man dazu das Instrumentarium hat, und daß man den großen, den Drahtzieher, die Hintermänner, laufenlassen muß, weil man das Instrumentarium nicht hat, um sie zu fassen. (Die Zustimmung kühlt merklich ab.) Dieses Instrumentarium ist – wenn Sie so wollen – ein geheimdienstliches Instrumentarium. Selbstverständlich unter Kontrolle. Aber ich bin dafür, daß verdeckt ermittelt wird. (Allgemeines Mißfallen)«

Düe erzählt, wie er den UCA Mauss, alias »Claude«, kennengelernt hat. »Claude« biedert sich als Vertreter einer finanzstarken Gruppe an, die in der Bundesrepublik ein Juweliergeschäft eröffnen will und René Dües Rat braucht. (Raunen) Natürlich hätte sich nach Meinung der Moderatorin der UCA nur »offen, für jedermann erkennbar« an den verdächtigen Juwelier heranmachen dürfen. Man trifft sich in Hamburg, Zürich und Düsseldorf. »Claude« heuchelt Verständnis für das »Mißgeschick« von Düe und für die finanzielle Lage, in die Düe durch dieses »Mißgeschick« gekommen ist. Er deutet an, daß man sich den guten Namen »René Düe« etwas kosten lassen würde. Vielleicht ist der Name auch durch die Ermittlungen der Polizei im Augenblick etwas billiger zu haben.

»Claude« spielt seine Rolle perfekt. Der Juwelier hält ihn für einen Insider der Branche. Düe hat einen Laden auf Sylt und einen in Hannover. Ein weiterer in Hannover gehört seinem Vater. Die Versicherung zahlt nicht, und die Polizei verlangt eine exakte Liste der geraubten Stücke.

Düe in der Sendung: »Nachdem ich aus dem Krankenhaus rausgekommen bin, da hab' ich zu meinen

Angestellten, auch zu meiner Schwester gesagt, sie möchten die Ware aufnehmen ... und er (ein Hausmeister) sollte mir durchsagen, was da noch da war. Und ich hab' mich drauf verlassen, also, daß er sämtliche Stücke, die noch vorhanden waren, also auch erfassen konnte, und hab' also diese Liste jetzt der Versicherung und der Polizei gegeben. Im nachhinein stellte sich raus ... daß da also noch Stücke lagen, die als geraubt gemeldet waren. Aber, wie gesagt, noch da waren. Diese Stücke habe ich nun also, um diese Verzögerung der Versicherung ... Ich wollte ja 'ne Akontozahlung haben. Um das nicht zu verzögern, hab' ich also die Stücke erst mal zurückbehalten. Was natürlich nicht in Ordnung war. Ich hätte sie gleich melden müssen ... Claude machte mir den Vorschlag, ja, ob ich nicht da noch irgendwas hätte oder nacharbeiten könnte von meinen Sachen. Dann könnte ich die Sache auffliegen lassen international, so daß die Versicherung praktisch dann zahlen müßte. Was sie in ihrem großen Konzern auch schon gemacht hätten.«

Düe will damit sagen, »Claude« habe ihm geraten, Duplikate herzustellen und irgendwo als Diebesgut zu verscheuern, damit der Raub für die Versicherung nachgewiesen wäre. Als Düe fortfährt: »Das waren dann fünfzehn Schmuckstücke praktisch dann noch ...«, greift die Moderatorin ein: »Und dann hat ganz jemand anders den Koffer abgeholt ...« (Gemeinerweise die Polizei)

Düe: »Die (fünfzehn angeblich geraubten Schmuckstücke) habe ich praktisch dem Claude, also dann oder einer Person da im Hotel übergeben. Oder deponiert praktisch. Und am Tag später bin ich verhaftet worden.« (Spürbare Entrüstung im Studio)

Beim Ankauf heißer Ware dieser Größenordnung ist es üblich, daß der Hehler Vorzeigestücke verlangt zum Beweis, daß man auch tatsächlich im Besitz der gestohlenen Ware ist. Das war die Taktik des als Hehler auftretenden UCA Mauss, alias »Claude«.

Lindlau: Darf ich eine Frage stellen? Einfach zum Verständnis. Sie sind vor Gericht gestanden?

Düe: Ich bin natürlich angeklagt worden. Ja.

Lindlau: Sind Sie auch verurteilt worden?

Düe: Ich bin verurteilt worden.

Lindlau: Frage an den Anwalt. Wissen Sie, ob gegen (den UCA) Mauss irgendein Ermittlungsverfahren läuft?

Anwalt: Es laufen angeblich Ermittlungsverfahren.

Lindlau: Ich kann Ihnen sagen, es läuft kein einziges. (Zu Düe:) Zu wieviel sind Sie verurteilt worden?...

Anwalt: Herr Lindlau, da muß ich doch mal gleich...

Lindlau: Darf ich Herrn Düe fragen, zu wieviel Jahren ... (Stimmengewirr. Empörung bei meinen Kolleginnen vom WDR, weil ich versuche, den Zuschauern klarzumachen, wer dieser Kronzeuge ist.)

Anwalt: (Zu den angeblichen Ermittlungsverfahren gegen Mauss) Wenn Sie (Lindlau) das behaupten können (daß es keines gibt), dann wissen Sie mehr als ich.

Lindlau: Ja.

Anwalt: Denn mir wurde gesagt, daß Ermittlungsverfahren gegen Mauss laufen. Es sind welche vorläufig eingestellt worden. (Es gibt keine »vorläufige« Einstellung.) Das, was Sie jetzt sagen, trifft einfach nicht zu.

Lindlau: Sie können mit mir schnell eine Wette eingehen. In diesem Augenblick läuft *kein* Ermittlungsverfahren gegen Mauss. (Kontrollmitschnitt WDR)

Dann frage ich in die Runde, wieso der Bundesminister a. D. Höcherl nicht da ist, der Mauss vertritt (während Düe von zwei Anwälten in die Sendung begleitet wird). Schließlich sagt der Anwalt: »Wissen Sie, Herr Lindlau, für mich ist Herr Mauss, um das gleich zu sagen, wenn Sie sich schon so einschalten in das Gespräch, der mutmaßlich größte Rechtsbrecher der Nachkriegsgeschichte, den wir hier haben, der hier praktisch den Rechtsstaat aufs Spiel setzt und der hier insgesamt so viel Unfug angerichtet hat, daß hier ein Untersuchungsausschuß im niedersächsischen Landtag zu Recht eingesetzt worden ist.«

Der Anwalt (und nebenbei Hausherr eines Bordells im Kurort Bad Nenndorf) kann gefahrlos »in Wahrung der berechtigten Interessen seines Mandanten« jede Beschuldigung erheben, zumal er, schlau wie er ist, nur von »Unfug« redet und ein »mutmaßlich« einbaut. Die Moderatorin greift ein. Nachdem der Kronzeuge gegen verdeckte Ermittlungen, René Düe, etwas angeschlagen ist, wird nun sein Anwalt befragt. Ob nach dem Einsatz von V-Leuten oder »geheim« ermittelnden Beamten noch ein faires Verfahren möglich sei. Die Antwort lautet: »Nein, ein faires Verfahren ist nicht möglich.«

Der UCA Mauss hat durch sein Doppelspiel zwischen Polizei und Versicherungen nicht nur Polizeibeamte in Verlegenheit gebracht. Er hat dadurch auch einen parlamentarischen Untersuchungsausschuß in Niedersachsen mit ausgelöst. Mauss, alias

»Claude«, hat einige Aktionen auf dem Gewissen, die dringend einer strafrechtlichen Nachprüfung bedürfen. Der UCA ist nicht pingelig in der Wahl seiner Mittel, und eine Polizei muß es sich aus rechtsstaatlichen Gründen dreimal überlegen, ob und vor allem in welcher Form sie mit ihm kooperiert. Es ist auch richtig, daß ein Mann wie Mauss langsam Methoden und Verhaltensweisen der Welt annimmt, in der er arbeitet. Er ist »tricky«. Er muß es sein, wenn er Erfolg haben will. Manöver außerhalb der Legalität scheinen für ihn zu einer schlechten Angewohnheit geworden zu sein, zu einer zweiten Natur. Auch mich hat er bei Gelegenheit und ohne einen vernünftigen Grund gelinkt. Das läßt sich leicht verkraften. Anders sieht es aus, wenn rechtswidrige Methoden zu Verurteilungen führen. Mauss bezahlt seine Erfolge mit dem Risiko, wegen Gesetzesverletzungen irgendwann einmal vor Gericht zu kommen oder mit einer Kugel im Kopf irgendwo zu enden. Nach einer einschlägigen Mission ist er in desolatem Zustand und mit einem Durchschuß in die 1. Universitätsklinik in Wien eingeliefert worden. Man hatte ihn aus dem Nahen Osten ausgeflogen, nachdem er versucht hatte, dort eine Geisel herauszuholen.

Natürlich ist Mauss ein Abenteurer. Bedauerlicherweise gibt es Aufgaben, denen nur Abenteurer und nicht brave Beamte gewachsen sind. In der Umgebung, in der Leute wie er arbeiten, ist es manchmal schwierig, am Leben zu bleiben. Mit ein paar Millionen Lösegeld in der Tasche ist es so gut wie unmöglich. Es gibt in einigen Regionen dieser Erde weder eine funktionierende Regierung noch nennenswerte Ordnungskräfte. Ich möchte nicht in der

Haut eines Polizeibeamten stecken, der eine Geisel einfach hängenläßt, nur um einen Mann wie Mauss nicht einzusetzen.

Es gibt wahrscheinlich nur ein Dutzend Leute, die sich in gesetzlosen Bereichen bewegen können. Mauss gehört zu diesem Dutzend. Vielleicht weil er Methoden verwendet, derentwegen ihn viele Leute nicht mit der Feuerzange anfassen wollen. Einer der deutschen polizeilichen Stringer: »Mir ist scheißegal, was der auf dem Kerbholz hat. Ich will unseren Mann lebend da rauskriegen. Und der einzige, der das kann, ist Mauss.«

Die meisten der verdeckten Fahnder sind normale und schlecht bezahlte Polizeibeamte mit Familie und ohne große Aussicht, sich einen Orden zu verdienen. Die Liste der im Kampf gegen die internationalen Drogenschieber Mittelamerikas zu Tode gefolterten, erschossenen und totgeschlagenen verdeckt ermittelnden Beamten der Drug Enforcement Administration wird länger und länger. »Offen, für jedermann erkennbar« zu ermitteln wäre in diesen Deliktsbereichen gleichbedeutend mit Selbstmord. In jedem Fall wäre es die Garantie für einen Mißerfolg. In der Bundesrepublik gibt es Erkenntnisse, daß der Mob durch Gegenobservation verdeckte Fahnder ausmacht und durch Mord oder Erpressung der Familie auszuschalten versucht, wenn Verführung durch Geld oder Naturalien nichts bringt.

Verdeckte Ermittlungen und moderne elektronische Beweisbeschaffung gehören zu den unerfreulicheren Produkten unserer Zeit. Genauso wie Mob und Muskel. Leider sind die guten alten Zeiten vorbei. Die schöne neue Welt ist da. Wir haben nur eine

Wahl: Entweder die Polizei ermittelt verdeckt und beschafft so Beweise, oder wir machen unsere blauen Augen fest zu und bilden uns ein, daß wir den Rechtsstaat am besten dadurch verteidigen, daß wir einfach nicht hinsehen, wenn der Mob ihn ausbeutet. Wenn wir uns zu letzterem entschließen, sollten wir uns auch die Ohren verstopfen, damit wir es nicht hören, wenn sich der Mob über unsere rechtsstaatlichen Skrupel kranklacht. Entweder wir versuchen, an die Drahtzieher und Hintermänner mit dem Instrumentarium heranzukommen, das sie uns durch ihre Arbeitsweise aufzwingen. Oder wir geben uns damit zufrieden, daß wir die kleinen Täter einsperren und die großen laufenlassen. Es wäre wunderbar, wenn wir eine andere Wahl hätten. Aber wir haben sie nicht.

Das Mißtrauen gegen Indizien und geheime Ermittlungen ist gesund. Ein Vorurteil dagegen ist schädlich.

Als die Anklage zum ersten Mal vor einem amerikanischen Gericht durch das Gutachten eines Experten beweisen wollte, daß eine bestimmte Kugel aus einem bestimmten Lauf abgeschossen worden war, erhob sich im ganzen Land ein Sturm der Entrüstung. Sollten in Zukunft Techniker Urteile sprechen? Es war ein Angriff auf das kontradiktorische Verfahren, auf das Prinzip der Anwaltschaft, auf die Unabhängigkeit des Richters und nach damaliger Auffassung eine Kriegserklärung an den Rechtsstaat. Es gab Richter, die lieber den Falschen auf den elektrischen Stuhl bringen wollten, als so einen Beweis zuzulassen. Als die Verteidigung zum ersten Mal vor einem amerikanischen Gericht durch eine Blutgruppenbestimmung die Unschuld eines Angeklagten beweisen wollte, da ging ein Aufschrei durch das ganze Land. Dies war der in einem Rechtsstaat unerlaubte Griff nach dem Privatesten, Persönlichsten des Menschen, nach seinem Blut. Auch das war für viele das Ende des Rechtsstaats, den sie weniger gefährdet sahen, wenn man den Falschen ins Gefängnis steckte und einen Mörder laufenließ. Damals wie heute gibt es viele Leute, denen ihre persönlichen Phantasien vom Rechtsstaat wichtiger sind als der Rechtsstaat selbst.

»Die furchtbarste Manifestation des Verbrechens in Amerika ist das organisierte Verbrechen. Es untergräbt unser Rechtssystem in allen Bereichen. Es ist schlimm genug, wenn einzelne kriminell werden, weil sie verführt oder verzweifelt sind. Aber es ist unerträglich, wenn Konzerne der Korruption das Gesetz systematisch zum Gespött machen.« (Lyndon B. Johnson, Special Message on Crime, 1966)

»Vom Standpunkt des Rechts aus gesehen, wächst das organisierte Verbrechen weiter, trotz aller Versuche, damit fertig zu werden, weil der Prozeß der Beweisbeschaffung defekt ist. Theoretisch reichen unsere Gesetze aus, um das organisierte Verbrechen anzugreifen. Das Gesetz vollzieht sich aber nicht von selbst ... Am wichtigsten ist es, Gesetze zu verabschieden, die den Einsatz elektronischer Observation regeln, um dadurch Zeugen zu entwickeln, ihre Aussagen zu bestätigen und sie in der Beweisführung zu ersetzen.« (C. Robert Blakey, Mitglied der »Civil Liberties Union«, Sonderankläger der »Racketeering Section« des US-Justizministeriums und Professor of Law an der University of Notre Dame)

Es ist kein Zufall, daß ein Liberaler wie Blakey mit Erfahrung als Ankläger im Bereich des organisierten Verbrechens die kontrollierte elektronische Beweisbeschaffung fordert. Er weiß, daß sich die Praxis der Polizei nicht an einer rechtsstaatlichen Fiktion orientieren darf, wenn sie nicht den Rechtsstaat gefährden will, den sie zu verteidigen hat. Blakey fordert Gesetze, die den Einsatz nachrichtendienstlicher Mittel kontrollieren, anstatt den Fahnder in ein unüberprüfbares und kriminelles Dunkel zu treiben. Er will die Privatsphäre der Bürger schützen und zugleich die Umklammerung der Beweisnot sprengen.

In der Bundesrepublik Deutschland gibt es in dieser wie in anderen Fragen nur ein weltfernes »Entweder/Oder«. Die einen sagen, daß man auf den Schutz der Privatsphäre zugunsten größerer allgemeiner Sicherheit verzichten müsse. Die anderen wollen bedingungslosen Schutz der Privatsphäre, gleich, welche Folgen das für die innere Sicherheit hat.

C. Robert Blakey: »Es gibt eine Reihe von sehr ernsten Einwänden gegen elektronische Observation, die man nicht einfach damit vom Tisch bekommt, daß man nachweist, wie unverzichtbar Telefonüberwachung und verdeckte Mikrofone für Ermittlungen gegen organisiertes Verbrechen sind. Einige der Einwände haben eine verfassungsrechtliche Dimension. Andere nicht ... Es sollte Platz sein für die Forderung von Chief Justice Brennan, also für ›eine phantasievolle Lösung, die auf das Recht der persönlichen Freiheit ebenso fair Rücksicht nimmt wie auf die Notwendigkeit der Strafverfolgung‹.«

Nur der Bürger, der keine Angst vor Bespitzelung

und elektronischer Überwachung haben muß, sagt frei heraus, was er denkt, und hört sich ebenso frei an, was andere denken. Wenn die private Rede zwischen Menschen nicht geschützt bleibt, dann werden viele Leute zögern, das unveräußerliche Grundrecht der freien Meinungsäußerung wahrzunehmen. Durch die Verwendung nachrichtendienstlicher Mittel der Beweisbeschaffung wird die Privatsphäre des einzelnen verletzt. Die Gedanken eines Bürgers, seine Freunde, seine Neigungen und seine Verfehlungen werden preisgegeben. Wir alle wissen, daß wir manchmal übertreiben, wenn wir privat miteinander reden; daß wir uns selbst oder andere beschuldigen, wie wir es öffentlich nie tun würden; daß wir Dinge im Zorn sagen, die wir nicht wirklich meinen. Es muß unser unveräußerliches Recht bleiben, privat zu sagen, was wir *nicht* meinen, weil wir sonst auch nicht mehr sagen dürften, was wir meinen. Die ungeschützte und freie Rede im Hotelzimmer, am Telefon, im Bett und im Büro ist ein Grundrecht. Es ist das Recht, ohne Angst vor Konsequenzen klug oder dumm, gewählt oder obszön daherzureden. So wie es unser Recht ist, in den eigenen vier Wänden einem Politiker den Tod und dem Papst die Pest an den Hals zu wünschen, Sympathie für Verbrecher zu bekunden und eigenen kriminellen Bedürfnissen verbalen Ausdruck zu verleihen. Elektronische Beweisbeschaffung bedroht dieses Recht. Nur wer sich darüber keine Illusionen macht, darf eine Lanze für kontrollierte elektronische Beweisbeschaffung brechen.

Es gibt weder in unserer Verfassung noch in irgendeiner anderen demokratischen Verfassung ein absolutes Recht auf den Schutz der Privatsphäre. Alle Verfassungen sanktionieren eine Verletzung der Privatsphäre, zum Beispiel wenn es einen triftigen Grund für den Verdacht gibt, daß der von der Verfassung garantierte Schutz zur Tarnung von kriminellen Aktivitäten mißbraucht wird.

»Die Privatsphäre ist *ein* Wert in einer demokratischen Gesellschaft. Dem Gesetz Geltung zu verschaffen ist ein anderer.« (Blakey)

Es gibt kaum eine erfolgreiche Ermittlung und Überführung von Drahtziehern und Tätern im Bereich des organisierten Verbrechens, in der nicht verdeckte Ermittlungen und/oder elektronische Beweisbeschaffung eine Rolle gespielt hätten.

»Opfer, Kläger oder Zeugen sagen nicht aus, weil sie gleichgültig oder verwickelt sind oder weil sie Angst haben. Spitzenfiguren haben keinen direkten Kontakt zu kriminellen Aktivitäten und sind durch Abschottung geschützt. Informationen von bezahlten Informanten sind oft unzuverlässig, und der strenge Verhaltenskodex (des Mobs) verhindert das Entwickeln anderer Informanten. Kurz, es gibt nur eine Möglichkeit, die Aktivitäten organisierter Krimineller zu erfahren: durch Abhören ihrer Kommunikation.« (President's Commission on Organized Crime 1986)

Offensichtlich geht es also darum, das Instrumentarium so zu verwenden, daß es die Privatsphäre des Bürgers nicht bedroht. Wie wir wissen, ist ein absoluter Schutz der Privatsphäre auch unabhängig von polizeilichen Ermittlungen nicht möglich. Es ist nicht auszuschließen, daß man zufällig ein brisantes Telefonat mithört. Es ist nicht auszuschließen, daß ein Briefträger einen Brief in den falschen Briefkasten steckt und der Empfänger ihn irrtümlich aufmacht. Es ist nicht auszuschließen, daß jemand für teures Geld eine private Detektei engagiert, die einen anderen rechtschaffenen Bürger bespitzelt. Es ist nicht auszuschließen, daß der Verfassungsschutz sein Instrumentarium zur Gesinnungsschnüffelei mißbraucht.

Die Frage ist also, ob man die mißbräuchliche Verwendung nachrichtendienstlicher Mittel bei Ermittlungen der Kriminalpolizei auf einen gegenüber der Bedrohung akzeptablen Rest von unvermeidbarem Risiko drücken kann.

Präzise (nicht umfangreiche) Genehmigungsvorschriften unter richterlicher Kontrolle und ein ebenso kontrollierbares Abwicklungsresümee nach Abschluß des Einsatzes sind eine Möglichkeit. Sie würden eine nachträgliche gerichtliche Prüfung und Ahndung von Mißbrauch sichern und schon allein dadurch eine Sperre errichten. Bleibt die Frage, ob die Anzahl mißbräuchlicher oder krimineller Einsätze durch ein rigides Genehmigungs- und Abwicklungsverfahren steigt oder fällt. Die amerikanischen Erfahrungen (unterschiedliche Handhabung in verschiedenen Staaten) lassen vermuten, daß strenge Kontrolle, allerdings mit dem Ziel der Genehmigung bei begründetem Verdacht und innerhalb der verfassungsmäßigen Prinzipien, die Anzahl mißbräuchlicher Einsätze eher verringert und die Anzahl der heimlichen illegalen Einsätze sogar erheblich verringert.

Blakey schlägt für den Bereich des organisierten Verbrechens vor, daß die Zielperson für elektronische Beweisbeschaffung die drei folgenden Kriterien erfüllen muß:

1. Die Zielperson muß mindestens einmal rechts-
kräftig wegen einer Gesetzesverletzung verurteilt
worden sein, die zu einer Strafe von mehr als einem Jahr Haft geführt hat.
2. Es müssen zuverlässige Informationen dafür vorliegen, daß die Zielperson ein Mitglied des organisierten Verbrechens und zur Zeit der Überwachung in einschlägige kriminelle Aktivitäten verwickelt ist.
3. Die Zielperson muß zur Zeit der Überwachung enge Beziehungen zu mindestens zwei Leuten haben, auf die Punkt 1 und 2 ebenfalls zutreffen.

Außerdem – und das scheint mir entscheidend – dürfen zu keinem Zeitpunkt mehr als zehn Einsätze dieser Art pro eine Million Bürger innerhalb der Juris-
diktion der nachsuchenden Behörde durchgeführt
werden. Damit wird eine Inflation vermieden, eine
zentrale Erfassung und Kontrolle gefordert und
dafür gesorgt, daß die Behörden automatisch gezwungen sind, sich sehr genau zu überlegen, wann
und wo sie elektronische Beweisbeschaffung einsetzen. Darüber hinaus schlägt Blakey ein Zeitlimit von
45 Tagen vor, das nur nach einer richterlichen Kontrolle des bisherigen Ergebnisses erweitert werden
kann. Schließlich verlangt er, daß dem Kongreß
(Bundestag) in öffentlicher Sitzung jährlich einmal
Zahlen der beantragten im Vergleich zu den genehmigten Überwachungen vorgelegt werden samt der
Anzahl der sich aus diesen Überwachungen ergebenden Verhaftungen, Gerichtsverfahren und Verurteilungen.
»Die Tatsache, daß sich Spitzenfiguren des organi-

sierten Verbrechens dem Zugriff des Gesetzes entziehen können, stellt unserer Justiz ein schlechtes Zeugnis aus. Sie bedeutet, daß uns allen Recht und Gesetz vorenthalten wird.« (Blakey)

Mehr und mehr wird in der modernen Gesellschaft nur das kontrolliert, was sich leicht kontrollieren läßt. Was sich der Kontrolle entzieht, bleibt unkontrolliert. Jeder ist zum Beispiel in der Lage, sich Rattengift zu besorgen, mit dem er Tausende von Ratten auf die qualvollste Weise umbringen kann. Wenn im klinischen Bereich an einer einzigen sachkundig narkotisierten Ratte eine Gefäßnaht zur Fortentwicklung der mikrochirurgischen Operationstechnik ausgeführt wird, müssen Aufsichtsbehörden eingeschaltet und spezielle Kontrollen organisiert werden, obwohl die Ratte nach einer mißlungenen Naht schmerzlos in der Narkose verendet und nach einem erfolgreichen Eingriff putzmunter und hungrig wieder aufwacht. Der sadistische Rattenvergifter bleibt ungeschoren. Der schmerzfrei am Tier operierende Arzt unterliegt der Kontrolle. Mit der Privatsphäre ist es ähnlich. Sie wird da geschützt, wo man sie leicht schützen kann, und dort ignoriert, wo der Schutz zu schwierig ist. Je verwundbarer die Privatsphäre durch gesellschaftliche Mechanismen wird, desto entschlossener zieht sich die Forderung nach ihrem Schutz auf kleine kontrollierbare Bereiche zurück.

Davon sind auch die verdeckten Ermittlungen der Polizei betroffen. Die Forderung nach Kontrolle steigt proportional zum unkontrollierbaren Eindringen anderer Institutionen und Interessenten in die intimsten Bereiche eines jeden Bürgers.

Ein verdeckter Fahnder der Polizei durfte bis vor kurzem nicht heimlich fotografieren. Etwa um später vor Gericht beweisen zu können, daß sich zwei Verdächtige kennen, die behaupten, sich nie gesehen zu haben. Kunden von manchen Rent-a-car-Firmen werden routinemäßig fotografiert, wenn sie ihren Wagen abholen. Die Freundin, mit der sie auf Geschäftsunkosten ins Grüne fahren, wird mitfotografiert. Der Hinweis auf die Aufnahme ist so klein, und die Kamera ist so unauffällig angebracht, daß man beides nur sieht, wenn man danach sucht.

Das private Geschäft darf mit unbescholtenen Bürgern tun, was die Polizei nicht einmal mit einem Verdächtigen darf. Weil es bei der Polizei kontrollierbar und im privaten Bereich nicht kontrollierbar ist.

»Man weiß, daß die Luxus-Apartments einiger der renommiertesten Hotels der Welt permanent abgehört werden. Die Leute, die solche Anlagen einrichten, wissen sehr gut, daß Gäste, die in solchen Zimmern wohnen, wohlhabend oder einflußreich sind, und sie hoffen, daß sich die auf diese Weise beschafften Informationen zu Geld machen lassen, indem man sie an die Konkurrenz oder an Journalisten verkauft. Die Lage ist so schlimm, daß große Konzerne schwarze Listen angelegt haben, um ihre Mitarbeiter daran zu hindern, sich in solchen Hotels einzumieten.« (John Wingfield, Bugging, 1984)

Verdeckte Ermittlungen von Polizeibeamten, die sich gesetzestreu verhalten, sind erheblich eingeschränkt. Das Legalitätsprinzip, das der Paragraph 163 Abs. 1 StPO regelt, verlangt prinzipiell von einem Beamten, daß er bestimmte Straftaten nicht auf sich beruhen läßt, sondern verfolgt. Er muß in jedem Fall Maßnahmen treffen, um eine Verdunkelung zu verhindern. Das hat bis vor kurzem bedeutet, daß sich der verdeckte Fahnder zu erkennen geben muß, egal wieviel Zeit, Mühe und Geld er bisher in seine Tarnung gesteckt hat. Ein verdeckter Ermittler etwa, der sich in jahrelanger Arbeit in eine kriminelle Organisation hineingearbeitet hatte, die mit Rauschgift handelt, mußte seine Tarnung fallenlassen, wenn sich einer der Drahtzieher betrunken ans Steuer setzen wollte. Eine Marihuanazigarette, die in seiner Gegenwart geraucht wurde, konnte das Ende seiner Tätigkeit bedeuten. Beweismittel mußte er sofort sicherstellen, auch wenn er durch Warten viel umfangreicheres Material in die Hand bekommen hätte.

Es war kaum möglich, innerhalb solcher Vorschriften – und Dutzenden von ähnlichen – die Täter eines flexiblen und hochorganisierten Mobs, für die Geld keine Rolle spielt, zu überführen. Ein verdeckt ermittelnder Beamter kann gar nicht vermeiden, daß er Zeuge von Straftaten wird, die er im Interesse der wichtigeren Ermittlung übersehen muß. Ich bin nicht einmal sicher, ob er es vermeiden kann, selber Straftaten zu begehen. Die Polizeisprecher, die allein bei diesem Gedanken schon die Hände über dem Kopf zusammenschlagen, wissen am allerbesten, daß ihre Kollegen nicht darum herumkommen, wenn sie im Bereich des organisierten Verbrechens Erfolg haben wollen. Straftaten sind vertrauensbildende Maßnahmen oder »Keuschheitsproben«.

Ein von der Pressestelle des Bundeskriminalamts für die Öffentlichkeit »frisierter« verdeckter Ermittler hat allen Ernstes behauptet: »Die Nichtbeteiligung an Straftaten ist eines unserer ersten Gebote. Der Polizeibeamte ist nicht verpflichtet, eine Straftat mit allen Mitteln aufzuklären. Das bedeutet, der als ›under cover agent‹ (gemeint ist verdeckter Fahnder) eingesetzte Polizeibeamte muß in dem Moment, wo eine Aufklärung nur mit nicht-rechtsstaatlichen Mitteln möglich ist, jegliche Aktivität einstellen.«

Dazu ein erfahrener verdeckter Ermittler einer deutschen Länderpolizei: »Niemand kommt an die Topleute des organisierten Verbrechens heran ohne einen Tatbeitrag. Keiner wird Insider, ohne irgendwann zwischen Planung und Ausführung einen Tatbeitrag zu leisten. Wenn der (BKA-)Mann behauptet, daß er das nicht muß, dann ist er entweder nicht echt, oder er lügt.«

Der verdeckte Fahnder einer Großstadtpolizei: »Entweder wir bringen nichts, oder wir stehen mit einem Bein im Gefängnis. Unsere Schlauberger quatschen vom Rechtsstaat. Die wollen Erfolge. Aber sie wollen nicht wissen, wie wir zu den Erfolgen kommen.«

Mit dem Problem verdeckter Ermittlungen hat sich eine vertrauliche Initiative des Landeskriminalamts von Baden-Württemberg vom 1. Dezember 1978 befaßt, die durch TOP 6 der 81. Tagung der AG Kripo angeregt worden war. Das zwanzigseitige Verschlußpapier ging an den Chef des BKA und die Leiter aller LKAs. Darin werden zu dem Konflikt, in den zum Beispiel Paragraph 163 StPO den verdeckten Fahnder bringt, gesetzgeberische, organisatorische Maßnahmen vorgeschlagen, die sowohl die strenge

Wahrung rechtsstaatlicher Prinzipien wie auch die Notwendigkeiten verdeckter Ermittlungen zum Ziel haben. Die Innenministerkonferenz ließ das Papier fallen wie eine heiße Kartoffel.

Seit dem 4. März 1986 existiert eine »Gemeinsame Verwaltungsvorschrift des Justizministeriums und des Innenministeriums zum Einsatz Verdeckter Ermittler im Rahmen der Strafverfolgung«. Die Vorschrift ist seit 1. April 1986 in Kraft. Der Text wurde von der Konferenz der Innenminister und der Justizminister gemeinsam erarbeitet. Es heißt unter Punkt 4, Absatz 4: »Der Verdeckte Ermittler ist von der Strafverfolgungspflicht gemäß § 163 StPO nicht befreit. *Aus kriminaltaktischen Erwägungen können Ermittlungsmaßnahmen, die in den Auftrag des Verdeckten Ermittlers fallen, zurückgestellt werden. Neu hinzukommenden, zureichenden Anhaltspunkten für strafbare Handlungen braucht der Verdeckte Ermittler so lange nicht nachzugehen, als dies ohne Gefährdung seiner Ermittlungen nicht möglich ist* (Hervorhebung von mir); dies gilt nicht, wenn sofortige Ermittlungsmaßnahmen wegen der Schwere der Tat geboten sind ...«

Wesentlich problematischer als elektronische Beweisbeschaffung oder verdeckte Ermittlungen durch Beamte ist die polizeiliche Zusammenarbeit mit sogenannten V-Leuten. Ohne sie kommt man nicht aus. Brauchbar sind sie aber nur, wenn sie dem Mob nahestehen oder zu ihm gehören. Das heißt, man kommt nicht darum herum, manchmal auch mit Kriminellen zu kooperieren. Solange das eine Einbahnstraße ist, auf der nur die Erkenntnisse der Polizei vermehrt werden, aber keine Gefälligkeiten in die andere Richtung gehen, ist nichts dagegen einzuwenden. Die Polizei hat seit eh und je davon profitiert, daß Kriminelle sich gegenseitig verpfeifen. Lohnende V-Leute wollen aber in aller Regel für Informationen eine Gegenleistung. Geld kann die Polizei nur in begrenztem Umfang anbieten, weil sie dafür nur einen limitierten Etat hat. Solange die Münze nur ein gutes Wort ist und nicht rechtswidrige Nachsicht, kann man damit leben. Leider arbeiten nicht alle V-Leute für rechtsstaatlich einwandfreie Münze, das heißt für Gotteslohn.

Immer wieder sind V-Leute von der Polizei außerhalb der Legalität eingesetzt worden. Im Bericht eines Ad-hoc-Ausschusses der Innenministerkonferenz aus dem Jahr 1982 wird dem V-Mann die Begehung von Straftaten wie Hehlerei, Diebstahl und Rauschgifthandel regelrecht erlaubt. Gerechtfertigt wird diese Praxis in dem Papier durch Berufung auf übergesetzlichen Notstand. Der Rechtsexperte der SPD-Fraktion im Bundestag hat den Bericht »ein Stück aus dem Tollhaus« genannt (SZ, 19. 11. 1983).

Auch der korrekte Beamte, der mit einem V-Mann arbeitet, bewegt sich auf einem sehr schmalen Grat zwischen Strafvereitelung im Amt, Verletzung des Legalitätsprinzips und einem Ermittlungserfolg. Die Verantwortlichen schließen allzuoft fest die Augen und waschen ihre Hände in Unschuld.

Ein besonders beeindruckendes Beispiel für einschlägiges Zwiedenken ist ein »Gemeinsamer Runderlaß« vom 11. Juli 1983 des Hessischen Innen- und Justizministeriums. Es heißt in dieser »Verschlußsache« unter Punkt 3.2: »Die Prüfung des geplanten

Einsatzes (einer V-Person) hat insbesondere zu umfassen, ob

– die Vertraulichkeitszusage für das nachfolgende Strafverfahren voraussichtlich eingehalten werden kann und

– davon ausgegangen werden kann, daß die Wahrheitsfindung im Strafverfahren nicht gefährdet wird ...«

Dann unter Punkt 5: »Wird die Vernehmung einer VP erforderlich, besteht für das Gericht die Verpflichtung, alle nicht von vornherein aussichtslosen gebotenen Maßnahmen zu ergreifen, *um die VP zu ermitteln* ...« Und: »Im Hinblick auf das unabdingbare Gebot eines rechtsstaatlichen Verfahrens wird das Interesse an der Geheimhaltung der VP gegen die Aufklärungspflicht des Gerichts abgewogen ...« (Hervorhebung von mir)

Auf gut deutsch, man kann der V-Person eine Vertraulichkeit zusichern – von der vielleicht ihr Leben abhängt – und überlegt sich später, ob man diese Zusage auch halten kann, ohne rechtsstaatliche Prinzipien zu verletzen. Dies ist eine Regelung, die dem Beamten, der gegen den Mob ermittelt, einen lebensgefährlichen Schwarzen Peter in die Tasche steckt.

Auch dieses Problem ist durch das gemeinsame Thesenpapier der Innen- und Justizminister vom 4. März 1986 behandelt worden. Unter Punkt 2, Absatz 2 heißt es: »V-Person ist eine Person, die, ohne einer Strafverfolgungsbehörde anzugehören, bereit ist, diese bei der Aufklärung von Straftaten auf längere Zeit vertraulich zu unterstützen, und *deren Identität grundsätzlich geheimgehalten wird*.« (Meine Her-

vorhebung) Dann unter Punkt 3, Absatz 1 (a):
»Die Zusicherung der Vertraulichkeit/Geheimhaltung
kommt im Bereich der Schwerkriminalität, organisierten Kriminalität ... in Betracht.« Schließlich folgen die Vorschriften für die staatsanwaltschaftliche
Kontrolle. Auch diese Anweisung ist am 1. April
1986 in Kraft getreten.

In der Rauschgiftkriminalität gibt es selten einen
Geschädigten, der zur Polizei geht. Deshalb erfährt
sie nur ein Zehntel aller tatsächlichen Delikte. Für
diese Menge ist auch das Personal ausgelegt. Die
Rauschgiftfahnder haben in dieser Lage mehrere
Möglichkeiten. Sie können alle Fünfe gerade sein
lassen und nur das machen, was ihnen durch Zufall
auf den Tisch kommt. Oder sie suchen sich Insider
(V-Leute) im Rauschgifthandel und versuchen sie
umzudrehen. Nur dann können sie mit einer be-
schränkten Personalkapazität ein Stück mehr von
dem Dunkelfeld aufhellen. Oft muß darüber hinaus
der Rauschgiftfahnder entscheiden, was er aufklären
will und was er liegenläßt.

Es geht ihm so ähnlich wie den ärztlichen Leitern
von mikrochirurgischen Replantationsteams, die
ganz abgetrennte Finger, Hände und Arme mit einer
hohen Heilungschance »replantieren« können. Am
Wochenende, wenn Kliniken auf Sparflamme laufen,
kommen die meisten Unfälle durch das Heimwer-
ken. Der Arzt muß entscheiden, wem er eine funk-
tionsfähige Hand erhält und wo er sich nur darauf
beschränkt, einen brauchbaren Amputationsstumpf
zu machen. Er versucht die zu operieren, die am günstigsten für eine Operation aussehen. Tatsache ist,
daß er nicht immer alle aussichtsreichen Eingriffe

machen kann, weil er weder genug versierte Operateure noch genug Operationsmikroskope hat. Analog muß der Beamte Straftaten vergessen, die seine Kapazität übersteigen. Damit verletzt er im Grunde schon das Legalitätsprinzip. Auf dieses Dilemma nimmt keine der zahlreichen Vorschriften Rücksicht.

Ein symptomatischer Fall, der für viele ähnliche steht und der sich heute kaum wiederholen könnte, hat sich in Frankfurt abgespielt. Er ist eine der Ursachen dafür, daß die Zahl der Herointoten in der Main-Metropole steigt und die beschlagnahmte Menge Rauschgift zurückgeht. Die Beamten haben begriffen, daß es ihrer Laufbahn nützt, wenn sie möglichst wenig Aktivität bei der Rauschgiftfahndung zeigen, und daß es sie finanziell und professionell ruinieren kann, wenn sie tun, was notwendig ist.

1978 haben die Rauschgiftfahnder eine Türkin im Auge, die mit einer relativ kleinen Menge Heroin gehandelt hat. Sie nehmen Kontakt mit ihr auf und haben das Gefühl, daß man über die Frau an die Drahtzieher herankommen könnte. Einer der Fahnder spricht sich mit der Staatsanwaltschaft ab. Die Staatsanwaltschaft hat nichts dagegen, das Verfahren gegen die Türkin etwas auf die lange Bank zu schieben. Es gibt mehrere gute Argumente dafür: Zum einen kommt man nur so an die Hintermänner heran; zum anderen will man der Türkin die Chance geben, durch tätige Reue (Kooperation mit der Polizei) zu einer milderen Strafe verurteilt zu werden. Erst nach zwei Jahren wird der Haftbefehl gegen sie erlassen. Es hat sich gelohnt. Durch ihre Mithilfe werden in den zwei Jahren 30 Kilo Heroin (10 Mio. DM) aus dem Verkehr gezogen und zwanzig Täter einer kurdischen Organisation verhaftet. Die Türkin wird verurteilt. Der Richter rechnet ihr die Kooperation strafmildernd an. Soweit geht alles klar.

Inzwischen gibt es in Frankfurt aber auch einen eifrigen Staatsanwalt. Er klagt den Rauschgiftfahnder wegen Strafvereitelung im Amt an. Ob rechtfertigender Notstand bei der Beseitigung einer gefährlichen Menge Rauschgift vorliegt, wird nicht geprüft. Der Beamte wird zunächst in die Mordkommission versetzt. Die Staatsanwaltschaft bietet ihm nach Paragraph 153a StPO die Einstellung des Verfahrens gegen eine Geldbuße von 5000 DM an. Der Beamte lehnt ab. Die Polizeigewerkschaft zahlt ihm maximal 1600 DM für die Anwaltskosten. Eine Kostenlawine kommt auf ihn zu. Er nimmt einen Kredit auf. Bei seinem Gehalt ist das gleichbedeutend mit finanziellem Ruin.

Die anderen Rauschgiftfahnder verstehen die Message: Wer nichts macht, der macht auch nichts falsch. Im Jahr 1986 hat Hessen die schlechteste Aufklärungsquote aller Bundesländer erreicht, während Frankfurt mit seiner Kriminalität die Führung unter den Großstädten der Bundesrepublik übernimmt.

In anderen Bereichen des organisierten Verbrechens sind V-Leute nicht unverzichtbar. Es gibt sogar Situationen, in denen die Ermittler kalkuliert »offen und für jederman erkennbar« vorgehen. Bei den sich inzwischen verschärfenden Verteilungskämpfen kann die Polizei oft die Spitzenfigur A gewinnen, um die Spitzenfigur B auszuschalten. A verlangt nichts dafür, weil er mit Hilfe der Polizei einen Konkurrenten los wird. Die Polizei wiederum hofft, daß eines Tages C kommt, der ihr genug Beweise in die Hand gibt, um A zu erledigen. Wenn diese Hoffnung zu vage ist, hilft sie gelegentlich etwas nach und sorgt dafür, daß B von der Kooperation des A erfährt. Der Rest funktioniert dann automatisch. Es kommt zu »Verteilungskämpfen im Milieu« und zu »Denunziationswellen«, die den Mob schwächen und der Polizei Grund für konkrete Ermittlungen geben. Ob derartige offene Ermittlungen den moralischen und rechtsstaatlichen Kriterien der Gegner verdeckter Ermittlungen besser entsprechen, ist sehr die Frage.

Die Konsequenz daraus ist im extremen Fall die folgende Logik: »Eine Hinrichtung im Mob ist der Idealfall. Es gibt einen Mobster weniger, dem keiner nachweint, und man hat einen handfesten Grund für Ermittlungen. Wenn man die Moral außen vor läßt, dann ist das eine prima Sache für die Strafverfolgung. Als Moralist ist man natürlich verpflichtet, den Verlust von menschlichem Leben zu beklagen.« (George Parry, Chef der »Organized Crime Unit« bei der Staatsanwaltschaft von Philadelphia; IHT, 9. 8. 1982)

Oder: »Wenn sich der Mob gegenseitig umbringt? Solange sie nicht ein kleines Kind bei ihrer Schießerei erwischen ...« (Ein Offizier der City Police Philadelphia)

DAS ARSENAL

Das Messer hat nur noch zeremoniellen Charakter. Die Lupara ist zur Waffe des Fußvolks geworden. Kriminelle Tradition weicht unternehmerischer Effizienz. Einige Schutzgelderpresser haben sich zu kriminellen Großunternehmern gemausert. Die Basis der untersten Chargen ist breiter geworden.

In der Bundesrepublik hat sich der Mob zusammen mit dem Wirtschaftswunder etabliert. Pittoreske Hinrichtungen, Autojagden und Unterweltkriege, die Gegenstand von Filmen und Legenden sind, hat der Mob bei uns weitgehend vermieden. Er ist ziemlich unauffällig heimisch geworden. Eng verzahnt mit der organisierten Wirtschaftskriminalität. In Tuchfühlung mit der politischen Korruption. Das alles wird nicht beim Namen genannt nach dem sogenannten »Zusammenbruch«. Korruption wird zur »Panne« (bezahltes Umweltgutachten kommt nicht zum bestellten Ergebnis), zum »Debakel« (ein Stimmzettel zuviel bei der Wahl zum FDP-Landesvorstand in Berlin), zu »Verbotsirrtum« und »Gutem Glauben« (illegale Parteispenden, Geldwaschanlagen und Steuerhinterziehung) und zur »Kumpanei« (Verschwörung der Parteischatzmeister). Das gemütliche Wort »Filz« steht für kriminelle Verstrickungen zwischen Politik und Unterwelt. Parlamentarische Untersuchungsausschüsse lösen sich in Wohlgefallen auf, wenn alle beteiligten Parteien Dreck am Stecken haben.

Der unternehmerische Elan des Wirtschaftswunders ist der Schafspelz gewesen, unter dem sich das organisierte Verbrechen eingeschlichen hat. Unternehmerischer Elan war das Credo unseres Wohlstands, die Garantie einer vorwiegend merkantil definierten Freiheit. Es war unpatriotisch zu prüfen, was sich alles dahinter versteckte. Die Zeit für den unternehmerischen Mob wurde auch bei uns reif, weil jede Kritik an erfolgreichem unternehmerischem Handeln Ketzerei war. Die ideologische Inquisition der neuen wirtschaftlichen Dynamik war gnadenlos. Recht und Unrecht waren weitgehend zugunsten von Erfolg oder Mißerfolg abgeschafft.

Der unternehmerische Mob von heute braucht keine abgesägten Schrotflinten und Maschinenpistolen, sondern Banken, Treuhänder, das Wohlwollen von Politikern und vor allem korrupte Anwälte. Der traditionelle Mob hat aufgerüstet. Ganz unten reicht die »hardware« aus, weil die Strategie der Angst funktioniert.

Währenddessen ruft die Polizei, unter Führung ihrer Gewerkschaft, immer lauter nach Distanzwaffen, die jede »Feindberührung« überflüssig machen. Unsere Freunde und Helfer werden erst dann zufrieden sein, wenn die Entwicklung ein Arsenal anbietet, das es den Beamten erlaubt, per Knopfdruck vom Revier aus – und vielleicht bei einem kühlen Bier – Hunderte von Demonstranten flachzulegen.

International gesehen, reicht die Ausrüstung des Mobs von der billigen Tec-9-Maschinenpistole bis zur israelischen UZI. Die vollautomatischen Waffen (die feuern, solange man den Abzug festhält) werden durch alle möglichen militärischen Sturmgewehre ergänzt, von Halbautomaten (die nur feuern und nachladen, sooft man den Finger krumm macht) wie M-16 und AR-15. Von den letzteren sind in den USA bisher mehr als 300 000 Stück verkauft worden. Die amerikanische Lizenzfirma für die Maschinenpistole UZI verweigert zwar Angaben über die verkaufte Menge, gibt aber zu, daß es »Zehntausende« sind (IHT, 17. 9. 1985). In Inseraten wird »The famous UZI Submachinegun« mit dem Hinweis »unrestricted to both individuals and dealers« (frei verkäuflich) von der »Automatic Weaponry, P. O. Box 1124-V Brentwood« jedem angeboten, der Verwendung dafür hat. Andere Firmen statten den Mob mit Faustfeuerwaffen aus, die aus Plastik sind und von keinem Kontrollgerät entdeckt werden. Halbautomaten gibt es für ein Butterbrot. Es ist ziemlich einfach, sie in Vollautomaten umzubauen. Die Traditionsfirma »Remington« stellt Langwaffenmunition her, deren Geschosse in Plastikbechern sitzen und dadurch von keiner Kriminaltechnik mit einem bestimmten Lauf in Verbindung gebracht werden können – die ideale Munition für Hits aus dem Hinterhalt. Bei wenigen Razzien sind in Nevada und Kalifornien allein knapp einhundert MAC-10 gefunden worden. Al Capone, der nur über zwei »Thompsons« verfügt hat, die damals sogannten »(Schützen-)Grabenbesen«, wäre heute unterbewaffnet.

In Nizza kann man gegen Vorlage des Passes Maschinenpistolen im Kaliber 222 Remington mit Magazinen für 30 Patronen kaufen. Damit läßt sich ein ganzer Platz räumen, obwohl es sich »nur« um ein »Rehwild-Kaliber für die Jagd« handelt. »Es sind die Waffen der Wahl für Rauschgifthändler«, sagt der Spezialagent James Brightwell vom Bundesbüro für Alkohol, Tabak und Feuerwaffen in San Francisco. »Sie schauen schrecklich aus, und sie können Schreckliches anrichten.« (ibid.)

Die modernen Waffen verbinden Effizienz mit Prestige und Reputation. Einer der besten Combatschützen der deutschen Antiterroreinheit GSG9: »Wenn man so ein Ding sieht, dann muß man versuchen, in Deckung zu kommen, bevor man tot ist. Alles andere gibt's nur im Kino.«

»Irgendwas Besonderes muß dran sein«, sagt ein in vielen Schießereien abgehärteter FBI-Agent, »eine Vollautomatik in der Hand zu haben, ›B-R-R-R-R-R-P!‹ zu machen und 'ne Menge Munition zu verschwenden. Ich weiß auch nicht, warum.« (IHT, 17. 9. 1985)

Das Arsenal der unteren Ränge, das sich seit Jahrhunderten bewährt hat, ist beibehalten worden. Nach wie vor wird innere Disziplin durch Bestrafung aufrechterhalten. Ohne Beweis, ohne Verhandlung und ohne Diskussion. Dafür mit tödlicher Zuverlässigkeit.

Nach wie vor ist die stärkste Waffe gegen die Strafverfolgung des Staates eine durch innere Abschottung, Zeugenbeeinflussung und anwaltschaftliche Beratung organisierte Beweisnot und die Strategie der Angst. In der Beletage hat sich nur die Motivation geändert. Bloße Geldgier ist zur Machtgier geworden. (Rafele Cutolo, La Nuova Camorra Organizzata: »Herrschen ist besser als mit einer Frau schlafen.«)

Die wichtigste Waffe des Mobs ist immer noch die Erkenntnisverweigerung der Gegenseite. Der beste Schutz des Mobs ist es, daß die Gefahr nicht erkannt wird, daß wir mehr Energie zur Verdrängung aufwenden als zur Aufklärung, daß wir Zeit mit juristischen Debatten vertrödeln, statt Gesetze zu machen, daß wir die Bürger beschwichtigen, statt sie zu beunruhigen.

»In sich beruhigender Selbstgefälligkeit wird in der Bundesrepublik Deutschland das Ausmaß organisierter Kriminalität ... herunterdefiniert; Vergleiche mit dem amerikanischen ›organized crime‹ gehen dabei immer noch zugunsten der hiesigen Verhältnisse aus. Die Frage, ob das tatsächlich so ist bzw. wie lange das noch so sein wird, stellt sich aber bei intensiver Betrachtung in der Bundesrepublik Deutschland heute mit Macht.« (Leo Schuster, Arbeitstagung, Bundeskriminalamt, November 1986)

Die Sicherheitsbehörden konzentrieren sich auch bei uns auf die der Kontrolle am leichtesten zugänglichen Bereiche. Da sie den Mob nicht entwaffnen können, entwaffnen sie die Bürger. Je mehr die Unterwelt aufrüstet, desto strenger werden die Waffengesetze für Leute, die dumm genug sind, eine Behörde zu fragen, bevor sie sich eine Kanone kaufen. (Die Strafen für illegalen Waffenbesitz zahlen Mobster aus der Westentasche.)

Wer in der Bundesrepublik eine Tontaubenflinte legal erwirbt und mit einer solchen für kriminelle Zwecke völlig ungeeigneten Feuerwaffe samt allen einschlägigen Papieren zu einem sportlichen Wettkampf ins Ausland reist, riskiert bei der Wiedereinreise eine Geldstrafe bis zu 10 000 DM, wenn er die Waffe nicht in einer mühsamen Prozedur zurückmeldet. Die Tatsache, daß er zur Aus- und Einfuhr berechtigt ist, alle einschlägigen Genehmigungen hat und keinerlei Zollvergehen vorliegt, ändert daran nichts. Er kann aber sicher sein, daß in der Zeit, die er beim Zoll verbringt, Dutzende von illegalen Waffen ein- und ausgeführt werden.

Wer in Italien sowohl Sachkunde wie Bedürfnis für das Führen einer Faustfeuerwaffe nachweist und wem infolgedessen erlaubt wird, »a portare pistola o rivoltella per difesa personale«, der darf grundsätzlich kein stärkeres Kaliber als 7.65 benutzen, um dem Mob, mit seinen 12/70-Flinten und Faustfeuerwaffen vom Kaliber 9 mm Para an aufwärts, im Ernstfall nicht zu nahe treten zu können. Unsere Sicherheitsbehörden teilen ihr Waffenmonopol praktisch nur mit dem Mob.

Zum Glück braucht die Polizei zur Bekämpfung des organisierten Verbrechens vor allem Waffen, die nicht aus Stahl sind und die man nicht in der Hosentasche tragen kann. Die wichtigste Waffe ist die Hoffnung, daß es schon nicht so schlimm werden wird wie in Palermo, Miami, Marseille, Neapel oder New York. Dann folgen verdeckte Ermittlungen oder das, was davon rechtlich zulässig ist. Die Waffen, die darüber entscheiden werden, wer schließlich die Oberhand behält, sind Zeugenschutz und Zugriff auf kriminelle Gewinne. Beide Waffen sind stumpf.

Eine Polizei, die weder bereit noch in der Lage ist, Zeugen vor der Abstrafung durch den Mob zu schützen, die kann sich auch verdeckte Ermittlungen sparen. Wer dem Mob nicht die kriminellen Gewinne nimmt, der läßt ihm Motivation und Muskel.

Eine obrigkeitsstaatliche Sicht der Welt hat unsere Justiz zu dem Aberglauben verleitet, daß die meisten Zeugen einem Appell an ihre Bürgerpflichten folgen werden und man den Rest notfalls zur Aussage zwingen und danach den Konsequenzen überlassen kann. Eine solche Realitätsferne freut den Mob. Bisher gibt es nur in Hamburg ernsthafte Anstrengungen zum Schutz von Zeugen. Ob sie sich auszahlen, wird sich zeigen, wenn sie besser finanziert und besser gesetzlich untermauert sind.

Für Zuhälterei und Menschenhandel, Schutzgelderpressung und viele andere Bereiche des organisierten Verbrechens sind der schweigende und der eingeschüchterte Zeuge so typisch, daß sie das Bundeskriminalamt in die Indikatorenliste aufgenommen hat.

Zu den Methoden der Zeugeneinschüchterung gehören in der Bundesrepublik nach Sielaff:
- »wortlose« Anrufe, vor dem Gerichtstermin,
- ultimative Aufforderungen, sich mit dem Verteidiger der Beschuldigten zu treffen,
- schriftliche oder mündliche Drohungen,
- Tätlichkeiten bis zum Zusammenschlagen,
- Zusenden eines Revolvergeschosses,
- ständiges Verfolgen mit Fahrzeugen,
- »Warnschüsse« aus dem Hinterhalt,
- Demolieren von Wohnung oder Geschäft,
- Brandstiftung,
- Mord.

Im wesentlichen gibt es drei Typen von Zeugen:

1. den zivilen Zeugen, der zufällig oder als Opfer Kenntnis von einer kriminellen Aktivität hat oder aus dem Umfeld des Mobs kommt;
2. die V-Person aus dem Milieu, die der Polizei Informationen liefert; und
3. den verdeckten Ermittler, der mit einem konkreten Auftrag eingesetzt und von seiner Behörde geführt wird.

Schutz für diese Zeugen bedeutet Geheimhaltung ihrer Identität und Schutz vor Enttarnung. Weil die Anwälte des Mobs genau wissen, daß die meisten Zeugen lieber den Mund halten, als ihr Leben zu riskieren, und die Polizei lieber auf eine Verurteilung verzichtet, als einen V-Mann oder verdeckten Ermittler ans Messer zu liefern, bestehen sie darauf, daß jeder Zeuge vor Gericht auftritt und identifiziert werden kann. Sie berufen sich dabei auf die Prinzipien des Rechtsstaats.

Auch das Gegenargument beruft sich auf den Rechtsstaat: »Wenn Zeugen in ihrer Zeugenrolle ein Sonderopfer für die Gemeinschaft erbringen und wenn sie dabei in zentralen Rechten, insbesondere dem Recht auf Leben und körperliche Unversehrtheit, bedroht werden, so hat sich die Rechtsgemeinschaft dieses Problems anzunehmen ... Zeugen müssen die Richtigkeit ihrer Aussage gegebenenfalls auch strafrechtlich verantworten. Schon aus diesem Grund muß die Rechtsgemeinschaft dafür sorgen, daß die Rahmenbedingungen für eine wahre Aussage gewährleistet sind und bleiben. Zeugen sind die wichtigsten Garanten der Wahrheitsfindung.« (Prof. Dr. Heike Jung und Dr. Jochen Krüger, Richter in Saarbrücken)

1981 muß das Bundesverfassungsgericht eine Entscheidung in dieser Frage treffen. Es stellt fest, daß körperliche Unversehrtheit und Leben ein vorrangiges Grundrecht sind. In einem Sechs-Punkte-Programm regelt das Gericht den Umgang mit gefährdeten Zeugen.

Punkt 5: »Die kommissarische Vernehmung darf notfalls auch unter Ausschluß des Angeklagten und seines Verteidigers stattfinden, wenn anders die einer richterlichen Vernehmung entgegenstehenden Gründe nicht ausgeräumt werden können.«

Das heißt, ein Zeuge kann vom Richter allein vernommen werden. Er muß sich nicht im Gerichtssaal zu erkennen geben und dort auch nicht aussagen. Zeugen sind aber gerade deshalb ein so wichtiges Beweismittel, weil sie sich in der offenen Verhandlung auch den Argumenten der Verteidigung oder des Angeklagten zu stellen haben. Nur wenn der Beschuldigte und sein Anwalt das Recht haben, den Zeugen zu befragen, kann man falsche Anschuldigungen einschränken und den »Kauf« von Zeugen mit Vergünstigungen durch die Anklage offenlegen.

Der Große Senat für Strafsachen beim Bundesgerichtshof widerspricht daher der Auffassung des Bundesverfassungsgerichts diametral: »Das geltende Recht kennt keine Möglichkeit, die Anonymität eines Zeugen zu wahren, der richterlich vernommen werden soll.« Und: »Die Beweisaufnahme unter optischer oder akustischer Abschirmung eines Zeugen ist nach geltendem Recht nicht zulässig.«

Um aus diesem Dilemma herauszukommen, hat die Arbeitsgruppe eines Seminars der Polizeiführungsakademie im November 1985 folgende Ergänzung der StPO durch Einfügung eines Paragraphen 251a vorgeschlagen:

»Bestehen aufgrund bestimmter Tatsachen Anhaltspunkte dafür, daß ein Zeuge durch Aussage vor dem erkennenden Gericht an Leib und Leben gefährdet wäre, so kann der Zeuge durch einen beauftragten oder ersuchten Richter, soweit erforderlich unter Wahrung seiner Identität, vernommen oder eine Niederschrift über eine frühere, auch nichtrichterliche Vernehmung verlesen werden. Ein Anspruch des Angeklagten oder seines Verteidigers auf Anwesenheit bei einer solchen Vernehmung besteht nicht, wenn der Zeuge ein schutzwürdiges Interesse an der Wahrung seiner Identität dargelegt hat.«

Man könnte diese oder eine ähnliche Normierung durch ein unabhängiges richterliches Gremium ergänzen, die das Ausmaß der Bedrohung nach belegten Fakten streng prüft, mit dem Verfahren nichts zu tun hat und es einfach übernimmt, einen Fragenkatalog von Anklage und Verteidigung bestmöglich zu klären. Beide Fragenkataloge sollten beiden Seiten bekannt sein.

Da dieses Problem nicht geregelt ist, bleibt der Zeuge, den der Mob bedroht, bei uns ungeschützt. Wir haben weder die Gesetze noch das Geld, um ihn zu schützen. Der Chef eines britischen Spezialdezernats hat auf einem BKA-Symposium berichtet, daß der Schutz eines Polizeibeamten rund um die Uhr über eine relativ begrenzte Zeit insgesamt 1,5 Millionen DM gekostet habe. Derartige Summen werden bei uns nur für den Personenschutz von Politikern ausgegeben. Sinnloserweise, wie wir an erfolgreichen terroristischen Attacken erkennen müssen.

Als Joseph »the Animal« Barboza (Enforcer der New England Cosa Nostra) so unter Druck durch das FBI gerät, daß er auszupacken beginnt, wissen die amerikanischen Behörden, daß es keine Möglichkeit gibt, den Zeugen am Leben zu halten. Ray Patriarca (Boß der New England Cosa Nostra) hat einen offenen Hit-Kontrakt verkündet. Jeder Killer des Mobs, der scharf auf eine Menge Bargeld ist, jeder Häftling, jeder Abenteurer und nicht wenige Gefängnisaufseher wollen sich die Kohle verdienen.

Den Behörden ist klar, daß sie an einem Scheideweg stehen. Entweder der Muskel des Mobs kann wieder einmal Recht und Gesetz außer Kraft setzen, oder der Staat zeigt Flagge und hält seinen Informanten am Leben. »Da kam das FBI mit einem tollen Plan, der von Edgar Hoover und vom Justizministerium unterstützt wurde. Dieser Plan wurde zur furchtbarsten Waffe gegen das organisierte Verbrechen, die je eine Regierung angewendet hat. Es war das Zeugen-Schutz-Programm.« (Vincent Teresa, Mobster unter Ray Patriarca und FBI-Informant)

Dieses Programm ist heute noch in Kraft. Es hat zum ersten Mal in der Geschichte der USA den Muskel des Mobs gebrochen. Wer von einer Expertenkommission für das Programm ausgesucht wird, erhält einen neuen Namen, neue Papiere, Geld, Hilfe bei der Arbeitssuche und bei der Umsiedlung in eine andere Region. Beide Seiten schließen einen Vertrag, der ihre Verpflichtungen regelt. Wenn der geschützte Zeuge seinen Verpflichtungen nicht nachkommt, zieht das Zeugenschutzprogramm die Hand von ihm ab. (Nach: Director Operations US-Marshal's Service, Howard Safir)

Da in der Bundesrepublik auch Recht und Gesetz von Parteipolitik und Ideologie angefressen werden, ist eine brauchbare gesetzgeberische Lösung nicht in Sicht. Der Mob kann davon ausgehen, daß ein guter Anwalt und ein wenig Muskel gegenüber den Belastungszeugen mit jeder Anklage fertig werden.

Der jährliche Gewinn aus dem Rauschgifthandel in der Bundesrepublik beträgt eine Milliarde Mark (Kriminalistik 39, 1985). Allein die »Pizza Connection« hat pro Jahr Heroin mit einem Straßenwert von 1 650 000 000 US-Dollar in die Vereinigten Staaten importiert. Das bedeutet nach Abzug der Unkosten kriminelle Einkünfte von einigen hundert Millionen Dollar. Einige Organisationen wickeln ihren Geldverkehr bargeldlos über die großen Finanzinstitute der Welt ab, weil die Mengen zu groß sind, um sie zu transportieren. Andere schätzen die Summen »nur noch nach Gewicht«, weil sie die Zeit nicht haben zu zählen (William Webster, Director FBI, jetzt Director CIA). Weltumsatz im Bereich Rauschgift allein: hundert Milliarden Dollar.

»Bedingt durch die enorme Menge der aus krimineller Tätigkeit erlösten finanziellen Mittel, ist das Mafia-Mitglied gezwungen, selbst unternehmerische Verantwortung zu übernehmen, das heißt, die scheinbar legalen wirtschaftlichen Unternehmungen zu leiten, in welche die Gelder investiert werden.« (A. Corrias, Generalstaatsanwalt von Mailand) Ein Experte des Bundeskriminalamts spricht von einem »quasi marktwirtschaftlich bestimmten Kriminalitätsbereich« (Leo Schuster, BKA).

Die unter Fachleuten so genannte »Dritte Dimension« der Bekämpfung des organisierten Verbrechens ist vermutlich die entscheidende Waffe: Gewinne, deren legale Herkunft nicht nachgewiesen werden kann und bei denen der dringende Verdacht besteht, daß sie kriminell erworben worden sind, werden eingezogen. Ebenso aus kriminellem Profit erworbener Besitz. Das klingt einfacher, als es ist. Zuerst muß man kriminelle Gewinne nachweisen, und dann muß man an sie herankommen. Zumindest ist das bei uns so. Den Amerikanern reicht es, wenn jemand die legale Herkunft von Geld oder Besitz nicht nachweisen kann und wenn zugleich Beweise für kriminelle Geschäfte vorliegen.

Die Amerikaner machen das in Florida, einem der Kokainumschlagplätze, so rigoros, daß die Behörden bald nicht mehr wissen, wohin mit den Luxusjachten, Rolls-Royces und Luxusvillen. Die beschlagnahmten Fahrzeuge kann man in polizeiliche Dienstfahrzeuge umfunktionieren, und die Häuser kann man zu Büroraum machen. Schwieriger ist es mit Brillanten, Barrengold, Segeljachten oder Nachtclubs. Die staatlichen Versteigerer, die früher aufgelassene Flugplätze und Kasernen an den Mann bringen mußten, haben sich schnell an ihre neue Aufgabe gewöhnt.

John Conolly, chief national auctioneer, der gerade drei Villen für insgesamt vier Millionen Dollar versteigert hat: »Das ist nicht viel. Verglichen mit dem, was wir beim Verkauf von staatlichen Besitzungen kriegen. Vor zwei Wochen habe ich einen Flugplatz mit 162 Hektar innerhalb von 30 Minuten für 45 Millionen Dollar verkauft. Aber auch so eine Versteigerung macht mir Spaß, weil wir den Bösen (bad guys) etwas wegnehmen.«

»Warum«, so ein Polizeioffizier, »sollten wir unsere verdeckten Ermittler in einem Dienst-Ford der Regierung rausschicken, um sich mit Kokainhändlern zu treffen, wenn sie mit einem Rolls-Royce in der Szene viel unauffälliger sind?«

Der Mob hat sich zähneknirschend mit der »Dritten Dimension« der Bekämpfung abgefunden und die Tarnung seiner Einkünfte verfeinert. Der schärfste Protest gegen den Zwang, die Herkunft von dubiosem Profit nachweisen zu müssen, kommt, wie zu erwarten, vom Establishment des legalen Geschäfts.

Seit Al Capone über seine illegalen Einkünfte vom Internal Revenue Service hinter die Gitter des Alcatraz spediert wurde, weiß man, wo die Achillesferse des Mobs liegt. Die polizeiliche Abschöpfung des Profits nimmt dem Mob alles, worum es ihm geht. Es demotiviert ihn, und es engt seinen Handlungsspielraum ein.

»Gerade die große Menge des zu waschenden Geldes (kann) zur eigentlichen Achillesferse des ›organized crime‹ werden. Diese Geldmenge, die ihren Besitzern einerseits eine beängstigende Macht verleiht, erweist sich andererseits als große Last, da sie aus Barbeträgen in kleineren Scheinen besteht...« (BKA-Arbeitstagung, November 1986)

Bevor man sich mit den Möglichkeiten und Grenzen der Abschöpfung krimineller Profite befaßt, muß man sich über eines im klaren sein: Das Bankgeheimnis ist heute bei der Bekämpfung des organisierten Verbrechens für die Ermittlungsbehörden kaum noch ein Problem. Weder Schweizer Banken noch österreichische Banken verweigern den Behörden Auskunft über die Identität von Kontoinhabern oder Geldbewegungen, wenn ein begründeter Verdacht auf kriminelle Finanzoperationen von den Strafverfolgungsbehörden nachgewiesen wird. Selbst die klassischen Off-shore-Verstecke für kriminelles Geld, die Bahamas, die Cayman Islands, Bermuda, St. Lucia und andere kooperieren zunehmend mit Behörden. Sichere Plätze sind heute nur noch Panama in Mittelamerika, Bahrain im Nahen Osten, die britischen Kanalinseln in Europa und Hongkong, das vermutlich auch ab 1997 und unter chinesischer Kontrolle für polizeiliche Fahnder ein undankbares Pflaster bleiben wird.

Die Veränderungen sind bisher kaum bemerkt worden, weil sich die Fahnder nie um Schwarzgelder von einzelnen Personen kümmern, die aus Steuerhinterziehung stammen. Ein Fahnder: »Da hätten wir viel zu tun.« Die Finanzspezialisten der Polizei suchen nach den großen Geldmengen aus dem kriminellen Geschäft mit Rauschgift oder Waffen.

In der Bundesrepublik halten die Banken noch ziemlich dicht. Das hängt damit zusammen, daß das Bankgeheimnis für den deutschen Bürger eines der höchsten Güter ist. Das Ansinnen, Bankkonten zu öffnen, um illegalen Geldbewegungen auf die Spur zu kommen, würde in der Bundesrepublik Deutschland vermutlich zum Sturz einer Regierung führen. Am lautesten würde nicht der Mob protestieren, sondern die Bürgerschaft.

»Die Geldwäscherei ist die einzige Straftat, deren eigentlicher Zweck die Geheimhaltung ist. Es liegt auf der Hand, daß demzufolge die Dunkelziffer noch höher sein dürfte als bei anderen Straftaten.« (BKA-Arbeitstagung, November 1986)

Die Geldwäscherei ist zu einem wesentlichen Zweig des internationalen Geldverkehrs geworden. Die Geldmenge ist so groß, daß man sie längst nicht mehr in Spielbanken, Restaurants, Kinos und anderen Geschäften mit hohem Bargelddurchlauf waschen kann. Privates Kapital aus politisch instabilen Ländern wird beiseite gebracht oder von korrupten Regierungen gestohlen, Riesensummen werden unter Umgehung der Steuer- und Devisengesetze exportiert, der Profit aus dem Rauschgifthandel und anderen kriminellen Aktivitäten wird getarnt, gereinigt und in die legale Wirtschaft eingeführt. Die meisten Kapitalien dieser Art fließen nach dem Waschen wieder in ihr Herkunftsland zurück und reichern da den legalen Kapitalmarkt und die legale Wirtschaft an. So wie die Parteien zum Zweck der Geldwäsche staatsbürgerliche Clubs und Vereinigungen gründen, so gründet der Mob eigene Finanzinstitute oder verbündet sich mit renommierten Banken.

Die Methoden der Transferierung sind zahlreich. Bevorzugt sind Verrechnungsgeschäfte. Ein Unternehmer der Cosa Nostra in den USA wird den kriminellen Profit zunächst einmal außer Landes bringen, um ihn dann später – und mehrfach gereinigt – wieder zurückzuholen. Er zahlt das bereits in andere Größen – vielleicht sogar Währungen – gewechselte Bargeld, das auf der untersten Ebene schon durch Betriebe mit starkem Bargeldverkehr (Restaurants, Spielbanken usw.) grob vorgewaschen ist, in ein multinationales Finanzinstitut ein, um es nach Panama zu transferieren. Bei der Bank X in Panama lagert natürlich auch Geld, das nach dem Waschen wieder den Rückweg antreten soll. Durch ein Kompensationsgeschäft wird nun das Konto des kriminellen Unternehmers in den USA mit derselben Summe belastet, die ihm in Panama gutgeschrieben wird. Dasselbe macht ein anderer Kunde in umgekehrter Richtung. Die Belastungen gleichen sich aus. Eine echte Geldbewegung gibt es nicht. Das Geld bleibt, wo es ist, und taucht trotzdem unter.

Die wirksamste Methode, kriminellen Profit zu verschleiern, ist die folgende: »Der kriminelle Kunde wendet sich an einen Anwalt, der ihm auf Grund eines Treuhandvertrags eine Gesellschaft zur Verfügung stellt, als deren Inhaber er zeichnet. Bei der Bank wird in der Folge ein Konto auf den Namen der Gesellschaft eröffnet. Die Bank kennt nur den Namen des Begünstigten, also des Anwalts. Falls der Anwalt von einer Strafbehörde befragt werden sollte, kann er sein Berufsgeheimnis geltend machen oder sogar aussagen, die Gesellschaft gehöre ihm.«

Anwälte spielen bei der Verschleierung krimineller Profite eine immer größere Rolle. Es sieht nicht so aus, als würden die berufsständischen Vertretungen der Rechtsanwälte dagegen ernsthaft etwas unternehmen.

Verdeckte Ermittlungen, Zeugenschutz und die Abschöpfung krimineller Profite müssen im öffentlichen Bewußtsein einen übermächtigen Widerstand überwinden. Das geht nicht ohne Aufklärung und ohne eine offene Diskussion der Lage. Wozu sollte ein Bürger einer Polizei ein Instrumentarium einräumen, das sie nur braucht, um etwas zu bekämpfen, von dem sie selbst sagt, daß es das in Wirklichkeit gar nicht gibt?

PROGNOSE

Im Frühjahr 1987 versuchen zwei Gebrauchtwagen-
händler, die dem Mob nahestehen, in der Bundesrepublik Leute zu rekrutieren, die mit Schwerkranken
umgehen können. Bekanntlich verdoppelt sich die
Anzahl der AIDS-Kranken und der mit dem HIV-I-
Virus Infizierten alle zehn bis zwölf Monate, solange
es keinen Impfstoff gibt und sich das Sexualverhal-
ten nicht wesentlich ändert. Alle Infektionen enden
tödlich, da noch kein Medikament auf dem Markt ist,
das diesen Verlauf ändern könnte. Jeder Infizierte,
bei dem die »volle Krankheit« ausbricht, stirbt im
Schnitt innerhalb von 250 Tagen. Auf diesen Fakten
beruht der Plan des Mobs.
  Man will versuchen, durch vertrauenswürdige
Kontaktleute an AIDS-Kranke heranzutreten und ihnen ein Geschäft anzubieten. Die Rekrutierung von
vertrauenswürdigen Leuten durch den Mob ist das
logistische Problem. Ärzte, Sozialhelfer, Psychologen
oder Geistliche der AIDS-Hilfen kommen nicht in
Frage. Man vermutet (mit Recht), daß es sich bei ihnen um eine ethisch hochmotivierte Personengrup-
pe handelt, die auf geschäftliche Vorschläge dieser

Art mit einer Anzeige reagieren würde. Das Geschäft mit den AIDS-Kranken soll folgendermaßen aussehen: Die Todgeweihten sollen ihren Namen zur Gründung von Geschäften, Handelsgesellschaften und Firmen hergeben. Dafür werden ihre Angehörigen oder Freunde nach ihrem Ableben materiell versorgt. Die Details der Firmen- oder Geschäftsgründung werden von Anwälten des Mobs erledigt. Der Kranke braucht sich nicht darum zu kümmern. Nach der Gründung wird eine vorher vereinbarte Summe zur testamentarischen Verfügung des Kranken bei einer ausländischen Bank hinterlegt. Dann beziehen die Unternehmen möglichst viel und teure Ware, nehmen leicht veräußerbare Güter in Kommission oder gehen Verbindlichkeiten ein, die sich zu Geld machen lassen, bevor sie fällig werden. Wenn die Sache platzt, ist der verantwortliche Geschäftsinhaber tot oder nicht mehr haftfähig.

Neben der Rekrutierung von vertrauenswürdigen Leuten ist ein weiteres Problem aufgetaucht. Es ist nicht logistischer, sondern disziplinarischer Natur. AIDS-Kranke sind nicht wie andere Geschäftspartner des Mobs durch Morddrohungen zu disziplinieren oder zum Schweigen zu bringen. Die materielle Verlockung muß ziemlich groß sein. Der Mob verspricht daher halbe-halbe zu machen. Wenn der Kranke redet, bekommt keiner etwas.

Der Informant, der mir von diesem Plan erzählt hat, ist nicht sicher, ob ein solches Manöver bereits gelungen ist. Er ist Polizeibeamter und hat im Zuge einer in anderem Zusammenhang genehmigten TÜ davon erfahren. Mit ihm ist dieser Text und der Verzicht auf wörtliche Zitate abgesprochen. Er ist sicher, daß eine Publikation keine kriminaltaktischen Nachteile hat, sondern der Prävention dient.

Der Informant erzählt, daß die Leute aus dem Mob, die so etwas vorhaben, fest davon überzeugt sind, daß es sich um eine humanitäre Hilfe für AIDS-Kranke handelt. »Weil der Staat nichts tut«, wie sie mit moralischer Entrüstung sagen. Sie sind überzeugt, daß sie eigentlich das Bundesverdienstkreuz für diese Idee verdient hätten. Wie Robin Hood stehlen sie nur, um den Unglücklichsten der Unglücklichen etwas zu geben. Der Informant glaubt allerdings, daß sich diese Sentimentalität verlieren wird, sollte der Plan funktionieren. Er vermutet, daß sich der Mob sicher einen Trick einfallen lassen wird, mit dem er dann auch die hinterlegten Summen in die eigene Tasche schieben kann.

Der Plan zeigt, wie der Mob denkt. Alles und jedes ist recht, um Geld zu verdienen. Dabei ist es vollkommen gleichgültig, ob man selber Leute erpreßt oder ob einem eine tödliche Krankheit die Arbeit abnimmt.

Vor kurzem – es gibt da wieder einen Zusammenhang mit AIDS – hat der Vorsitzende des Umweltsachverständigenrates der Bundesregierung eine »Umweltabgabe« in Höhe von zehn Prozent des Kaufpreises für Präservative gefordert. Er begründet die Ausbeutung einer potentiell lebenswichtigen Schutzmaßnahme damit, daß durch den von der AIDS-Angst provozierten Mehrverbrauch an Präservativen viele Abflußrohre verstopft würden. Natürlich könnte er wissen, daß die potentielle Steuer für alles, nur nicht zur Reinigung von verstopften Abflußrohren verwendet werden würde. Das müßten nach wie vor private Haushalte oder Kommunen bezahlen. Mit einiger Phantasie kann er sich sogar vorstellen, daß der größere Teil der Abgabe in der für die Abschöpfung notwendigen Bürokratie versickern würde.

Die Forderung, lebensnotwendige Schutzmaßnahmen gegen eine tödliche Seuche zu besteuern, während man überflüssige landwirtschaftliche Produkte subventioniert, um Wählerstimmen zu kaufen, könnte einem mafiosen Gehirn entsprungen sein. Tatsächlich entstammt sie dem Gehirn eines rechtschaffenen Bürgers. Die geringe Distanz zwischen legalen, bürgerlichen Überlegungen und denen des Mobs ist es, die uns in der Zukunft mehr Sorgen machen wird als alles andere.

Schon in den siebziger Jahren gab es einen Fernschreibverkehr zwischen allen Landeskriminalämtern und der Kripo Saarbrücken mit dem Betreff: »Vermutliche organisierte Kriminalität durch italienische Staatsangehörige in der Bundesrepublik.« Italienische Staatsangehörige gründen Handelsunternehmen in Form einer GmbH. Nach Eintragung ins Handelsregister werden die Gesellschaften zum Schein an Strohmänner verkauft, die sich als Gesellschafter und Geschäftsführer eintragen lassen. Die eigentlichen Drahtzieher führen die Geschäfte als untergeordnete Angestellte. Sie lassen Ware liefern, die gegen Bargeld bei Großhehlern abgesetzt werden kann. Die Firmen existieren nur wenige Monate. Wenn die Ermittlungsbehörden tätig werden, sind Täter und Unterlagen verschwunden.

Nach Meinung der Polizei in Saarbrücken soll es sich laut Telex slsblk nr 59 0503 1105 »bei den taetern um mitglieder organisierter banden aus italien handeln«. Genannt werden zum Teil flüchtige Täter aus Saarbrücken und Limburg. Es ist dasselbe Prinzip wie bei der zunächst nur geplanten kriminellen Ausbeutung der AIDS-Krankheit.

Bundesbürger kooperieren inzwischen bei solchen und ähnlichen Tricks. Man kann darüber streiten, ob das letztere Beispiel noch Wirtschaftskriminalität oder schon Mob ist. Bisher ist keine Strategie der Angst zu erkennen. Es ist andererseits nicht sicher, ob Muskel beim unternehmerischen Mob der Zukunft noch ein zuverlässiges Symptom bleiben wird.

Sicher ist nur eines: Der Mob wird sich auch in Zukunft nutzbar machen, was nutzbar zu machen ist. Das reicht vom Gesundheitssystem bis zu staatlichen Subventionen, von der elektronischen Datenverarbeitung bis zur Schleichwerbung, vom Handel mit transplantationsfähigem menschlichem Gewebe bis zum Handel mit Daten, die dem Datenschutz unterliegen.

Aus Amerika kommen die ersten Informationen über »Computer-Vandalen, die das Chaos programmieren«. Die kriminellen Hacker entwickeln raffinierte Programme, die sie per Telefon über Steuerzentralen in die Computer der angeschlossenen Kunden schicken, wo sie die gespeicherten Daten regelrecht verwüsten.

Der Computer-Experte Eric Newhouse dazu: »Da kann in Sekunden die Arbeit eines Jahres vernichtet werden. Wenn das ein Firmencomputer ist, dann ist es schwer, so etwas dem Chef zu erklären.«

Trotz erhöhter Sicherheitsmaßnahmen gelingt es

immer wieder sogenannten »Trojanern«, sich einzu-
schleichen. Ich bin ziemlich sicher, daß diese Aktivitäten hoch organisiert und Vorübungen zur späteren Schutzgelderpressung großen Stils sind.

Mehr und mehr kriminelles Geld wird ins legale
Geschäft fließen. »Es gibt kaum Industrien oder Geschäftszweige«, stellt der Direktor des FBI, William
H. Webster, fest, »die nicht vom organisierten Verbrechen beeinflußt sind.« Der Justizminister fügt an:
»Die Öffentlichkeit sieht das Problem nicht, aber es
ist ein schrecklicher Krebs, der uns alle Tag für Tag
beeinflußt. Er erhöht unsere Steuern und den Preis
von allem, was wir kaufen. Er bedroht die öffentliche
Sicherheit und die unserer Familien.« Es wird nicht
lange dauern, bis auch in der Bundesrepublik Verantwortliche der Polizei solche Feststellungen machen werden.

Es gibt amerikanische Fachleute, die in Zukunft
mit einem Verschwinden des klassischen organisierten Verbrechens rechnen, weil einerseits die astro-
nomischen kriminellen Profite die Weltwirtschaft tragen und aus der Wirtschaft nicht mehr wegzuden-
ken sind und andererseits die Parias des Mobs in ge-
wöhnliche Kleinkriminalität zurücksinken müssen.

Wir werden uns an Mob und Muskel im bürgerlichen Alltag gewöhnen. Wer das Gesetz bricht und
sich keinen guten Anwalt oder eine Manipulation
von Zeugen und Beweisen leisten kann, der bleibt
heute schon im Gefängnis. Wer draußen Freunde
hat, die Geiseln nehmen oder Autobomben hochge-
hen lassen, darf in den meisten Fällen gehen. Die
Wähler werden nicht mehr verprügelt wie zu Zeiten

Al Capones, sondern verführt, konditioniert und gekauft. Demokratische Macht wird zunehmend eine gekaufte oder durch Varianten der Waschmittelwerbung erschwindelte Macht sein.

Die Polizei wird ihre Methoden der Bekämpfung verfeinern. Das wird den Mob zwingen, sich anzupassen.

Im November 1986 wurden vor einem New Yorker Gericht acht Angeklagte unter anderem deshalb verurteilt, weil sie »einer ›commission‹ angehört haben, die in ganz Amerika die Mafia regiert hat« (NYT, 20. 11. 1986). Unter den Angeklagten waren die Bosse einiger krimineller Familien: Anthony »fat Tony« Salerno von den Genovese, Anthony »Tony Ducks« Corallo von den Lucchese und Carmine »junior« Persico von den Colombo.

»Die Urteile werden den Mob nicht lahmlegen. Aber sie werden eingeführte kriminelle Methoden stören und die Bekämpfung der Rackets in weiten Bereichen der Wirtschaft erleichtern. ›Das ist ein enormer Schlag gegen die Mafia‹, sagte William Doran, Chef des Kriminaldezernats des FBI New York. Die Folge werde ein ›Macht-Vakuum‹ sein, das die Struktur des Mobs erschüttern und verdeckte Ermittlungen erleichtern würde.« (ibid.)

Einige Analytiker der Polizei und der Staatsanwaltschaft von New York sind ganz anderer Meinung. Sie glauben, daß der Mob durch diese Verfahren »abgespeckt« und den Ballast der »greaseballs« (alte Mafia-Dons) abgeworfen hat, um eine veraltete Struktur jetzt durch eine bessere und von der Polizei undurchdringliche und vor allem pseudolegale zu ersetzen.

Ein Beispiel dafür, wie der Mob ethnische Grenzen überschreitet, ist New York. Je mehr die Cosa Nostra durch bessere Ermittlungen und mehr Verurteilungen aus dem Rauschgifthandel herausgedrängt wird, desto mehr nehmen sich andere Gruppen dieses Milliardengeschäfts an. »Der Heroinhandel in New York liegt zunehmend in der Hand von kriminellen Vereinigungen, die auf den ersten Blick wirken wie eine UNO der Rauschgifthändler; mit Chinesen, Thailändern, Pakistanis, Indern, Iranern, Afghanen, Nigerianern und Israelis.« (NYT Service, 20. 3. 1987)

In diesem Frühjahr hat eine New Yorker Staatsanwaltschaft verzweifelt nach Leuten gesucht, die die afrikanische Sprache Twi verstehen, um die Telefonüberwachung eines ghanesischen Händlerrings auswerten zu können.

Vertreter der Staatsanwaltschaft erklären, daß es mindestens vier große israelische kriminelle Vereinigungen gibt, die in Asien, Europa und Nord-Amerika operieren. Chinesen mit Kontakten in Bangkok, Hongkong und den USA haben »große, hochorganisierte und kaum durchschaubare internationale kriminelle Vereinigungen gebildet, die sich mit dem Rauschgifthandel befassen« (IHT, 23. 3. 1987). Durch politisch oder ökonomisch motivierte Emigration und Immigration wird es in Zukunft mehr geschlossene ethnische Gruppierungen geben. Ähnlich wie zur Zeit der Einwanderung aus dem Süden Italiens.

Ronald Goldstock, Direktor der New York State Organized Crime Task Force: »Sie bluten zunächst ihre eigenen Leute durch die Rackets der Bedrohung und Schutzgelderpressung aus, weil die aus einer Kultur kommen, in der man nicht zur Polizei geht und (dann in einem Land leben) in dem die Polizei oft nicht ihre Sprache versteht.«

Die Polizei wird in neue Definitionsschwierigkeiten kommen, weil der Unterschied zwischen organisiertem Verbrechen, organisierter Wirtschaftskriminalität, korrupter Politik und einem wirtschaftlichen Wettbewerb mit harten Bandagen kaum noch zu definieren sein wird.

Der Prüfstein – ob ein Gesetz verletzt worden ist oder nicht – wird untauglich geworden sein in einer Flut von sich widersprechenden Gesetzen, Auslegungen und Toleranzen. Freiheit, Verantwortung, Staatstreue werden zu politischen Slogans reduziert sein.

Der Staat wird kaum wissen, wo er selbst steht, und er wird wie die Opfer des Mobs zunehmend Schwierigkeiten haben zu erkennen, wer noch Freund und wer schon Feind ist.

Die Gesellschaft wird wenig Abwehrkraft haben gegen Mob und Muskel, weil sie beides zunehmend in Geschäft und Politik tolerieren wird.

Wenn wir es zulassen.

QUELLENNACHWEIS

Bei dieser Aufstellung handelt es sich um Quellen, die auch ohne Hinweis verwendet wurden, und zwar gegliedert nach a) nicht veröffentlichten Informationen, b) amtlichen Protokollen und c) Buchpublikationen. Alle anderen Quellen sind im Text gekennzeichnet. Natürlich fehlen die Namen von mehr als hundert Informanten, deren Identität gewahrt bleiben muß und gewahrt bleiben wird.

a)
Bailey, F. Lee (Strafverteidiger), persönliche Mitteilung
Belli, Melvin (Strafverteidiger), persönliche Mitteilung
Boeden, Gerhard, Vizepräsident BKA, Chef Verfassungsschutz, persönliche Mitteilung
Hacker, Friedrich, persönliche Mitteilung
Häring, Gustav, Polizeipräsident München, persönliche Mitteilung
Herold, Horst, Präsident BKA a. D., persönliche Mitteilung
Horkheimer, Max, persönliche Mitteilung

Nizer, Louis, Strafverteidiger, persönliche Mitteilung

Phellan, Andrew, Sonderankläger US-Justizministerium, persönliche Mitteilung

Schäfer, Herbert, Dr., Chef LKA Bremen a. D., persönliche Mitteilung

Sprague, Richard, Sonderankläger US-Justizministerium, persönliche Mitteilung

Stümper, Alfred, Dr., Landespolizeipräsident Baden-Württemberg, persönliche Mitteilung

Trometer, Helmut, Dr., Chef LKA Bayern, persönliche Mitteilung

b)

Crime in the United States. Annual Crime Report 1983

Dirty Money: Die Achillesferse des Organized Crime? Protokoll Arbeitstagung BKA, 10.–13. 11. 1986

Facts on File, Political Terrorism, 1973, 1974

Gefährdete Zeugen, Rechtliche und Kriminalistische Aspekte. Seminarprotokoll, 4.–8. 11. 1985, Polizeiführungsakademie

National Priorities for the Investigation and Prosecution of White Collar Crime, U.S. Department of Justice, 1980

Organisiertes Verbrechen, Bundeskriminalamt, Wiesbaden 1974

Report to the President and the Attorney General. The Edge: Organized Crime, Business, and Labor Unions, 1986

Report to the President and the Attorney General. The Impact: Organized Crime Today, 1986

Sielaff, Wolfgang, Ltd. Kriminaldirektor: Organisierte Kriminalität im Zusammenhang mit dem Nacht-

leben am Beispiel Hamburgs. Seminar Polizeiführungsakademie, Org. Krim. VIII, 5.12.1986

The President's Commission on Law Enforcement
and Administration of Justice. Task Force Report:
Organized Crime, 1967; Task Force Report: Narcotics and Drugs, 1967

Violence in America, National Commission on the
Causes and Prevention of Violence, 1969

c)

Albini, Joseph L.: The American Mafia. Appleton-
Century-Crofts, New York 1971

Anderson, Jervis: Guns in American Life. Random
House, New York 1984

Arlacchi, Pino: La Mafia Impenditrice. Società editrice
il Mulino, Bologna 1986

Bamford, James: NSA. Orell Füssli, Zürich 1986

Bonanno, Joseph: A Man of Honor. Simon & Schuster, New York 1983

Buchert, Rainer: Zum polizeilichen Schußwaffenge-
brauch. Schmidt-Römhild, Lübeck 1975

Demaris, Ovid: The Last Mafioso. Times Books, London 1981

Dietl, Wilhelm: Waffen für die Welt. Droemer Knaur,
München 1986

Drewermann, Eugen: Der Krieg und das Christentum
(= Reihe Engagement). Pustet, Regensburg 1982

Eysenck, Hans Juergen: Crime and Personality. Routledge & Kegan Paul, London 1977

Freemantle, Brian: The Fix. Michael Joseph, London
1985

Galluzzo, Lucio: Tommaso Buscetta – L'uomo che tra-
dì se stesso. Musumeci Editore, Aosta 1984

Giancana, Antoinette & Thomas C. Renner: Mafia Princess. George Allen & Unwin, London/Sydney 1984

Goodman, Jonathan & Ian Will: Underworld. Harrap, London 1985

Hacker, Friedrich: Aggression. Molden, Wien 1971

Hammer, Richard: The Vatican Connection. Holt, Rinehart & Winston, New York 1982

Hepworth, Mike: Blackmail. Routledge & Kegan Paul, London/Boston 1975

Lauder, Ronald S.: Fighting Violent Crime in America. Dodd, Mead & Co., New York 1985

Laver, Michael: The Crime Game. Martin Robertson, Oxford 1982

Maas, Peter: The Valachi Papers. G. P Putnam's Sons, New York 1968

Mack, John A.: The Crime Industry. Saxon House, Lexington/Mass. 1975

Marrazzo, Giuseppe: Camorista. ComMedia & Arte, Stuttgart 1987

Peterson, Virgil W.: The Mob. Green Hill Publishers Inc., Ottawa/Illinois 1983

Roth, Jürgen & Berndt Ender: Dunkelmänner der Macht. Lamuv Verlag, Bornheim 1984

Stuart, Henry: The Hidden Economy. Martin Robertson & Co., London 1978

Stuart, Mark A.: Gangster. W. H. Allen, London 1986

Teresa, Vincent: My Life in the Mafia. Granada, London/New York 1983

Uston, Ken: One-Third of a Shoe. Ken Uston, o. O. 1979

Wingfield, John: Bugging. Robert Hale, London 1984

Wright, D. James & Peter H. Rossi: Kathleen Daly –

Under the Gun. Aldine Publishing Company, New York 1983

Zeiger, Henry A.: Sam the Plumber. New American Library, New York 1970

Dagobert Lindlau

Rakket
Mafia-Roman

Dagobert Lindlau, Experte in Sachen organisiertes Verbrechen, weiß längst, daß die mafiosen Methoden der Unterwelt sich überall in der Gesellschaft breitgemacht haben. Am Beispiel des fiktiven Fernsehsenders TELE IV beschreibt er einen Alptraum aus Intrige, Erpressung, Nötigung und Bedrohung. 320 Seiten, gebunden

Der Lohnkiller
Eine Figur aus dem organisierten Verbrechen

Ungeklärte Morde beunruhigen auf lange Zeit. Das ist es, was am Fall des Lohnkillers Werner Pinzner Millionen von Nachrichtenkonsumenten gefangen hält. Die Strafverfolger haben bei den Ermittlungen ihr Leben riskiert und in einem Fall verloren...

320 Seiten, gebunden

Straglers Woche
Eine St. Pauli Saga

Der Aufstieg des Zuhälters Joseph Stragler zum prominenten Geschäftsmann spiegelt zugleich die Geschichte des Hamburger Stadtteils St. Pauli wie die unserer Republik. Eine Saga um Macht und Lust, Korruption und Erpressung, um das Glück im Spiel und das Pech in der Liebe. 320 Seiten, gebunden

HOFFMANN
UND CAMPE